Dieter Baacke
Jugend und Jugendkulturen

Jugendforschung

Im Namen des Zentrums für
Kindheits- und Jugendforschung
herausgegeben von
Dieter Baacke, Wilhelm Heitmeyer und
Klaus Hurrelmann
Universität Bielefeld

Dieter Baacke

Jugend und Jugendkulturen

Darstellung und Deutung

3., überarbeitete Auflage 1999

Juventa Verlag Weinheim und München

Dieter Baacke, Dr.phil., ist nach dem Studium der Germanistik, Altphilologie, Theologie, Philosophie und Pädagogik seit 1972 Professor für Pädagogik an der Universität Bielefeld mit dem Schwerpunkt „Außerschulische Einflüsse auf die Erziehung“. Sein besonderes Interesse gilt der Jugend- und Medienforschung.

Die Deutsche Bibliothek - CIP-Einheitsaufnahme

Baacke, Dieter:
Jugend und Jugendkulturen : Darstellung und Deutung / Dieter Baacke. - 3., überarb. Aufl. - Weinheim ; München : Juventa Verlag, 1999
(Jugendforschung)
ISBN 3-7799-0426-8

Umschlaggestaltung: Atelier Warminski, 63654 Büdingen
Umschlagabbildung: Ölbild von Ippazio Fracasso, Bielefeld
Printed in Germany

ISBN 3-7799-0426-8

Vorwort zur 3. Auflage

Auch nach der 2. Auflage des Buches (erschienen 1993) sind wiederum fünf Jahre ins Land gegangen, und wieder gilt: Was wir über Jugendkulturen wissen, ist in zahlreichen Veröffentlichungen fortgeschrieben und ausdifferenziert worden, so daß die Literaturliste wieder länger geworden ist. Wieder gilt auch, daß es immer schwieriger wird, die jugendkulturellen Energien so zu vergegenwärtigen, daß sie in einer einzigen, übersichtlichen Linie gedeutet werden können. An einem hält der Autor auch in der 3. Auflage fest: nämlich an der darstellungsleitenden Perspektive, daß Jugendkulturen weiterhin eine *kulturelle* Produktivkraft darstellen, die trotz der Amalgamierung mit Medien und Kommerz erheblich ist und zweierlei leistet: auf der personal-individuellen Ebene die Subjektwerdung des heranwachsenden Menschen, und auf der ästhetisch-gesellschaftlichen Ebene die fortschreitende Auflösung kultureller Hegemonien, die auch als Demokratisierungsgewinn gedeutet werden kann. Diese These darf nicht verlorengehen, und sie darf auch nicht verloren gegeben werden, weil sie damit das (auch pädagogische) Chancenrepertoire sonst empfindlich riskieren könnte. Oder, positiv: Trotz aller Heterogenitäten und Widersprüche verstehen es Jugendliche, über Körper, Geist und Seele die Würde ihrer Person zu bewahren und sogar anderen Anteil daran zu geben.

Diesmal möchte ich darauf verzichten, die Vornamen all derjenigen aufzuzählen, die mich in Gesprächen, mit Einladungen in Diskotheken etc. begleitet haben. Danken möchte und muß ich dem Verleger Lothar Schweim, der diesen Titel so freundlich und interessiert begleitet; Katrin Leigers, die bei den so notwendigen 'Kleinigkeiten' während der Manuskriptherstellung hilfreich war, und vor allem Renate Hillenkötter, deren Unverdrossenheit, Fleiß und gutem Mut auch die reale Anwesenheit dieses Manuskripts als Diskette und Text entschieden zu verdanken ist.

Sommer 1998
Dieter Baacke

Inhalt

1. Ausgangspunkte in der Bundesrepublik 9
1.1 Die Peer-Groups der Teenager 9
Neuere Tendenzen 16
1.2 Protestbewegungen 18
1.3 Action-Szenen 28
1.4 Die neuen Unübersichtlichkeiten der Jugendkulturen 40

2. Ursprünge, Anreger, Auslöser 49
2.1 Die Amerikanisierung Europas 49
2.2 Beatniks, Rock'n'Roll, Hippies, Discos, Rap: USA 51
Beatniks 51, Rock'n'Roll 55, Hippies 59,
Erste Welle „grüne" Literatur 62,
Discjockeys, Discotheken 68
2.3 Teds, Mods, Punks, Skinheads, Rocker, Fans: England 70
Teds 71, Mods 72, Punks 75, Skinheads 80,
Rocker, Fußballfans u.a. 82
2.4 Skinheads, Grufties, Heavy Metals, Punks:
Szenen in der DDR 85
2.5 Ablösung durch Intellektualisierung: Medien 89
Medien: Idole, Images, Trends 96, Kontinuitätsbrüche,
Oberflächen: Film und Videoclip 106
2.6 Jugendkulturelle Dammbrüche Ende der 90er Jahre 110
Rap und Hip-Hop 112, Von der Disco zum DJ 115,
Techno und Raven 119

3. Zentrale Elemente der Jugendkulturen 125
3.1 „Jugendkultur" statt „Subkultur" 125
Zur „Subkultur"-Diskussion 125,
Soziale Milieus statt Schichtungskonzepte 135,
Zum Ausdruck „Jugendkultur(en)" 141,
Theoretische Elemente der Jugendkultur-
(Subkultur-)Diskussion 148
3.2 Szenen und Szenenwechsel: Soziale Räume 162
Zonen und Szenen: Ein sozialökologisches
Modell 162, Szene der Treffs und Rockkultur 173, Szene der
Protestbewegungen 177,

Quartiergebundene Action-Szenen 179,
Die neuen Fanszenen 183,
Unterwegs-Sein und Heimat-Suchen 187
3.3 Regelverletzung und neue Kulturbewegung 189
Regelverletzung als Weltzerstörung 190, Abgedreht und richtungslos 196, Kultur, kultiviert, Geltung: Neue Tendenzen 198, Kultur und Legitimationsinstanzen 201
3.4 Mode, Konsum, Oberfläche: Stil und Bricolage 206
Vom Diskutieren zur allseitigen Freundlichkeit 209, Bricolage 218, Die Wahrheit der Oberfläche 220, Medien des Stils und der Stilisierung 223

4. Bestimmungselement „Jugend" 227
4.1 „Jugend" als Projektion und Mythos 227
4.2 Jugend um 1900 und heute 231
4.3 Jugend, Heirat und Sexualität 236
Sexualität und neue Jugendkulturen 238,
Neue Modelle sexuellen Ausdrucks 242
4.4 Ein neues Generationenverhältnis 245
Retroaktive Sozialisation 246

5. Identität und Individualität 253
5.1 Identitätsmuster und Ich-Konstruktion 253
Der Narzißmus-Vorwurf 256,
Autobiographische Ich-Konstruktion 258
5.2 Ein neues Konzept von Individualität? 264

6. Pädagogik, herausgefordert 273
6.1 Jugendkulturen als Sozialisationsinstanz 274
6.2 Jugendkulturen und organisierte Pädagogik 276
6.3 Jugendkulturen und Erziehungsverhältnis 278
6.4 Jugendkulturen und Wahrnehmungsweisen 281
Pädagogik als Reservat? 284
6.5 Das verschleierte Subjekt 284

Literatur 287

Register 305

1. Ausgangspunkte in der Bundesrepublik

1.1 Die Peer-Groups der Teenager

Die 50er Jahre der Bundesrepublik, als politische Restaurationszeit gescholten und Ende der 70er Jahre nostalgisch verklärt, haben für die Entwicklung jugendlichen Lebens und Aufwachsens einen bemerkenswerten Beitrag geleistet: in ihnen fand statt die gesellschaftliche Produktion des „Teenagers“, und damit hatten die Heranwachsenden zwischen 13 und 19 Jahren Anschluß gefunden an Lebensstil und Lebensformen westlicher Demokratien, vor allem der USA und Englands. Erinnert man sich an die Teenager der damaligen Zeit, werden Bilder evoziert von Jungen, die auf ihren Vespa-Motorrollern durch die Straßen fahren; an Mädchen in Petticoats, den Hula-Hoop-Reifen um die Hüften kreisen lassend; an erste Spielautomaten (noch nicht in Kinoeingängen oder eigens eingerichteten Spielhallen!) und Musicboxen; an Parties in Wohnungen, Gärten und (meist kirchlichen) Jugendheimen; an Coca-Cola, Pepsi-Cola, per Strohhalm aus den Flaschen gesogen; vor allem aber auch an eine neue Art von Jugend-Musik (Rock'n'Roll, Twist etc.), an Teenager-Filme bundesdeutscher Produktion (*Cornelia Froboess*, die als kleines Mädchen mit „Pack die Badehose ein“ einen Best- und Long-Seller plaziert hatte, und ihren Partner *Peter Kraus*, den 'deutschen *Elvis Presley*'). Es waren Schallplatten, Radio und Musicboxen, Illustrierte und erste Jugendzeitschriften, die den Habitus der Teenager-Kultur auch in die Bundesrepublik transportierten. Im Gegensatz zu England gab es kaum trendsetzende Bars oder Tanzdielen (mit Ausnahme von Hamburg und Berlin), allenfalls einzelne Rockereignisse, wie das Stones-Konzert in der Berliner Waldbühne. Der Teenager war also ein Medienereignis, das sich nur partiell in soziale Wirklichkeit umsetzte. Wenn die *Beach Boys* vom „Surfen in den USA“ sangen, so war das bspw. auch in den 60er

Jahren keineswegs eine Sportart, die in der Bundesrepublik übernommen wurde (*Zimmermann* 90).

Neben dem Rock'n'Roll entstand eine spezielle Teeny Bopper Musik, vor allem für Mädchen in der Pubertät. *David Cassidy*, die *Osmonds*, die *Bay City Rollers* als internationale Idole der Teenagerkultur waren selbst Teenager und finden sich heute, Ende der 90er Jahre, als *Boygroup* wieder; über sie wurde auch in den neuen Magazinen, meist für Mädchen, berichtet: *Mirabelle*, *Rave*, *Fabulous 208*. Im neuen Stil-Gewand - heute erscheinen sie als 'Kids' und, Ende der 90er Jahre, als Gefühlspartner der *Boygroups* - ging es um alte, romantische Gefühle. Der Spielraum bis zur Heirat mit dem 'Richtigen' war zwar variantenreicher geworden, der Suchprozeß bis zur endgültigen Bindung erlaubte auch Mädchen in begrenztem Maße erotische Abenteuer; dennoch blieb der weibliche Sozialcharakter unangetastet. Ehe und Familie waren das zentrale Lebensziel. Immerhin: gerade der zeitgenössische Rock'n'Roll war durchaus ein Zeichen der Befreiung aus der üblichen Mädchenrolle. *Little Richards* Pop-Song „Tutti Frutti" (1955), dessen obszöne Textteile durch das lautmalende „A-bob-bob-a-loom" überdeckt waren, bot in der stimmlichen Präsentation nicht nur „exzessive Emotionalität, Gefühlsekstase, provozierende Sinnlichkeit" (*Faulstich* 48), sondern stellte Mädchen auch als sexuell aktive Partnerinnen dar: vom „girl Daisy" heißt es „She almost drives me crazy", vom „girl Sue" „she knows just what to do", und „she knows how to love me". Auch wenn solche Texte in der Bundesrepublik häufig gar nicht verstanden wurden, wurde die Bedeutung durch Boogy-Woogy-Rhythmus, synkopierendes Klavierhämmern und ekstatischen Gesang doch auratisch übertragen. Nachdem die New Yorker Society in der *„Peppermint-Lounge"*, einer Bar Manhattens, den Twist aus der Taufe gehoben hatte, wurde dieser, Anfang der 60er Jahre, schnell in der Bundesrepublik übernommen und verdrängte den Rock'n'Roll weitgehend aus den Hitlisten. Damit war eine (vorübergehende) Rückkehr zu mehr Harmlosigkeit gegeben; der Twist wurde im Gegensatz zum Rock in der Bundesrepublik gesellschaftlich akzeptiert (*Zimmermann* 89f), und dadurch gewann das Bild vom harmlos-vergnügten Teenager wieder an Farbe.

Die 50er Jahre waren in der Bundesrepublik gekennzeichnet durch beginnenden Wohlstand, der - wie in England - als Ursache für den Durchbruch der Teenager-Kultur gelten kann: die Jugendlichen verfügten nun über eigenes Taschengeld; billigere, zugleich modische Kleidung wurde hergestellt und auch gekauft; der Plattenmarkt expandierte; Kosmetika wurden erstmalig auch preiswert und für Jugendliche angeboten, und die Transistorradios verbreiteten den internationalen Popsound mehr und mehr (*Chambers* 16). Damit fand endgültig eine (bisher noch nicht systematisch erforschte) Umstrukturierung jugendlichen Lebens in Jugendgruppen statt. Diese waren durch die Staatsjugend des Nationalsozialismus, in der sie hierarchisch streng organisiert waren, in Verruf geraten. Zwar hatten sich über die Nazizeit hinweg Traditionen jugendlicher Gesellung erhalten, da sie historisch stark angebunden waren. Dazu gehören die Lokalgruppen der ländlichen Jugend mit ihren überlieferten Brauchtümern (Burschentreffen, Trinkkultur, Burschentanz, Rügespiele) oder städtische Gruppentraditionen, wobei die Unterschicht eher quartierbezogene Territorialgruppen bildete, während die Oberschicht sich in spezialisierten Gruppen wie Schützenbruderschaften, religiösen Bruderschaften und anderem organisiert hatte (dazu im einzelnen: *Mitterauer* 164ff). Insbesondere die Kirchengemeinden, die auf dem Lande (Kirchplatz, Gottesdienst) seit jeher Treffpunkte anboten, füllten nach dem Kriege den durch die Auflösung der organisierten Hitler-Jugend entstandenen Leerraum. Hinzu kam das Wiederaufleben der Jugendbünde aus den 20er Jahren, während der Nazizeit verboten; Pfadfinderschaft und CVJM und die kommunalen, mit Hilfe der Besatzungsmächte im Zuge der *re-education*-Maßnahmen eingerichteten Häuser der offenen Tür, die Maßnahmen *offener* Jugendbildung praktizieren sollten. Sicher unterstützte die Tatsache, daß organisierte Jugend in Verruf gekommen war, die Entstehung offener Cliquen mit wechselnden Mitgliedern; *Schelsky* hatte der „skeptischen Generation" der damaligen Zeit ja ohnehin Scheu vor Bindungen nachgesagt. Ein weiteres wichtiges Erklärungsmoment für die neuen, enge ideologische Bindungen nicht anstrebenden Jugendszenen war das damals stark diskutierte Denkmodell des *Familienautoritarismus* (*Gerhardt* 1995, 114 ff.). Vor allem *Hans-Peter Dreitzel* entdeckte das Tendenziell-Pathologische der modernen Familie in den angelsächsischen Ländern, aber auch im Berlin der sechziger Jahre: „Die Kernfamilie hat als Sozialisationsagent im Grunde versagt, denn der Rückzug aus der öffentlichen Sphäre, die immer schlechter funktioniert, in eine Sartre'sche Hölle der emotional überfrachteten Abgeschlossenheit der Privatheit schafft ein pathogenes Sozialisationsmilieu." (1973, 12) Solche Äußerungen fügen sich ein in die damals gern geäußerte Kritik der Kern- oder Kleinfamilie, die jeden - ob als Vater, Mutter oder Kinder - der in der kapitalistischen Gesellschaft typischen Überforderung und Selbstentfremdung aussetzt mit der Folge von psychischen Störungen und der Tendenz, der Familie entkommen zu wollen. Lange Abwesenheit von zu Hause und berufliche Überlastung lassen die Vaterfigur als negativ erscheinen, und die Mutter wird bestimmt durch ökonomische und erotische Frustration. Die Kinder, diesen Spannungen ausgesetzt, werden zum Opfer einer allzu großen Bindungsdichte mit stark zentripetalen Kräften - mit der Folge, daß sich keine Autonomie von Kindern und Jugendlichen entwickeln konnte. So mußte die „Festung" der Kleinfamilie aufgebrochen werden, wollten die Jugendlichen nicht unter starken Über-Ich-Bindungen und -Anforderungen degenerieren. Und die faschistische Staats- und Gesellschaftsordnung hatte, so die Meinung der soziologischen Debatten, zu einer pathologischen Unterwerfung unter die Familienautorität, die der Staatsautorität nahe war, geführt. Die Wiederholung dieses Übels hätte so leicht geschehen können, und insofern war die jugendkulturelle Gegenwendung der späten fünfziger und frühen sechziger Jahre eine nicht nur familien-, sondern auch gesellschaftspolitisch folgenreiche Entwicklung. Sie wäre nicht erfolgt, käme nun nicht der Einfluß der Massenmedien hinzu (Radio, Transistorradio, Kino, Jugendzeitschriften wie *Bravo*) sowie die Verkehrserschließung ländlicher Räume mit der Folge einer steigenden Motorisierung von Jugendlichen, die sie zugleich verstärkt in die Metropolen trug. All dies trug ohne Zweifel zu einer „Teenager-Kultur" bei, die auch pädagogisch organisierten Einflüssen schnell entwuchs und schon damals statt dessen stark unter kommerziell organisierte Einflüsse geriet (Schallplatten- und Kosmetikindustrie bspw.). Wichtige Treffs wurden nun öffentliche Lokale oder Wohnungen (Parties). Die alten Gruppen-Rituale lösten sich auf, denn die informellen Jugendgruppen fragten nach „Stil" nicht in irgendeinem gestaltenden oder erzieherischen Sinne. An die Stelle ererbter Rituale trat ein sozialemotionales Interesse an Gleichaltrigen mit starker Betonung des Spielraums von Freizeit, Freundschaft und Liebe.

Interessant ist, daß *Ausubel* (1968 bes. 327ff) in seinem Buch über „Das Jugendalter“ Untersuchungen zu jugendlichen Peer-Groups *in den USA* aus dem Zeitraum von 1926-1959 zusammengetragen hat, die die USA als Vorreiter informeller Jugendgruppen erweisen - aufgrund des dort seit jeher üblichen kommunal-offenen Lebensstils Jugendlicher. Bemerkenswert ist, daß Untersuchungen *Colemans* zur „Adolescent society“ (1962) und *Rosenmayrs* Übersicht über „Hauptgebiete der Jugendsoziologie“ in Königs Handbuch der empirischen Sozialforschung (1969, besonders 105-146) zu ähnlichen Beschreibungen dieser informellen Gruppen kommen, die zeigen, daß viele ihrer Strukturzüge nationenübergreifend sind. Zu diesen Strukturzügen gehört

1. Die starke Bestimmung des Freizeitverhaltens durch erotische und sexuelle Bedürfnisse. Sie können sich in Schule und Elternhaus offenbar nicht genügend artikulieren, so daß die Peer-Groups wichtige Erfahrungs- und Sozialisationsagenturen werden. Tanzen ist insbesondere für die Mädchen der Gruppe die beliebteste Freizeitbeschäftigung, weil hier Paarbeziehungen innerhalb der Gruppe ausprobiert werden können. Intensivere Freundschaften führen zur Absonderung des Paars, wobei Jungen zugleich in einer Freundesgruppe integriert bleiben; sie gehen mehr aus und entwickeln mehr außerhäusliche Aktivitäten als ihre Freundinnen.

2. Die Peer-Groups entstehen parasitär an den jeweiligen Orten bzw. Institutionen, die Jugendliche zusammenführen: Nachbarschaft, Schulen, Ausbildungsstätten.

3. Damit hängt zusammen, daß die Jugend in bezug auf soziale Schichtzugehörigkeit streng selektiv ist. Während Kinder auf rassische und ethnische Herkunft, soziale Schichtzugehörigkeit und Statussymbole verhältnismäßig wenig achten, spielen diese Gesichtspunkte für Jugendliche in der Regel durchaus eine Rolle. Die Peer-Groups spiegeln die sozialen Zuordnungen der Gesellschaft wider.

4. Diese Selektivität bestimmt (in den 50er Jahren noch maßgeblich) die Wertsyndrome der Jugend. Während mittelständische Jugendliche, die das Gymnasium besuchen, den Akzent legen auf Pünktlichkeit, Gepflegtheit, persönliche Attraktivität, Respektierung der Individualität, tiefere Sympathiebindungen

und gleiche Interessen, bevorzugt die Arbeitersubkultur Männlichkeit, Rauhbeinigkeit, Tapferkeit, Mut und Stärke als Prestigemittel; direkte Aktion wird vorgezogen (vgl. unten, die Action-Szene). Die jugendlichen Peer-Groups reproduzieren also die Standards der sozialen Verortung, wobei neben der Bildungsinstitution die Herkunftsfamilie ausschlaggebend ist.

5. Schwerpunkte der Erwartungen, die Jugendliche an ihre Gruppe haben, liegen im erotischen Erfahrungsbereich, in der Erprobung der eigenen Persönlichkeit sowohl in solidarischem Verhalten wie in Rivalitäten.

6. Durchweg bleibt eine emotionale Tiefenbindung an das Elternhaus bestehen: „Die antizipatorische Sozialisation und die Zukunftspläne scheinen stärker von 'Peers' abhängig zu sein, während grundlegende emotionale Strukturen und Normen, wie sie aus Identifizierungsprozessen und Tiefenbindungen hervorgegangen sind, enger mit den Eltern und ihrem Einfluß verbunden sind." (*Rosenmayr* 114). Damit ist nicht nur gesagt, daß die Sozialisationsleistungen des Elternhauses in den Peer-Groups unbewußt präsent bleiben. Wer bspw. zuhause seine Ich-Stärke zugunsten einer Orientierung an einem dominierenden Elternteil aufgegeben hat, wird auch bei den Peer-Groups eher dazu neigen, 'Gefolgsmann' zu sein, Verhaltensweisen zu übernehmen statt zu schaffen und sich der Autorität eines Stärkeren unterwerfen. Vielmehr bestehen auch direkte und bewußte pädagogische Kontakte weiter. Viele Jugendliche kommen z.B. in eine echte Streßsituation, wenn die von ihnen gewählten Freunde zuhause nicht anerkannt werden. Da die Peer-Gesellungen weniger eine Folge eigener Wahl aus einer Vielzahl von Möglichkeiten darstellen, sondern es sich vor allem um aus Nachbarschaftssituation und Schule bzw. Ausbildung mehr oder weniger zufällig entstandene Bekanntschaften mit den Jugendlichen handelt, die sich in der gleichen Lage befinden, sind sie auch auf diese Weise von Eltern-Schul- und Nachbarschaftseinfluß abhängig. Es ist äußerst selten, daß ein Jugendlicher, um den Kontakt zu bevorzugten Peers aufrechtzuerhalten, auf eine bestimmte Ausbildung verzichtet oder eine Schule wählt, die von den Peers, aber nicht den Eltern vorgezogen wird. Wenn Eltern die Wohnung wechseln, sind die Jüngeren unter den Heranwachsenden - je nach

dem Grad ihrer emotionalen und finanziellen Abhängigkeit - gezwungen, die Entscheidungen der Eltern zu den ihren zu machen und ihnen zu folgen.

7. Inzwischen hat sich weder die These bestätigen lassen, daß die Familienautorität deren Gefüge im Laufe der Zeit zerstöre und statt dessen jugendkulturelle Strömungen außerhalb der Familie die Oberhand gewönnen, noch die Gegenthese, daß der 'Zuzug' zur Familie sich wieder verstärke und sich Jugendliche an die Institution Familie zurückorientierten. Zwar ist auf der einen Seite ein Bedeutungszuwachs der *Peers* deutlich zu konstatieren; dieser erfolgt aber nicht eigentlich auf 'Kosten' der Familie, die neben den Gleichaltrigen einen stabilen Bedeutungszuwachs nachweisen kann. Dies wird vor allem dann deutlich, wenn die Bedeutung von Eltern und Peers auf der einen Seite, die anderer Bezugssysteme (Verwandte, andere Gruppen) auf der anderen Seite in Vergleich gebracht wird, wie folgende Abbildung zeigt:

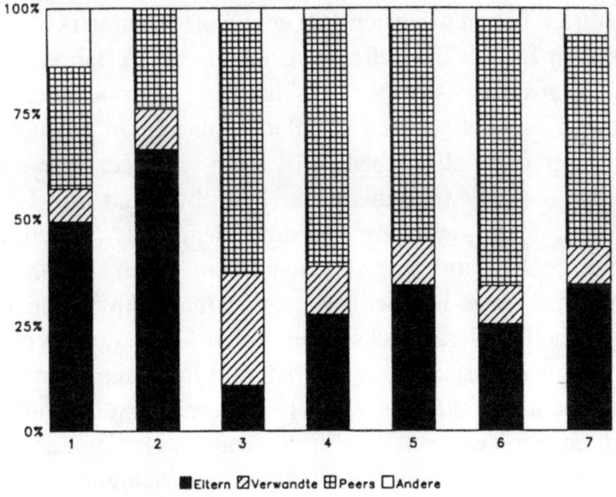

1 Ausbildungs-/Schul-/Berufsprobleme
2 Finanzielle Probleme
3 Probleme mit den Eltern
4 Beziehungsprobleme mit dem Partner/der Partnerin
5 Probleme in der Beziehung zu Freunden/anderen Menschen
6 Fragen/Probleme im Bereich von Sexualität/Liebe
7 starke psychische/seelische Konflikte

Abb. 1: Problematische Lebenssituationen und Netzwerke Jugendlicher (Angaben in Prozent)
Quelle: Schröder (1995), 132

Die Abbildung zeigt nicht nur die vorrangige Bedeutung von Eltern *und* Peers, sondern auch deren zunehmende Arbeitsteiligkeit. Die relevanten Ansprechpartner für Sorgen und Nöte nach unterschiedlichen Problemlagen orientieren sich sowohl nach Eltern- wie Peer-Netzwerken. Die Peers haben eine hohe Bedeutung für alle Entwicklungsaufgaben im bio-physischen und sozialen Kontext: „Im Kreise der Gleichaltrigen bespricht man Fragen der Sexualität, Beziehungsprobleme mit dem Partner/der Partnerin oder Konflikte mit anderen Personen eher als mit seinen Eltern." Hingegen bleiben die Eltern erster und wichtigster Ansprechpartner „bei allen die materiellen und qualifikatorischen Entwicklungsaufgaben betreffenden Fragen (finanzielle Probleme, Ausbildungs-, Schul- und Berufsprobleme)" (ebd. 132). Fragen der Berufsfindung, der Leistung und der ernsthaften Lebensführung werden eher mit Eltern, Fragen des emotionalen Haushalts und normative Fragen sowie solche, die mit menschlichen Beziehungen zu tun haben, werden eher unter Gleichaltrigen erörtert.

8. Gleichaltrige haben offensichtlich eine hohe, eher stärkere Bedeutsamkeit für die Bereiche der Erlebnis- und Erfahrungssolidarität in *psychisch-sozialen* Problemlagen. Damit wird freilich doch ein wichtiger Teil sozialer Erfahrung an jugendkulturelle Aggregate 'abgegeben'. Mit Hilfe von Peer-Beziehungen haben sie die Möglichkeit, ihr Selbstbild und ihre Über-Ich-Strukturen zu verändern und eine Identität zu finden, die die infantile Abhängigkeit von den Eltern durch allmähliche Ablösungsprozesse bearbeitbar macht. Jugendkulturelle Gesellungen helfen Heranwachsenden, durch Interaktion, Wettbewerb, Auseinandersetzung, Solidarität und Erfahrungsaustausch sich in Richtung auf eine künftige personale Autonomie zu überprüfen, im Vergleich zur Eltern-Generation zum Teil auch neu zu bestimmen und allmählich zu festigen (Schmuck 1963).

Neuere Tendenzen

In den 60er Jahren verliert sich der alltägliche Gebrauch des Ausdrucks „Teenager", in den 80er Jahren wirkt er antiquiert. Eine Vielzahl unterschiedlicher Benennungen tritt an die Stelle des alten Sammelbegriffs (‚girls' und 'boys', 'teeny', 'Jugendliche(r)', neuerdings immer öfter 'Kids', in deren Ausdruck die

Verkindlichung im Jugendlichsein angelegt ist). Die in den 50er Jahren zu beobachtenden Tendenzen haben sich verstärkt. Organisierte Gruppen gehen immer mehr zurück. Eine Zunahme gibt es mit bemerkenswerter Beständigkeit und Stabilität vor allem bei der Sportjugend: Von 1953 bis 1967 ist der Anteil der in Sportverbänden organisierten Jugendlichen von 15 auf 23% angewachsen, und nach den Daten der 12. Shell Jugendstudie sind Ende der 90er Jahre sogar 39% in Sportvereinen organisiert. Der Anteil bei konventionellen Verbänden ging von 1953 bis 1967 von 12 auf 7 % zurück und hat seither nur einen Prozentpunkt zugelegt; bei politischen Jugendverbänden und bei der Gewerkschaftsjugend ist seit 1967 ein Rückgang von 4 auf 2% zu verzeichnen, und 1997 hat sich hieran nichts geändert (nur die politischen Parteien verloren um einen weiteren Punkt und sind mit 1% - neben Bürgervereinen zur Durchsetzung gesellschaftlicher/ politischer Ziele - Schlußlichter der Tabelle). Freiwillige Hilfsorganisationen wie Feuerwehr, Technisches Hilfswerk sowie Fanclubs folgen nach Sportverbänden und kirchlichen Organisationen, wenn auch weit abgeschlagen, bemerkenswerterweise an dritter Stelle; Jugendverbände (z.B. Pfadfinder) haben mit einem schwachen hinteren Platz von 3% auch keine eindrucksvollen Werte zu verzeichnen - vielmehr finden sich auch hier Trends, die sich weiter fortsetzen (Jugend '97, 356 f.). „Mit Leib und Seele" Wandervogel, Pfadfinder oder Falke sein - das gibt es immer weniger (*Mitterauer* 233). Gegenüber 1962 hat die Cliquen-Mitgliedschaft Jugendlicher hingegen um über 40 % zugenommen. Das soziale Netzwerk ist noch dichter geworden; Freundschaften beginnen früher; Gleichaltrige sind durchweg die liebsten Freizeitpartner; gleichzeitig sind Jugend-Treffpunkte heute vielfältiger und besser ausgestattet als vor 20 Jahren *(Allerbeck/Hoag)*. Während sich an der sozialen Homogenität der meisten Cliquen nichts geändert hat, ist doch festzustellen, daß die Mädchen ihre Position verbessert haben: am internationalen Jugendtourismus sind sie inzwischen fast gleichberechtigt beteiligt, sie können heute auch allein oder mit Freundinnen außer Haus gehen, ohne daß dies anstößig wirkt oder pauschal eine „sittliche Gefährdung" berufen wird. Am bemerkenswertesten ist jedoch, daß die Internationalisierung durch Konsum, Mode und Pop- wie Rockmusik nicht nur weiterhin zugenommen hat, sondern zugleich über diese Medien heute auch Gruppenzugehörigkeiten sich definieren: je nach dem Stil, der in der Kleidung, dem musikalischen Ambiente, im gesamten 'Styling' angeboten wird. Die Gruppenzugehörigkeit, seit jeher bestimmt durch persönliche Sympathie, bekommt damit ein entscheidendes formales Element zurück: am *Stil* scheiden sich Geister und Zugehörigkeiten. Diese neue Entwicklung ist inzwischen zu einem zentralen Element mehr oder weniger aller Jugendkulturen geworden; sie wird daher im 3. Kapitel ausführlich thematisiert.

1.2 Protestbewegungen

Die Protestbewegungen der Bundesrepublik haben insofern stets besondere Aufmerksamkeit gefunden, weil sie - im Gegensatz zur Teenager-Kultur - das politische und öffentliche Leben beeinflussen wollten und dies auch manchmal taten. In den 50er Jahren traten sie noch nicht hervor. Der Beschluß der Bundesregierung zur Wiederbewaffnung und die um 1958 einsetzende Debatte, ob die Bundeswehr auch mit Atomwaffen ausgerüstet werden solle, schließlich die Errichtung des westlichen Militärbündnisses (NATO) waren jedoch politische Entscheidungen, auf die man sich später kritisch rückbezog. Der Berliner Mauerbau am 13.8.1961; die Spiegelkrise 1962 aufgrund eines kritischen Berichts über ein NATO-Manöver der Bundeswehr waren weitere Anlässe (vorerst noch latent bleibender) Unruhe. Anstöße kamen zweifellos auch aus den USA: der Vietnamkrieg; die Bürgerrechtsbewegung gegen Rassendiskriminierung der Schwarzen, die Anti-Vietnam-Haltung der Studenten von *Berkeley*, durch Medien übertragen, galten als vorbildhaft. Die große Koalition von CDU/CSU/SPD im Jahr 1966 war die Scheide, über die Unruhe sich bald ergießen sollte. Genau in diesem Jahr legt *Viggo Graf Blücher* die Auswertung einer im Auftrag des Familienministeriums von *Emnid* durchgeführten umfassenden Befragung von Jugendlichen aller Schichten (15 bis 25 Jahre) vor, Titel: „Die Generation der Unbefangenen". Der Titel faßt programmatisch die Ergebnisse zusammen; auf dem Umschlagentwurf heißt es: „Das besondere Verdienst des Verfassers besteht darin, daß er die Ergebnisse der Befragung den bisher geltenden Auffassungen gegenüberstellt und sie in den Zusammenhang unserer gesamtgesellschaftlichen Wirklichkeit einordnet. Es wird dabei deutlich, daß wir es heute mit einer gewandelten Jugend zu tun haben, die mit großer Unbefangenheit den gesellschaftlichen Mächten gegenübersteht, eine Jugend, die sich in das industrielle Zeitalter eingliedert, die zur Familie, Arbeit und Freizeit eine positive Beziehung besitzt, in Liebe und Ehe einen neuen Moralkodex entwickelt und an Politik lebhaft interessiert ist." Die Ergebnisse malen das Bild einer integrierten Jugend. So sei „die Bedeutung von Familienangehörigen als Vertrauensperson ständig gewachsen. 1953 waren es 71 %, die diese Antwort gaben, 1954 82%, 1955 89% und 1964 nannten 98 % die engere Familie als Vertrauenspersonen". Fazit: „Dem gesamtgesellschaftlichen Funktionsverlust der Familie steht ein merkbarer Funktionsgewinn der Eltern in den Augen der Jugendlichen gegenüber. Die Familie scheint sich als Intimgruppe zu stabilisieren." Hervorgehoben wird, daß „sich das Schwergewicht von 'der Mutter' als Vertrauensperson auf 'die Eltern' verschoben hat" (102f), wobei nicht überlegt wird, inwieweit unvollständige Familien (viele Väter waren aus dem Krieg nicht heimgekehrt oder noch in Gefangenschaft) möglicherweise hier der Grund der Verschiebungen sind. Im Freizeitverhalten zeigt die Jugend keine besonderen Auffälligkeiten, vielmehr eine „gesunde Reaktion auf das Freizeitsystem" (246), gerade auch darum, weil die Schutzraum-Pädagogik „eine gewisse Weltfremdheit bewirkt": „Nicht auf allen Schulen lernt man Umgang mit Massenmedien, Umgang mit Menschen, wird in die technische Bildung eingeführt, erfährt die sozioökonomischen Hintergründe unseres gesellschaftlichen Lebens und lernt mit Verstand zu konsumieren. - Hier bewirkt die freie Zeit den Ausgleich. Die Freizeiterfahrungen in ihren vielfachen Ausprägungen bedeuten Welterfahrung. Die parallelen Bindungen an Elternhaus, Freunde, informelle Gruppe und Verein sorgen für ein multidimensionales Angebot. Dem Bindungspluralismus entspricht ein Freizeitpluralismus." (248) Immerhin, hier spricht *Blücher* pädagogische Desiderate an, die bis heute gelten und bereits damals vielleicht mit zur Unruhe der Jugend beigetragen haben. Diese ahnte niemand, denn so *Blücher*: Es „fehlen Fixierungen an starke weltanschauliche Bindungen wie Religion, Vaterland, Europa. Wohin wir blicken: Pluralismus, Vielfalt, Offenheit, partielles Engagement, Weltneugier, Vorurteilslosigkeit - Unbefangenheit allem Neuen gegenüber. Damit verbinden sich Experimentierfreudigkeit, Umgänglichkeit mit anderen, Freude am Leben in allen seinen Rollenangeboten." Die Jugend hat durchaus die Fähigkeit, „den Ansturm der modernen Erscheinungen zu bewältigen.“ Freilich weist *Blücher* auch hin auf die „stete Kritikbereitschaft und eine Selbstsicherheit, die nicht bereit ist, sich ‘überfahren zu lassen’“; dennoch: „Die Haltung ist - Gelassenheit.“ (14) Die politischen Bildungsmaßnahmen hätten die Aufmerksamkeit für politische Vorgänge positiv beeinflußt, im übrigen gilt: „Das politische Interesse erwacht noch vorliegenden Erfahrungen in vollem Umfang erst dann, wenn der Zwang zu politischem Verhalten vorliegt, zum Zeitpunkt der Wahlmündigkeit. Den haben die in unserer Befragung erfaßten jungen Menschen zumeist noch nicht erreicht.“ (324f)

Blüchers Untersuchung wird gern zitiert, um die Prognose-Unfähigkeit der Jugendforschung zu belegen. Ein solches Urteil wäre schon deshalb zu voreilig, weil *Blücher* ja durchaus, wenn auch nur zwischen den Zeilen, auf Problempunkte hinweist. Er gewichtet sie allerdings falsch -schließlich ist es seine *Interpretation* der Daten, die öffentliche Beachtung gefunden hat. Über den Hinweis, daß „dem Vielerlei der Bindungs- und Gesellungsformen zahlreiche Nuancen der politischen Zuwendung“ entsprechen, das ‘Politische’ also über das ‘Gesellige’ der jugendlichen Peer-Groups eine Nähe gewinnt, „wie sie dem klassischen Vorbild des ‘Zoon politikon’ entsprochen haben könnten“ (381) wurde hinweggelesen; beruhigend für die apostrophierten Adressaten des Buches (Pädagogen, Sozialpolitiker, Kirchen, Parteien, Wirtschaft) hingegen waren ohne Zweifel Sätze derart: „Das Gefühl einer latenten Bedrohung durch den Kommunismus ist bei den jungen Menschen durchaus klar entwickelt“ (361) - obwohl eine genauere Analyse bspw. zeigt, daß nur etwas mehr als die Hälfte (57 %) der Oberschüler und Studenten der Meinung zustimmt „Ich werde die Freiheit mit der Waffe verteidigen“, während die Ansicht, der Kommunismus erstrebe die „Weltrevolution mit allen Mitteln“ nur von 28% geteilt wird und fast die Hälfte zwischen dem sowjetischen und chinesischen Kommunismus“ zu differenzieren weiß.

Als die Schüler- und Studentenrevolte einige Jahre nach der Befragung *Viggo Graf Blüchers* (1964) explodierte, hatten öffentliche Ereignisse, unmittelbare Betroffenheit und die Vermittlung von Meinungen, Ansichten und Verarbeitungsformen über neue jugendliche Gesellungen aus der proklamierten „Unbefangenheit“ gerade unter Schülern und Studenten ein starkes Engagement hervorgerufen. Nach *Berkeley* fand das erste sit-in auf deutschem Boden 1966 in der *Freien Universität Berlin* statt (gegen Versäumnisse in der Studienreform und gegen die Unterdrückung der Versammlungsfreiheit in der Universität); am 2. Juni 1967 wurde der FU Student *Benno Ohnesorg* auf der Anti-Schah- und Anti-Amerika-Demonstration in Berlin tödlich getroffen; 1968 lösten die Schüsse eines rechten Radikalen auf den Studentenführer *Rudi Dutschke* die Belagerung der Druck- und Verlagshäuser des *Springer-Konzerns* aus. Die Aktivitäten des SDS fanden unter Schülern ebenso große Aufmerksamkeit wie die Experimentierlust der neuen Jugend mit Wohngemeinschaften, Demonstrationen, teach-ins in überfüllten Hörsälen, etc. Aus den Jugendclubs in den Jugendzentren wurden die „republikanischen Clubs“ engagierter junger Demokraten; die kapitalistische Organisationsform der bundesrepublikanischen Wirtschaft wurde Gegenstand einer systematischen Kritik und der Wiederentdeckung sozialistischer Traditionen und des Marxismus. Medien, internationale Kontakte *und* Pop und Rock führten zu einem Gefühl der Solidarität. Wieder hat die Musik zur Verbindung beigetragen. Die *Rolling Stones* mit ihrer Protestgebärde, die Rüpelhaftigkeit vieler Liverpooler Bands (als ‘proletarisch’ gefeiert), aber auch die engagierten Lieder eines *Donovan*, *Bob Dylan* oder einer *Joan Baez* trugen bei zum akustischen Zusammenschluß einer ihre Kritik ausagierenden Protestgeneration. Der Übergang vieler Teenager in die neuen Bewegungen war jedenfalls für die, die diesen Übergang wagten, problemlos. Es ist zu vermuten, daß neben den politischen Themen gerade auch bestimmte Ausdruckshaltungen zur kritischen Verselbständigung der Jugend beitrugen. Freilich ist eins hervorzuheben: der Protest gegen eine unterdrückende Klassengesellschaft war primär ein *Jugend*-Protest, und an ihm waren vorwiegend Schüler, Studenten und die theoretischen Älteren (die „Väter“ der Kritischen Theorie!) beteiligt.

Es war diese Intellektualisierung und Theoretisierung, die in der zweiten Welle des Protests in den frühen 80er Jahren abgelehnt wurde. Die sogenannte *Alternativbewegung* oder die *Neuen sozialen Bewegungen* setzten die durch die erste Protestgeneration aufgebaute gesellschaftliche Gegenstruktur fort, die inzwischen jedoch „äußerst vielfältig ist und in der Schüler, Studenten, Lehrlinge, junge Arbeiter, Arbeitslose, Frauen, Jugendliche mit Drogenerfahrungen, Ökologie- und Friedensbewegung ihren Platz haben." (Behr 140). Wiederum sind Jugendliche aus den traditionellen Mittelschichten stark überrepräsentiert; fast die Hälfte hat mit dem Elternhaus gebrochen, Konflikte mit Autoritäten (Lehrer, Professoren), beklagt die Unterdrückung sexueller Freiheit, Intoleranz gegenüber jugendlichen Lebensformen - wobei politische Diskussionen, Demonstrationen und alle Formen persönlicher Auflehnung besonders bevorzugt werden (ebd.).

Wieder sind es *Metropolen*, in denen Szenen-Aktionen kumulieren. Emotionalität, Spontaneität, Handlungswillen verdrängen die Analyse; das Engagement wird konkretistisch, übernimmt zugleich eine Vielzahl kultureller Ausdrucksmittel, die den bloß verbalen, intellektuellen Diskurs ersetzen. Höhepunkte sind die Zürcher Bewegung mit dem Auslöseereignis am 30. Mai 1980, als Jugendliche in einer Demonstration gegen den 60-Millionen-Kredit für die Renovierung des Opernhauses von der Polizei angegriffen wurden, so daß es eine heftige Straßenschlacht gab - denn die bereits in einer Volksabstimmung 1977 beschlossene Umwandlung einer leerstehenden Fabrik in ein „Kulturzentrum" ließ auf sich warten. Man arbeitete nun mit den Mitteln ironischer Selbstbeschimpfung' wie in dem Szenenfilm „Züri brännt": ein Zentrum solle entstehen für „Knüppel, Schwule, Säufer, Junkies, Spaghettifresser, Neger, Bombenleger, Brandstifter, Vagabunden, Knackis, Frauen und alle Traumtänzer". - Wenige Monate später beginnt die Berliner Hausbesetzerbewegung mit einer Räumung am 12. Dezember 1980, nachdem Revolten in England (und, wie gesagt, Zürich), der Aufstand wegen der Räumung des besetzten *„Dreisameck"* in Freiburg (Juni 80) und Auseinandersetzungen bei den öffentlichen Rekrutenvereidigungen in *Bremen* und *Hannover* (November 80) vorausgegangen waren. Die Hausbesetzerbewegung, die viele Städte ergriff, hatte ihr eigentliches Zentrum in Kreuzberg. Feministinnen, Anti-AKW-Gruppen, Autonome, Anarchisten, Jusos, Jungdemokraten, SEW-Sympathisanten, aber auch Rockgruppen taten sich zusammen. Die Suche nach neuen Lebensformen in der Wohngemeinschaft war ebenso wichtig wie das politische Engagement. Die Suche nach Glück und Wärme, die Bestätigung des eigenen Lebensstils trat vor den Wunsch, die „Gesellschaft zu ändern". (Dazu: *Roth/Rucht*; *Hilgenberg/Schlicht*; *Bruder/Bruder*, S. 130ff)

Zur gleichen Welle wie die Hausbesetzerbewegung gehören die Protestbewegungen der Kernkraft-Gegner und der Friedensdemonstranten. Das Jahr 1981 brachte hier einen (vorläufigen) Höhepunkt; die Auflistung der Daten könnte die Grundlage einer Art alternativer Geschichtsschreibung der Bundesrepublik andeuten: im Februar Demonstration gegen das Atomkraftwerk *Brokdorf* (100.000 Beteiligte); im Juni Friedensdemonstration; Höhepunkt der Evangelische Kirchentag 1981 in *Hamburg*, als die Kirchentagslosung „Fürchte dich nicht" durch den Gegen-Slogan „Fürchtet euch, der Atomtod bedroht uns alle - wehrt euch!" herausgefordert wird; am 10. Oktober 1981 fuhren 300.000 Personen in Sonderzügen und Bussen nach *Bonn:* „Gegen die atomare Bedrohung gemeinsam vorgehen - für Abrüstung und Entspannung in Europa!". Die linksradikale Militanz vergangener Zeiten wird 1977 in einer der ersten Nummern des Frankfurter Stadtmagazins *„Pflasterstrand"* in eine ökologische umdefiniert: „Wenn militant sein heißt, daß ich alle Möglichkeiten nutze, daß ich nur jeden möglichen Schritt tue und alle nur möglichen Aktionen, um ein für alle Mal die *natürliche Lebensweise des Menschen* wieder einzuführen, wenn das militant ist, dann bitte ich meinen Vater Sonne, und meine Mutter Erde, daß sie mir Leben und Stärke geben, um von allen der militanteste zu sein" (Titelblatt). Nicht mehr eine veränderte Gesellschaft, sondern die eigene Lebenspraxis wird zum zentralen Bezugspunkt der Alternativ-Kultur, wie trotz des abgegriffenen Terminus angemessen ist zu sagen: 'Protestkultur' behält als Bezugspunkt zu stark das gesellschaftliche System, von dem man sich doch gerade distanziert. Vorhandene Organisationen und Institutionen werden programmatisch abgelehnt; man sucht nach neuen Formen des Arbeitens, des Zusammenlebens, des sozialen Handelns. Die alternative Szene versucht, sich in eigenen *Netzwerken* zu etablieren. Zu Beginn der 80er Jahre umfaßte sie in der Bundesrepublik und Westberlin etwa 11.500 sogenannte Projekte (Landwirtschaft, Druckereien, Handwerksbetriebe, Kunsthandwerk; Lebensmittelläden, Buchläden, Kneipen, Kommunikationszentren; Verlage, Selbstverwaltungsdienste, Kinderläden, Schulen für Erwachsenenbildung, therapeutische und sozialpädagogische Projekte, Theater, Musik, Sport; Bürgerinitiativen, Bürgerkommitees, alternative Wählerlisten). Schätzungsweise etwa 80.000 Menschen sind in alternativen Projekten engagiert, mit weiteren ca. 300.000 bis 400.000 „Sympathisanten" wird gerechnet: „Im Verhältnis zur Gesamtzahl der Bevölkerung ist die alternative Szene samt Sympathisantenkreis klein. Es ist allerdings nicht zu übersehen, daß sie ihre Wirksamkeit auf das politische Bewußtsein Jugendlicher weit über ihren engeren Bereich hinaus hat. Hinzu kommt, daß die alternative Szene durch ihre Publikationen einen beträchtlichen Teil der interessierten Öffentlichkeit erreicht. In fast jeder größeren Stadt der Bundesrepublik erscheint eine Alternativzeitung, teilweise mehrere." (Behr 115) Im Gegensatz zu den Hippies und Gammlern - „San Francisco war weit. Hippies kannten die meisten aus dem Fernsehen und aus Zeitschriften" (*Zimmermann* 103) - hat diese engagierte Spielform der Jugendkultur Authentizität in der Bundesrepublik selbst gewonnen.

Bemerkenswert ist, daß Intellektuelle, „linke" Politiker (-innen) und vor allem die über 20jährigen hier dominieren: die Bewegung wird getragen von der Altersgruppe der Postadoleszenten. Nur darum war es möglich, alternative Projekte auf Dauer in Gang zu setzen: dann nämlich, wenn man seine persönlichen und sozialen Beziehungen, seinen Beruf und seine Freizeit nicht nur interimistisch durchleben, sondern als eigene Lebensform und beständig selbst-organisieren will. Dies hat zur Folge, daß der Konsumbereich aufgesplittert wird: Art der Bekleidung, aber auch Print-Medien werden 'anders', eben 'alternativ' deklariert, während der Musik-Konsum nicht grundsätzlich abspaltbar ist. Neben kritischen und Lieder-Sängern hat die Pop- und Rock-Szene akustisch weiterhin Zugang, wenn zwar nicht in ihrer Gänze, sondern ausgewählt nach bestimmten Stil-Elementen.

Während die Teenager-Szene und die neuen freizeitinformellen Gruppierungen Jugendlicher (Altersschwerpunkt *hier*: die 12- bis 19jährigen), wenn überhaupt, eher eine kritisch-herablassende Kommentierung erfahren hat, hat sich eine engagierte Publizistik, haben sich Publizisten und Pädagogen der Alternativ-Szene wenn zwar nicht immer bejahend, so doch ernsthaft, vielfach auch hoffnungsvoll, zugewandt. Die zu Beginn der 80er Jahre erschienene Literatur belegt das. Beispiel ist das Buch *Brands* (1982) zu den „Neuen sozialen Bewegungen". *Brand* sieht eine historisch neuartige Problemlage, verwirft also die These „Zyklischer Erklärungsansätze": danach handelt es sich um unvermeidbare, wiederkehrende Gegenbewegungen gegen eine gesamtgesellschaftliche Entwicklung. Er favorisiert einen linear gerichteten „evolutionistischen Erklärungsansatz". Dabei geht es nicht so sehr um die „rising demands", also gewachsene Ansprüche aufgrund neuer Wertorientierungen, einer hedonistischen Ethik oder der forcierten Anspruchsdynamik einer Überflußgesellschaft, als um die Reaktion auf verschärfte Problemlagen mit einer Kulturkrise im Gefolge: die personale Identität ist in einer bürokratisierten Gesellschaft gefährdet, die Lebenswelt kolonialisiert - damit ist die Geltung des „industriellen Entwicklungsparadigmas" (8 f) erschüttert. Die Geschwindigkeit gesellschaftlicher Industrialisierung im Kapitalismus ist vom Subjekt nicht mehr einzuholen, das, bedroht von Desorientierung und der Zerstörung von Wohnumwelt und sozialer Netze die industrielle Weiterentwicklung der Gesellschaft grundsätzlich in Frage stellt. Die Wendung gegen die Maßgeblichkeit von Industrialisierungsprozessen zeigt sich auch darin, daß die soziale Bewegung des 19. Jahrhunderts, die sich polarisiert an der Arbeiterfrage entzündete (Dimension Arbeit, Klassenkampf), nun durch eine Vielzahl von Gruppen mit unterschiedlichen Zielsetzungen ersetzt ist, die vor allem die Re-Konstruktion des Subjekts durch „Selbstverwirklichung" anstreben - damit ist der Bezugspunkt Arbeit aufgelöst. Der Pädagoge *Hornstein* (1984) betont im Gegensatz zu *Brand*, der diese Entwicklung kritisch sieht, den emanzipatorischen Gehalt dieser Bewegung: es handele sich um die Suche nach neuen Zukunftsentwürfen und - im Gegensatz zur Kritischen Theorie, die vor die Umsetzung den Diskurs stellte - um eine „gesellschaftliche Praxis, die schon ist" (157). Die Erprobung neuer Lebensformen stellt einen neuen Entwurf dar und geht über die reine Kritik an Technik und Wissenschaft hinaus: Kategorien wie Spontaneität, Subjektivität und Eigenleistung der Individuen seien auch eine Herausforderung für die „Kritische Erziehungswissenschaft", die selbst keine produktiven Lösungen angeboten habe (161). Tatsächlich liegen im kulturellen Experiment des 'alternativen' Lebensstils und in der Frage nach der Bewahrung des gefährdeten Subjekts die entscheidenden Fragen.

Nach allen Daten, die uns vorliegen, gehören die Befürworter der alternativen Bewegungen nicht nur zu den älteren Jugend-Jahrgängen; es handelte sich auch um Personen und Gruppen, bei denen häufig Statusunsicherheit vorliegt und berufliche wie private Zukunft noch keine festen und verbindlichen Konturen gewonnen haben. In dieser sozialen Konstellation liegt die Tendenz, daß die sogenannten alternativen Lebensformen zwar einem bestimmten, eher gesellschaftskritisch-linken Gesinnungsspektrum verbunden waren, dies aber nicht auf Dauer und durchweg der Fall sein muß. Wie die Bielefelder Rechtsextremismusstudie zeigt (1992), können auch mitten aus der Normalität eines durchschnittlichen Lebenslaufs heraus problematische Wertentscheidungen und Orientierungs-Randlagen entstehen, die prinzipiell auch rechtsextreme Muster enthalten können - insbesondere immer dann, wenn nicht nur die Chancen zur sozialen Allokation gering sind, sondern auch die kognitiven Potentiale eingeschränkt erscheinen und damit der Dispositionsspielraum noch geringer wird. Während zu Beginn der 90er Jahre rechtsradikale Gruppierungen auf sich aufmerksam machen, die sich selbst als 'alternativ' ansehen, ist die Alternativ-Bewegung der Linken zunehmend in das politische System integriert. Offensichtlich hat die Partei der Grünen hier eine wichtige Funktion gehabt: „Nirgendwo sonst in Europa ist der Zusammenhang zwischen der Anhängerschaft an Teile der sozialen Bewegung und der Präferenz für die Grünen so groß wie bei uns (...). Es ist genau das Reservoir der neuen sozialen Bewegungen, also die jungen, politisch überdurchschnittlich interessierten Angehörigen der Mittelschichten in urbanen Regionen, die (noch) nicht in den Arbeitsprozeß integriert sind, bzw. Teile der Angestellten- und Beamtenberufe im Reproduktionssektor, vor allem solche, die ihren Status durch den technologischen Wandel bedroht sehen, durchweg mit einem höheren Bildungsstand versehen und eher pessimistisch in die Zukunft blickend, das grün orientiert ist. Nolens volens absorbieren die Grünen ein Gutteil Bewegung, lassen sie ins Stocken geraten, reinstitutionalisieren, was aus institutionellen Zwängen ausbrechen wollte." (ebd., S. 42f) Hinzu kommt, daß zu Beginn der 90er Jahre die 16- bis 35jährigen im Vergleich der Jahre 1980 und 1985 „offenbar sowohl klassisches staatsbürgerliches und parteiorientiertes Politikverhalten als auch problemspezifische Partizipation und zivilen Ungehorsam immer weniger in Erwägung" ziehen, und darum lassen sich aus dieser Perspektive „selbst unkonventionelle politische Orientierungen ....) als labile Periodeneffekte interpretieren." (ebd. S.42) Dies bestätigt auch die 12. Shell Jugendstudie 'Jugend '97'. Umweltschützer, Menschenrechtsgruppen, Gen-Technologie- und Kernkraftgegner, Dritte-Welt-Initiativen - bei allen diesen engagierten Gruppen sind die Identifikationswerte unter den Gleichaltrigen rückläufig. An die Stelle von Identifikation tritt entweder eine allgemein-ungerichtete *Sympathie* oder, noch stärker, eine bemerkenswerte *Gleichgültigkeit.* Jugendkulturelles Engagement scheint nachzulassen, und an die Stelle treten freundliches Gewährenlassen mit einer durchaus positiven Grundstimmung, die jedoch nicht in eigene engagierte (Protest-)Handlungen umgesetzt wird. Immerhin zeigen die Daten 'aktiver Antipathie' bei den 12- bis 24jährigen deutliche Zeichen der Ablehnung: gegenüber Neonazis (49%), Hooligans (36%), Skinheads (35%), abgeschwächt auch gegenüber okkulten Gruppen (12%). (Jugend '97, 372 f.). Die 'Gleichgültigkeit' richtet sich also gegen aktives Engagement in jugendkulturellen Protestgruppierungen, bedeutet aber nicht *Indifferenz* gegenüber als problematisch erlebten Stilen. Im Vergleich zu organisierten Verbänden (Parteien, Gewerkschaftsjugend) sind die Protestpotentiale grundsätzlich reaktivierbar. Freilich hat sich gezeigt, daß dies auch von *zyklischen Motivationsanlässen* bestimmt wird. Protestverhalten, das sich in jugendkulturellen Ausdrucksbewegungen artikuliert, ist immer dann am ehesten zu finden, wenn die Verläßlichkeit von lebbaren Alltagsroutinen und Übergangshoffnungen auf bessere Zeiten derart schwach wird, daß Krisensymptome unmittelbar als Herausforderung erlebt werden. Daß solche Proteste heute auch in Straßengewalt und Fremdenfeindlichkeit sich ausdrücken können, macht nur deutlich, daß es entscheidend vom *kulturellen Formcharakter* der Bewegungen abhängt, ob sie als (basis-)demokratische Protestbewegung, wie ursprünglich verstanden, sich wandelnden Herausforderungen standhält.

Damit ist freilich die bisher vorausgesetzte positive Kraft in demokratischen gesellschaftlichen Fortschritt jugendkultureller Bewegungen in Frage gestellt (dazu: Otto/Merten 1993, Sander 1995). „The Kids are not alright“: Seit den nationalistischen und rassistischen Jugndkulturen der späten 80er Jahre sind - mit unscharfen Rändern zu den Hooligans und verschiedenen Action-Szenen - 'Bewegungen' entstanden, die der stillschweigend unterstellten Dignität jugendkulturellen Selbstbewußtseins nicht (mehr) ohne weiteres an die Seite zu stellen ist. Die interne Differenzierung der Jugendkulturen setzt sich also insofern fort, als sie die positive Emphase, die auf den kulturellen Aktivitäten Jugendlicher liegt, nicht in jedem Fall mehr mittragen kann.

1.3 Action-Szenen

Die Studie des *Jugendwerks der Deutschen Shell-AG „Jugend 81"* fragt nach sogenannten Alltagsflips' die aus der erwachsenen Alltagsordnung herausführen und für Abwechslung sorgen. Besonders in den Großstädten, bei den 16- bis 19jährigen *Jungen* und bei den Jugendlichen mit Hauptschulbildung spielen sie eine besondere Rolle. Die Rangreihe bei den Hauptschülern sieht, in fallender Linie, so aus:

- Nacht durchmachen
- richtig rumalbern
- Musik irrsinnig laut hören
- Suche nach Action
- mit Fahrzeug durch die Gegend kurven
- sich anders bewegen
- blau machen
- verrückte Sachen anziehen
- schwarzfahren
- ältere Leute provozieren (578)

Besonders an der Flippraxis sind Jugendliche beteiligt, die sich über öffentliche Gruppenstile artikulieren - Punks sind danach am „flippigsten". Jugendliche aus städtischem Arbeitermilieu mit einigen Mißerfolgen in der Schul- und Berufsausbildung fühlen sich am ehesten diskriminiert, lassen sich durch provokative Wandsprüche faszinieren und bevorzugen erwachsenenfeindliche Alltagsflips („ältere Leute provozieren und ihnen Angst machen") oder, etwas älter, hedonistisch orientierte Kumpaneien („mit anderen die Nacht zum Morgen durchmachen"). Abgesehen von bestimmten Jugendgruppen mit ihren je eigenen Stilen sind es offenbar Arbeiterjugendliche oder solche, die Ausbildungs- oder Berufsfindungsschwierigkeiten haben, die die meist großstädtischen Areale bevölkern und auf ihre Weise mit Leben erfüllen. Entsprechend sind die Wunschlandschaften und Traumorte dieser Jugendlichen: während Alternative von einer 'sinnvollen Existenzweise vor der Entfaltung industrieller Zivilisation' träumten (Fischerdorf, Bauernhof vor 100 Jahren, Blockhütte am

Wald, unberührte Wildnis), beschäftigen sich die Wunschphantasien der Jugendlichen aus weniger bevorzugten Bildungsmilieus eher mit dem 'Schlaraffenland als Wunschort eines umfassenden Versorgtseins' vor allem aber auch mit Maschinen (Science Fiction) und dem Nachtleben der großen Städte (Las Vegas). Ob Weltraum oder die spiegelnden Lichter einer Großstadt: „Wer den zivilisatorischen Abenteuerraum liebt, votiert ganz ähnlich wie die Weltraum-Träumenden. Die *Wahl eines Traummotivs* ist offenkundig *in einen übergreifenden Orientierungsrahmen eingebunden*. Die technologische Utopie (Science Fiction) gründet auf einer optimistischen Zukunftssicht, vielfältigen technischen Interessen und strahlt auf den politischen Handlungsraum aus. Der so Träumende neigt dazu, die eingeschlagene Entwicklungsrichtung zu verteidigen. Er ist für harte und risikoreiche Energiepolitik, pro Bundeswehr, gehört zu den wenigen Teilgruppen Jugendlicher, die eindeutig die CDU/CSU favorisieren.

Alternativträumende stellen düstere Prognosen für die Zukunft, zeigen sich technisch eher desinteressiert, setzen sich für eine Umorientierung der Energiepolitik sowie der sozialen Lebensweise ein. Es ist die Traumwelt von Kernkraftgegnern, Umweltschützern' Alternativen." ('Jugend '81', 560ff; 582ff)

Familienherkunft, Bildungsniveau und Zukunftsaussichten trennen die Jugendlichen in mancher Hinsicht in durchaus unterscheidbare Gruppen. Während die vielfach manieristisch differenzierte Kultur der „Teenies" relativ unspezifisch streut, trennen sich die politisch-alternativ Engagierten (besseres Bildungsniveau; eher älter bis in die Postadoleszenz) und benachteiligte Milieus (‚Arbeiterjugendliche' greift heute nicht mehr recht, weil untere Beamte und Angestellte, arbeitslose Väter etc. unabhängig von der sozialen Familientradition heute ihren Kindern eher eine Problemzukunft in Aussicht stellen müssen) durchaus in Hinsicht auf kulturelle Praxen und damit verbundene Haltungen. Einschränkend ist auch hier anzumerken, daß natürlich die Szenen *durchlässig* aufeinander sind und gerade in den Jugendkulturen *prinzipiell* die Möglichkeit offensteht, unterschiedliche Jugend-Milieus zu mischen - schon darum, weil die Abkoppelung von der Familie früher und intensiver erfolgt und damit diese Herkunft nicht bestimmend sein muß. (Und auch dies ist wieder einzuschränken: Gleichgestimmtheit und Partizipation an der gleichen Szene gelten in der Regel vorübergehend; beim Aufstellen und Realisieren von Zukunftsentwürfen differieren die Chancen dann wieder und führen Gruppen auseinander!). Die Durchmischung der Szenen illustriert etwa der Spruch, der an einer Kreuzberger Hauswand steht: „Geiles feeling - und die Steine klopfen im Takt." Und 14jährige Jugendliche, 10 Meter von aufgefahrenen Einsatzwagen entfernt, zünden sich einen Joint an, haben glänzende Augen: „Geile Action, heut' abend, ..." (Hilgenberg/Schlicht 101 f). Neigung zu Gewalt und Anarchismus kann verschiedene Motive haben: bei den Alternativen handelt es sich (in eigener Interpretation) um Gegenwehr, um die notwendige Demonstration von Solidarität, um die eigenen Lebensräume zu schaffen und zu sichern, während die jüngeren Jugendlichen, oft aus dem Berliner Kiez sympathisierend an der Szene partizipieren, in ihr unterschlüpfen, Gefolgschaft anbieten, aber weniger aus dem Interesse an übergreifender Lebensplanung heraus als an 'Action'.

Die Action-Komponente gilt für *bestimmte* Jugendkulturen in besonderer Weise. Es handelt sich um territoriale Jugendbanden in dichter besiedelten städtischen Wohngebieten; Treffpunkte sind die Straße, Rummelplätze' Hauseingänge (kaum Wohnungen, die viel zu eng sind). Man verteidigt das Territorium gegen Straßenbanden aus der Nachbarschaft, wobei der das meiste Sozialprestige besitzt, der aus Prügeleien als Sieger hervorgeht.

In Deutschland werden solche straßenbezogenen Jugendgruppen (Mädchen spielen kaum eine Rolle) bereits seit der Jahrhundertwende „Halbstarke" genannt. Der Ausdruck ist von Anfang an disqualifizierend gemeint; eingeführt wurde er wahrscheinlich von dem Hamburger Pastor Clemens Schulz, der in seiner Broschüre „Die Halbstarken" (1912) u.a. schrieb: „Die 14-18jährigen' im Lehrlingsalter stehenden Jugendlichen zeigen bereits deutliche Symptome der beginnenden Verwahrlosung. Sie - in Hamburg 'Briten' genannt - wechseln oft die Lehrstelle, weil sie wegen Trägheit oder Unzuverlässigkeit weggejagt werden oder weil sie selbst davonlaufen (...). Im übrigen bummelt der 'Brite' herum, lungert an Straßenecken, balgt sich mit seinesgleichen, gebraucht unflätige Schimpfwörter und belästigt Passanten (. . .) Der eigentliche 'Halbstarke' ist der 17/18jährige: jedenfalls bricht mit diesem Lebensabschnitt (...) aus dem 'Briten' der

'Halbstarke' hervor". (nach Simon 101) Während es vor 1900 randalierende Bleicher- und Schiffbauknechte waren, die die öffentliche Ordnung störten, entwickelten sich dann in den 20er Jahren dieses Jahrhunderts die „wilden Cliquen" als eine Form proletarischer Jugendkultur, zum größten Teil aus Arbeitslosen und unqualifizierten Jugendlichen im Alter zwischen 16 und 25 Jahren bestehend. Nach einer Schätzung von *Lessing/Liebel* (1981, S.17) gab es in Berlin nach 1925 allein 250 solcher Cliquen mit schätzungsweise 3000 Mitgliedern; ähnliche Gruppen gab es auch im Ruhrgebiet und im Rheinland sowie am Niederrhein. Diese wohnviertelorientierten Jugendlichen organisierten sich - freilich in sehr lockerer Form - jenseits der gleichzeitig existierenden bündischen Jugendbewegung als eine linksstehende politische Grundströmung; das stand „jedoch keineswegs im Widerspruch zu massiven Auseinandersetzungen mit Gruppen der kommunistischen oder sozialdemokratischen Jugendorganistionen" (nach Simon 103). Seit Mitte der 30er Jahre treten dann die 'Edelweißpiraten' auf. Diese Gruppierung, die nach Simon „den wohl militantesten abweichenden Stil" darstellte, „der jemals in Deutschland praktiziert wurde" (104) bestand aus vor allem zwischen 1922 und 1924 geborenen Jugendlichen, die sich an Abenden und Wochenenden trafen, um ihre Freizeit zu verbringen. Ihre Frontstellung gegen die HJ führte bald zu Auseinandersetzungen mit dem HJ-Streifendienst bis zum Eingriff der Gestapo, die schätzte, daß die größte Gruppe der Edelweißpiraten' die von ihr sogenannte „Terrorgruppe Ehrenfeld" zwischen 100 bis 500 Mitglieder besaß. Es fanden zunehmend Verhaftungen statt, da die „Edelweißpiraten" durch diese Verfolgung verstärkt in Frontstellung zum nationalsozialistischen System gerieten und sich zunehmend durch Überfälle auf Wehrmachtsdepots mit Waffen versorgten. Sie beteiligten sich sogar an Partisanenkämpfen, denen 1944 der Kölner Gestapo-Chef zum Opfer fiel. H.J. Schiffer berichtet (nach Simon 106): „Ende 1944 wurde der Kampf immer härter. Erst nach einem erbitterten zwölfstündigen Feuergefecht, nach Sprengung der Trümmerkeller, gelang es der Gestapo und der Wehrmacht, 128 Widerstandskämpfer gefangen zu nehmen. Sie wurden in das berüchtigte KZ Brauweiler verschleppt, in dem seinerzeit auch Konrad Adenauer saß, gefoltert und die Mehrzahl ermordet. Öffentlich gehängt, ohne Gerichtsurteil und vor den

Augen der entsetzten Familienangehörigen wurden 13 Edelweißpiraten."

Die neuen „Halbstarken" nach dem Zweiten Weltkrieg sind nur dem Namen nach mit solchen Widerstandsgruppen vergleichbar. Die politischen Motive werden eher marginal; seien es die Teddy-Boys in England (eher Arbeiterjugendliche), die „Blousons Noirs" in Frankreich (eher der Mittelschicht angehörend), die „Platten-Brüder" in Österreich oder die „Halbstarken" in der Bundesrepublik. Gemeinsam ist diesen Gruppierungen, daß sie einerseits über eine steigende Kaufkraft verfügten, andererseits nur begrenzte Freizeitmöglichkeiten hatten und über die Medien (Kino, Musicbox, Radio) neue, stimulierende Musikerfahrungen machten. Die Filme „Rock around the Clock" („Außer Rand und Band") oder „Don't knock the Rock" („Außer Rand und Band", Teil 2), vor allem Marlon Brando als Johnny in dem Film „Der Wilde" mit den subkulturellen Stilelementen von schwarzem Leder, Moped oder Motorrad sowie Rock'n'Roll trugen Jugendkrawalle und Ausschreitungen aus den Großstädten auch in provinzielle Bezirke. Dabei handelte es sich bei den „Halbstarken" der 50er Jahre keineswegs nur um punktuelle, zufällige Zusammenrottungen. Wie auch in anderen Ländern Europas entwickelten sich milieugebundene Gruppen-Kulturen, die sich voneinander unterschieden. Neben den eher existentialistisch orientierten Mittelschichtjugendlichen (orientiert eher am amerikanischen Jazz) gab es die „Nietenboys", die sich mit schwarzen Jacken (Kunstleder) kleideten sowie enge Nietenhosen und Texashemden trugen und als wichtigstes Accessoire eine Drahtbürste oder einen Plastikkamm, den sie deutlich herausragend in der Gesäßtasche trugen. Die „Halbstarkenkrawalle" wurden einerseits von den Medien vorbereitet (indem sie beispielsweise amerikanische Kulturmuster jugendlichen Verhaltens in der Rebellion zeigten) und zugleich auch verurteilt (Krüger 1985, S. 104ff). Damit knüpfte die Presse an die Tradition zu Beginn des Jahrhunderts an, die „Halbstarken" als aggressiv-randalierende Jugendliche zum Thema zu machen und sie zum Teil dadurch zu produzieren. Die verständnislose Abwehrhaltung findet sich bis in Darstellungen der heutigen Zeit: „Die Halbstarken treten überwiegend in Kleingruppen -Rudeln, Horden, Blasen, Platten und Cliquen - auf und ziehen durch ihr randalierendes Verhalten die Aufmerksamkeit der Öffentlichkeit auf sich (. . .) Rock'n'Roll-Veranstaltungen versetzen sie regelmäßig in Hochstimmung" (Kaiser 24f).

Auch heute gibt es noch viele milieugebundene Straßenbanden, mit erweitertem Waffenrepertoire: Stöcken und Baseballschlägern, nietendurchsetzten Killerhandschuhen, Kung-Fu-Waffen' „Nun-Chackus" (zwei Holzstücke, verbunden mit einer 17 cm langen Eisenkette), Messern, Gaspistolen; Fitness wird erstrebt durch Thaiboxen, Kung-Fu, Karate und Ringen. Eine Fallstudie zu der Gruppe der „Champs" und ähnlichen Gruppen in *Hamburg* zeigt, daß vor allem Ausländer und Arbeiterjugendliche, Hauptschüler und Arbeitslose dazu gehören. Es gibt die „Jacksons" (Altona), die „Street Boys" (St. Pauli Kiez)' die „Nameless" (Wandsbeck), die „Black Panthers" und „Doggys" (Eimsbüttel), die „Destroyers" (Wilhelmsburg), „Rebells" (Hamburg), insgesamt rund 30 Gruppen, die in der Regel 10 bis 15 Jugendliche umfassen. Die „Champs" sind 100 Köpfe stark, davon gehören 40 zum engeren Kreis. Einige Gruppen kämpfen betont gegen die Ausländerfeindlichkeit, gegen die Teds am Hamburger Dammtorbahnhof' die Skins. Aber auch hier sind die Kämpfe nicht eigentlich zielbesetzt und moralisch klassifiziert. Die Konfliktbereitschaft scheint heute zu steigen, und die gleichen Gruppen kämpfen heute auch gegen Punks, sind in Prostitution und Zuhälterei sowie Drogenhandel verwickelt (vgl. Sozialmagazin 21ff). - Auch (regionalbezogene) Jugendfreizeitheime sind Entstehungs- und Trefforte von Cliquen. Die „Piranhas", AC/DC-Fans und Heavy-Metal- sowie Hard-Rock-Anhänger (Hauptschüler, Jungarbeiter, Lehrlinge zwischen 14 und 16 Jahren) haben eine beeindruckende subkulturell-ästhetische Praxis der Selbstdarstellung (Kutten, Tätowierungen, Bemalungen etc.) entwickelt (Nachtwey 57ff). „Piranhas" sind Fische in südamerikanischen Gewässern mit außerordentlich kräftigem und scharfem Gebiß - Symbole für Angriffslust, Kraft und Stärke. Höhepunkte dieser Gruppe sind jedoch *AC/DC* Rockkonzerte; hier treffen sie mit Gesinnungsgenossen zusammen, sind aber auch bereit, sich kämpferisch auseinanderzusetzen, wenn Jugendliche mit abweichenden Stilen hinzukommen. Hier ist schnell ein Übergang gegeben zu den *Fußballfans*, die ebenfalls durch die Struktur des Angebots von Fußballspielen die Höhepunkte ihres Fanlebens sozusagen vororganisiert finden.

Eine besonders augenfällige und zugleich eigenwillige Tradition innerhalb der Action-Szenen haben die *Rocker* entwickelt. Es ist die einzige den Jugendkulturen zuzurechnende Bewegung, die Modetrends überdauert und im Gegensatz zu anderen Szenen über Jahrzehnte hinweg eigene Generationen ausgebildet hat. Kennzeichnend für diese Szene ist desweiteren, daß die Kritik an der Gesellschaft, das Einnehmen einer spezifischen Oppositionsrolle gegenüber gesellschaftlichen Ordnungen hier kaum eine Rolle spielt. Schließlich handelt es sich um eine Jugendkultur mit tendenziell älteren Jugendlichen (fast ausnahmslos eher männlichen Geschlechts), die nicht aus arbeitslosen oder gesellschaftlichen Randsiedlern besteht. Im Gegenteil, bei „Rockern" gibt es „eine klare Bindung an die konventionelle Ideologie vom Arbeiten und dem Aufkommen für sich selbst. Es kann deshalb das Ziel eines Rockers sein, die Spielregeln dieser Gesellschaft besonders gut zu beherrschen und sie zur Realisierung der notwendigen Freiräume nutzbar zu machen." (Simon 303) Dies ist schon deshalb notwendig, weil der Rockerstil etwas kostet - nicht nur die obligatorische Lederkleidung, sondern vor allem auch das Motorrad. Trotz solcher Integrationssignale gelten die Rocker als „Bad Boys", und sie gehören zu jener Bewegung, die von Polizei und Presse immer besonders hart attackiert wurde. Tatsächlich sind die Rocker nach außen vor allem bekannt geworden durch aggressive Handlungen, meist in der Auseinandersetzung mit anderen, oft etwas jüngeren Jugendkulturen. Dies liegt daran, daß die Rocker besonders stark maskuline Orientierungen vertreten: Betonung von Körperlichkeit und Kraft verbinden sich mit einem Kleidungsstil, der ein spezifisches Männerbild konserviert, „dessen Attraktivität unbeschadet des Älterwerdens anhalten kann. - Die Symbolkraft des traditionellen Lederstils ist dermaßen ausgeprägt, daß alle Entfremdungen durch Bricolageprozesse späterer subkultureller Stile nicht dazu führen konnten, ihn als spezifische Ausdrucksform eines aggressiven Männlichkeitskultus untauglich zu machen. „Während teils verspielte, teils schockierende Mißverständnisse und Irritationen hervorrufende Zeichen auf den Lederjacken der Punks die traditionelle aggressiv-männliche Ausstrahlung des Lederstils in verwirrenden 'shocking effects' auflösten, schaffen die althergebrachten Accessoires und Abzeichen der Rockerlederjacke Identifikationsmöglichkeiten für einen Teil derer, die auf einen demonstrativ nach außen getragenen

Männlichkeitskult Wert legen.“ (Simon 302) Insofern ist der Rockerstil relativ zeitlos: Rocker gibt es in den USA seit ca. 40, in Deutschland seit ungefähr 25 Jahren. Diese Selbstkonservierung des Stils zeigt sich auch in anderen Punkten, etwa in der Wertorientierung: Rocker zeigen häufig Züge von Rassismus in der Ablehnung alles Fremden, und die Kämpfe mit den englischen Mods hatten eine Ursache auch darin, daß letztere für Rokker als verweichlicht galten. Auch der Musikgeschmack der Rokker ist konservativ (Brake 1981). Sie halten noch heute am Rock'n'Roll fest, einem Musikstil, der schon Mitte der 60er Jahre in anderen Jugendkulturen (sehen wir von der speziellen Tradition der Teds ab) absolut unmodern war. Das Spektrum der rockmusikalischen Akzeptanz bleibt eng (vgl. Simon 1982): Deutsche Rockergruppen bevorzugen noch heute Hard-Rock-Gruppen aus den frühen 70er Jahren und neben ‘Deep Purple’ und ‘Led Zeppelin’ erfreuen sich auch heute noch Gruppen wie ‘Black Sabbath’, ‘Steppenwolf’ oder ‘Ten Years After’ großer Beliebtheit. Eine gewisse Akzeptanz haben heute, um überhaupt die Teilnahme an Live-Konzerten zu ermöglichen, Heavy-Metal-Bands wie ‘Motörhead’ oder ‘Ossi Osbourne’, der den Musikgeschmack der Rocker schon vor 15 Jahren als Mitglied von ‘Black Sabbath’ traf. Unter den deutschen Gruppen werden am ehesten - neben Udo Lindenberg - die ‘Scorpions’ (ursprünglich aus Hannover) geschätzt. Udo Lindenberg trat mit einem Song auch gegen die Skandalberichterstattung der Presse auf: „Ich bin Rocker, doch ohne amputiertes Gehirn. / Ich bin nicht so ein primitives Schwein / und schlag ‘nem Schwachen die Fresse ein. / Ich bin Rocker, doch steh’ ich nicht auf Gewalt, / und wenn man uns nicht von der Seite anquatscht’ / dann kann auch nichts passieren.“

Auch die bundesrepublikanische (jetzt: deutsche) Rockertradition ist aus zwei Quellen zusammengewachsen. Die eine ist die Überlieferung der Geschichte der ‘Hells Angels’ aus den USA, deren Popularität durch Kultfilme wie „Die wilden Engel“ oder „Die wilden Schläger von San Franzisco“ neben dem Road-Movie „Easy-Rider“ den Rockerstil stark beeinflußten - etwa in der Bevorzugung von „Choppern“, der verlängerten Gabel des Vorderrads’ (die lange Zeit nicht vom TÜV abgenommen wurde!). Die andere Rockertradition ist aus England beeinflußt, wo die Rocker aus den Teddy-Boys hervorgingen und bekannt wurden vor allem durch ihre kämpferischen Auseinandersetzungen mit den Mods. In der Bundesrepublik gab es zwischen 1967 und 1969 eine Art „Rockerwelle“ mit einer übersteigerten öffentlichen Diskussion über diese Subkultur. Damals war das soziale Umfeld der Rocker bestimmt durch Arbeiterstadtteile, Neubausiedlungen und Trabantenstädte; es handelte sich meist um Formationen von Arbeiterjugendlichen eines Stadtteils oder einer Stadt. Bei dieser ersten Rockergeneration lag das Durchschnittsalter der Mitglieder zwischen 15 und 19 Jahren - eine Erklärung dafür, daß damals die Motorisierung der Rocker nicht so ausgeprägt war. Schlägereien, Angriffe und Übergriffe führten zu einer hektischen Presse-Berichterstattung und einer Kriminalisierung dieser Jugendkultur, die soweit ging, daß zunächst in Hamburg, später in Berlin und anderen Bundesländern Dienststellen zur „Bekämpfung des Rokkerunwesens“ oder andere Sonderdezernate eingerichtet wurden. Diese öffentliche Aufmerksamkeit führte nicht nur zu einer Kriminalisierung der Rockerkultur, sondern erhöhte für viele Jugendliche gerade deshalb ihre Attraktivität. Dabei wurde unterschieden zwischen „Amateur-Rockern“ und „Profi-Rockern“, festen Formationen und eher „losen Eckenstehergruppen“ (Simon 123). Es bildeten sich sehr große Gruppen in manchen Großstädten (bis zu 140 Mitgliedern). In der ersten Hälfte der 70er Jahre ließ auch in der Bundesrepublik das öffentliche Interesse an den Rockern nach, und die Gruppen verkleinerten sich auf Mitgliederzahlen zwischen 6 und 25 Personen. Inzwischen war die erste Generation der Rocker (in der Bundesrepublik erste Gruppen in den Jahren 1964/65) abgetreten oder unauffällig geworden. Während ihre Mitglieder eher aus der Unterschicht stammten, rekrutieren sich die Mitglieder der zweiten Generation der 70er Jahre keineswegs nur aus der Unterschicht: Festzustellen ist eine Wandlung des Rockerstils „von einer Jugendkultur zu einer Ausdrucksform, die für Angehörige unterschiedlicher sozialer Schichten und unterschiedlichen Alters offen ist“ (Simon 52). Dem entspricht der Rückzug der Rocker von der Öffentlichkeit in ein eher privates Organisationswesen. Zunächst agierten die - eher jungen - Rockergruppen an Straßenecken, in öffentlichen Anlagen, auf Rummelplätzen und anderen allgemein zugänglichen Veranstaltungsorten. Inzwischen hat sich die Rockerkultur von einer Jugendkultur zu einer generationsübergreifenden Organisationsform entwickelt: „Rockergruppen haben mittlerweile ihre eigenen Treffpunkte, Clubhäuser und Biker-Kneipen." (ebd. 304) Strenge Cluborganisation, für alle Mitglieder verbindliche Reglements schaffen Gemeinschaften, die den einzelnen tragen und schützen und Action-orientierte Kultformen (meines Wissens zum ersten Male) in die Vätergeneration weitertragen. Rockerclubs werden zu speziellen sozialen Gefügen, zu denen erst Zutritt hat, wer nach einer Probezeit und nach Erfüllung von Aufnahmeritualen als Vollmitglied akzeptiert wird. Clubsatzungen regeln Anwartszeiten (zwischen 3 Monaten und 1 Jahr), wobei zunächst nur Pflichten übernommen, später auch Rechte erworben werden (ebd. 142ff.). Die Verwendung Gewalt signalisierender, simpler Symbole (offenes Tragen von Waffen, von Ketten, Nazi-Symbolen, Wehrmachtshelmen) hat sich heute durch komplexere Kleidungs-Zitate ablösen lassen, so daß es auf den ersten Blick oft schwierig ist, Rocker etwa von Heavy-Metal-Fans zu unterscheiden. Das zentrale Action-Symbol der Rocker freilich ist das Motorrad geblieben, dem ein wahrer Kult galt und gilt. Dabei begnügte sich die erste Generation eher mit Mopeds und kleinen Motorrädern, deren Fahrer jünger, depravierter und oft öffentlich-aggressiver waren. Heutzutage ist bevorzugtes Statussymbol ein Motorrad der Marke *Harley-Davidson*. Während die Harleys der „Hells Angels" immer schwarz lackiert waren, bevorzugen die anderen amerikanischen Biker-Kreise eher Harleys, die in einem Mercedes-Weiß gehalten sind, Signal einer programmatischen Abgrenzung von den „Hells-Angels". Körper und Maschine wachsen zusammen: die Körper sind häufig tätowiert, die Tanks der Motorräder bemalt (von Fantasy- über Science Fiction- bis zu Biker-Motiven). Auf diese Weise wird noch einmal Männlichkeit betont und die Untrennbarkeit von Maschine und Körper, von Bewegungslust und Abenteuer deutlich gemacht: die Straße bleibt auch für die heutigen, häufig so strikt durchorganisierten Clubs über die Teilnahme am Verkehr der zentrale Ort der Selbstverwirklichung. Nicht das Erreichen eines Ziels, sondern die Bewegung an sich; nicht funktionale Nüchternheit, sondern (Selbst-)Genuß der öffentlichen Darstellung im entgegenrauschenden Fahrtwind sind die bleibenden Höhepunkte eines Rockerlebens.

Der identitätsstiftende Bezugspunkt dieser Jugendszenen ist *Action* - als ein Zustand, der die Lebensroutine in Arbeit und normalgeregelter Freizeit in intensiven Augenblicken durchbricht.

Der tägliche Gang zur Schule oder zum Arbeitsplatz mit verfügten Aufgaben sowie Anfang und Ende der Arbeitszeit: das ist *sicher*. Es gibt kaum Überraschungen und Aufregungen. In der Freizeit gelten zwar keine vorgeschriebenen Handlungsvollzüge; Rollenzwänge sind, jedenfalls oberflächlich, suspendiert. Jeder verfügt über seine Erlebnis- und Handlungsmöglichkeiten selbst. Alle Tätigkeiten unterliegen einem Akt freier Wahl - sie sind deshalb ungewiß. Dafür sind Freizeitaktivitäten *folgenlos* - sie wirken sich allenfalls indirekt auf die 'ernsteren' Sektoren des Lernens und der Arbeit aus. Action hingegen ist gleichsam ein dritter Zustand, denn in ihm kommen *Ungewißheit* (über den Ausgang der Aktion) und *Folgen* (die Aktion ist nicht beliebig und hat Konsequenzen für einen selbst oder andere) zusammen. Damit sind Action-Situationen das Gegenteil von Routine und Gewohnheit. Statthalter des Ereignisses ist der, der es provoziert. Der Boxer im Ring; der Revolutionär, der die Barrikaden stürmt; der Kämpfer gegen eine Übermacht; der auf einer schnellen Maschine durch die Straßen rast - das alles sind Action-Helden. Während die einen sich in ihrer Schönheit darstellen, andere alternative Lebensformen schaffen, bleibt vielen nur dies dritte: *Charakter* dadurch zu beweisen, daß man in konzentrierten Situationen Mut, Kampfbereitschaft und Haltung bewahrt (Selbstkontrolle, Selbstbeherrschung, Gelassenheit, Geistesgegenwart). Wer Action liebt, läßt sich vom Schicksal nicht doubeln: er übernimmt die gesamte Verantwortung für sich selbst. Dabei ist *Action* von Anarchie zu unterscheiden. Der Anarchist verwirrt die Regeln, reduziert die Kontinuität seines Handelns; vor allem: Anarchie ist eine Lebens-Auffassung, sie will ein Bild vom besseren Leben insgesamt sein. Action mag utopische Züge haben; es selbst ist nicht utopisch oder weltverbessernd. Denn es ist zu situationell; das Risiko ist scharf, aber kurz. Die Dichte der Situation fordert Selbstzucht, Kontrolle, äußerste Angespanntheit, Genauigkeit. Ein falscher Zug oder Griff; ein leichtes Zucken, eine unsichere Handbewegung, ein kaum merkliches Zögern aus Nachdenken - das Schicksal hat dann gegen den Handelnden entschieden, oder er hat seinen Charakter verloren. Wenn zwei Jugendliche sich im Kampf, umgeben von ihrer Bande, gegenüberstehen, hat der moralisch verloren, der ausweicht, Angst zeigt, nicht aber der, der schließlich unterliegt. Der größte Sieger ist freilich der, der beides besitzt: Mut *und* Kraft. Action erscheint darum als Männersache. Man muß *cool* bleiben, fähig sein zum *understatement*. Das alles sind Verhaltensweisen und Eigenschaften, die in den Jugendbanden, die auf Action spezialisiert sind, auch tatsächlich gelten. Sie leben nach den Prinzipien ihrer eigenen Kultur, einer Mischung aus Berechenbarkeit und Schicksal. Damit spiegelt Action die Situation dieser Gruppen wider: da ihnen die Perspektiven über Bildung und berufliche Arbeit verschlossen sind, suchen sie Höhepunkte ihres Lebens vorwegzunehmen in zusammengeballten Augenblicken riskierter Selbst- und Fremderfahrung.

Auch hier gilt eine Anmerkung, die bei den Protestbewegungen notwendig war: Es ist denkbar und beobachtbar, daß Jugendgewalt mit fremdenfeindlichen und rechtsradikalen Attitüden, Handlungsbereitschaften oder sogar Eingriffen auf aktuelle Strukturveränderungen hinweist, die auf mögliche 'Entgleisungen' von Jugendkulturen hindeuten (u.a. Eckert 1995). Zwar gibt es jugendkulturelle Traditionen, sowohl in den USA wie in England, die schon früh Jagd auf Homosexuelle, Ausländer oder Punker machten, und auch die Skin-Bewegung repräsentiert nicht nur einen Kult aggressiver Männlichkeit, wie er aus den Ursprüngen der Arbeiterklasse verständlich ist, sondern zeitweise auch eine, nach außen gerichtete, gewaltbereite und demokratiefeindliche Grundhaltung, die weniger als krimineller oder zu kriminalisierender Akt gedeutet werden muß, sondern als Gefährdung der Gesellschaft selbst, gleichsam in ihren Grundfesten. Auch, wenn Action-orientierte Jugendliche in den Szenen rechtsradikaler Gewaltorientierung oft einfach nichts weiter suchen als Distinktionen gegenüber einer ihnen feindlich erscheinenden, sie nicht annehmenden Gesamtgesellschaft (wobei die Altersgleichen hier besondere Zielscheibe sind), ist jedoch eine besondere Situation insofern zu konstatieren, als es sich um eine grundsätzliche Heimatlosigkeit gegenüber gesellschaftlichen Traditionen, Ordnungen, aber auch Innovationen und jugendkulturellen Herausforderungen handelt. Die Zäune der jugendkulturellen Provinz sind zerbrochen.

1.4 Die neuen Unübersichtlichkeiten der Jugendkulturen

Statt einer Definition dessen, was „Jugendkultur" meinen könnte, enthielt das erste Kapitel eine Beschreibung von Jugendszenen in der Bundesrepublik mit Hinweisen auf historische Vorläufer oder Zusammenhänge, soweit dies möglich war. Darauf hingewiesen wurde, daß die unterschiedenen drei Szenentypen nicht leisten können, darüber Aussagen zu machen, welcher Jugendliche wann zu irgendeiner Szene gehört. Hier wurde vielmehr betont, daß prinzipiell alles möglich ist: ein und derselbe Jugendliche kann alle Szenen durchlaufen, sozusagen der Reihe nach, er kann aber auch, zumindest teilweise, an mehreren Szenen *gleichzeitig* partizipieren. Und schließlich: er kann sich keiner dieser Szenen als zugehörig fühlen, weil Elternhaus, Schule und organisierte Freizeit in Jugendgruppen (etwa in einem Sportclub) ihm mindestens ebenso wichtig sind wie die Gesellung zu Gleichaltrigen. Der Akzent der Darstellung lag auf etwas anderem: es wurde versucht, drei Strömungen zu kennzeichnen, die aufeinander durchlässig und miteinander verbunden sind. Die Durchlässigkeit besteht in den Personen, die ihnen angehören können; die Verbundenheit wird erzeugt über die Medien und die allen unterschiedlichen Kulturen gemeinsame Bevorzugung von signifikanten Stilelementen der neuen Rock- und Popkultur, wobei zur auditiven Ausstattung eine durch Kleidung und Kleidungssymbole hinzutritt.

Freilich, blicken wir nicht nur zurück auf die Anfänge der Jugendkulturen, vor allem nach dem Zweiten Weltkrieg, sondern auch voraus bis ans Ende der 90er Jahre, erhebt sich die Frage, ob die bis in die 70er Jahre erprobte Orientierung an Freizeit-, Protest- und Action-Kulturen den Phänomenen noch standhält. Ihr Vorteil liegt nicht nur in der bündelnden Übersichtlichkeit, sondern auch darin, daß sich neuere jugendkulturelle Bewegungen durchaus zuordnen lassen, wennzwar die dann von Jugendlichen selbst eingeforderten Distinktionen weniger beachtet werden dürfen. Der freizeitkulturelle Stil würde sich dann heute bis in die Technobewegung fortsetzen; die Protestbewegungen würden in der Greenpeace-Zuwendung ebenso 'postmoderne' Zeichen finden wie bei wiederkehrenden Protestanlässen (vgl. die 'Castor-Transporte'), und die Action-Szenen würden die neuen Risikosportarten ebenso erfassen wie die Wiederbelebungskulturen von Teds, Mods u.a. Die freizeitkulturellen Ausprägungen ließen sich heute am ehesten unter 'Hedonismus' fassen, während der 'Protest' bei sich selbst bliebe, 'Action' ein besonders vieldeutiges Zeichen geworden wäre. Aber hier beginnen bereits die Zweideutigkeiten und Überschneidungen: Darauf hingewiesen werden mußte, daß Protest- wie Action-Szenen auch rechtsradikale oder faschistoide Elemente enthalten können, die keineswegs mehr trennscharf sind. Überhaupt würde eine genaue Phänomensicht schnell klarstellen, daß es eine solche Fülle von immer neuen Varianten jugendkultureller Ausprägungen gibt, daß sie eigentlich nur auf der Ebene einer Strukturanalyse noch zu erfassen sind. Eine solche Strukturanalyse würde ein wie immer geartetes theoretisches (oder einfach: Plausibilisierungs-)fundament hinter der einstürzenden Vielfalt jugendkultureller Zuordnungen suchen. Der Hinweis auf Individualisierungsprozesse, die keine lebensweltlichen Bindungen und Herkünfte mehr zuverlässig absichern, könnte dann ebenfalls zur Abstützung einer 'Pluralisierungsthese' dienen, wie die zunehmende Rasanz sozialen Wandels, insbesondere auch in einem elektronisch sich radikal verändernden Informationszeitalter, Signale für eine strukturelle Instabilisierung überkommener Muster vorweisen könnte.

Damit wäre gerechtfertigt, wenn Ferchhoff (1994) mit immer noch schlechtem Gewissen inzwischen (nicht gezählte) einundzwanzig (!) Ausdifferenzierungen und Stilvermischungen von Jugendkulturen in den 90er Jahren findet - nämlich, wenn die Kürzel noch einmal abzukürzen erlaubt sind:

(1) Neue und (alte) Armut vor allem in den Bahnhöfen und an den Bahnhofsvorplätzen, Straßenkinder aller Art, die in den S- und U-Bahnschächten der Metropolen nächtigen;

(2) die (jetzt aus der Mode gekommenen) aufstiegsbeflissenen, karriereorientierten und mit Statussymbolen protzenden 'Yuppies', die mit 7er BMW ihres Vaters, Rolex und Handy demonstrieren;

(3) optimistische konsum- und leistungsorientierte 'Negos' (nette Egozentriker);

(4) überangepaßte 'Schicki Mickis' oder 'Proller', mega-cool, exhibitionistisch, sich ein einschlägigen Szene-Kneipen und Sze-

ne-Discos präsentierend mit bestimmtem Konsumstil vor allem über Kleidungsmoden;

(5) vom Alkohol, Tabletten und anderen Drogen gekennzeichnete, ausgemergelte und zerstörte Gestalten, die ihr eigenes Kaputtsein zelebrieren;

(6) immer noch authentische 'Punker';

(7) grölende, stets mit polizeilichem Begleitschutz auftretende und randaleerprobte Fußball-Fans, auch 'Hools' auf dem Wege von den Bahnhöfen in die Stadien;

(8) die harmloseren 'Müsli-Szenen', 'Grün-Alternativlis, 'New Age Hippies' und 'Travellers', 'Naturapostel', 'Rübezahls' und 'Wurzelzieher';

(9) Disco-Kids, umgarnt von Werbespots und Klamottenmarken;

(10) 'Funsters' und 'post-rokkoko-elegante-New-Wave-Anhänger, die in Teile der gestylten Gruftie-Szene hineinreichen;

(11) pechschwarz gekleidete 'Independant-Grufties';

(12) 'Hip-Hop-Bewegte', 'sportive Dancer', 'Skater' und 'Rapper';

(13) 'Trendsurfer', 'Graffity-Sprayer' und 'Tagger';

(14) 'Psychobillys mit komplexen Gemeinsamkeiten zwischen Psychos und Teilen der Skinhead-Szene;

(15) diverse religiöse Fundamentalisten und privatisierte religiöse Sinnangebote aller Art, von 'Gruftie-Kulturen' bis zu blasphemischen Black-Metal-Musik-Hörenden und auf Friedhöfen Schwarze Messen zelebrierenden Teufelsanbetern und -sekten;

(16) die Speed-Fixierten, zwischen Aufschneiderei, Größenwahn und Selbstüberschätzung hin- und herpendelnden Ecstasy-Fans;

(17) verelendete 'Drop-Outs', 'Kaputtnicks' und 'Junkies';

(18) suizidgefährdete Kids, die von Angstneurosen, Psychosen, schizophrenen Zügen geschüttelt werden, Sozialfälle mit Schlafstörungen etc.;

(19) 'Stadtindianer', 'Linke Autonome' oder 'Revolte-Zombies';

(20) 'Scooterboys', die Motorroller fahren und aussehen wie Skinheads, aber keine sind, die 'vielgestaltigen Technos' der 'ravenden Gesellschaft' (inzwischen ein jugendkulturelles Massenphänomen und in der Beschreibung kaum noch einholbar);

(21) die große Mehrheit der 'Stinos', die stinknormalen Sportiven und leger gekleideten, modischorientierten Jugendlichen.

Ferchhoff gibt schließlich auf, indem er am Ende anmerkt: „Und dieses 'wir' differenziert, pluralisiert und individualisiert sich, wechselt also permanent und entzieht sich dem erklärenden und deutenden Zugriff." (1995, 65)

Damit haben wir ein 'ordentliches' Fazit verlassen: es scheint, blicken wir in die Zukünfte der Jugendkulturen, nicht mehr möglich zu sein. Um das Fazit dennoch wieder einzuholen, die (später vorgestellte) sozialökologische Orientierung nicht ganz aus der Hand zu geben, unternehmen wir - freilich auch hier höchst exemplarisch - noch zwei Ordnungsversuche, von denen der eine ein etwas komplexeres (und damit anders geartetes) Konzept von 'Orientierungsmustern' vorlegt, während die andere Untersuchung dann bei dem vom Autor selbst gewählten Ausgangspunkt zurückkehrt.

E. Lange (1991, insb.' 110ff.) versucht, Konsummuster, Freizeitverhalten und soziale Milieus Jugendlicher (in diesem Fall Schüler) nach „Orientierungsmustern" zu unterscheiden und kommt zu vier Gruppen:

1. sozialpolitische Orientierung
2. kleinbürgerliche Orientierung
3. karrierebezogene Orientierung
4. hedonistische Orientierung

Das Bildungsniveau hat dabei den stärksten Einfluß auf die Zugehörigkeit zu einer dieser Orientierungen. Der zweitstärkste Effekt ist an das Alter gebunden, an dritter Stelle betont sich der Einfluß der Geschlechtszugehörigkeit. Die soziale Herkunft spielt auf den ersten Blick eine nachgeordnete Rolle; ihr Einfluß bleibt indirekt jedoch in der Weise bestehen, daß mit zunehmender Höhe der elterlichen Bildung auch das Bildungsniveau der Jugendlichen ansteigt. Eine Clusterbildung, die darauf aus ist, die Jugendlichen in den einzelnen Milieus hinsichtlich ihrer Werthaltungen, Lebensstile und ihrer Bildungshöhe als homogen, zugleich aber zwischen den Milieus heterogen zu klassifizieren, führt schließlich auf drei Milieus: das erste ist das „sozialpolitisch engagierte, postmaterialistische Milieu" (ältere Jugendliche aus Gymnasien, Hochschulen: „Selbstverwirklichung und Emanzipation stehen hoch im Kurs. Die Jugendlichen sind sozial und politisch stark engagiert, besitzen ein hohes Bewußtsein für Umweltprobleme und verhalten sich entsprechend umweltbewußt."). In Langes Untersuchung gehören in diese Gruppe 36% aller Fälle. - In die zweite Gruppe fallen die „kleinbürgerlich-pflichtbetonten' materialistischen Milieus" (32% aller Fälle; hier dominieren Jugendliche mit Hauptschulabschluß: „Für dieses Milieu sind einerseits die Werte Familie, Liebe und Treue, andererseits die klassischen Pflicht- und Akzeptanzwerte wie Höflichkeit, Disziplin und Unterordnung von Bedeutung. In diesem Milieu stehen weiterhin der berufliche Erfolg und die damit verbundenen materiellen Gratifikationen im Vordergrund. In ihrer Freizeit tendieren diese sozial und politisch wenig engagierten Jugendlichen entweder zum Faulenzen und Sich-Berieseln lassen, wenn eine privatistische Orientierung dominiert, oder zu sportlichen Aktivitäten, wenn eine berufliche Erfolgsorientierung dominiert.") - Schließlich das „hedonistische Milieu", das 23 % aller Fälle umfaßt. (Schwerpunktmäßig: Jugendliche mit mittlerer schulischer Bildung, insgesamt einer relativ breiten Verteilung über unterschiedliche Bildungsgruppen. Jugendliche dieses Typs wollen ihr Leben in vollen Zügen genießen, dazu gehören „Abenteuer und Abwechslung, Sex und Erotik (...). Jugendliche dieses Milieus verbringen ihre Freizeit am liebsten mit Freunden und Bekannten außerhause' der Konsum von Rauschmitteln wie Alkohol, Zigaretten oder Drogen ist in diesem Milieu stark überdurchschnittlich" - im Gegensatz zum kleinbürgerlichen Milieu, in dem Rauschmittel (abgesehen von Alkohol) eine geringe Rolle spielen. Bemerkenswert ist, daß es nicht möglich ist, bei den ostdeutschen Jugendlichen ähnliche Milieus zu konstruieren. Im Osten korrelieren vielmehr Postmaterialismus und Materialismus ebenso positiv miteinander wie die Selbstverwirklichungswerte und die Pflicht- und Akzeptanzwerte. Das schulische Bildungsniveau der Jugendlichen im Osten besitzt keinen differenzierenden Einfluß auf ihre Werthaltungen und Lebensstile, und auch die soziale Herkunft (Bildungsniveau der Eltern) spielt keine Rolle. E. Lange erklärt diesen Befund (S.114) damit, daß das vertikal gegliederte Schulsystem in den westlichen Bundesländern entsprechend stark differierende Milieus zu konstruieren erlaubt, während die einstige Einheitsschule im Osten dies nicht tat. Dort kommt an erster Stelle und damit am stärksten die Variable 'Geschlecht' zum Zuge: in „mädchen-typischen Milieus" mischen sich eine postmaterialistische Orientierung mit Orientierungen an Werten wie Liebe, Treue, Familie; ein sozial- und politisch orientierter Lebensstil verbindet sich also mit eher kleinbürgerlichen Orientierungen. Das „jungen-typische Milieu" zeigt, daß bei Jungen die Bindung sowohl an postmaterialistische wie familiäre Werte niedriger als bei den Mädchen ist; auch „zeigen sie ein erheblich niedrigeres soziales und politisches Engagement; statt dessen führen sie ein abwechslungsreicheres und eher in Richtung Hedonismus gehendes Leben." (ebd. 114)

Diese zwei (neueren, exemplarisch herausgegriffenen) Typisierungen zeigen, wie offen die Diskussion bleiben muß. Immerhin, einige Signale sind deutlich und müssen heute wohl unwidersprochen bleiben: dazu gehört zum einen die Bedeutung von Bildungsniveau und familiärer Herkunft, zum anderen das Gewicht der Geschlechts-Variante. Während die Mehrzahl der Jugendlichen offensichtlich in der eigenen Lebenspraxis den durch Schule und Familie (dominante Kultur) vermittelten Orientierungen treu bleibt, gibt es eine geringere Zahl, die, obwohl ebenfalls durch die Milieu-Herkunft gesteuert, jugendkulturelle Ausdrucksmuster sucht, die diese Herkunfts- und Milieu-Grenzen übersteigen. Daß zunehmend in den 90er Jahren ein solches Experiment gewagt wird, ist schon bemerkenswert. Das Beispiel der Rocker hat gezeigt, daß Jugendkulturen sich nicht nur von ihren sozialen Herkünften lösen, sondern auch in den tendenziellen Möglichkeiten von Herkunfts- und Milieutranszendenz *generalisieren.* Sie bieten, so die These dieses Buches, für alle Jugendlichen ein Angebot, das zunehmend herkunftsneutral ist und damit zumindest Ausdrucksweisen und Stilebenen (die aber mit Werteorientierungen verbunden sind) *autonomisiert.* Konstanz und Dauer solcher Phänomene und Entwicklungen freilich sind fraglich und immer von neuem zu überprüfen. Daher werde ich im folgenden bei einer zunächst dreigliedrigen (später differenzierten und ergänzten) deskriptiven Konstruktion bleiben, die sich von der Prämisse leiten läßt, daß die emotionale Kraft der Suche nach neuen und andersartigen „Erlebniswelten“ Jugendliche für spezifische kulturelle Ausdrucks- und Orientierungsmuster öffnet.

Am deutlichsten wurde die Neuartigkeit der Erlebniswelt von Jugendlichen bei den „Peer-Groups der Teenager“, einer Neuschöpfung der 50er Jahre. Die Entwicklung dieser Szene ist am heftigsten und disparatesten. Heute gibt es keine „Teenager“ mehr (man spricht allenfalls von „Teenies“ oder ähnlich), wohl aber gibt es, angeregt aus den USA und England, eine Fülle von Gruppen-Kulturen, die mit den Teenagern der 50er Jahre, sehen wir von historischem Wandel und seinen Differenzen ab, eines gemeinsam haben: eine hedonistisch-erotische Orientierung, eine Bevorzugung bestimmter Arten von Rock- und Popmusik und die Neigung, sich über gewählte Kleidung, Düfte, Gebärden eine gruppenbezogene, manchmal auch fremde provozierende „Ausstrahlung“ zu geben. - Ganz anders die Szene der Protestbewegungen: trotz aller Berührungspunkte mit den anderen Szenen zeichnet sie sich doch, will man ihren Fokus herausarbeiten, dadurch aus, daß es hier um Lebensweisen geht, die sich von der Konsumgesellschaft (trotz aller Verbindungen, etwa über Musikstile) distanzieren - auf der Suche nach gültigen, überdauernden Lebensformen („alternativ“). Während die Teenager-Szene mit ihren Ausdifferenzierungen den Ausgang nimmt von jüngeren Jugendlichen, ist die Protestbewegung eher von älteren Jugendlichen oder Personen bestimmt, die postadoleszenten Lebensstilen zuneigen. Der Bildungshintergrund der ersten Szene ist eher plural, tendenziell gehoben (ab Realschule), während die Protestbewegungen sich vorzugsweise aus Schülern mit höheren Abschlüssen sowie Studenten zusammensetzen. Die Action-Szenen schließlich sind am stärksten milieubezogen und umfassen Jugendliche mit niedrigen Bildungsabschlüssen und entsprechend herabgesetzten Zukunftsaspirationen. Das alles ist nicht zufällig, wie die den Beschreibungen inhärente Interpretation (ohne diese wäre eine Ordnung ja nicht herstellbar gewesen!) bereits nahelegte. *Prinzipiell* gibt es danach zwar drei Modalitäten, jugendkulturell sich zu definieren; *praktisch* ist die Wahl für einen Jugendlichen durch Soziallage, Bildungshintergrund und weitere Faktoren zumindest eingeschränkt.

Alle drei jugendkulturellen Szenen unterliegen, unabhängig von der Tiefe ihrer historischen Vorgänger und Verankerungen, einem durch veränderte Gesellschaftslagen bedingten Wandel. Gemeinsam ist dabei die Tatsache, daß alle drei Szenen seit Beginn der 80er Jahre dieses Jahrhunderts in der Bevorzugung (zwar differenter) affektiv orientierter Stile mit starkem Ausdrucksrepertoire konvergieren. Ebenso soll in allen Szenen explizit oder qua Selbstlauf eine Antwort auf die Frage gefunden werden, wer man sei und welche Chancen man als Subjekt habe. Daß eine Lösung am ehesten mit Gleichaltrigen, die in der gleichen lebenszyklischen Situation sich befinden, zu finden sei, ist die historisch produzierte Sozial-Einsicht, die allen Jugendkulturen zugrunde liegt. Im folgenden soll zwar nicht auf *Differenzierung* verzichtet werden; wesentlich scheinen aber zunehmend nicht die *Differenzen* zu sein, die es zwischen den Jugendkulturen unterschiedlicher Ausprägung zweifellos gibt.

Es trifft sich, daß *H. Becker u.a.* eine Ordnung jugendeigener Milieus versucht haben, die mit der hier vorgeschlagenen durchaus in Deckung zu bringen ist. *Becker u.a.* unterscheiden:

1. *Subkulturelle Milieus*, die den hier beschriebenen Action-Szenen entsprechen (wilde Cliquen als Vorläufer; „Halbstarke", Jugendbanden, Moped-Gangs. Rockergruppen und Rockmusikfans, Fußballfans u.a.). Räume werden angeeignet durch aggressiv-körperlichen Zugriff, durch „Action". Körperlicher Risikoeinsatz ist die Regel.

2. Gruppen des *gegenkulturellen Milieus* sind die Protest- und Alternativbewegungen: es handelt sich um die neuen sozialen Bewegungen (und ihre Vorläufer) wie Frauen- und Friedensbewegung; um Ökobewegung, die Hausinstandbesetzerszene und andere politisch oder lebensreformerisch engagierte Gruppierungen. Hier handelt es sich nach Becker u.a. meist um ältere (zwischen 20 und 30) mittelschichtorientierte Jugendliche, die in ihren Verkehrsformen relativ autonom, nach außen aber manchmal auch recht unauffällig bleiben - sieht man von größeren Massenaktionen (Demonstrationen) oder Kampfsituationen (Straßenkämpfe um Häuser) ab. Politisches Engagement und Lebensstil machen diese Gruppen vor allem für ihnen milieubedingt nahestehende Pädagogen und Intellektuelle attraktiv.

3. *Becker u.a.* entdecken schließlich ein Milieu *manieristischer Strömungen*. Es handele sich „um eine eher aus Oberschülern und jungen Angestellten bestehende, stark an Mode und Konsum sich orientierende Jugendkultur", wie sie sich zeigt in Video-Bars, Discotheken, Kaffees, Boutiquen, etc. Originalität und Besonderheit im Selbstausdruck werden manchmal zum Fetisch narzißtischer Selbstdarstellung. Diese Gruppen gelten leicht als oberflächlich, und wenn sich ihnen pädagogisches Denken zuwendet, so allenfalls aus der Besorgnis, wie diese „Oberflächlichkeit" gesellschaftlich produktiver zu machen sei - ebenso, wie die Action-Szenen vor allem als Gegenstand sozialpädagogischer Betreuung und Intervention Interesse finden.

Becker u.a. nennen schließlich die *institutionell-integrierten* Jugendlichen: es sind diejenigen, die in Jugendverbänden, kirchlichen Jugendgruppen und Sportvereinen sich treffen, ihre Freizeit vorwiegend mit der Familie verbringen und jugendkulturelle Accessoires zwar benutzen, aber doch nur am Rande. Sie werden als nicht-zugehörig zu den Jugendkulturen empfunden und rechnen sich in der Mehrzahl selbst kaum dazu.

Die unterschiedlichen Antworten unterschiedlicher Jugendkulturen sollen auf ihre gemeinsamen Bestimmungsmomente befragt werden. Diese werden im sich differenzierenden Internationalismus der Bewegungen und in der Medien-Durchdringung von Jugendszenen gesehen, die noch denen, die ausweichen wollen (in *Beckers* Terminologie die „gegen-kulturellen" Jugendlichen) als Folie bleiben. Gemeinsam ist allen eine gesamtkulturelle Problemlage: wie angesichts wachsender Vergesellschaftung von Lebensläufen und Lebenschancen Individualität zu bewahren sei; welches Subjekt es sei, das da „Ich" sagen will.

Für pädagogisches Nachdenken bedeutet dies, daß nicht nur die Soziallage von Jugendlichen, nicht nur ihre kognitiven, emotionalen, sozialen und motorischen Entwicklungsmöglichkeiten zu beachten seien, sondern die kulturell vermittelten Definitionsspielräume und möglicherweise neuen Selbst-Konzeptualisierungen von Subjekten, die wir „Jugendliche" zu nennen uns angewöhnt haben.

2. Ursprünge, Anreger, Auslöser

2.1 Die Amerikanisierung Europas

Unbestreitbar ist: die entscheidenden neuen Impulse, die Jugendkulturen hierzulande erhalten haben, kommen aus den USA. Während die Protestbewegungen der Alternativen sich auf europäische Strömungen (Arbeiterbewegung) und Denktraditionen rückbeziehen können, ist es die über den auditiven wie manipulativen Konsum vermittelte Rock- und Popwelle mit all ihren Ingredienzen, die das Aufwachsen zumindest in Westeuropa kulturell bestimmt und einfärbt. Das war ein Bruchereignis. Im Nationalsozialismus war alles, was aus den USA kam, Zeichen von Dekadenz. Der Jazz war ein Zeichen dafür: er war verboten als „Niggermusik", als Musik aus der Gosse. Nach der Etablierung der Bundesrepublik änderte sich dies zunächst nicht grundlegend. In den 50er Jahren gab es genügend deutschnational gesinnte Pädagogen, die jede Art von Unterhaltung, die aus den USA kam, diskriminierten. Ob es sich um *Chris Howlands* Schlagerparaden handelte oder die harmlos-lässige Attitude eines Films wie „Zur Sache Schätzchen": der Jugendschutz schien aufgerufen, jeder Art oberflächlicher Leichtfertigkeit und sittlicher Gefährdung entgegenzutreten (*Ziehe* 1986, 255f). Das kulturelle Niveau deutscher Tradition schien ernsthaft gefährdet zu sein; lange Haare drohten nicht nur zu verfilzen, die Wohnungen zu verlausen - sie waren auch Zeichen für seelischen und sexuellen Wildwuchs, für Unkontrollierbarkeit („Stirn und Ohren müssen frei sein, damit du denken und hören kannst": die Maxime eines meiner Lehrer aus den 50er Jahren).

Es war die Jugend, die Amerika und seine Popmusik als *ihr* Ausdrucksmedium entdeckte und sie damit zu einem Organisations- und Bedeutungszentrum jugendlicher Praxis machte. Es war wie ein 'coming out' (*Hoffmann* 24). Der Popsänger *Udo Lindenberg* erinnert sich: „Damals, 1957, ich war elf, schoß aus dem Radio *Elvis Presley* mit 'Tutti Frutti' und die ersten Takte verbannten meine bisherigen Lieblingslieder (...) schlagartig aus meinem Frischlingsherzen. Worum es ging, verstand ich nicht, aber dieser Schluckaufgesang und die elektrisierende Musik rockten mich durch (. . .) *Elvis Presley* hatte mich angezündet, und ich dachte: „Jetzt ist Erdbeben." (ebd.) Die Faszination des Neuen ließ sich nicht aufhalten; die 50er Jahre stellten in gewisser Weise einen Höhepunkt der Amerikabewunderung dar: amerikanische Filme (bald auch in Cinemascope), Make-up amerikanisch-exzentrischer Art; die Musik von *Benny Goodman*, *Glenn Miller*, später der Dixieland, die Trompete *Louis Armstrongs*, dann, zwischen 1954 und 1958, die erste Rock'n'Roll-Welle mit *Bill Haley* und *Elvis Presley*, die ersten Jugendidole *(James Dean, Elvis, die Beatles)* - dies alles durchdrang die Jugendszene und gab ihr schnell ein kulturelles feeling, das schneller von Nationalgefühlen und der düsteren deutschen Vergangenheit wegführte, auch ideologisch, als die bemühte politische Bildung der gleichen Zeit. Amerika war gleichgesetzt mit Freiheit, Ekstase, Ungebundenheit, Aufbruch zu neuen Ufern. Es gab die ersten Halbstarkenkrawalle von Motorradbanden bei Jugendkonzerten: die Modernität hatte Einzug gehalten. Einen wesentlichen Einfluß für die Verbreitung der Rockmusik hatten sicherlich die 38 Sender der Besatzungsmächte (*AFN* bzw. *BFN*). Vor allem der *AFN* war wichtig, denn über diese Wellen wurde die 'neue' Musik in die bundesrepublikanische Szene hineingegeben. Später, in den 60er Jahren, übernahm England vorübergehend die Führung: *Beatles*, *Rolling Stones*, der Liverpooler Aufbruch. Aber ab 1969, nach einem mehrjährigen Interregnum britischer Beatmusik, waren dann die USA wieder tonangebend: Kalifornien mit den *Beach Boys*, immer noch *Elvis Presley*, *Frank Zappa*, *Bob Dylan*, die drei großen stehen für jeweils einen Stil. Dann die Songrevival-Bewegung, die Folk-Bewegung, das Civil-Rights-Movement: alle strahlten auf Europa aus, beeinflußten die Szenen, schufen neue.

Ähnlich war's übrigens in England. Die „Popular-Culture" aus den USA galt zunächst als „Plastic" und „inauthentic". Es handele sich, so die Kulturkritik, um eine oberflächliche Ersatzkultur. *Coca-Cola*, *Kaugummi* und *Hollywood* galten als typische Produkte einer Trivialkultur, die in England abgelehnt wurde. Dem Rock-Sänger *Tommy Steel* wurde noch 1957 vorgeworfen, er zersplittere seine Person und werde zweisprachig: „Speeking american at the recording studio, and english in the pub around the corner afterwards“ (Chambers 1 ff). Dennoch, auch in England ließ sich der Siegeszug des Rock nicht aufhalten. Aber: die britischen Popstars der 50er Jahre (*Tommy Steel*, *Cliff Richard* u.a.) machten zwar nun auch alle Filme und sangen Rockmusik, aber alles war nachgemacht. Erst allmählich assimilierte man die Musik und fand nun zu einem britischen Stil des Rock, der seinerseits schnell international wurde.

Rock’n’Roll aus den USA - das war eine kulturelle Innovation für *Europa*, die von den Jugendlichen aufgegriffen und verbreitet wurde. Sie sind bis heute ihre Statthalter.

2.2 Beatniks, Rock’n’ Roll, Hippies, Discos, Rap: USA

Beatniks

Schon in den 40er Jahren und bis in die 50er hinein war es die sogenannte *Beat Generation*, die eine - heute würden wir sagen - postadoleszente Jugendkultur darstellte mit starken Auswirkungen in der Folgezeit (Hippies, Amerikakritik der New Left, auch die Entdeckung indischer Philosophien als Herausforderung gegen westlichen Rationalismus). Es handelt sich um vorwiegend männliche Vertreter „des jungen intellektuellen Amerika“ (Paetel 9), um Schriftsteller, Musiker, bildende Künstler, Studenten und Arbeitslose -meist aus freiwilliger Wahl. Die Deutung des Wortes *Beat* ist vieldeutig. Die Spannung zwischen der ursprünglichen Bedeutung von „geschlagene Generation“, die müde, hoffnungslos und abgespannt ist, und die Anspielung an „beatific“ (selig), im Sinne von: „lebensintensive, lebenszugewandte Generation“ ist ganz offenbar mitgedacht. Rhapsodischer Überschwang, Lebenszuwendung und Bejahung freien Lebensgenusses mischen sich mit dem Gefühl von Außenseitertum und einer Haßliebe auf Amerika, wie sie beispielhaft in *Allen Ginsbergs* (geboren am 3. Juni 1926 als Sohn des russisch-jüdischen Literaturwissenschaftlers und Dichters *Louis Ginsberg*) Langgedicht AMERIKA deutlich wird; ich zitiere das erste Drittel:

Amerika, ich hab dir alles gegeben und jetzt bin ich nichts.
Amerika, zwei Dollar siebenundzwanzig am 17. Januar 1956.
Mein eigener Kopf reicht nicht aus.
Amerika wann machen wir Schluß mit dem Menschenkrieg?
Steck dir deine Atombombe in den Arsch.
Ich fühl mich nicht wohl laß mich in Ruh.
Ich schreib mein Gedicht erst wenn ich bei Sinnen bin.
Amerika wann wirst du engelhaft sein?
Amerika wann ziehst du dich nackt aus?
Wann schaust du dich selbst durchs Grab an?
Wann wirst du deiner Million Trotzkisten würdig?
Amerika warum sind deine Bibliotheken voller Tränen?
Amerika wann schickst du Eier nach Indien?
Ich hab deine wahnsinnigen Forderungen satt.
Wann kann ich in die Markthalle gehen und mit meinem guten
Aussehen kaufen was ich brauche?
Amerika schließlich sind du und ich vollkommen,
nicht die andere Welt.
Deinetwegen wollt ich ein Heiliger werden.
Es muß doch auch anders gehen mit dir ins reine zu kommen.
Burroughs in Tanger glaub kaum er kommt wieder -
unheimlich.
Bist du nun unheimlich oder ist es einer deiner üblen Tricks?
Ich bemüh mich zur Sache zu kommen.
Ich weigere mich meinen Wahn aufzugeben.
Amerika drängel mich nicht ich weiß was ich tue.
Amerika die Pflaumenblüten fallen.
Ich hab monatelang keine Zeitung gelesen, jeden Tag
steht einer wegen Mord vor Gericht.
Amerika ich weine den Wobblies nach.
Amerika als Junge war ich Kommunist ich bereue es nicht.
Ich rauche Marihuana so oft ich kann.
Ich sitze tagelang zu Hause und starre die Rosen im
Schrank an.
Geh ich nach Chinatown besauf ich mich und lande nie
was fürs Bett.
Ich bin fest überzeugt es wird was passieren.
Du hättest mich sehn sollen wie ich Marx las.
Mein Psychoanalytiker findet ich hab völlig recht.
Ich sag das Vaterunser nicht her.
Ich habe mystische Visionen und kosmische Schauer.

Hier verdichtet sich, was auch andere dieser sogenannten *Beatniks* beschäftigt: Erinnerung an den 2. Weltkrieg, den diese Generation noch miterlebt hat, und Angst vor neuen kriegerischen Auseinandersetzungen, vor allem einem Atomkrieg; die Armut der Länder der sogenannten Dritten Welt; die Sympathie mit kommunistischen 'Abweichlern' *(Trotzki, Marx)*, die Ablehnung der institutionellen Kirche (‚Ich sag das Vaterunser nicht her') und statt dessen Suche nach Entgrenzung, auch mit Hilfe von Drogen; der Überdruß an der alltäglichen Medien-Berichterstattung, die das Zuhören nicht lohnt; Kritik der Industrialisierung (‚deine Maschinen wachsen mir über den Kopf'); das Zugeben psychischer Grenzzustände (‚mein Psychoanalytiker'), die jedoch nicht blind, sondern hellsichtig machen, so daß *Ginsberg* sagen kann: 'Ich weigere mich meinen Wahn aufzugeben'; die Brutalität des Alltags; die Ablehnung des Geldes als Zahlungsmodus ('Wann kann ich in die Markthalle gehen und mit meinem guten Aussehen kaufen was ich brauche?"); gleichzeitig die Hoffnung auf ein *anderes* Amerika. - Solcherlei Lyrik war damals eine Provokation und sollte es sein. Alles, was die amerikanische Mittelklasse vertritt, wird abgelehnt; gesellschaftliche Tabus sollen nicht gelten, das Nicht-Nützliche wird dagegen gefeiert. Gegen die *togetherness* der amerikanischen Gesellschaft, den 'American way of life' werden gesetzt: Jazzmusik, Lyrik, sexuelle Erfahrungen mannigfacher Art, Rauschgift, Mystizismus und visionäre Ekstasen. Gegen den *square* (spießbürgerlicher Konformist, Konventionalist) steht der *beat* und *hipster* (einer, der in die wahre Botschaft eingeweiht ist). *To be hooked* (Rauschgiftsüchtig sein), *to be hot* (Angebote der Ekstase wie Jazz, Sex, freie Dichtung), *to flip out* (überschnappen), *to cap the squares* (die Spießer beunruhigen), *to groove in* (total Dabeisein), *to be stoned* (betrunken, berauscht sein) und *to take off* (über eine Nadel Narkotika zu sich nehmen): alles dies sind Wendungen, die in der amerikanischen Jugendkultur der kommenden Jahrzehnte zum Vokabular der Eingeweihten gehören. Auch die Skepsis gegenüber offiziöser Politik artikuliert sich schon hier. Die *Beatniks* sind für *disengagement*. Das Gruppengefühl ist stark, doch letztlich sucht jeder einzelne, sich selbst zu verwirklichen.

Die Beat Generation begann in *San Franzisco*: *Kenneth Rexroth* veröffentlichte 1957 in der Zeitschrift *'Evergreen Revue' Allen Ginsbergs* Gedicht *Howl* und feierte es als *San Francisco Renais-*

sance und als Glaubensbekenntnis der Generation, die Mitte der 60er und 70er Jahre die Welt gestalten wird. (Paetel 10). *Ginsberg* steht neben *Jack Kerouac* und *Gregory Corso*, die die New Yorker Beat-Generation repräsentieren. Ideologisch läßt man sich nicht festlegen. Der Faschist *Ezra Pound* und der Antisemit *Louis Ferdinand Celine* werden wegen ihres Außenseitertums ebenso gefeiert wie der Anarchist *Kenneth Patchen* oder der Panerotiker *Miller*: wichtig sind Unkonventionalität und Rebellion, nicht Haltungen. Hier tauchen Figurationen auf, die wir bei den Punks wiedererkennen werden. Andererseits sind diese jungen Männer, die späteren 'Väter' der Hippies und der neuen Bewegungen, gebildet, kennen europäische Literatur und suchen über ihre Veröffentlichungen durchaus ein breiteres Publikum.

Neben der Feier des gesellschaftlichen Außenseitertums *(Drogen, Sexualität, neue Mythen)* stehen zwei weitere Züge, die präfigurativ spätere Jugendkulturen durchscheinen lassen. Dazu gehört einmal die Feier des Unterwegs-Seins *(Jack Kerouac, On the road)* zu Fuß, aber besser (weil wilder, gefährlicher und ekstatischer) mit dem Motorrad. Und: neben die literarische Überlieferung treten die Film-Helden. *Jack Kerouac* schreibt: „'Beatgeneration' ist ganz einfach Schlagwort oder Etikett für eine Revolution der Verhaltensweise in Amerika geworden, und *Marlon Brando war in Wirklichkeit gar nicht der erste Beatnik der Leinwand*, *Dane Clarke* mit seinem verkniffenen Dostojewskigesicht und seinem Brooklynjargon und natürlich *Garfield* waren die ersten. Auch die Privatdetektive waren beat, wenn Sie mal zurückdenken wollen. *Bogart* und *Lorre* waren beat. Wie *Peter Lorre* damals in 'M' so lässig durch die Straßen schlenderte, da war schon etwas da von dem neuen Stil." (zitiert bei Paetel 29) *James Dean* ist dann der Heros der neuen Generation, und daß er bei einem Autounfall stirbt, macht ihn zum Mythos: sein Tod bestätigt die exzentrische Erfahrung der Raserei auf der Straße. Schließlich sind neue musikalische Ausdrucksweisen ein wichtiges Erkennungszeichen: damals der Jazz (Bebop), später dann durchaus auch Rockabilly, Rock'n'Roll, vor allem aber auch die Folksongs. - Während in der Bundesrepublik allenfalls die 'Halbstarken' und die 'Teenager' von sich reden machten, bereiteten die Beatniks in den USA in vielen ihrer Haltungen, stilistischen Attituden und Lebensformen (die die Tradition des Bohemiens nicht verleugnen) wesentliche Züge künftiger Jugendkulturen vor. Als zweites ist festzuhalten, daß es immer die 20- bis 30jährigen sind, die Jugendkulturen eine *konzeptionelle Kontur* geben; Jüngere füllen diesen Rahmen aus, riskieren ihre Existenz in ihn hinein.

Rock'n'Roll

Aus anderen Quellen stammt der Rock'n'Roll, ein, was die Breitenwirkung angeht, sicherlich noch wichtigerer Beitrag zur Jugendkultur. Popmusik hatte schon immer einen großen Markt, in den USA spätestens seit den 20er Jahren dieses Jahrhunderts. Seit dieser Zeit spielt sie für die Freizeit von Jugendlichen eine zentrale Rolle. In *Middletown* standen Musik/Radio-Hören an erster Stelle der Interessenliste junger Leute (Lynd 1929); *Coleman* in seinem Buch 'The adolescent society' (1961) fand heraus, daß der inzwischen aufgekommene Rock'n'Roll zum beliebtesten Popmusik-Genre avanciert war. (Auch heutige Untersuchungen zu musikalischen Interessen von Jugendlichen in der Bundesrepublik Deutschland bestätigen, daß Jugendliche - nach Alter, sozialer Schichtzugehörigkeit, Geschlecht und sonstigen Interessen - zwischen einer halben und fünf Stunden täglich Popmusik hören: *Hartwig* 1980; *Wiechell* 1974; *Pape* 1974; *Raschke* 1985).

Lange Zeit versuchte man in den USA, den Teenager-Massenmarkt einzuordnen in ein Bild vom jungen Amerikaner, das Eltern und Erziehungspersonen genehm war. Der auflagenstarke *American Bandstand* forderte die jugendlichen Tänzer noch in den 50er Jahren immer wieder auf, nicht-provozierende Kleidung zu tragen und sauber und anständig auszusehen, um für die beim Tanzen zuschauenden Eltern akzeptabel zu wirken. Eine sich abgrenzende Jugendkultur war zunächst nicht in Sicht - bis dann am 12. April 1954 *Bill Haley* und seine Comets im *Pythian Temple* in Manhattens Westside *Rock around the clock* aufnahmen: die Aufnahmesession kann man durchaus als Geburtsstunde der neuen, vor allem breit wirksamen Rockmusik ansehen. Dabei ist zu vermuten, daß ohne den Film *The blackboard jungle* diese akustische Rockexplosion nie die weltweite Popularität erlangt hätte: „Seine Rolle in 'blackboardjungle' stilisierte den Song zu einer Art Marseillaise der Rock-Revolution. Eine unbeabsichtigte Verbindung von Rock'n'Roll und Entfremdung und Feindseligkeit der Teenager wurde geknüpft. Aufführungen des Films in *Prin-*

ceton, New Jersey und in Städten des Auslands erweckten den Eindruck, der Song sei ein Aufruf zur Rebellion" (Shaw 145). Im Jahr 1955 war der Titel acht Wochen hintereinander auf dem ersten Platz der US-Hitparade und hielt sich 19 Wochen lang in den Charts. Damit ist die entscheidende Verbreitungsquelle des Rock'n'Roll genannt: es sind die lokalen Radiosender und ihre Diskjockeys. Der erste und einer der populärsten war *Alan Freed* mit seiner Radiosendung „Alan Freed's Rock and Roll Party". Er wurde sofort angegriffen, weil er 'schwarze' Musik spielte und auch den *Jive-Talk* der Schwarzen imitierte. Eine Fülle von Anekdoten ranken sich um diese Person, die ein wichtiger 'Rockleader' wurde. Was bei ihm begann, sollte lange Jahre bestimmend sein: die Verfolgung des Rock'n'Roll durch das weiße, wohlanständige Amerika. So gingen Schul- und Kircheninstanzen in ihrer Unfähigkeit, das Interesse von Jugendlichen am Rock'n'Roll einzudämmen, dazu über, „Tanzveranstaltungen von Teenagern zu verbieten und deren Musik immer ingrimmiger zu verdammen. Am 3. Mai 1958 trat *Freed* als Produzent und Moderator in *Boston* bei einer Show auf, deren Star der temperamentvolle *Jerry Lee Lewis* war. Weil es in anderen Städten schon zu Krawallen gekommen war und die katholische Kirche heftigsten Widerstand ausübte, kam es zu einem ungewöhnlich starken Polizeieinsatz. Mitten in der Show ließ die Polizei die Saalbeleuchtung einschalten, um das Publikum zu beobachten. *Freed* soll das mit den Worten kommentiert haben: „He Kids, die Bullen gönnen euch nicht euren Spaß." (Shaw 121) Man sieht, auch der Rock kann die Statthalter gesellschaftlicher Ordnung irritieren und herausfordern - sie ahnen, daß diese Musik mehr transportieren kann als die Lust an harmlosem Tanzvergnügen. So notiert die Enzyclopaedia Britannica, Statthalterin des guten Geschmacks (nach Shaw 133): „Das grobe Radau-Element (im Pop) wurde repräsentiert durch 'Rock Around The Clock'. Die Rock'n'Roll-Schule konzentrierte sich auf ein Minimum an Melodie und ein Maximum rhythmischen Lärms, wobei sie absichtlich den künstlerischen Idealvorstellungen des Dschungels Konkurrenz zu machen versuchte." Dschungel - uneingestandenes Symbol für eine Sphäre, die undurchdringlich zu sein scheint für die Statthalter 'guten Geschmacks' und die Repräsentanten gesellschaftlicher Kontrolle über die Jugend!

Mitte der 50er war der Durchbruch der neuen Musik in den USA bereits geschafft: neben *Haley* gab es *Ray Charles, Bo Diddley, Little Richard, Little Willie, John, Fats Domino, Platters, vor allem Chuck Berry.* Ein Jahr später betrat dann der ehemalige Lastwagenfahrer *Elvis Aaron Presley* ein RCA-Victor-Studio und nahm *Heartbreak Hotel* auf. Damit begann seine Karriere als 'King' des Rock. Jetzt verstärkten sich neben ökonomischem Protest der Verleger, Songschreiber und Entertainer alten Stils aus der Tin Pan Alley die moralisch begründeten Angriffe gegen den Rock. Immer wieder werden Gerichte und Polizei eingesetzt, um das Abspielen von Rock'n'Roll-Platten in den Sendern, auf Tanzveranstaltungen und in der Öffentlichkeit zu unterbinden. In diesen Kämpfen steckte sicherlich auch ein gutes Stück Rassismus, denn die Musik verdankte ihren *drive* vor allem dem Rhythm & Blues, und der war *schwarz.* (Jahrelang hatten schwarze Sänger es schwer, in der Rockszene Anerkennung zu finden, und erst heutzutage präsentieren sie über *Michael Jackson* und *Prince* die großen Stars!) Bekanntlich ließ sich *Presleys* Erfolg dann nicht aufhalten (dazu: Chapple/Garofalo 276ff; 248ff), der zum Star vieler Rock-Filme wurde und deutlich machte, was den Rock insgesamt auszeichnet: die stilistische Provokation (die dann zum ekstatisch erlebten Zeremoniell wird, vgl. etwa den 'Entengang' *Chuck Berrys*) in der Rock-*Präsentation.* Presley ließ seine weitgespreizten Beine beim Singen schlottern, zuckte kaum merklich mit dem rechten Knie (in einer Art Mischung von rasantem Schlürfen und Charleston-Geschlenker), grinste zwischendurch höhnisch, senkte die langen Augenlider, lächelte aus dem Mundwinkel und zuckte mit den Hüften; seine vokale Interpretation war eine erotisch anspielungsreiche Atem-Geräuschtechnik mit sinnlichen Dehnungen, die als laszives Kopfkissengeflüster während eines Beischlafs ausgedeutet werden konnten. Dennoch war dieser Junge aus den Südstaaten kein Verächter des amerikanischen Traums, im Gegenteil: „Als ich ein Junge war, sah ich mich immer als den Helden in Comic-Büchern und Filmen. Ich wuchs auf im Glauben an diesen Traum. Nun habe ich ihn erlebt. Mehr kann sich ein Mensch nicht wünschen" (Schmidt-Joos/Graves 221). Dennoch: die Botschaft seines Rock war das Fundament einer neuen Solidarität, die der amerikanische Black-Panther-Führer *Eldridge Cleaver* in seiner Aufsatzsammlung „Seele auf Eis" so beschreibt: „Es erschien *Elvis*

Presley, der auf einer seltsamen Gitarre klimperte und seinen Arsch über den Kontinent wedelte; und während er sich krachend seinen Weg bahnte, riß er Ruhm und Erfolg an sich und säte wie ein moderner *Johnny Appleseed* die Samen eines neuen Rhythmus in die weißen Seelen der weißen Jugend Amerikas, deren innerer Hunger und deren Verlangen nicht länger durch die antiseptischen weißen Schulen und noch weißeren Songs von *Pat Boone* befriedigt wurden. 'Du kannst tun, was du willst' sang *Elvis* zu *Pat Boones* weißen Schuhen, 'aber ich rat' Dir, nicht auf meine blauen Wildlederschuhe zu treten'!" (Zitat nach: Kaiser 1972, 16)

Offenbar älter als die eben geschilderten Bewegungen ist das amerikanische *Rockerwesen*. Schon in den 30er Jahren lassen sich wilde Motorradgruppen nachweisen, vor allem im Norden. Auch sie schon nannten sich häufig nach den Stadtvierteln, denen sie entstammten, und es gab auch bereits Randale zwischen verschiedenen Gruppen. Hauptsächlich freilich wurden auf befestigten Plätzen oder im freien Gelände „wilde Rennen" ausgeführt - eine Rockertradition, die sich später auffälligerweise verloren hat (Simon 84). Nach dem Zweiten Weltkrieg gab es in den USA einen Motorradboom; beliebt waren schwere Motorräder vom Typ einer „Harley-Davidson". Die Geburtsstunde der Rokkerkultur wird allgemein auf die Hollister-Unruhen (1947) zurückgeführt, als in der gleichnamigen Kleinstadt im Süden der USA während eines Motorradrennens 3000 Motorradfahrer derart randalierten, daß es in den ganzen USA Schlagzeilen gab. Ein Jahr nach diesen Ereignissen gab sich eine kleine Gruppe aus Fontana (Vorort von San Bernadino) den Namen „Hells Angels". Diese Gruppe stand ab Mitte der 60er Jahre im Mittelpunkt der Aufmerksamkeit, meist wegen krimineller Handlungen. Spätestens 1969 wurde ihr Name auch in der Bundesrepublik bekannt, als 300.000 Jugendliche zum „Altamont Rockfestival" zusammengekommen waren, das die „Rolling Stones" veranstalteten. Die Hells-Angels waren als Ordnergruppe engagiert, und in einer Vermischung der Rollen von Polizei, Richter und Henker erschlugen sie vor den Augen der Zuschauer in der Nähe der Bühne einen Farbigen. Dies hinderte nicht ihre internationale Ausbreitung, so daß es bald auch in großen europäischen Metropolen „Hells-Angels" gab, etwa in Kopenhagen, London, Zürich, Hamburg, Frankfurt oder Stuttgart. Es ist zu vermuten, daß nach dem amerikanischen Muster in der Bundesrepublik entstandene Rokkergruppen auch durch hier stationierte GI' s gegründet wurden (so gibt es heute noch die Gruppen „Bombholders" in Baumholder und „Bones", bundesweit organisiert mit Zentrum in Mannheim, als Beispiele für diese Tradition). Neben solcher direkten Übertragung spielen sicher die schon genannten Rocker-Kultfilme (Roger Cormans „Wilde Engel" etc.) eine wichtige Rolle. Weniger bedeutend waren die Rocker zunächst für die Szenen-Belebung im Bereich des Rock; hier spielen die Rocker, die ohnehin erst zwanzig Jahre nach den amerikanischen Ereignissen eine gewisse Bedeutung erlangten, eher eine Nebenrolle. Die Bindung an die Rocker hätte dem Rock'n'Roll auch eher geschadet. Er blieb, zumindest in den Gründungsjahren der Jugendkulturen nach dem Zweiten Weltkrieg in der Bundesrepublik, über Radiostationen, Schallplatten, Werbung und kommerzielle Angebote der Freizeitindustrie einem entschieden breiteren jugendlichen Publikum vorbehalten.

Dem entspricht die Tatsache, daß der Rock, als er in die Bundesrepublik kam, im *Teenager* als „kommerziellem Jugendlichen" (Lindner, 278) besänftigt wurde. Teenagermusik, -mode, -kosmetik, -filme, -zeitschriften, -klubs, ein Wörterbuch der Teenagersprache („Steiler Zahn und Zickendraht") bilden den Hintergrund einer harmlosen „Teenagermelodie", repräsentiert durch *Conny* (Froboess) und *Peter* (Kraus). Die Auseinandersetzungen um den Rock, die ihn in den USA von Anfang an begleiteten, gab es in der Bundesrepublik erst, als die *Beatles*, vor allem später die *Rolling Stones* die Szene betraten. Auch in bezug auf den Rock sind wir hierzulande eine verspätete Generation, aber zu betonen ist auch: ohne die USA hätte es überhaupt keine Entwicklung dieses wichtigen Elements der Jugendkulturen in der Bundesrepublik gegeben.

Hippies

Hippies, eine ebenfalls von den USA ausgehende, bald weltweite und in Europa aufgenommene Bewegung, dem amerikanischen *Underground* zugerechnet, sind amerikanische Teenager, die den Weg in eine *andere* Lebensform wirklich gegangen sind: sie hatten eine *alternative* Konzeption und entwickelten alternative Institutionen. Die Hippies zogen, soweit es ging, aus den Metropolen aus an die warmen Strände Kaliforniens; sie suchten den Süden, um neue Gemeinschaftsformen, bestimmt durch Wärme, Liebe und Zuneigung auszuleben; als 'Blumenkinder' sind sie in die Geschichte der Jugendkulturen eingegangen. Nach den Worten des Beat-Poeten *Gary Snyder* versuchten sie 'den weißen Mann, den Amerikaner in mir zu töten'; sie sahen den Untergang der zeitgenössischen Industrie-Gesellschaft voraus uns suchten Rettung im Orient, den Rhythmen der 'Mutter Erde', in mythischen Entrückungen mit Hilfe von Drogen (LSD, Marihuana, Heroin, Mescalin, Kokain), mit Hilfe von alternativen Lehrern *(Carlos Castaneda)*. Sie waren auf dem Weg zu einer 'alternativen Gesellschaft', behaupteten sich freilich über die warmen Sommer hinaus vor allem auf dem Universitätscampus und in den Bohemien-Quartieren der amerikanischen Metropolen. Sie kritisierten Armut und Ungleichheit, waren aber keine Materialisten, auch nicht theoretisch. *Tuli Kupferberg* aus der intellektuellen Hippie-Gruppe *Fugs*: „The first revolution (but not of course the last) is in your head". Dies bedeutet: der einzelne muß ein anderer werden, erst dann kann er über die Gemeinschaft veränderter Menschen auch eine andere Welt aufbauen. Die Hippies waren 'konservativ' ähnlich der 'grünen' Bewegung in der Bundesrepublik in den 80er Jahren: ihre Ideale waren Cowboys, noch mehr die (marginalisierten) Indianer. Sie wollten in Stämmen leben, weil nur auf diese Weise *Ganzheit* wiederzugewinnen sei. - Einen Höhepunkt erreichte diese Bewegung im Jahr 1967, für das auch, jedenfalls in bezug auf die USA, die meisten Zahlen vorliegen. Neben den im Untergrund seßhaften Künstlern gab es im Sommer etwa 500.000 Jugendliche, die Elternhaus, Schule oder Beruf verlassen hatten (das 'Time Magazin' schätzt die Zahl gar auf 750.000). Unter ihnen waren etwa 200.000 wirkliche Hippies, 200.000 Sommerhippies (*Plastic Hippies*, darunter viele *runaway-children*: sie gehören jeweils nur kurze Zeit, etwa für die Dauer der Ferien der Bewegung an) und 100.000 'Kontakt-Hippies' (meist jüngere Intellektuelle, die neue Erfahrungen suchen). Die wirklichen 'New People' oder 'Stone-Hippies' („uralt Eingesessene") erkannten solche Randsiedler nicht an: Hippie-Sein ist für sie mehr als Kompensation bürgerlichen Alltags, es bedeutet Verwandlung der Persönlichkeit. Analogien zu religiösen Institutionen sind möglich. Die echte Hippie-Bewegung ist einem Orden zu vergleichen, zu dem die Aufnahme in mehreren

Stufen erfolgt. *Lewis Yablonsky* unterscheidet z.B. drei Hippietypen: die Hohepriester des Hippie-Kults (oft „Guru" genannt, indisch: Heiliger), zu denen er nur 10 bis 15 % aller Hippies rechnet; dann Novizen, die radikaler als die wahren Hippies sind, weil sie rebellieren (sie haben gleichsam noch nicht mit der Welt abgeschlossen), und - etwa die Hälfte - die unechten Plastic-Hippies, die nur vorübergehend dabei sind. Initiationssprache, Kultus und Riten sind zum einen Instrument der Selbstdefinition dieser Bewegung, die die amorphe Masse der Zuströmenden gliedern und disziplinieren, zum andern der Versuch, eine weltabgewandte, jenseits gesellschaftlicher Erklärbarkeit angesiedelte Botschaft zu haben, etwas Unbedingtes. Die Idee inkarniert sich in relativ kurzfristig angesetzten *großen Völkertreffen*, die Gipfelerlebnisse darstellen und auch in der bürgerlichen Öffentlichkeit von sich reden machen: So Anfang 1967 das Human-Be-In in San Francisco, als sich 20.000 im *Golden Gate* Park versammelten. Im Jahre 1969 gab es drei solcher Meetings, die in die Geschichte der Jugendkulturen als Höhepunkte ihrer Macht-Demonstration eingegangen sind: am 5. Juli im *Hyde-Park* Londons, wo 200.000 Jugendliche an einem Gedächtnis-Konzert der *Rolling Stones* für *Brian Jones* teilnahmen; im August in *Woodstock*, wo sich für einige Tage 300.000 versammelten; wenig später drei Tage Beat- und Popkonzert auf der *Isle of Wight* (ebenfalls 300.000 Teilnehmer). Das Glück spontaner Solidarität schien vollkommen zu sein, der Siegeszug der Hippie-Bewegung, vereint mit Untergrund-Aktivisten, Rock-Liebhabern, nicht mehr aufhaltbar. Doch dann kam, am 6. Dezember 1969, die Katastrophe beim vierten großen Völkertreffen: beim „Let It Bleed Angels & Death Festival", das wieder 300.000 Menschen, diesmal an der Altamont-Rennbahn zusammenführte, gab es schlechte Trips, Bösartigkeit, Verwirrung und einen Mord an *Marridid Hunter*, einem achtzehnjährigen schwarzen Jungen aus *Berkeley*. Beim großen Aufbruch heimwärts kamen weitere Jugendliche um. Hinzu kam bald, daß trotz des Versuchs, alternative Verteilsysteme einzurichten (Baacke 1972, 127), die nicht durch Institutionen gesicherte Jugendkultur ins Chaos stürzte. Es schlichen sich Krankheiten, ja Epidemien ein; daraufhin organisierten sich die *Diggers* (Name nach einer Gruppe englischer Revolutionäre des 17. Jahrhunderts), die selbst Hippies waren und - zum Teil in Zusammenarbeit mit Jugendfürsorge und Kirche - soziale Verantwortung übernahmen: Essen austeilten, Kranke behandelten, psychisch schwer Gestörten zu helfen suchten. Sie richteten *Free Stores* und eine *Free Medical Clinic* ein. Seit der Hippiebewegung gibt es immer wieder den Versuch, kulturelle Distributionsnetze auf verschiedenen Ebenen aufzubauen: kritische Schulen und kritische Universitäten; pazifistische Buchläden, Schallplatten- und Verleihfirmen sowie Druckereien, um den Moloch der Bewußtseinsindustrie zu unterlaufen. Darum wurde das UPS (United Press Syndicate) mit über 100 Zeitungen (in den 60er Jahren 1,5 Mio. Auflage) und ein eigener Nachrichtendienst LNS (Laboration New Service) gegründet. Man versuchte sich an dem vielzitierten Hippiekodex von *Robert Jones* zu orientieren: „1. Do your own thing, whereever you have to do it and whenever you want. 2. Drop out. Leave Society, as you have known it. 3. Blow the mind of every straight person you can reach. Turn them on if not to drugs, than to beauty, love, honesty, fun." (dazu: Baacke 1972, 125ff) Deutlich werden die Verbindungsstränge zu den Beatniks einerseits, zur Rock- (und amerikanischen Folk-) Szene andererseits. Die soziale Zusammensetzung der Hippies war bunt, zumeist jedoch stammten die Angehörigen dieser Szene (*mehrheitlich* im Teen-Alter, *maßgeblich* der Phase der Postadoleszenz) aus Elternhäusern mit sicherem oder gehobenem Einkommen und anspruchsvollem Bildungshintergrund.

Erste Welle „grüne" Literatur

Nicht die kaum diskursfähige Rock-Musik, wohl aber die neuen Untergrund-Szenen, wie sie in der Hippie-Bewegung am deutlichsten zum Vorschein kam, war Anlaß für eine Publikationswelle von Sympathisanten. Halb Reflexion über jugendliche Bewegungen, halb Dokument dieser Bewegungen selbst, verarbeiten sie ihr Material in einer grundsätzlichen, oft sogar enthusiastischen Stellungnahme für das neue Verhalten Jugendlicher, von dem sie annehmen, es könne allgemein Schule machen - oder dies sei doch wünschenswert. Es ist durchaus lohnend, einen Blick auf einige der besonders verbreiteten Schriften zu werfen, weil Jugendkulturen hier nicht nur ernst genommen werden, sondern auch, quasi in einer Überführung in Literarizität, jedenfalls auf der Ebene von Programmatik und Reflexion auf Dauer gestellt werden. Es handelt sich nicht um wissenschaftliche Literatur, sondern um eine, die Analyse mit Authentizität und dem Ausdruck von Zugehörigkeit zu verbinden sucht.

Zu diesen Autoren gehört *Ivan Illich*, der Kritiker jeglichen Schulwesens in der alten Form (1972).

Anders organisiertes Lernen setzt freilich den neuen Menschen voraus. Die von *Illich* vorgeschlagenen Bildungseinrichtungen sollen „einer Gesellschaft dienen, die es noch gar nicht gibt". Ihren Vorschein sieht er in der Jugendkultur, denn sie „betont wieder den Wert der semantischen Inhalte gegenüber der Leistungsfähigkeit einer vermehrten und starreren Syntax" (ebd. 102). Syntax: das sind die durch expandierende Technologie festgestellten gesellschaftlichen Strukturen im System. Semantik: das ist die Frage nach der Bedeutung allen Redens und Handelns für den Menschen, die nur im persönlichen Gespräch und im Offensein für Überraschungen und Neuorientierungen Antwort findet. *Illich* erinnert an die mittelalterlichen *Fraticelli* und die *Alumbrados* der Reformationszeit, die er als „Hippies und Gammler ihrer Epoche" ansieht, weil sie wie diese ihren Weg außerhalb der „diplomierten Gesellschaft" suchten. Denn nicht für die Erfordernisse des gesellschaftlichen Systems, sondern für sich selbst gelte es zu lernen. Die Subkultur begegnet dem Weltbild des *homo faber* mit Mißtrauen: „Dieser Verdacht ist der gemeinsame Wesenszug einer neuen Elite. Ihr gehören Menschen aller Klassen, Einkommensschichten, Glaubensrichtungen und Kulturen an. Sie sind gegenüber den Mythen der Mehrheit mißtrauisch geworden - den wissenschaftlichen Utopien, den ideologischen Teufeleien und der Erwartung, daß man Waren und Dienstleistungen einigermaßen gerecht verteilen könne. Mit der Mehrheit teilen sie das Gefühl, in einer Falle zu sitzen." Die mythische Leitfigur ist für *Illich* nicht nur *Prometheus*, auf den der homo faber der technologischen Gesellschaft rückführbar ist, sondern sein Bruder *Epimetheus* als Vater eines neuen Menschengeschlechts, der weniger plante und institutionalisierte als die Menschen liebte; der nicht rationalisierte, sondern die *Hoffnung* bewahrte auf eine Welt, in der die Menschen „spontan", „unabhängig", „aufeinander bezogen" leben werden (ebd. 156f).

Ähnliche Überlegungen enthält des Amerikaners *Charles Reich* Bestseller „The Greening of America" (1970; deutsch: Die Welt wird jung, 1971). Reich unterscheidet drei chronologisch-historisch aufeinanderfolgende Bewußtseinstypen seines Landes: „Bewußtsein I“ ist verkörpert im idealistisch-strengen Puritanismus der Trapper und Gründer, in der Figur des self-made-man (Pionier, Siedler, Westerner), der vorankommen möchte und seine Tüchtigkeit im Aufbau der amerikanischen Welt unter Beweis stellt. „Bewußtsein II“ ist das derzeit herrschende. Es dominieren die Wertmaßstäbe einer organisatorisch durchgegliederten Gesellschaft, deren öffentliche Interessen und Institutionen funktionalistisch als Realität gesetzt werden. Dieser moderne „Cooperations-Staat“ erlaubt nur vorgeschriebene Lebensweisen: „Das sexuelle Leben soll in der monogamen Ehe bestehen; außerehelicher Sex, vorehelicher Sex, Sex zwischen zwei Paaren, Gruppensex und Homosexualität werden abgelehnt. Das kulturelle Leben soll alles, was die Maschinerie produziert und vorschreibt, einschließen, aber keinerlei Abweichungen. Lange Haare, Nacktbaden, Marihuanarauchen sind verboten. Das politische Leben soll von der Treue zum *Kooperations-Staat* diktiert werden, der durch das offiziell abverlangte Treuegelöbnis *(Loyalty Oath)*, die Maßnahmen des Staatssicherheitsdienstes und gewisse Beschränkungen in der freien Meinungsäußerung Nachdruck verliehen werden soll; bspw. macht man einem Mann, der öffentlich seine Meinung kundtut und erklärt, daß unsere Regierungsform falsch sei, das Leben sauer. Diese Unterdrückung wird mit dem oben erwähnten Motto, das *öffentliche Interesse* steht vor dem *Einzelinteresse*, begründet. Sie wird von einem ausgeklügelten Überwachungssystem unterstützt.“ (ebd. 122f) Weniger begriffliche Schärfe oder wissenschaftliche Beweisführung, sondern Plastizität und die Ermutigung, ein allenthalben vorhandenes Unwohlsein zu formulieren, führt zu einer breiten Akzeptanz dieser Schrift. Die Hoffnungen heftet *Reich* an das „Bewußtsein III“ der neuen Jugend, die aber dabei nicht stehenbleibt. Sie lebt auch anders, indem sie alles tut, was nach dem eben gegebenen Zitat verboten ist. Sie setzt bei den Bedürfnissen des *Ich* an. Dessen Grundlage ist die Befreiung von Konkurrenzdenken und von einer Verabsolutierung des Messens durch die Inthronisierung neuer Werte: „Enthusiasmus“, „Glück“, „Hoffnung“. Diese Jugend kämpft nach Reich nicht mit legalen Mitteln gegen den Kooperations-Staat, wie es die Liberalen tun; auch nicht mit Gewalt, wie es die radikale Neue Linke will; sondern mit einer „Revolution durch das Bewußtsein“, die immer weitere Kreise ziehen könnte.

Auffällig, daß trotz einer Gleichsetzung von Jugend und Natur und einer Beschwörung vorindustrieller Zustände letztlich der technische Fortschritt nicht in Frage gestellt wird - er soll dem neuen Leben vielmehr dienstbar gemacht werden. Exemplarisch deutlich wird dies an folgendem Zitat aus den letzten Seiten von Reichs Buch (297): „Im Sommer 1967, als Bewußtsein III gerade im Entstehen war und die Kräfte der Unterdrückung noch nicht eine Atmosphäre der Spannung und des Hasses geschaffen hatten, konnte man diese neue Gemeinschaft auf den Straßen und in den Geschäften von *Berkeley* in der Nähe der *University of California* erkennen. Nur ein paar Monate lang, ganz zu Beginn von Bewußtsein III, konnte man die Freude an der Musik, an Hippiegewändern, bemalten Autos und die Freude, sich der Natur anzupassen, beobachten. Es schien überall zu sein, aber am besten konnte man es vielleicht in einem modernen Supermarkt in *Berkeley* erkennen, der auch spät nachts geöffnet und der mit Waschautomaten, einer Snackbar mit frischen süßen Pfannkuchen und anspruchsvollen Büchern ausgestattet war. Dort gab es eine unglaubliche Vielfalt an Waren - tiefgekühlte Speisen aus *Polynesien*, lokale Untergrundzeitungen, Führer durch die Sierras, gedörrte italienische Wurst, kalifornisches Obst, tiefgekühltes chinesisches Gemüse. Drückte die Vielfalt der Speisen Überfluß und Reichtum aus, so drückten die Leute Gemeinschaftsgeist aus. Da gab es Hippies, die mit ihren Stirnbändern wie Indianer aussahen; gewöhnliche Mittelstandsfamilien, die spätnachts ihre Einkäufe machten; junge Paare, die erst ihren Hausstand gegründet hatten, Gruppen von drei, vier, fünf Menschen, die gemeinsam lebten, junge Leute, die im Begriff waren, auf Fahrt zu gehen, und welche, die heimkehrten, und dazwischen Bedienungspersonal, das sich mit einem Lächeln an der Szene beteiligte. Das war eine Atmosphäre gegenseitigen Respekts und gegenseitiger Zuneigung. Auf irgendeine Weise waren all diese Menschen zusammen. Die Schlangen an den Kassen erinnerten an einen Friedensmarsch, an dem ganz verschiedenartige Menschen teilnahmen, alte Damen, Mütter mit Kinderwagen und Hippies, deren Einkauf in einer einzigen Karotte oder einer Rübe bestand". Das Beispiel zeigt auch *Reichs* etwas verquasten Enthusiasmus, eine gewisse von Stimmung getragene Oberflächlichkeit und nicht zuletzt einen Mangel an Phantasie -die vorgestellte Utopie einer neuen Gemeinschaft der Jungen endet im Supermarkt.

Etwas analytischer ist das dritte Buch, das sich diesen Strömungen in den USA verdankt: *Theodore Roszaks* „Gegenkultur“ (Urfassung 1968, übersetzt 1971). Er beschreibt auf über 400 Seiten ausführlich die neue Sensibilität der Jugend und die zugehörigen Theorien ihrer ideologischen Führer: *Herbert Marcuse*, *Norbert Brown* und *Paul Goodman*. Entscheidend ist auch für Roszak die Frage „Was ist die Person?“, und er meint: „Wenn man sich diese Frage stellt, tritt an die Stelle der Politik des Gesellschaftssystems die ‘Politik des Nervensystems’, wie *Timothy Leary* gesagt hat. Klassenbewußtsein weicht als produktiver Gegensatz dem Bewußtseinsbewußtsein. Und an diesem Punkt trifft sich die Neue Linke mit der Beat-hip-Bohème.“ (ebd. 101) Auch Roszak verwendet ein Bild der antiken Mythologie: das vom Aufstand der sinnlich-ungestümen *Kentauren* gegen Apoll als Sinnbild von Ordnung, Ruhe und Klarheit. Auch Sensibilität sei politisch, wenn sie den Menschen befreie, das Recht seiner Bedürfnisse zuzugeben. Eine „Invasion der Kentauren“ könne die Gesellschaft ohne Zwang und Kampf verändern. Freilich, *Roszak* sieht auch Grenzen und Schwierigkeiten. Nicht zur Gegenkultur der neuen Jugendlichen gehören für ihn konservative Jugendliche („etwas weniger Wohlfahrtsstaat und etwas mehr von der alten Religion“), die liberalen Jugendlichen, „für die der gepriesene Kennedy-Stil immer noch das A und O der Politik ist“, die verstreuten altmarxistischen Jugendlichen, die wie ihre Väter „in der Asche der proletarischen Revolution stochern und darauf warten, daß sich ein Funke daraus erhebt“, und *Roszak* schließt auch die militanten schwarzen Jugendlichen aus, weil ihre politischen Ziele ausschließlich ethnisch definiert seien, so daß sie, bezogen auf die gegenwärtige Situation, „als im Grunde ebenso rückständig gewertet werden müssen wie die nationalistische Mythendichtung des 19. Jahrhunderts.“ Es bleibt eine kleine Minderheit übrig, auf die es ankommt - auch *Roszak* vertritt implizit eine Elitetheorie. Bedeutsam ist für ihn der *kulturelle* Wandel: „Es liegt, wie mir scheint, auf der Hand, daß das Interesse unserer Studenten und Jugendlichen an der Psychologie der Entfremdung, an der orientalischen Mystik, an psychedelischen Drogen und Gruppenexperimenten einer kulturellen Grundeinstellung entspringt, die sich radikal von den Wertungen und Voraussetzungen unterscheidet, die das Leben in unserer Gesellschaft zumindest seit dem endgültigen Durchbruch der wissenschaftlichen Weltsicht im 17. Jahrhundert wesentlich bestimmt haben. Ich bin mir allerdings auch darüber im klaren, daß diese Grundhaltung noch einen tiefgreifenden Reifungsprozeß durchzumachen hat, bevor ihre wesentlichen Momente wirksam werden und ein tragfähiges gesellschaftliches Konzept daraus hervorgehen kann." (ebd. 12f) In *einem* Punkt unterscheidet sich *Roszaks* Buch von dem *Reichs*: er bezieht die gesamte, internationale Jugendbewegung mit ein und berücksichtigt besonders die Verhältnisse in England, Frankreich und Italien.

An dieser Jugendkultur feiernden Literatur fallen die Poetizismen und Bilder auf, die immer dann auftreten, wenn nach der sehr faßbaren Schilderung der konkreten Übelstände das neue Fühlen und Wollen verdeutlicht werden sollen. Man könnte sagen, daß dies sachadäquat ist, weil Ursprungssehnsucht und -mystik nur so ausgedrückt werden könnten. Aber diese Schreibweise nahe dem Genus fiktiver Literatur verrät auch Züge von Fiktionalität in der Sache. Es kommt zu ungefähren und mythischen Überhöhungen in einem verkürzten *Rousseauismus*, der Ursprungssituationen als Modell für zukünftiges Leben aller Menschen setzen möchte. Nur ein Beispiel bei *Reich*: „Sie gehen nicht in die Natur, um Urlaub von der Realität zu machen. Sie gehen zur Natur als ihrem Ursprung. Das Salzwasser des Meeres ist das Salz ihres Blutes, die Freiheit des Meeres ihre Freiheit. Der Wald ist der Ort, aus dem sie kommen, wo sie sich selbst am nächsten sind, er ist die Erneuerung. Sie legen nicht viel Wert auf Wanderausrüstung, Campingzelt für den Strand oder Schwimmanzüge. Sie waten mit ihren Bluejeans in das Salzwasser. Die Natur ist kein fremdes Element, das eine Ausrüstung erfordert. Die Natur, das sind sie." (214) Szene, Deutung und mythische Überhöhung gehen unlösbar ineinander über. Daß die Geschiedenheit von Mensch und Natur nicht rückgängig zu machen ist; der Wald wie das Meer zwar hohe Güter sind, aber kaum zukünftige Heimat der Menschen; daß die Jugendlichen dieser Szene selbst nicht im Wald bleiben können, wird nicht bedacht. Die Autoren haben ein sentimentalisches Verhältnis zur Natur und zur Jugend zugleich. Immerhin, das *feeling* der neuen Szenen läßt sich auf diese Weise literarisch plausibel machen. Aber die Art der Vermittlung durch Deklamationen und Verkündigung zeigt auch, woran es der *Kulturrevolution* fehlt: an *Strategien* und institutionellen Möglichkeiten der Umsetzung immer nur punktuell wahrgenommener vergänglicher Erfahrungen.

Es ist diese Vorstellung einer vielversprechenden Natürlichkeit, die zur Metapher von einer 'grünen Revolution' geführt hat, wie sie typisch ist für *Berkeley*, aber auch den Mai-Aufstand im Paris des Jahres 1968. Jugend stellt sich hier als heiter, dynamisch, glänzend dar; ihre Aktionen sind spontan, entbehren der Unterstützung der Arbeiter und haben irrationale Momente. Deswegen fanden sie bei vielen Intellektuellen kein Verständnis *(le structuralism ne descend pas dans la rue)*. Kritik entzündete sich vor allen Dingen daran, daß es nicht um wahre Revolution ging, mit Arbeitern zusammen organisiert, sondern letztlich um einen *style of life* (z.B. P. Kraus 1970). Gerade dafür hatten die damals einflußreichen, weil vielgelesenen Autoren freilich ein durchaus richtiges Gespür: daß die Substanz jugend*kultureller* Bewegungen nicht in theoretischer Ableitung des Handelns, in organisierten Traditionen und durchdachten Konzepten bestehen konnte. Ähnliches gilt, unter verändertem zeithistorischem Rahmen für die heutigen „grünen" Bewegungen und Jugendkulturen, für die die Bewegung der Hippies längst Geschichte ist, von der sie meist nicht einmal Genaues wissen.

Discjockeys, Discotheken

Während die Hippie-Bewegung (ebenso wie die Beatniks) gegen den *Mainstream* des *American way of life* sich wandten, bleibt der musikalische Bereich von Rock und Pop eher ein Zubringer. Zwar hatte sich auch hier im Vergleich zu den 50er Jahren vieles gewandelt: an der Westküste gab es neue Rockbands, die politische Themen aufgriffen und besangen (z.B. *The West Coast Experimental Band*, *The Fugs* u.v.a.), und der Siegeszug von Donovan und vor allem Bob Dylan verweist auf eine gewisse Intellektualisierung dieser Szene. Die *Greateful Dead*, *Jefferson Air Plane*, *Country Joe and the Fish*, *Big Brother* oder die *Holding Company* verbinden weiße Folkmusik, spätere Countryklänge und Cityblues im musikalischen Idiom durch die Anregungen aus England, angereichert und oft mit lyrisch-literarischen Ambitionen, wie sie *Dylan* vorgemacht hatte. Die Musik *Frank Zappas* und der *Mothers of Invention* sind fast schon spätzeitlich-postmodern in dem Sinne, daß sie ironisch vorhandene Stile parodieren (z.B. die Beatles, den Highschool-Sound etc.).

Die Entwicklung der Rock-Szene und ihre Weltwirkung unter Jugendlichen wäre jedoch nicht vorstellbar ohne die Vielzahl lokaler Rundfunksender in den USA und den in ihnen entwickelten Typ des *Discjockeys*. Sie waren nicht nur Angestellte ihrer Sender, sondern Enthusiasten, Botschafter des Rock. *Alan Freed* war schon erwähnt; er war es, der den schwarzen Rhythm & Blues an die Spitze der 'Audience Polls' brachte. Hierzulande ist *Radio Luxemburg*, von britischen Plattenfirmen gesponsert, ein Beispiel für die Bedeutung dieser Vermittler. Keine Rockgruppe wäre ohne sie nach oben' gekommen. Die zunehmende Perfektionierung der Einspielungen in den Studios führte dazu, daß Life-Auftritte der Gruppen zunehmend nicht im Mittelpunkt standen. Soul war zwar schon immer die Tanzmusik an öffentlichen Plätzen - von hier gingen die wichtigsten Varianten der Tanzrhythmen aus, und Soul ersetzte den kurzlebigen Twist -, aber erst die Präsentation von Schallplatten in der Discothek, die sich nun ihren je eigenen Discjockey (oder mehrere) leistet, führt zu einer Explosion in den Jugendkulturen, die bis heute anhält. *Reggae* oder *Breake Dance* - alle neuen Tendenzen werden heute vor allem auch durch die Discos vermittelt (vgl. Chambers 140f; 190ff). Hier erlebte sich die Szene als Gesamtkunstwerk: im drehenden Glitter der Spotlights, in den zuckenden Farben, in den überlaut aufgedrehten Kanälen mit der Betonung der stampfenden Bässe, im stilisierten Herumstehen oder ekstatischen Solotanz, alles überthront vom Discjockey, der Wünsche entgegennimmt, Platten anspielt und kunstfertige Übergänge zur nächsten Rock-Explosion vorbereitet, während noch die alte Platte läuft. Er ist auch der einzige, der gehört werden kann in seinen Ansagen und Aufforderungen an das Publikum; er ist Techniker, Animateur, auch Künstler, indem er durch die Zusammenstellung der ausgewählten 'Nummern', in ihrer Reihenfolge und in der Gestaltung der Übergänge sein spezielles Können erweist. Neben den Gruppen-Idolen werden darum Discjockeys zu neuen Heroen der Szene. Sie herrschen am Abend und in der Nacht, zetteln das *saturday night fever* an, in dem sich Jugendliche *aller* sozialen Herkünfte und Bildungshintergründe immer wieder treffen.

Hier handelt es sich um ein Breitenphänomen, um die Musik des 'Mainstream', und die Übergänge zu den jungen Hedonisten sind fließend. Die Discokultur hat sich jedoch weiterentwickelt, hat sich intensiviert, eigene Stile aus sich hervorgebracht, vor allem Disco und Rap. Darauf ist später zurückzukommen.

2.3 Teds, Mods, Punks, Skinheads, Rocker, Fans: England

Der andere wesentliche Zulieferer für die Jugendkultur-Szenen der Bundesrepublik war und ist ohne Zweifel England. Auf die Abhängigkeit auch Englands von der Rock'n'Roll-Entwicklung in den USA war bereits hingewiesen worden. Dennoch, bereits in den 50er Jahren entwickelten sich eigene Kulturen und Stilzüge, die sich von Amerika erheblich unterschieden. Bemerkenswert ist, daß die Teenager-Kultur der 50er Jahre in England zunächst eindeutig eine working-class-Jugendkultur war. Jugendliche, die die Schule mit 15 Jahren verlassen hatten und nun zur Arbeit gingen, organisierten sich als Teds, später auch als Mods, noch später als Punks oder Skinheads. Obgleich die Jobs dieser Jugendlichen (wenn sie überhaupt welche bekamen) häufig keine Aufstiegsmöglichkeiten boten, waren die Gehälter im Vergleich zur Vorkriegszeit doch um das Fünffache gestiegen, und die Ausgabekapazität der Arbeiterjugendlichen hatte sich verdoppelt (Chambers 26). Dieser *relative* Wohlstand erlaubte das Entstehen von Jugendkulturen, die im Gegensatz zu den USA jedoch durchweg entschieden stärker milieugebunden waren, jedenfalls in ihrem Ausgang. Erst in den 60er Jahren änderte sich dies: Pop war nun nicht mehr „ein bemerkenswertes Randereignis, das man weitgehend mit dem Geschmack von Teenagern aus der Arbeiterklasse in Verbindung brachte, sondern wurde zum zentralen Symbol für eine neue Mode- und Großstadtkultur in England. Pop war nicht mehr nur eine Variation im show-business, sondern wurde zu einem Symbol für einen bestimmten Stil. In gewissen Clubs wie dem *Scotch of St. James*, dem *AdLib*, dem *Cromwellian*, versammelten sich glitzernde Leute, fotografiert von *David Bailey* und *Terrence Donovan*, gekleidet durch *Mary Quant*, *Ossie Clark* und *Angela Crash*, das Haar gestylt durch *Vidal Sasson*, dicht an dicht gedrängt mit *John Lennon*, *Jean*

Shrimpton, *Mick Jagger*, *Dusty Springfield*, *Roger Daltrey* und *Twiggy*: dort verwirklichten sie ihren Lebensstil aus den bunten Magazinen zu den Rhythmen von König Pop" (Chambers 57). Auch hier entwickelte sich also die Szene, ausgehend von typischen Milieubindungen, so weiter, daß schließlich ihre Ingredienzien - Musik, Mode, persönliches Styling - generalisiert wurden und für alle verfügbar waren, die ihren Freizeit-Alltag mit neuen Erlebnis- und Gestaltungsformen bereichern wollten.

Teds

Die Teds erschienen zuerst im südlichen London; die Bewegung erreichte ihren Höhepunkt etwa 1956. Als (1953) ein Bus einen Jungen erfaßte und tötete, gingen die Teds auch auf die Straße, und es kam zu Unruhen. Insgesamt waren sie zwar auffällig, aber mehr mit ihrer Freizeit beschäftigt als mit Protest.

Den Ausgangspunkt nahm die Bewegung von einem kommerziellen Mode-Angebot. Schneider aus der eleganten Londoner *Savile Row* kamen um 1950, um ihren Absatz zu heben, auf den Gedanken, für den *man about town* den *Edwardian style* verfügbar zu machen. König Edward, das schwarze Schaf der Königsfamilie, war ein Modefan gewesen und, zum Leidwesen der Königin Victoria, nicht sehr genau mit den Maßstäben der puritanischen Moral. Er war also als Dandy und gewisser Außenseiter durchaus geeignet, als Provokateur für Jugendliche, die ebenfalls irgendwie auffallen wollten, Modell zu stehen. Dabei beschäftigten sie sich nicht so sehr mit seiner Biographie und seinem Leben, sie wählten vielmehr seine Anzüge und schafften auf diese Weise eine ironische Identifikation. Ironisch-anzüglich mußte sie bleiben, denn es waren ja die *Lads*, Jugend der Arbeiterklasse, die sich plötzlich aus ihrem Milieu herausbewegten und 'ganz anders' kleideten. So entstand mit der Hilfe (zunächst amerikanischer) Popmusik und extravaganter Kleidung eine neue städtische Jugendromantik (Semmelroth 53 f; Chambers 28f). Auch die Schneider hatten zunächst an ein anderes Publikum gedacht: an Homosexuelle und die reichen jungen Gardeoffiziere. Aber schnell wurde der *Edwardian style* zum Kostüm der Arbeiterjugend, die sich in Kneipen und Cafés traf und ihr soziales Milieu durch den neuen Stil verwandelte. *King Edward* trug lange taillierte Jacken mit Weste, enge Hosen. Schuhe mit breiten Bändern und weiße Hemden mit weitem Kragen sowie eine Windsorknotenkrawatte. Die Teds taillierten die Jacken noch enger, gaben der Weste exzentrische Farben, wählten farbige Schnürsenkel und Schlipse und grellfarbige Wildlederschuhe. Zum exquisiten Aufzug trugen sie durchaus proletarische Frisuren: pomadeglänzende Haare, den sogenannten Entenarsch (Hebdige 83). Bald kamen auch Varianten dazu: farbige Gehröcke, spitze Stiefeletten, Tätowierungen, hoch aufgetürmte Quiffs (Tolle), Koteletten. So probten sie den symbolischen Aufstand gegen die Mittelklasse und führten deren Anspruch auf die *haute couture* ad absurdum (Semmelroth 54).

Sonst blieben sie innerhalb ihrer Grenzen. An Musik ließen sie nur den Rock'n'Roll klassischer Prägung zu. Auch sonst waren sie eher konservativ gesonnen; Vorbild waren die *Mississippi-Riverboat-Gambler* und die US-Südstaaten und ihre „Rebellen"-Fahne. Die Grenzüberschreitungen blieben also mode- und freizeitbeschränkt, griffen nicht ins Bewußtsein oder gar in den Alltag ein. Auch huldigten die Teds durchaus der Maxime, daß ein anständiger Junge eine Arbeit braucht wie eine Familie - nachdem er einige wilde Jahre mit guten Kumpels durchlebt hat. Als die Teds der 50er Jahre sich 20 Jahre später auf sogenannten Ted-Revivals wiedertrafen, waren es sittsam gewordene Familienväter in dunklen Anzügen und mit starker Neigung zur Glatze, die sich (sofern sie paßten) noch einmal in die alten Anzüge warfen und den Rock'n'Roll tanzten. Dennoch haben die Teds eine Bewegung über Mode und Stilisierung ausgelöst, die auch die folgenden kulturellen Schübe bestimmten, so vor allem die

Mods

Auch für sie gilt: „They were obsessed by clothes" (Chambers 78). Sie fühlten sich als „Modernists" und bevorzugten „Cool" Jazz vor dem traditionellen. Die Anfänge der Bewegung sind auf 1959 zu datieren. Die Mods stammten mehrheitlich aus *East-London* - aus dem gleichen Milieu wie die Teddy-Boys und schlossen sich auch an deren späten italienischen Stil (zunächst) an. Sie betonten von Anfang an besonders die Eleganz ihres Outfits, das insgesamt nicht so auffällig war wie das der Teds. Die ersten Mods waren jüdische Jungen, bald aber auch Arbeiterjugendliche und junge Angestellte. Die Motor-Scooters der Jahrmärkte waren ihr Symbol, viele Mods waren in sogenannten Scooter-Gangs organisiert. Im Gegensatz zu den Teds bevorzugten die Mods supermoderne Klamotten; der chromverzierte Motorroller war Teil ihres Stylings. Sie bewegten sich als Flaneure und Dandies durch die Straßen und versammelten sich abends in Clubs und Bars. Ihre Anzüge waren insgesamt eher konventionell: sie trugen gebügelte Hemden, unter dem Parka häufig schmale Kravatten und knapp sitzende Anzüge; die Haare waren kurz und sauber geschnitten. Wichtig war vielmehr die Attitude, mit der man die Sachen trug: *Nonchalance* war gefragt, *coolness*, ein distanziert-beobachtendes Gehabe, das Überlegenheit ausdrückte. Neben der Mode waren die Medien für die Mods bedeutsam. So hatten sie bald ihre eigene Kultsendung: jeden Freitagabend gab es die Popshow „Ready, Steady, Go“ (seit August 1963), mit der Inszenierung einer Clubatmosphäre, in der auffällig gekleidete Teenager zu verrückter Musik tanzten. Das Lebensgefühl, das RSG vermittelte, war Spontaneität, Exzentrizität - mit immer neuen Höhepunkten, Entdeckungen neuer Sounds und Gruppen: die *Rolling Stones*, die *Animals*, die *Kings*, die *Who* waren die „großen“ Gruppen der frühen 60er Jahre in London - und über die Medienverbreitung bald in ganz England. *Pete Townshend*, einer der *heroes* der Szene, meinte 1964: „London's streets are making massive anti-establishment statement every saturday night“ - und er meinte damit die Faszination der Szene, nicht irgendwelche Inhalte. Die Medien waren noch in anderer Weise für die Mods wichtig: sie gewannen Publizität als wirkungsvolles Medienereignis. Dies bedeutet: Medien machten die Mods und lenkten die Aufmerksamkeit der Bevölkerung auf diese spezifische Jugendkultur. Die Auseinandersetzungen der *Mods* mit den *Rockern* an den Stränden von *Brighton*, *Margate*, *Scarborough* und *Clayton* machte die *Mods* durch die aufgeregte Medienberichterstattung zu *folk-devils*. Das Auftreten dieser Gruppen an den Stränden, in den Cafés und auf den Straßen führte zu einer großen Panik und verschaffte den *Mods* landesweite Publizität. Die *Seeside clashes* machten die *Mods* zu Superstars der Wochenenden. Freilich, Ende des Sommers zogen sich die Gruppen wieder in die Metropolen zurück: es war zu kalt. Im übrigen waren die Kämpfe zwischen *Rockern* und *Mods* nicht zufällig - es handelte sich durchaus um verschiedene Milieus. Der durchschnittliche Mod war damals (1964) jemand, der die Schule früh verließ, die Mehrzahl war ein schlecht oder halb ausgebildeter Arbeiter oder ein Büroangestellter mit einem Wocheneinkommen von ungefähr 11 Pfund. Die *Rocker* dagegen waren in der Tendenz eher ungelernte Arbeiter. Die Aspirationen der *Mods* waren 'up-ward', die der *Rocker* dagegen eher 'downward': diese Orientierungen führten dann auch zur Segregation der Stile und des Habitus. Nicht in den Kämpfen, wohl aber in den Medien, in den Szenen der Rockmusik und in *London* selbst waren die *Mods* die wahren Sieger: es begann die Zeit des *Swinging London*, als jeder Jugendliche nicht nur in England diese Stadt aufsuchte, um etwas von der Aufregung mitzubekommen. Es war die Blütezeit der Clubs und Discotheken: *Crawdaddy Club* in *Richemond*; *Flamingo Club* in der *Wardour Street*, *Klooks Kleek the Scene*, vor allem der *Marquee Club*, ebenfalls in der *Wardour Street*, und das *Flamingo*. In allen diesen Clubs traten die berühmten Bands der Zeit auf, Abend für Abend: die *Yardbirds*, *Georgie Fame and the Blue Flames*, *Chris Farlowe*, *John Mayall*... (Chambers 70ff). Auch in anderen Städten traten die Bands in blühenden Clubs auf: *Iron Door*, *Cavern (Liverpool)*; *Oasis*, *Three Coins*, *Kingfisher (Manchester)*; etc. Bands gab es bald nicht nur in *London und Liverpool*: aus *New Castle* kamen die *Animals*; *Fantane*, *Hollies*, *Freddy und the Dreamers* aus *Manchester*; die *Beachcomber*, *Mike Sheridan and the Nightriders* aus *Birmingham*. Jede lokale Gruppe hatte ihren eigenen Club, entwickelte eigene Unterstile und Tänze: den *Hully Gully*, den *Madison*, den *Mashed Potato* und vor allem den *Twist*. Auch die Mods differenzierten sich in immer mehr Untergruppen. Es gab die sanfteren *Smooth Mods*, die aggressiveren *Scooter Boys* und *Hard Mods* und Mods, aus denen dann (teilweise) die Skinheads sich rekrutierten.

Die *Mods* waren in mehrfacher Hinsicht innovativ. So kam in den Clubs und Discotheken das Alleintanzen auf, in manchen war der Paartanz geradezu verpönt. Damit hing zusammen, daß die Mädchen nun, jedenfalls in der Freizeit, mehr Bewegungsspielräume hatten. Die Pille ermöglichte ihnen mehr Freiheit in sexueller Hinsicht. Natürlich war auch die Mod-Kultur primär eine der Jungen; immerhin, Mary Quant mit ihrem erfolgreichen Mod-Marketing erreichte, daß eine Vielzahl neuer Boutiquen in *London* eröffnete mit mehr Modeangeboten auch für Mädchen. Die Möglichkeiten besserer Geburtenkontrolle gaben ihnen die Chance, am Disco-Leben des *Swinging London* teilzunehmen. Gleichzeitig entstand, wenn auch umstritten, ein neuer Männertyp, repräsentiert durch *Mick Jagger*: seine androgynen Züge differenzierten das Bild des Mannes und trugen indirekt auch zur Befreiung der Frau bei. Programmatisch war auch dies alles nicht: auch die Mods vermieden eine konstruktive Auseinandersetzung mit der Realität. In dem Film *Quadrophenia* fährt der Hauptdarsteller mit einem silbernen Motorrad in den Tod - die Mods, harte Drogennehmer und auch vom Mythos des schönen Todes besessen, verweigerten sich, wie es symbolisch in diesem Film-Ende erscheint, der Desillusionierung.

Punks

Ganz anders die Punks. Nach der Wilson-Aera begann der Niedergang der englischen Wirtschaft, nahm die Arbeitslosigkeit immer mehr zu. Die Punks reagierten darauf: sie sahen die gesellschaftliche Realität und machten sich keine Hoffnungen mehr. Sie wurden und sind die wahren *folk devils*. Vor allem: die Teds und Mods wollten interessant und schön aussehen, die Punks sind „häßlich". Sie stilisieren sich absichtlich als Lumpenproletarier - egal, ob sie es wirklich sind. Der vielzitierte Spruch *no future* ist die Absage an jeden gesellschaftlichen Fortschrittsglauben und an sozialpädagogisch gut gemeinte Reformprogramme für die Jugend.

Die Punk-Bewegung begann 1977 und machte sich ostentativ bemerkbar über ihre Kultgruppe der *Sex Pistols*, am 6. Juni, als Großbritannien das Thronjubiläum der Königin feierte. An diesem feierlichen Staatstag fährt eine Barkasse die Themse hinunter nach Chelsea und in den Abend. Die *Sex Pistols* und ihre Freunde sind an Bord, mit Sicherheitsnadeln, grünem, gelbem, lila Strupshaar geschmückt, blaß und bleich, lärmend und laut. Vor dem Unterhaus intonieren sie ihren Song: God save the Queen/the fascist Regime / they made you a moron... / we're the poison in your human machine. Die Wasserschutzpolizei enterte das Boot und verhaftete die jungen Leute. Die Provokation war gezielt, sie hatte gesessen. Schon ein halbes Jahr vorher, am 26. November 1976, hatte EMI *Anarchy in the UK* herausgebracht - seitdem wurden sie argwöhnisch verfolgt.

Die *Punks* trugen Müllsäcke als Hemden, Sicherheitsnadeln im Ohr, Gartenschläuche als Gürtel, sie funktionierten das Hakenkreuz um - alles dient der Provokation, Gesinnung wird damit nicht ausgedrückt. Die Londoner Punk-Szene beschreibt der *SPIEGEL* (23. Januar 1978, 140) so: „Der Lärm aus den Marshall- und Hiwatt-Verstärkertürmen ist so groß, daß das Trommelfell nur ein undifferenziertes Pauken registriert. Die Wörter 'Gib mir Tod, ich will nicht leben, also gib mir Tod', die ein pickliger Teenager namens *Johnny Blood*, Sänger der Band 'Dead Dogs', hektisch ins Mikrophon heult, sind kaum zu verstehen. - Von den Neonröhren, Metallrohren und Eisenträgern an der Decke des überfüllten, mit etwa 200 Quadratmetern viel zu kleinen Kellers tropft Kondenswasser auf die schwitzende, dampfende, auf und ab hüpfende Menge: Pogo-Tanz im Londoner *'Roxy'* am Covent Garden. - Die Tanzenden tragen zerfetzte T-Shirts; ihr Zottelhaar ist grün, rosa oder violett gefärbt und mit einer Pomade aus Vaseline und Talkumpuder aufgetrimmt, Manche haben sich Sicherheitsnadeln durch Wangen, Lippen, Nase oder Ohrläppchen gesteckt. Irgendwann schleudert der Sänger eine leere Bierbüchse unter die Tänzer, die ihre Arme wie Windmühlenflügel schwingen, um in der underground-Meute einen winzigen Platz zu behaupten." Das Referat einer Szene des 16jährigen *Gidion Sams*, der, ausgeflippter Sohn eines Londoner Nahrungsmittel-Großhändlers, den Kurzroman „The Punk" geschrieben hat, wird vom SPIEGEL-Berichterstatter mit Abscheu eingefärbt: 'Pickliger Teenager', 'underground-Meute' - die Londoner Teen-Punks provozieren nichts als Ablehnung, und die bekommen sie.

Die Punk-Szene ist zu einer Bewegung geworden, die die Möglichkeiten provozierender Jugendkultur (bisher) am meisten vorangetrieben hat. Punks gab und gibt es übrigens auch in den USA. Ein Vergleich zeigt, daß unter dem gleichen Namen unterschiedliche Stile und Strömungen zusammengefaßt werden. Die britischen Punks sind mehrheitlich 13-19 Jahre alt, es sind weiße Europäer mit häufig proletarischer Herkunft. Ganz anders die amerikanischen Punks: sie gehören der Mittelklasse an, sind meist schon Mitte 20, und sie haben durchaus Interesse für Politik, Philosophie und Literatur. Ihr Protest orientiert sich an den Traditionen der Beatniks, und in ihren Fanzines spielen Andy Warhol, Allen Ginsberg und William Burroughs eine wichtige

Rolle. *Lamy* hat die amerikanische Punk-Fanzines mit Reader's Digest verglichen. Während dieser in seinen Beiträgen eher instrumentelle Werte thematisiert und favorisiert (Erfolg, Wirtschaft, Politik etc.), sind die Punk-Fanzines expressiv orientiert: es geht um Selbstdarstellung, Gruppengefühle, Kritik bürgerlicher Lebensformen. Damit, so *Lamy*, reagieren die Mittelschicht-Punks auf ihre Eltern. Diese orientieren sich an ökonomischer Produktion, an Profit und harter Arbeit. Erfolg ist sozial angesehen und persönlich zu verantworten. Das Ablehnen dieser instrumentellen Werte und die Feier des Ich interpretiert *Lamy* als *Reaktion* und versucht damit gleichzeitig, den Unterschied der USA-Punks zu denen Englands deutlich zu machen. (Im übrigen zeigt die vergleichende Einbeziehung von Hippie- und Untergrund-Zeitschriften, daß diese, wie die Punk-Fanzines, auch stark expressiv orientiert sind!)

So unterschiedlich die Punk-Traditionen in den einzelnen Ländern sind - in der Radikalität der Selbst-Expression stimmen sie, wenn auch stilistisch different, denn doch wieder zusammen. Auch die *Sex-Pistols* haben sich und die *megeneration* in ihren Rocktexten gefeiert: you'd better understand I'm in love with my self, my self, my beautiful self/no feelin', no feelin', no feelin' for anybody else". Natürlich ist das auch Provokation, denn ein vielgeschmiertes Punk-Graffiti lautet: *Punks want to be hated*. Wer das nicht akzeptiert, wird mit dem Spruch abgefertigt: Punk rules, o.K.?

Diese Londoner Punk-Mentalität trifft sich durchaus mit der New Yorker: Live fast die young heißt es dort. Im übrigen verbindet alle Punks die *Ästhetik des Häßlichen*, darüber hinaus nicht nur Mißtrauen, sondern radikale Abwehr gegenüber allen 'dargereichten Händen' oder Verständigungs-Anbahnungs-Versuchen. Drittens ist gerade die Punk-Mode ein gutes Beispiel für *Bricolage*, also die Verbindung unterschiedlicher Mode-Traditionen der Jugendkulturen, die im Punk gleichsam aufgearbeitet werden:

> „Punk war in seiner Entstehungsphase im Grunde eine Haarschnitt-Revolution; ansonsten rollte er lediglich sämtliche in gut zwanzig Jahren gefundenen Möglichkeiten modischer Absatzbewegungen von Jugendlichen noch einmal auf, bspw.: Röhrenhosen, Schuhwerk, Leopardenmuster aus den 50er Jahren; Drei - Knopf-Jacketts, Ben-Sherman-Hemden in allen

Abwandlungen, schmale Schlipse aus den 60ern; zerrissene, mit Sicherheitsnadeln zusammengehaltene T-Shirts, Armeehosen, Plastiksandalen aus dem Londoner Philadelphia-Soul-Untergrund der 70er Jahre; Ketten, Nieten und Lederjacken aus der klassischen Rocker-Tradition; Exzerpte aus Sado-Maso-Comics und mehr. Das Eigentümliche des Punk lag darin, all diese Elemente verschiedener Herkunft - letztendlich in einer Weise, die man heute 'postmodern' nennt - aus ihrem Zusammenhang zu reißen und aufsehenerregend neu zu kombinieren. Das führte zu einer nie gekannten Radikalisierung der Jugendmode." (Scheuring 157)

Solche Übersteigerung und General-Auswertung führt natürlich an die Grenzen der Provozierbarkeit, so daß die Punks in den 80er Jahren Schwierigkeiten haben, ihre Vorgänger an Exzentrizität noch zu übertreffen.

Dennoch: gerade diese Jugendkultur hat auch in der Bundesrepublik ein starkes Echo gefunden, wenn zwar (wie immer) mit Verspätung und gleichsam durchmischt mit englischen und USA-Elementen. Denn die bundesrepublikanischen Punks kommen teilweise aus vergleichbaren Milieus wie die Londoner Punks (z.B. in Hamburg), teilweise aber handelt es sich um Jung-Intellektuelle oder Jugendliche im Teenalter, die, ihrer Schülerrolle überdrüssig, diese zumindest in der Freizeit durch den Punk-Habitus konterkarieren. Im Jahr 1981 meinten nur 2% der befragten Jugendlichen in der Bundesrepublik, sie seien Punks, und 15 % fanden die Punks noch „ganz gut" (ZEIT 6.2.1981). Die no-future-Haltung, wie sie von den Londoner Punks inauguriert wurde, ist auch in der Bundesrepublik zum Teil authentisch (viele Punks kommen aus unvollständigen Familien, sie sind auf Trebe, entlaufene Heimzöglinge etc.); auch hier ist jedoch nicht zu vergessen, daß die Medien durch übertreibende Berichterstattung das Punk-Image mit aufgebaut haben, so daß es viele Jugendliche als attraktiv übernehmen konnten. Die Neue Deutsche Welle (NDW) ist die Pop-Antwort aus Deutschland auf die Punk-Bewegung, teilweise auch selbst ihr Bestandteil. Die ersten Gruppen traten etwa 1979 in unbekannten Lokalen auf. Die neuen Bands *(Materialschlacht, Mittagspause,* später *Deal, Extrabreit, Hansaplast, Der Plan)* hatten deutsche Namen, produzierten deutsche Texte und versuchten, ihre Platten über alternative

Labels zu vertreiben (Vertriebe wie *Zensor* in Berlin, *Titanic* in Gelsenkirchen). Hinzu kommen die zahlreichen *Fanzines*, szenen-produzierte und -Eigenzeitschriften mit den Namen *Staatsfeind*, *Schund* und *The Dreck*. Sie bezogen sich meist auf die lokale Kultur, für die sie erschienen - auch dies ein Versuch, den überregionalen Vermarktungszwängen zu entgehen. Die Übernahme dieser Musik durch *Thomas Hecks Hitparade* führte jedoch bald zu ihrer Ent-Typisierung: Punk und NDW wurden jugendkulturelles Allgemeingut, ohne daß besondere Zugehörigkeit signalisiert werden mußte.

Abgesehen von solchen Verwässerungen, die jede jugendkulturelle Strömung letztlich wieder auflösen, ist doch bemerkenswert, wie stark sich Ausdruckshaltungen und Reaktions-Stile von einer Szene in die andere übertragen. Wer sich auffällig als Punk inszeniert, erscheint darum als andersartig - selbst aufgeschlossenen Studenten. Ein Bericht „Punks im Seminar" (Hahnke) macht dies sehr deutlich. Die Studenten fragen etwa nach Selbsterklärungen: wie sei jemand Punk geworden? Die Antwort: „Flasche genuckelt - Schule - Lehre - Moped kaputtgegangen - Punk geworden" versucht intelligent, dem schon bereitgehaltenen Interpretationsschema zu entgehen: 'deklassierte Jugendliche ohne Ausbildung'. Die Antwort auf die Testfrage „Was wünschst du dir?" (nun müßte eine no-future-Antwort herauskommen) lautet: „einen Verstärker". Hier wird ein Interpretations-Pattern demontiert. Schließlich werden auch die politischen Kategorisierungen unterlaufen: „Die Todesstille, die eintrat nach Teddys Feststellung, daß auch Linke uns vergasen könnten, war auch sehr bezeichnend. Als ob Linke und Revolutionäre in der Geschichte noch nie für Massaker und Morde verantwortlich waren (z.B. 1. die Vernichtung der russischen Anarchisten während der Oktoberrevolution und überhaupt die zahllosen Untaten, die im Namen des Sozialismus in und durch die Sowjetunion begangen wurden. 2. Die spanischen Anarchisten und Trotzkisten hatten im spanischen Bürgerkrieg teilweise mehr Angst vor ihren kommunistischen Nebenleuten im Schützengraben als vor den Faschisten auf der anderen Seite. Nicht zu vergessen, die zahllosen Versuche in der heutigen Linken, durch zumindest psychische Gewalt Machtpositionen zu erringen." Die Abwehr politischer Klassifizierungen geht mit einer oft aggressiven Distanzierung gegenüber den „Müslis" einher, also den protestbewegten Szenen und Jugendlichen. „Hippies und Müslis stinken“, so sagt Teddy den Studenten im Seminar, und er meint damit, „daß Hippies einen Muff von Langeweile, von Mami- und Papisein um sich verbreiten.“ (vgl. auch Lindemann/Peinhardt 216ff)

Inzwischen sind der Punk-Bewegung die Zähne ausgefallen. Auch hier sind Generalisierungs- und Differenzierungsprozesse zugleich festzustellen. Generalisierung meint, daß ‘Punk’ inzwischen jedem Jugendlichen zugänglich ist, also nicht mehr nur als jugendkulturelle Absetzbewegung interpretiert werden kann. Der Punk-Habitus ist in den Alltag der Jugendkulturen eingegangen und hat längst seine provozierende Schärfe verloren. Dem entspricht die Differenzierung, in Großbritannien wie in der Bundesrepublik. Unterschiedliche stilistische Entwicklungen führten zu „New Wave“, „New Romantic“, „Neo-Existenzialismus“ oder „Edelpunk“. Gleichzeitig beginnen die Neo-Skinheads, zunächst in der Bundesrepublik eher eine Splittergruppe der Punks, sich zu profilieren; Teds und Rockabillys, ursprünglich Gegner der Punks, leben mit diesen einträchtig ihre zum Teil divergenten, zum Teil zusammenlaufenden Stile aus, und selbst die Mods erleben eine partielle Wiedergeburt. Auf den Straßen auffällig sind inzwischen eher die „Penner-Punks“, die aus der Szene der Nichtseßhaften und aus deklassierten Milieus stammen (Simon 295). Offen bleibt, wann das nächste Punk-Revival ansteht, das vielleicht auch den eigentlichen Impetus dieser Bewegung wiederbelebt: die ästhetisch radikale Illusionszertrümmerung.

Skinheads

Die Skinheads sind wie die Punks ohne Illusion. Während letztere sich aber durch kulturelle Stile einholen ließen, orientieren sich die Skinheads vor allem an brutaler Gewalt. Die Skingangs waren zunächst ‘crews’, weit verbreitet in Londons *East End* und in den *Midlands*. Sie patrouillierten als Straßengangs eine bestimmte Gegend und betonten vor allem demonstrativ rassischen Chauvinismus. Wichtig waren ihnen die ‘white roots’. Neben den „bosses“, „officials“, „Dogooders“, „Hippies“, „Queers“ (Homosexuelle), waren darum vor allem Juden und Pakistani ihre Hauptgegner (die Pakistani auch, weil die Skins behaupteten, sie nähmen ihnen ihre Arbeitsplätze weg). Im Grunde waren sie damit fast die idealtypischen Vertreter des konservativen England:

sie waren ur-„british". Die Skins besaßen eine law-and-order-Gesinnung; sie wünschten keine gesellschaftlichen Veränderungen, sondern „a better deal of it". Ihre Lebensziele - heiraten, einen Job haben und ein Häuschen - sind absolut konformistisch. Auch ihre Kleidung betont dies, eine Karikatur alter Dressings der Arbeiterklasse: T-Shirts aus groben Stoffen; Bomberjacken; breite Hosenträger; bis zur Wade hochgekrempelte Jeans; schwere Schnürstiefel. Den kahlen Schädel schmücken sie in der Regel mit gar nichts. (Semmelroth 57; Chambers 169f; Morris 1981).

Die Musik der Skins war zunächst der Reggae, mit der Variante des Ska (Hervorhebung unbetonter Taktteile, Lautstärke-Akzente, Verwendung von Blechbläsern in der Rhythmusgruppe). Dessen stilisierte Aufsässigkeit verkörperte für bestimmte Mitglieder schwarzer wie weißer britischer Jugend (vor allem die Jungen) eine gemeinsame Sprache, die der Rhythmen aus Jamaica und der aufsässigen Jungen von *Kingston Town* (Chambers 163). Es handelte sich zunächst um eine auch in der Szene nicht anerkannte Musik, weil sie nicht zur Theorie progressiven Rocks paßte. Man nannte sie darum „Zero degree musik" (ebd. 151). *John Gee*, Manager des *Marquee Club*, der Pilgerstätte der britischen Popwelt in den 60er Jahren, schloß den Reggae aus - aus stilistischen Gründen, aber auch, weil er „nicht nützlich ist für's Geschäft" (während die Vorgänger des Reggae, *Ska* und *Blue Beat* durchaus gespielt wurden). Damit war der Reggae 'frei' für neue, sich abgrenzende Bewegungen, und dazu gehörten die aggressiven Skins, die Gewalt auf ihre Fahnen geschrieben hatten. Die Bedeutung von Reggae war für die Skins einfach 'anders und neu'. Dies wurde anders, als die schwarzen Jugendlichen sich ihrerseits auf ihre musikalischen Traditionen zurückbesannen. Jetzt mußten die ihre weiße Ethnizität betonenden Skins die Musik aufgeben; sie orientierten sich zunächst am Punk, verschärften ihn jedoch noch durch aggressive Komponenten und durch die noch radikaleren Simplifizierungen der sogenannten *Oi-Oi-Musik*. Der Reggae gehörte nun den *Rastafarians*, die sich an farbigen, primär indischen Kulturen orientieren; sie tragen gern gestrickte Wollhauben (in den Farben gelb, grün, rot), dazu *dreadlocks* (zu Faserzäpfchen gedrehte Schmutzlocken).

Nicht nur die Veränderungen in der Musikbevorzugung zeigen, daß auch nach außen hart konturierte Szenen beweglich und jederzeit veränderbar sind. Da es sich nicht um Institutionen handelt, sondern um 'Bewegungen' im wörtlichen Sinne, sind alle Beschreibungen nur probeweise. In Hinsicht auf die Skins gilt bspw. zwar, daß sie, orientiert am Territorial-Prinzip (Verteidigung eines bestimmten Distrikts gegen eine 'fremde' Gruppe) aggressive Kämpfer sind. Die *National Front* versuchte als rechte Bewegung, die Skinheads in den Fußballstadien für ihre Interessen zu gewinnen. Dennoch kann man nicht sagen, daß die Skins durchweg rechtsradikal seien - weder in Großbritannien noch in der Bundesrepublik. Gegen faschistische Tendenzen steht einmal die Identifikation mit einem wenn auch merkwürdig verschobenen proletarischen Bewußtsein; während viele Skin-Gruppen die Punks (inzwischen) als ihre (neuen?) erklärten Gegner ansehen, gibt es andere, die sich mit Punks gut verstehen und jede Form von Rechtsradikalismus ablehnen (vgl. Semmelroth 57).

Rocker, Fußballfans u.a.

Auch die Rocker-Traditionen sind doppelbödig verwurzelt: der eine Strang stammt aus den USA, der in der Bundesrepublik wirksamer gewordene, schon wegen der räumlichen Nähe, aus England. In den USA sind vor allem die *Hells Angels* bekannt geworden. Deren Lebensform ist in Europa schon deshalb nicht nachvollziehbar, weil hier die großen, weiten und leeren Räume fehlen, die die Hells Angels in den USA durchqueren: dort ist es der Mythos der unendlichen Weite des USA-Kontinents, der die Bewegung trägt. Die Rocker-Szenen in Europa sind enger, räumlich gebundener -wenn auch hier natürlich die Verherrlichung durch die Geschwindigkeit des Motorradfahrens gewonnener Freiheit zu den Schlüsselerlebnissen dieser Szene zählt. Die Rokker in England leiten sich ab von der harten Ted-Tradition (während die Mods sich eher am Dandy-Stil der Teds orientierten). Hauptkennzeichen der Rocker sind seit jeher Leder- und Ledergeruch, wichtigstes Attribut das Motorrad. Sie sind *tough guys* und halten in ihren Cliquen eng zusammen - als *greasers* - oder - als Erzfeinde der Mods - als *bikers*. Ihre Musik ist der klassische Rock'n'Roll von *Elvis Presley* bis zu den *Stones*; Berührungen gibt es auch mit den *Heavy Metal-Fans*, die Hard-Rock bevorzugen *(AC/DC, Motörhead, Saxxon, Scorpions)* und Jeansstoff, auf den Symbole von Bands und Fußballclubs aufgenäht sind. Die

Übergänge sind wieder fließend. Während die Rocker ursprünglich sich aus Arbeitersubkulturen herleiten, sind die Heavy-Metal-Fans inzwischen eine eigene Szene neueren Datums geworden, die auch viele intellektuelle Jugendliche anzieht - vielleicht als Kompensation. Die Betonung von rauhbeiniger Männlichkeit und einer derb-schweißigen Macho-Kameradschaft sind hier die maßgebenden stilistischen Attituden.

In einem Punkt treffen sich Rocker und Heavy-Metal-Fans: sie sind *Fußball*-Fans. Im 19. Jahrhundert war Fußballspielen auf der Straße ein Freizeitsport für die englischen Industriearbeiter. Hier konnten sie „masculinity, active and collective partizipation and victory" erfahren (Semmelroth 52). Diese Tradition ist in die kommerzialisierten Fußballstadien hineingetragen worden - und damit gebrochen; auch diese jugendliche Teilkultur wird zur 'Szene', was ja bedeutet, daß sie sich als eigener, vorübergehender Lebensraum konstituiert, allenfalls mit Verknüpfungen zu herkömmlichen Milieus und Kulturen. Die Fußballarena wird zum Schmelztiegel verschiedener Jugendkulturen. Dabei gibt es auch die Fußballfans, die nichts weiter sein wollen, also keine Rocker- oder sonstige Szenen-Herkunft signalisieren. Zentralpunkt ist die Identifikation mit einem Verein, der, meist kleinbürgerlich, seine Fan-Kulturen eher als Irritation und Bedrohung empfindet. Dies gilt vor allem für die 'bösen' Fans, die *Aggros*: diese zentrieren ihre Leidenschaft nicht nur auf das Spiel, sondern auch auf die Räume und Zeiten vorher und hinterher, im Straßenvandalismus und in der Lust zu kriegerischen Zusammenstößen mit Fans des anderen Vereins oder einfach anderen Gruppen (z.B. Skins gegen Rocker). Die Nur-Fußballfans, geschmückt mit Schals und Fahnen in den Farben ihres Vereins, zentrieren ihre Aktivitäten auf das Wochenende, die An- und Abfahrt vom und zum Spiel und das Spiel selbst. Hier gibt es genau verteilte Rollen: es gibt den *Chant-Leader*, den *Heavy-Drinker* oder den *Aggro-Leader* (Marsh u.a. 79ff). Der Aggro-Leader beherrscht bestimmte Drohgebärden, spornt seine Freunde zu kämpferischem Einsatz an und verläßt jede Schlacht als letzter. In ihm symbolisiert sich die *Stärke* des Fans. Der *Chant-Leader* eint die Gruppe durch das Erfinden von anfeuernden Gesängen; während der *Aggro-Leader* eher finster dreinblickt, muß der *Chant-Leader* Enthusiasmus und *highspirit* ausstrahlen. Er steht für Gemeinsamkeit, Zuversicht und Solidarität. Der *Heavy-Drinker* hingegen spielt eine schlechte Rolle, weil er zuviel Bierbüchsen leert und darum nicht ernstgenommen werden kann. Dennoch gehört er dazu, weil er deutlich macht, was es bedeutet, wenn man versagt. Dann gibt es noch den *Nutter*: er ist die komische Figur, das Maskottchen der Gruppe, ohne daß er auf ihre Aktionen selbst Einfluß hat. Die Zeichensprache der Fans wird von allen verstanden. Läßt jemand seine Jacke fallen, ist dies Aufforderung zum Kampf; allerdings versuchen seine Freunde zunächst, diesen zu verhindern. Hochgerissene Arme, lautes Schreien sind Siegerposen; wiegende Hüften und starrer Blick geradeaus signalisiert, daß ein einzelner Fan feindliches Areal durchquert und zu seinen Freunden strebt. *Marsh* u.a. betonen, daß die Fan-Szene nach eigenen Gesetzen strukturiert ist und nicht konturlos im Massenpublikum des Fußballs aufgeht. Im Gegenteil: sie hat ihren eigenen Stil, ihre eigenen Regeln und streng eingehaltene Rituale. Dazu gehört vor allem, daß Aggressivität zwar gezeigt, aber nicht notwendig ausagiert wird. Der Gegner soll vielmehr durch Drohgebärden abgeschreckt werden, den Angriff zu wagen und in das gegnerische Fan-Territorium einzudringen. Jede Fan-Gruppe hat bei den Spielen ihres Vereins ihren bestimmten Platz in einer Kurve des Stadions - ebenso wie die Gegner gut auffindbar sind. Beide Gruppen sind durch Fremde getrennt. Die Durchmischung der Fan-Kultur mit anderen Jugendkulturen (Skins, Neofaschisten) und unbeteiligtem Publikum kann dann freilich zu auch von den Fans nicht mehr beherrschten Situationen führen.

Die Fan-Kultur ist ein letztes Beispiel für das besondere Kennzeichen aller britisch inspirierten Jugendkulturen: sie ist aus auf *Action*, in ihrem *Ursprung* proletarisch und stark quartierbezogen mit starken Tendenzen zu expansiver Aggression und Zerstörung dieser „Hooligans" (oder „Hools"), „Thugs", eine „Lad culture on the loose" (Buford 317). Diese Gebundenheit an ein bestimmtes Territorium löst sich erst auf, wenn die Elemente einer Kultur durch das generalisierende Medium des Rock sozusagen entwurzelt und als reiner Stil prinzipiell für alle verfügbar werden, die sich ansprechen, ermuntern und herausfordern lassen.

2.4 Skinheads, Grufties, Heavy Metals, Punks: Szenen in der DDR

Erst jetzt, nach dem Niederreißen der Grenzen und der Verwandlung des DDR-Gebietes in „neue Bundesländer“, wissen wir, daß es auch in der ehemaligen DDR, vor allem in den letzten Jahren, starke subkulturelle Strömungen gab (zum folgenden: Stock/Mühlberg). Die Partei- und Staatsführung bemühte sich zwar bis zuletzt, die Unfehlbarkeit der eigenen Politik auch durch ein Jugendbild zu stützen, das Zuverlässigkeit und Loyalität zum Staat zum Hintergrund hatte; gerade deshalb wurden die jugendkulturellen Szenen in diesem Land zur oft einzigen Chance musikalisch, stilistisch, oft aber auch politisch artikulierten Widerstands. Vor allem Skinheads, Grufties, Heavy Metals und Punks waren Ende der 80er Jahre bestimmende Gruppen in der DDR.

Die *Skins* wurden zum ersten Mal (medien-)öffentlich, als sie am 17. Oktober 1987 Besucher eines Punk-Konzerts in der Berliner Zionskirche überfielen, Nazi-Parolen brüllend. Während es in Großbritannien auch „Redskins“ gab, die sich gegen neofaschistische Organisationen wandten, wurden die Skins mehrheitlich in Westeuropa, den USA, aber auch in vielen Ländern Osteuropas eine Rekrutierungsquelle für neofaschistische Organisationen. Die Transferierung dieses Stils lief über Medien und Musik, aber auch persönliche Begegnungen. Natürlich gibt es hier, zeitlich gesehen, Verspätungen: die Skin-Bewegung gelangte von Großbritannien zuerst nach Westdeutschland, breitete sich von dort (über die Zentren Berlin und Leipzig) weiter nach Ostdeutschland aus. Sicher ist die Interpretation der ehemaligen DDR-Medien falsch, die Skin-Bewegung sei von Westdeutschland in den Osten geschleust worden, um das sozialistische Regime zu unterlaufen. Dies ist schon deshalb nicht plausibel, weil die Skinheads auch in der DDR nie ein homogenes Gebilde mit einer einheitlichen Ideologie darstellten. In einer weitgehend beruhigt-angepaßten Gesellschaft wie der DDR war auch das Skintum eine Möglichkeit des Widerstands, ja des politischen Protests: „Von Beginn an war in der DDR die Skinhead-Szene von Modeskins begleitet. Nach der eher zögerlichen Etablierung der Symbolik Mitte der achtziger Jahre setzte 1987 ein breiter Zustrom von Jugendlichen ein. Ehemalige Punks, besonders solche, die mehr oder weniger am Rande ihrer Szene standen, aber auch New Romantics wechselten zu den Skins über, um etwas Neues auszuprobieren. Es gab spezielle Diskotheken, die am Wochenende zentrale Treffpunkte markierten. Der harte, in dichte Rhythmen eingeklopfte Sprechgesang der Rap-Musik wurde von diesen Skins bevorzugt. Ein Teil der 'Hilfs-Skins', wie sie verächtlich genannt wurden, stieg in die engeren Kreise der Skins ein. Andere wechselten zu den 'Psychos', wobei man sich, abgesehen vom Haarschnitt, nur wenig umzustellen brauchte. Wieder andere stellten ihr Musikinteresse in den Vordergrund und wurden zu Rappern, vertauschten Jeans, Bomberjacke und Schnürstiefel mit Jogging-Anzug, Turnschuhen und Army-Schirmmützen." (Stock/Mühlberg 15) Die nationalistische Orientierung vieler Skins erlaubte ihnen, Tabuzonen zu verletzen und, auch öffentlich, Risiken einzugehen. Insbesondere die „White Skins" prunken bis heute mit rechtsradikalen Orientierungen: sie wenden sich gegen Ausländer und lasten ihnen alle Defizite des eigenen Alltags an. Wieder waren es die Medien, die in pauschaler Gleichsetzung von Skins und Neofaschismus dazu beitrugen, daß Jugendliche die Skin-Szene selbst als eindeutiger klassifizierten und sich ihr deswegen teilweise zuwandten. Während die Skins zu Zeiten der DDR im Widerstand waren, fühlen sie sich im „Vereinten Deutschland" bestätigt; Stock/Mühlberg (S. 17f) zitieren das Gedicht eines Faschos, im Herbst 1988 verfaßt, das die herrschende Skin-Mentalität deutlich ausdrückt: „Germania 1 der Stolz ist groß 1 die Seele ist rein, / so muß ein echter Germane sein! / Treue zu Deutschland / Kampf überall, / wir werden siegen / auf jeden Fall / (...) / wir müssen alles vernichten, was undeutsch ist, / und daß mir niemand einen vergißt. / Zuvor müssen wir dabei auf Alkohol verzichten, / aber wenn das Werk ist erst vollbracht, / was meint ihr, wie das Saufen dann erst Freude macht."

Die *Gruftie-Szene* ist von ganz anderer Art, und wenn ich mich nicht täusche, hat sie besonders in der DDR ihre deutsche Blütezeit gehabt. In einer Aura „von mittelalterlichem Dunkelmännertum und Mystik", mit einem „Kult von Schwermut und Tristesse" provozieren die Grufties eher emotional, drücken aber auch persönliche Leere und Hoffnungslosigkeit eindrucksvoll aus. Während die Skins männlich dominiert sind, sind die oft auch als Einzelgänger auftretenden Grufties bei beiden Geschlechtern vertreten. Das Gefühl von Sinnlosigkeit, Ausdruck von Depressionen und persönlicher Malaise verbindet sich mit allgemeiner Zukunftsangst. Dabei ist nicht immer ganz klar, inwieweit dies alles Gestus ist, inwieweit Ausdruck eines existentiell empfundenen Lebensgefühls. Gruftie-Mädchen, die ich in Berlin kennenlernte, pendelten zwischen dem Ost- und Westteil der Stadt, beeindruckten zunächst durch Düsternis und trübe Ernsthaftigkeit' verwandelten sich aber später im Durchgang durch andere Szenen, die gerade Berlin mannigfach bereit hält, zu inzwischen recht lebenslustigen Discogängerinnen, verbunden mit dem Interesse an Abitur und künstlerischer Ausbildung an einer Hochschule. Ohne Zweifel spielt hier wie bei allen jugendkulturellen Szenen das Eingeweihtsein' die Kennerschaft eine große Rolle, wie das Gruftie-Mädchen Irene deutlich macht: „Die Grufties renn vielleicht mehr uff'n Friedhof als die Gothics. Die jehn mehr in alte Kirchen. Ick würde sagen, det is mit der einzige Unterschied. Wenn de davon ausgehst, daß det allet mal mit Mantic (Kurzform von New Romantic, d.A.) anfing, ja, daß sich det bloß unterteilt hat von'n Frisuren und so... Also, die Einstellung is jenau dieselbe. Mantic, det is, ... begann wohl, gloob ick, vor vier Jahren und mit schwarzen Hosen, weißen Hemden, bißchen Rüschen, so mozartmäßig. Damit fing det allet an, ja, und viele Ketten und allet so wat. Und die Haare ooch, Hauptsache schwarz und nach oben. Wie die fielen, det war egal. Also die Einstellung is bei allen Leuten gleich, außer eben bei den Mitläufern. Also, Mitläufer, die jibt's überall und ooch welche mit 'ner richtigen Einstellung. Die meisten quatschen immer bloß dit, wat se von irgendeem hörn. Zum Beispiel, wenn de fragst, wat de für Musik hörst - aah, „Cure“ und „Sisters of Mercy“, und dann hat sich die Sache erledigt. Nur, weil se alle dit hören. Nja, ich würde sagen, in allererster Linie is et vielleicht 'ne Mode-Sache.“ (ebd. 87)

Die *Heavy-Metal-Szene* ist eine ebenfalls in der ehemaligen DDR erfolgreiche Jugendkultur. „Schwarze, nietenbesetzte Lederklamotten, lange Haare, Nietengürtel, in oft mühevoller Handarbeit bemalte T-Shirts“ (ebd. 125), dies sind typische Heavy-Metal-Signale auch im Osten Deutschlands. Auch hier ist das Selbstverständnis dieser Szene besonders eng an die entsprechende Musik gebunden; dabei scheint es so, als sei die Szene in der ehemaligen DDR noch ursprünglicher und auf diese Weise ein Zitat der Authentizität, die sie auch einmal anderswo hatte: „Intensiver

Umgang mit einer 'handgemachten' Musik, den Körper straff umspannende Klamotten, nach reichlich Alkohol die Übersicht behalten - all das verweist auf eine sinnliche Erfahrung von Körperlichkeit, die sonst kaum auszuleben ist. Die in derbem Leder, Ketten, großen Nieten und einer als Kraftakt nachvollziehbaren Musik aufgehobenen Bezüge zur Körperlichkeit korrespondieren mit Erfahrungen in der Arbeitswelt. Dort wie in der Szene steht ein Heavy seinen Mann." (ebd. 126) Die Szene ist politisch nicht eindeutig, es gibt Rechte, Linke, Liberale, und viele aus der Szene wollen einfach - wie es auch längst im Osten heißt - 'fun'. Die Heavys des Ostens, die nicht so gut organisiert sind wie die Skins, bedauern freilich zunehmend, daß westliche Züge sich auch bei ihnen ausbreiten: größere Unverbindlichkeit, stärkerer Individualismus, Verlust von Kumpeltum, Szenengebundenheit und vor allem: Verlust des Gefühls einer bestimmten Quartierzugehörigkeit.

Dies gilt auch für die Punks, die in der DDR vielleicht die längste Tradition hatten, darin mit den Skins rivalisierend. Die erste Phase wird von Stock/Mühlberg (171) bereits auf Ende der 70er Jahre datiert. Damals handelte es sich um Minderheiten, die auf der Straße schnell Aufsehen erregten und damit provozieren konnten. Dennoch, auch hier etablierte sich die Szene schnell, und erst nach der Zusammenlegung der beiden Deutschland und nach verstärkten rechtsradikalen Angriffen der Skins gab es einen neuen Punk-Boom mit durchaus auch politischer Orientierung. Aber auch die Punks steigen mehrheitlich nicht total aus; viele Jugendliche, die ich kennenlernte, durchliefen die Punk-Phase in sehr kurzer Zeit (manchmal nur wenige Monate), während andere, vor allem in der Freizeit, dem Stil länger verbunden blieben. Auch in dieser Szene gab es mannigfache Ernüchterung. Der Enthusiasmus des Ost-West-Kontaktes nach dem Zusammenbruch der Mauer wich schnell einer starken Enttäuschung und dem Gefühl von Heimatlosigkeit, so daß sich die östlichen Jugendkulturen Anfang der 90er Jahre eher wieder von den westlichen separieren. Noch geben abbruchreife Zonen vor allem im Osten Berlins, etwa in den Kellern der Friedrichstraße, den jugendkulturellen Szenen ein Ambiente, das sie als subkulturellen Treff attraktiv macht und zunehmend auch Leute aus dem Westen anlockt. Zu vermuten ist, daß die stärkere politische Eindeutigkeit - sowohl was Rechts- wie Linksorientierung angeht - der ostdeutschen Jugendszenen schnell an Kontur verliert, da die Baupläne der Ausdrucksweisen ohnehin international sind und keinesfalls milieu-authentisch, zum andern der Anlaß eines betonten Widerstands gegen ein nicht geliebtes politisches System inzwischen nicht mehr gegeben ist. So ist anzunehmen, daß sich die jugendkulturellen Szenen in West und Ost angleichen und aufgrund geschwächter Abgrenzungspotentiale auch in Berlin alltäglicher werden als Anfang der 90er Jahre. Diese Vermutung ist gewagt, weil derzeit nicht sicher ist, inwieweit die Benachteiligung der östlichen Jugendlichen (Ausbildung, Berufstätigkeit, Verdienst, aber auch genötigt sein, sich an westliche Standards anzupassen) möglicherweise zu längerdauerndem Widerstand führt. Dieser Vermutung gibt die Beobachtung Nahrung, daß im Osten Deutschlands die Unterscheidung zwischen „Wessis“ und „Ossis“ eine große Rolle spielt, während sie im Westen eher unbeachtet bleibt oder sogar negiert wird. Prognosen sind nicht möglich; dennoch sind Jugendkulturen sensible Gradmesser für Gefühlslagen, die, wenn objektive oder objektivierbare Problemlagen hinzukommen, schnell über den stilistischen Gestus hinaus in auch wieder militante Straßenaktionen umschlagen können.

2.5 Ablösung durch Intellektualisierung: Medien

„Ablösung“ meint, daß die zunächst an bestimmte historische Zeitläufe, Territorien und soziale Herkünfte gebundenen Jugend-Stile alle von ihrem Ursprung ‘abheben’ und so zur *Szene* werden, die man (hält man bestimmte Voraussetzungen ein) betreten kann. Nur so lassen sich ja die Vermischungen und Veränderungen der Stile, die als ‘konsistente Ableitungszusammenhänge’ kaum beschreibbar sind, erklären. „Intellektualisierung“ soll bedeuten, daß die Ablösung einen Enteignungsprozeß darstellt, der vor allem dadurch ausgelöst wird, daß die einzelnen Richtungen und Stile dadurch, daß sie verfügbar sind, in gewisser Weise *selbstreflexiv* werden: man kann sich ihrer bedienen und weiß, daß man dies tut. Außerdem - und dies ist ebenso wichtig - ist die Strahlkraft ihrer Faszination gerade für diejenigen Jugendlichen erheblich, die die Brüche in der gesellschaftlichen Normalität durchschauen und nach Alternativen suchen, die sie ausleben können. Unter ihnen haben die Postadoleszenten, also die über 20jährigen, wieder ein besonderes Gewicht: es handelt sich um Personen, die noch nicht im Beruf stehen, aber eine gewisse Fähigkeit zur intellektuellen Disposition besitzen, oder um solche, die vor der Ausübung eines normalen Berufes zurückschrecken und ihre Energien in die jugendkulturellen Innovationen stecken. Dies alles könnte nicht geschehen, wenn die Medien - Radio und Fernsehen, Kino und Videorekorder, Schallplatten und Tonkassetten und die dazugehörigen Apparaturen - nicht für eine potentielle Allgegenwart aller ursprünglich zeit- und ortsgebundenen Kulturen sorgen.

Während der Rock'n'Roll und die Gründungsphase einzelner Jugendkulturen ungeschieden dem Pop-Bereich zugerechnet waren, differenziert sich dieser Anfang der 60er Jahre zunehmend aus. Jetzt wird *Rock* von *Pop* abgehoben. *Pop* steht, jedenfalls musikalisch, hauptsächlich für den *mainstream*, also den allgemeinen populären Geschmack. So heißt es in *The Age of Rock* (1969), einer aus dem Blickpunkt der Szene geschriebenen Übersicht: „Nach und nach wurden die 50er Jahre musikalisch zu einer Art Neandertal. Man hörte sich die Musik nur an, man wurde nicht wirklich von ihr angeturnt. Sie stellte noch nicht eine 'totale' Erfahrung dar" (XI). Eine solche Äußerung zeugt sicherlich von Arroganz, denn die Teenager der 50er Jahre haben 'ihre' Rockmusik durchaus als totales Involvement erfahren, und die Aufstände der *Halbstarken* in der Bundesrepublik zeigen, daß sie durch ihre Musik zu Handlungen stimuliert werden, die die bürgerlich-befriedete Adenauer-Ära in ihrem Höhepunkt zum ersten Mal erzittern ließen. Kritisiert wird jetzt die Naivität dieser ersten Phase, und die simple Musikalität. Das Musik-*Hören* wird inzwischen durch Drogenerfahrungen ritualisiert und - auf andere Weise als beim Schulterwurf-Tanz - intensiviert. Man sucht jetzt nach Gehalten der neuen Jugendmusik und lädt ihren Stil mit Bedeutung auf. Damit zusammenhängend bildet sich, spätestens Mitte der 60er Jahre, eine professionelle Rock-Kritik heraus. Während der Rock'n'Roll nur 'von außen', vor allem beunruhigten Pädagogen, Kirchenvertretern, Eltern und Staatsmännern als unreif-pubertärer, aber dennoch bedrohlich empfundener Ausbruch jugendlicher Vitalkraft infolge irregeleiteter Gefühle verurteilt wurde, nimmt die Rock-Szene sich nun selbst ernst.

Der biedere *Melody-Maker* und der ebenfalls eher brave *New Musical Express*, die führenden Zeitschriften der Popularmusik, wandten sich nun verstärkt der Rockmusik zu, obgleich im Showbusiness und im Mainstream des Pop *Tom Jones*, *Engelbert Humperdinck*, *Perry Como* und die *Carpenters* immer noch führend waren. Seit dem Oktober 1970 erschien *Sounds*, die wöchentlich herauskam und zur Plattform des progressiven Rock wurde. Man meinte, daß die Weißen nun genug von den Schwarzen gelernt hätten, um sich - auf der Basis des Rhythm & Blues und der 'schwarzen' Musik -ihre eigenen Idiome zu erarbeiten. 'Progressiver Rock' sollte, soweit wie möglich, kommerziell unabhängig sein, zumindest in Hinsicht auf die Maßstäbe seiner Machart. *Janis Joplin*, *Rod Stuart*, *Joe Cocker* und *Van Morrison* galten als Vertreter von solch unabhängigem Rock, während *Ray Charles*, *Aretha Franklin* und der *Tamla Motown* (wobei man den 'progressiven' *Stevie Wonder* ausnahm) eher verdächtigt wurden, im Dschungel des Kommerzialismus zu versinken. Solche Einschätzungen sind natürlich zeitgebunden. Sie zeigen aber, daß man sich in der Rock-Szene jetzt kritisch mit seinen Traditionen und Entwicklungsmöglichkeiten auseinandersetzte. Andere betrieben die Intellektualisierung der Rockmusik noch programmatischer. Ein besonders deutliches Beispiel dafür sind *Frank Zappa* und die *Mothers of Invention*, die bereits vorhandene Popstile übernahmen und vermischten, zum Teil parodistisch zitierten, Jazz-Traditionen und modern-klassische Musik mitverarbeiteten und in der gegenkulturellen Szene intelligente Experimente riskierten. Sie gingen eklektisch vor und verlangten von ihren Zuhörern nicht nur kluges Verständnis der zahlreichen Anspielungen in ihren Texten, sondern auch die Bereitschaft, ungewohnte Klang-Kombinationen zu goutieren (Chambers 95). Solche Versuche wurden durch die Besinnung auf die Traditionen der Beat Generation und die Etablierung einer *Counter-Culture*, die sich auch politisch verstand, unterstützt. Die amerikanische Gegenkultur war durchweg gut gebildet, weiß, gehörte zur Mittelklasse und war im Charakter überwiegend männlich bestimmt. (Der noch ältere Ausdruck 'Beatmusik' war längst suspendiert; statt dessen sprach man nun von 'good vibrations'). Indem die Rundfunkstationen immer mehr Rockmusik in ihre Programme aufnahmen, ja eigene Programme für sie schufen, wurde diese auch nicht mehr ausschließlich und vorrangig in Kneipen, Cafés oder Clubs gehört. Man konnte sie nun zuhause genießen, mit der Stereoanlage oder mit dem das Klangereignis intensivierenden Kopfhörer verbunden.

Die Bedeutung der *Aufnahme-* und *Wiedergabe-Technik* ist für diese Entwicklung nicht zu unterschätzen. Die Ersetzung der *Schellack-Platte* (78 Umdrehungen) durch die Single (45 Umdrehungen) und die LP; vor allem aber die Möglichkeit, nun hochempfindliche Tonbänder in den Studios einzusetzen mit der Chance, Echoeffekte' Klangmixturen etc. vorzunehmen, also musikalische Montagen, führte zu immer mehr Raffinesse im Arrangement der Titel. Gerade für den Progressivrock waren nun die *Studios* maßgebend, nicht mehr allein die öffentlichen Auftritte. Nur jene boten ja die technischen Möglichkeiten, mit denen die Bands nun experimentierten. Damit wurden die Studio-Produzenten und Toningenieure für die Rock-Szene wichtig, weil sie die besonderen Sound-Charakteristiken der Bands je nach Studio-Interesse und Studio-Qualität bestimmen konnten. Die Vierspurmaschinen (die Möglichkeit, vier verschiedene Sound-Tracks übereinander zu kopieren) wurden bald durch 8, 12, 16 und schließlich 24 Spur-Maschinen in den Aufnahmestudios ersetzt. In den 70er Jahren kam die Rock-Elektronik dazu: Elektroklaviere, Elektroklarinetten, Orgel und vor allem der Synthesizer. Gruppen wie *Pink Floyd* (besonders ihre zweite LP A *Saucerful of Secrets*, (1968) oder die *Soft-Machine* oder schließlich *Jimi Hendrix* sind besonders typische Vertreter des neuen Stils (vgl. Chambers 99ff). Traten die Gruppen nun öffentlich auf, brachten sie zunehmend riesige technische Ausrüstungen mit, deren Aufbau oft Stunden in Anspruch nahm: ohne Hand-Mikrophon (das die Beweglichkeit des Sängers auf der Bühne erhöhte), Verstärker und Lautsprecher war Rock zunehmend nicht mehr vorstellbar. Der Gitarrist *Hastings* beschreibt das, was er braucht, folgendermaßen: „Meine Ausstattung besteht aus einer 12saitigen Fenderelectric, mit sechs Saiten bespannt; ferner aus einer Gibson Les Paul, einer Ovation acoustic/electric' einer sehr alten, teuren und schönen Rickenbacker mit sechs Saiten, zwei Fender Super Reverb-40-Watt-Verstärkern, einem sehr seltenen, alten Marshall-Verstärker von 100 Watt, der 250 Watt erzeugt, einem Pignose practice-Verstärker, einem Echoplex, einem Vox-Wah-Wah, einem Cry Baby-Wah-Wah, einer alten Marshall Sysa Fuzz Box' einer Pete Cornish spezial Fuzz Box' einem Leslie-Lautsprecherkabinett mit Zwischenpedal und Tausenden von nutzlosen Leitungen, die nirgendwo hinzuführen scheinen und immer im ungünstigen Augenblick zusammenbrechen“ (Hoffmann 1981, 183). Zimmermann (43) schreibt dazu: „Techniker und Ingenieure wurden jetzt nötig, damit ein Auftritt klappte. Meterhohe Lautsprechertürme, 48-Kanal-Mischpulte, Echo-Hall- und Phasinggeräte und 200-Watt-Verstärker konnten von den Musikern allein nicht mehr aufgebaut und bedient werden. 4 Musiker, 40 Betreuer und 40 Tonnen Requisiten - diese Bestandteile ergeben heute einen Konzertabend.“

Dieser Entwicklung entsprach auch, daß Auftritte nun häufig in Universitäts-Aulen oder auf dem Universitäts-Campus stattfanden - dort war das interessierte Publikum zu finden. Dabei ging es natürlich nicht darum, im klassischen Sinne Musik zu hören: in der Rock-Inszenierung und durch sie präsentieren sich die traditionellen Zuhörer nun als Bestandteil der Szene, und erst durch ihren ‘Auftritt’ geben sie ihr provokative Bedeutung. Die längeren Haare bei den männlichen Jugendlichen, die extravagante Kleidung, das Rauchen von ‘Pot’, das Eintreten für sexuelle Promiskuität (in der Tradition der Beatniks, später Hippies) erzeugen den radikalen Schick einer Musik für Leute, die ihre Selbst-Inszenierung nicht einfach ausleben, sondern auch wissen, was sie tun und wollen. Das Prinzip der Bricolage wird bspw. für die weithin popularisierte Szene des Glam-Rock bestimmend. Gruppen wie *Roxy-Music*, *Sweet*, *Slade*, vor allem aber *David Bowie* (bürgerlich: *David Robert Jones*, 1948 in Brixton bei London geboren; ‘Bowie’ ist der Name für ein bestimmtes Jagdmesser) sind Vertreter dieses neuen Trends, der vom Teenager bis zu den Intellektuellen viele erreichte. *Bowie* „inszenierte mit theatralischem Gespür makabre Visionen von planetarischen Katastrophen, am Rock-Terror verzweifelnden Selbstmördern und transsexueller Erlösung durch kosmische Supermänner. Bei seinen aggressiven Vaude-Ville-Shows gebärdete er sich mit pinkfarbenem Haar, surrealistischem Make-up und bizarrer Kostümierung wie der ‘Dylan eines Paralleluniversums, der zur Begleitmusik von BLACK SABBATH umhertaumelt’. Sein Rollenspektrum reichte von mystischer Weiblichkeit à la *Greta Garbo* und der ätherischen Hysterie eines Sternenwesens bis zum sadoerotischen Männlichkeitswahn eines Lederfetischisten. Bowie, nach eigener Definition ein singender Schauspieler, ließ sich bei der Gestaltung seines Repertoires vornehmlich von Stanley Kubricks Filmen ‘2001: A Space Odyssey’ und ‘A Clockwork Orange’ anregen. Die Magie eines interplanetarischen Trips, mystische Spekulationen über den Weltenanfang, die stilisierte Darstellung von Gewalt, Zivilisationsneurosen in einer übertechnisierten Welt sowie Nietzsches Übermenschentheorie als zweifelhafte Verheißung sind ständig wiederkehrende Themen in seinen Songs“; später trat Bowie als Transvestit mit Lidschatten und Chiffongewändern auf, eine nunmehr mögliche programmatische Herausforderung sexueller Rollengrenzen (Schmidt-Joos/Graves 50 f).

Produktionen dieser Art produzierten ihrerseits wieder neue Szenen, etwa die *New Romantics*. Sie ließen sich durch Bowies Phantasiekostümierungen und seinen dandyhaften Habitus anregen. Es handelt sich vielfach um weiterentwickelte ‘verfeinerte’ Ableger der Punks. Die *New Romantics* bevorzugen elektronische Discomusik und Gruppen wie *Spandau Ballett*, *Human League*, *Duran Duran* etc. Eine Untergruppe der *New Romantics* sind die in England sogenannten *Trendies*. Ihre Gruppe war *Spandau Ballett*, die eine Zeitlang ihre Gigs so geheimhielten, daß nur jeweils eine kleine Gruppe überhaupt wußte, wo sie auftraten. Das eben bedeutet ‘trendy’: wissen, wo das neueste Rock-Ereignis stattfindet, und an ihm teilnehmen können. Die *Trendies* lassen Punk-Verbindungen nicht mehr aufscheinen: sie tragen Lacoste-T-Shirts, Turnschuhe, weiße Handschuhe, bevorzugen aquarell-zart getönte Farben, duften nach Lavendel, schneiden ihr Haar kurz und bürsten es nach oben, mit steilen silberfarbenen Kanten (perfekt gestylt durch *Annie Lennox* von den *Eurythmics*).

Andere Gruppen entwickeln eine *Art Post-Punk-Pop*, demontieren endgültig die Unterschiede zwischen Musik und Lärm, oder wenden sich minimalistischen Experimenten zu (Gruppe *Kraftwerk* aus der Bundesrepublik). - Auf die *Heavy-Metal-Szene* wurde schon hingewiesen. Die Heavy-Metal-Szene zeigt dabei, wie auch jüngere Altersgruppen und zumindest semi-proletarische Milieus wieder eingefangen werden können. Je nach Interesse (intellektuell gesteuerter und kontrollierter Ekstase, dem Wunsch nach Ausgleich von Versagensängsten durch Omnipotenzphantasien’ Verdrängung von Mißerfolgen und Erlebnis grandioser Augenblicksgemeinschaft im Klangereignis) gesellen sich die Publika in den Konzerten von *AC/DC*, beispielsweise. Inzwischen gibt es ein „growing mainstream audience" (TIME, 14.10.1991) nicht nur in den USA. Die Gruppen-Namen wie *Poison*, *Anthrax*, *Alice in Chains* oder *„Skid Row"* lassen Torturen, Tod, Bedrohung assoziieren; die tätowierten Bizepse der halbnackten Musiker mit ihren langen, verschwitzten Zottelhaaren erinnern in ihrer Inszenierung eher an eine Provokation von Unterdrückten. Aber wie auch TIME feststellt: „Teenager love it". Seitdem der Glam-Rock von „Duran Duran" nicht mehr die Charts regiert, ist Heavy-Metal zur bevorzugten Musik geworden, in der die Jugendrevolte zunehmend zum Gestus verkommt. Die 90er Jahregruppe „Metallica" hat im Jahr 1991 innerhalb von 3 Monaten 650.000 Exemplare der gleichnamigen LP verkauft. Die international angesehene und älteste, inzwischen wegen ihrer mainstream-Orientierung häufig auch kritisierte Fachzeitschrift „Rolling Stone", die früher Heavy-Metal eher als „primitiv" abtat, gab der Gruppe „Metallica" 4 Sterne, und damit wurde der LP- und CD-Verkauf weiter angeheizt. MTV bietet Heavy-Metal-Musik derzeit (Anfang der Neunziger) regelmäßig im „Headbangers' ball", und mehrere Heavy-Metal-Videoclips wurden inzwischen ausgezeichnet. Die Musik, die früher eher brüllende Primitivität ausdrückte, ist inzwischen geschliffener geworden, und auch die Texte wechseln inzwischen vom Primitiv-Gestus zu mehr reflexiven Tönen, wie etwa im Lied „Holier Than Thou" der Gruppe „Metallica": „Gossip is burning on the tip of your tongue / You lie so much you believe yourself/ Judge not lest you be judged yourself." Aufgrund solcher Soft-Tendenzen ist auch das öffentliche Presse-Echo im ganzen freundlicher geworden. Das TIME-Magazin überschreibt den Beitrag anerkennend: „Heavy Metal Goes Platinum". - Dennoch, auch hier ist die derzeitige Situation ambivalent, weil Heavy Metal, vor allem weiße Jugendliche ansprechend, sich immer noch den Gestus bewahrt hat, sich an desillusionierte Outsider zu wenden, die der korrupten Zivilisation längst den Rücken gekehrt haben. Ungewöhnliches Benehmen ist für viele der Sänger mehr als nur ein Gag - etwa, wenn der Leadsänger Sebastian Bach der Gruppe *Skid Row* einen Konzertbesucher mit einer Flasche verletzt, die er in das Publikum schleudert. Bach, ein Kanadier, sang vorher in Kirchenchören, bevor er in Toronto in die Clubszene gelangte und sein bürgerliches Leben beendete. Dennoch, trotz aller Aufsässigkeit gegen die etablierten Lebensformen und Lebensläufe gibt er sich keinen Illusionen hin: „In den 70er war Pop vor allem hip, und nun ist die Energie des Punk in Heavy Metal übergegangen. Punk war sozialistisch, Metal ist eher kapitalistisch.“

Medien: Idole, Images, Trends

Es war bereits mehrfach darauf hingewiesen worden (und die Alltagsbeobachtung eines jeden bestätigt es): ohne die Medien wären die neuen Jugendkulturen einerseits nicht zum öffentlichen Gesprächsgegenstand geworden; andererseits hätten sie damit auch nicht die Chance gehabt, *Faszination* und *Irritation* gleichsam aus den Medien in ihre eigenen Reihen zurückzuspiegeln und aufgrund starker Außenbeachtung an fortune zu gewinnen. So sehr die Medien also die Szenen ihren Ursprüngen, ihrer lokalgebundenen und stilistischen Authentizität entfremden, so sehr tragen sie doch gleichzeitig dazu bei, daß die Szenen ein Selbst- und Fremdbild aufbauen. Und was wären Provokationen, die öffentlich unbeachtet blieben?

Bis heute können wir nicht genau sagen, inwieweit Medien jugendkulturelle Entwürfe und Szenen allererst produzierten, inwieweit sie aufgriffen, was ohnehin da war. In der Regel ‘spiegeln’ sie eher Vorhandenes, als daß sie von sich aus neue Trends setzen. Häufig läßt sich in der Berichterstattung über Jugendkulturen eine deutliche *Verzerrung* feststellen - in Hinsicht auf die Geschmacks- und moralischen Urteile eines vorwiegend bürgerlichen Publikums, das sich in seiner Abwehr von Fremdem eher bestätigt sehen möchte als sich darauf einzulassen. Hierfür nur ein Beispiel, das für viele stehen kann: über einen Fernsehauftritt der Punk-Gruppe *Sex Pistols* berichtet der SPIEGEL im Januar 1978 (Titelgeschichte: *PUNK. Kultur aus den Slums*, 142): „Ihr Entrée in die Schlagzeilen hatten sich die Sex Pistols vor einem Jahr durch Flüche und Schmähreden in einer Life-Sendung der Londoner Kommerzstation Thames Television verschafft. Pistols-Sänger Johnny Rotten (bürgerlich John Lydon), 20, hatte den Interviewer einen ‘dreckigen Bastard’, einen ‘elenden Fikker’, einen ‘beschissenen Schweinehund’ genannt. Protestanrufe blockierten daraufhin die Leitungen der Station. Boulevard-Zeitungen ereiferten sich auf den Frontseiten. Eine geplante

Tournee der Sex Pistols mußte abgesagt werden, weil Konzertveranstalter den Rowdies kurzfristig Auftrittsverbote erteilten." Die Provokation wird hier hintergrundlos dargestellt, von außen betrachtet, als motivloses Medien-Ereignis präsentiert; die Story dient als (weiterer) Beleg für die These, bei den Sex Pistols handele es sich um nichts als kulturlose „Rowdies". Die Intention des Auftritts war jedoch eine andere, und sie erst gibt der Provokation einen Sinn: nicht nur sollten die domestizierten Darbietungs-Rituale des Fernsehens in ihrer Begrenztheit aufgedeckt werden; zugleich ging es darum, die konventionalle Attitude des Interviewers bloßzustellen. Ziel war, einen „smarten Moderator, der mit einem Mädchen flirtete" als Verkaufsfolie eines gängig-glatten Habitus bloßzustellen (vgl. Semmelroth 58). In einem solchen Deutungszusammenhang verwandelt sich die scheinbar dumm-dreiste Aktion Rottens in eine szenische Kritik pseudomoralischer Glätte abgeschirmter Abendunterhaltung im Fernsehen. Ähnlich lief die Berichterstattung über die Aktionen der *Skins* vor allem darauf hinaus, in ihnen nichts anderes zu sehen als Gruppen voller Gewalt-Bereitschaft. Der rituelle Aspekt der Konfrontationen wurde ebenso übersehen wie die Differenzen zwischen Fußball-Fans, Skins und anderen Gruppen (Jarman 27). Auf die Invasion der englischen Sea Side Ressorts Brighton, Margate etc. in den Sommermonaten durch Teds und Rockers, die durch die Medienberichterstattung erst zu Ereignissen wurden, die immer schärfere Formen der Konfrontation annahmen und die englische Öffentlichkeit erschütterten, war schon hingewiesen worden. Daß in der Bundesrepublik ähnliche Reaktions-Mechanismen am Werke waren und sind, liegt auf der Hand. Auch hier gilt: neben der Tendenz der *Verzerrung* zeigt sich, daß 'etablierte' Medien wie Presse, Rundfunk und Fernsehen mit bestimmten Äußerungsformen Jugendlicher nicht umgehen können, weil sie die familienorientierte Wohnstuben-Ordnung übertreten. So zerbricht immer wieder der durch die Medien inszenierte 'Dialog mit der Jugend'. So sollten bald nach den Berliner Straßenschlachten und Hausbesetzungen im ZDF (11.2.1981) Instandbesetzer aus Berlin in der Life-Sendung „Eine neue Jugendrevolte?" mit Spitzenpolitikern der Bonner Parteien diskutieren. Die Sendung wurde vorzeitig abgebrochen, weil die Jugendlichen sich nicht an Fernsehregeln hielten: sie unterbrachen die Politiker, griffen sie direkt an, ließen sich nicht auf die verabredeten

Sendungs-Rituale ein. Sie waren nicht 'sprachlos' oder unfähig zur Artikulation, aber sie weigerten sich, die Sprachregeln zu beachten, die nicht ihre eigenen waren. - Solche Erfahrungen führen einmal zu einer publizistischen Zwischenetage: den Fanzines, Szene-Magazinen und Stadtteilzeitungen unterschiedlichster Couleur, die in Aufmachung, Stil und Thematik eher ausdrücken, was in den Jugendkulturen jeweils 'Sache' ist. Zum andern verweigern sich viele Jugendliche (wenn es nicht um Rock und Pop geht) den Medien, suchen nach alternativen Kanälen. Auch hier gibt es eine lange Tradition, etwa die der Piratensender - so sendete nach 1964 *Radio Caroline* Popmusik und nahm der BBC mit ihren für Jugendliche langweiligen Sendungen viele Hörer weg (Jarman 54ff).

Bliebe man bei solcher Medien-Kritik stehen, wäre das Verhältnis der Medien zu den Jugendkulturen auch hier verzerrt wiedergegeben. Wie einleitend in diesem Abschnitt betont, gilt nämlich zugleich: ohne die Medien hätten die Kulturen nicht die Publizität, die ihnen selbst manchmal Kraft gibt. Dies gilt freilich vor allem für die weniger anstößigen Szenen: die Disco-Szene gewann Medienpublizität durch die Entdeckung der „beautiful people“ und die Berichterstattung über exklusive Nachtclubs in Paris, London, New York *(Studie 54)* etc. Zu beobachten ist dabei, daß die Medien erst zögernd die neuen Trends aufgreifen und ihnen erst folgen, wenn sie unübersehbar geworden sind und ein zur Beachtung auffordernder Teil des jugendlichen Publikums die Berücksichtigung seiner Geschmackspräferenzen fordert. Der Rock'n'Roll-Durchbruch der 50er Jahre ist ein Beispiel. Auf die zögerliche Haltung des *Melody Makers* war schon hingewiesen. Die Interessen der Musikverleger, aber auch der bevorzugte Geschmack blieben *Pat Boone*, *Frank Sinatra* und ähnliche Showstars. Im April des Jahres 1956 errang ein Titel den dritten Platz in der britischen Hitparade, er hieß „Rock And Roll Waltz“. Er ist symptomatisch: 'Waltz' und das konjunktive 'and' wurden erst später durch das umgangssprachliche 'Rock'n' Roll' (nun ohne 'waltz') ersetzt. In der Produktion suchte man Kompromisse zu machen - noch zwei Jahre später besetzte, neben den *Beatles* und den *Rolling Stones*, *Cliff Richard* die Charts. Unterschiedliche musikalische Kulturen bestanden nebeneinander. Jungen aus der Mittelklasse, Besucher der Grammar School hörten zunächst keinen Rock'n'Roll. Dieser vermittelte sich über die

Verbindung von traditionellem Jazz und dem städtischen Blues aus den USA; beide Tendenzen wurden dann im Skiffle Boom (1956-58) verbunden. Über diese 'Brücken' und Amalgamierungen veränderte sich die musikalische Szene sozusagen Schritt für Schritt. Heute ist es fast umgekehrt: Programme für Jugendliche, die keine Rockelemente, Folk, Jazz, Blues etc. enthalten, sind kaum denkbar. Der musikalische Protest ist zum Mainstream geworden, ohne freilich in ihm aufzugehen. Er artikuliert sich ja immer aufs neue. Dennoch: erst diese Breiten-Akzeptanz, die von den erst zögernden Medien dann doch intensiviert wird, stellt die Voraussetzungen für eine *breite Vermarktung* bereit. (Chapple/ Garofalo). Dies ist ein so bekanntes Phänomen, daß es hier nicht ausgeführt und belegt werden muß. Die *Cross Trait*-Vermarktung der Beatles mag beispielhaft erinnert werden: neben den Schallplattenverkauf traten Filme über und mit den *Beatles*; Beatleshaarschnitt, Beatlesmode führten zu einer *Beatlemania*, die selbst noch den Kaugummi-Genuß durch den Namen 'Beatles-Gum' in das Aufbruchsgefühl eines totalen Dabeiseins hereinholte. Medien verzerren und verzögern jugendkulturelle Trends - aber wenn sie sich ihrer bemächtigt haben, dann auch vollständig und so, daß der gesamte Konsum- und Reproduktionssektor ins nun auch primär geschäftliche *Involvement* einbezogen wird. Die Abwehr neuer Tendenzen gibt ihnen dabei erst ihren Nachrichten-Wert, der sie schließlich reüssieren läßt. Als die *Beatles* allgemein akzeptiert waren und als balanced galten, waren die *Rolling Stones* die schwarzen Schafe der Medienöffentlichkeit. Sie betonten stärker männliche Sexualität, waren wenig sentimental, zeigten misogyne Züge und in *Mick Jagger* für damals zweifelhafte Formen von Androgynität. Also waren sie die Schrecken der Medien - bis die von ihnen stärker betonten Blues, Soul und die Elemente des *schwarzen* Pop akzeptabel geworden waren und damit auch die *Rolling Stones*. Als die *Sex Pistols* ihre (kurze) Karriere begannen, waren die *Rolling Stones* ihrerseits längst dem Mainstream einverleibt, der Geschmacksvorliebe der inzwischen 30-40jährigen, und also die „Scheiß-Vatis" der Szene, die niemand mehr hören wollte.

Ein letzter, wichtiger Beitrag der Medien besteht in der Schaffung von *personalen Mythen* (das, was man traditionell 'Star' nennt). Eine Veränderung der Filmhelden ist in den 50er Jahren zu beobachten. In den späten 40er Jahren dominierten, vor allem im amerikanischen Kino, Gangstertypen, unter den *Humphrey Bogart* der populärste war. Auch Helden in Abenteuerfilmen *(Errol Flynn)* oder neue 'lässige' Typen (z.B. *Bob Hope*, der Sprücheklopfer) zeigen neue Tendenzen: nicht mehr den harten Mann in der Welt der Erwachsenen, sondern den Außenseiter, den komischen Typ, der nicht ganz einzuordnen ist. Verstärkt wird diese Tendenz dann durch den problematischen Jugendhelden, gespielt von *Montgomery Clift*, *Marlon Brando* und vor allem *James Dean*. Körpergebärden, Kleidung und untermalende Musik - alles wird hier eindringlicher, sozusagen existentieller (vgl. auch Hebdige, der von einer *existenial option* spricht). Mit Dean ist ein neuer Typ auf der Leinwand, der Scharen von Jugendlichen bis heute zur Nachahmung auffordert, weil er keineswegs mehr die Ideale einer männlich bestimmten Gesellschaft demonstriert, sondern ein gebrochenes Verhältnis zum american way of life, zu sozialen Beziehungen, zu Frauen und nicht zuletzt zu sich selbst. Edgar Morin (französischer Soziologe, dessen James-Dean-Deutung von den Beatniks als maßgeblich angesehen wurde) beschreibt den neuen Prototyp folgendermaßen: „James Dean ist ein Modellfall, der den Typus des durchschnittlichen Jugendlichen in Reinkultur verkörpert, der aber in ganz besonderem Maß auf den amerikanischen Halbwüchsigen zugeschnitten zu sein scheint. Seine Physiognomie entspricht einem vorherrschenden Typus, sein Gesicht weist regelmäßige Züge auf, das Haar ist blond. In der Beweglichkeit seines Mienenspiels spiegelt sich deutlich die Doppelnatur des jugendlichen Gesichtes, das, noch in der Kindheitsmelancholie befangen, doch bereits die Maske des Erwachsenen zeigt. Die spezifische Fotogenität dieses Gesichts wird stärker noch als bei Marlon Brando durch jene Fülle von Unbestimmtem hervorgerufen, wie es einem alterslosen Alter eigentümlich ist: der finstere Blick wechselt zu plötzlichem Erstaunen über, entwaffnende Aufrichtigkeit und Verspieltheit schlagen in Barschheit um, Entschlossenheit und Härte lösen sich in Hilflosigkeit auf. Wenn er so mit gesenktem Kopf unter den Lidern hervorblinzelt und dann ganz unerwartet zu lächeln beginnt, mischen sich Prahlerei und Unmut, Naivität und Scheu seltsam in diesem Gesicht, das aber immer aufrichtig ist und einer stets wechselnden Landschaft gleicht, aus der sich alle Widersprüche, Labilitäten und Emotionen der Entwicklungsjahre ablesen lassen." Man versteht, daß dies Gesicht zu einem Etikett werden konnte, das bald nachgeahmt wurde, und daß man vornehmlich die einfachsten Charakteristika imitierte. Haartracht und Mimik.

James Deans Vorbild hat sogar die Mode der Jugendlichen beeinflußt; er hat das Beispiel dafür gegeben, daß sich in einer eigenwilligen Aufmachung bereits ein Protest gegenüber einer bürgerlichen Gesellschaft ausdrücken kann: blue jeans, schwere Sweater, Lederjacke, offene Hemden ohne Krawatte und eine demonstrative Nachlässigkeit sind die sichtbaren Zeichen (sie entsprechen politischen Abzeichen) des Widerstandes gegen die gesellschaftlichen Konventionen der Erwachsenenwelt. Durch diese Kleidung versucht der Jugendliche seine Männlichkeit (Berufskleidung von körperlich Arbeitenden) zu beweisen und den Anspruch einer Ausnahmestellung als Künstler darzutun. *James Dean* hat keine neuen Modeutensilien erdacht: er hat aber den Gesamtkomplex einer besonderen Aufmachung für eine bestimmte Altersklasse kanonisiert und kodifiziert, und diese Altersklasse wird auch weiterhin ihren Helden nachahmen und sich auf ihn berufen, um sich zu rechtfertigen.

James Dean verkörpert in seinem Doppelleben auf der Leinwand und in der Wirklichkeit den reinen Helden einer heranwachsenden Jugend: seine Not und Empörung äußern sich in einem einzigen Impuls, der sich allein schon in den französischen und englischen Titeln eines seiner Filme kundtut. 'La Fureur de Vivre' (‚A Rage to Live') und 'Rebel without a Cause' sind zwei durchaus programmatische Titel, weil sich in ihnen die Haltung einer Generation ausdrückt, die einem Leben ohne echtes Ziel mit rebellischer Raserei begegnet." (zitiert in: Paetel 41). Der Filmheld stellt also eine *Verdichtung* jugendtypischer Alltagsgebärden dar; allerdings in einem dramatischen Kontext von Action und existentieller Betroffenheit, die noch durch den Tod des Filmhelden (Autounglück) bestätigt werden.

Der amerikanische Untergrund-Film treibt die Entwicklung weiter, abseits der kommerziellen Szene. Ein Beispiel sind - neben *Andy Warhols* Produktionen - die Filme seines Freundes *Paul Morissey Flash* und *Trash. Joe Dallesandro*, wird zur neuen Ikone Andy Warhols: ein Einzelgänger, Sohn eines italo-amerikanischen Seemanns, Autodieb, Alkoholiker; Drogen-Experimentator; Bauarbeiter, schließlich Fotomodell und Repräsentant der ingroup um *Warhol* und *Morissey*, spielt die Hauptrolle und wird zum neuen Prototyp des damaligen Underground und der Hippiebewegung. Der Star von einst faszinierte nicht zuletzt durch die Spannung zwischen Auftritt und Privatleben, durch das Pathos des „Aber wie's da drinnen aussieht, geht niemand was an". Die neuen Mythenträger sind nicht Hohlformen des Showbusiness, in die vorübergehend Menschen schlüpfen; es sind Menschen, die in der Darstellung ihrer Selbst bestehen - *identisch mit ihrem Image*. Der Ikonologe *Andy Warhol* entdeckte *Marilyn Monroe* - übrigens in allen jugendkulturellen Strömungen akzeptiert - als Beispiel dieses neuen Typus. In *Warhols Factory* werden nun Filme produziert, die diese Entwicklung, in starker Anlehnung an die jugendkulturellen Trends der damaligen Zeit, weitertreiben. Ein 'neuer Mann' wird gezeigt, der nicht tradierte Sehnsüchte bestätigt, sondern durch Evokation neuer irritiert. Joe wird häufig nackt gezeigt. Dabei ist seine Nacktheit so selbstverständlich wie sein vor lauter Einsamkeit stillgestelltes Gesicht. Als eine große Putte, aber nicht geschlechtslos, muskulös, tritt er den Menschen seine Filme entgegen: mit einer Distanz der Schweigsamkeit, die ebenso groß ist wie die gegenüber dem Zuschauer. Dieser macht die Erfahrung, daß der Voyeur die Lust verliert. In *Flash* spielt *Dallesandro* einen verheirateten Strichjungen, der sich gelangweilt-freundlich vergibt. Empfindungen sind allenfalls in den anderen, die ihn berühren dürfen. Joe trägt seinen Körper zu Markte, aber behält sich: eine Seele zwischen Mann und Weib, Kind und Jüngling, Sucht und Askese. Sensitivität und Stumpfheit liegen dicht beieinander. Daß ein athletischer Körper nicht den Mann garantiert, zeigt *Trash*: *Dallesandro* spielt einen impotenten Fixer. Die umgarnenden Frauen fangen nichts ein. sie wirken wie Kolibries, Papageien, schnäbelnde Tauben, Kunstgeschöpfe um den nackten Joe, der sich wenig bewegt. Das ist nicht narzißtisches Verlangen des latent Homosexuellen, dessen Typus seit den Beatniks in allen ästhetisch-intellektuell orientierten Jugendkulturen gefeiert wird, sondern Dallesandro zelebriert seine Existenz, die vor gewohnten Erwartungen und Anforderungen aus der Rolle fällt - ins sozial Abseitige, wohin das Klischee (damals) nicht langt, wo darum das Idol wachsen kann. Auch *Mick Jagger*, Sohn eines englischen Sportlehrers, schon in der Schule Prototyp des non-konformistischen Rebellen, Vokalist und Sex-Mythos der *Rolling Stones*, entspricht dem neuen Bild des Mannes, obgleich er vom Phänotyp her das Gegenteil von Dallesandro ist: schmalbrüstig und rippendürr. *Sein* erotischer Reiz liegt nicht in der unprätentiösen Nacktheit, sondern in der durchaus prätentiösen Kostümierung: in weißen wehenden Gewändern (bei der Totenfeier für *Brian Jones*), eng sitzenden schwarzen Kordjeans oder phantastischen Stilmischungen aus Biedermeier; Jugendstil und Moderne provoziert er durch Tanz und Gebärden ekstatische Pan-Stimmung, *vibrations* im androgynen *setting*. Das heißt *Kommunikation*: Evokation von Bedürfnisenergien - *I can't get no satisfaction* - im jugendlichen Publikum, ihrer Bewußtwerdung durch die kehlig-hauchscharfe Stimme mit ihrem verslangten Jargon. Auch *Jagger* spielt in Filmen mit, etwa in dem Film *Performance*. *Jagger* spielt einen Popstar - als Ikone sich selbst -, der mit einer jungen Frau und einem knabenhaften Mädchen zusammen lebt und seinen verlorenen Dämon beschwört. Volllippig; weiblich-männlich; Gassenjunge und sensitiver Ephebe; aggressiv-häßlich und androgyn-sanft; keusch und lasziv - so zuckt er; manchmal eine Inszenierung Beardsleyscher Figuren, durch das Bild, verwandelt mit seinen Freundinnen den Gangster; entführt ihn in seine Paradiese, geleitet ihn noch als Toter in die wahre Identität des Menschen, die in träumerischer Zärtlichkeit besteht.

Gleichzeitig mit diesen Filmen entwickelt sich Anfang der 70er Jahre das amerikanische *Black Cinema*. 'Schwarze Haut' wird nun bewußt und provokativ vorgezeigt (alle Schauspieler der Filme sind Schwarze), gleichzeitig ist das Bild des schwarzen Mannes - anders als das der avancierten weißen Counter Culture - stark durch Aggressivität und Gewalt bestimmt - Gegenwehr.

Größere Breitenwirkung hatten und haben natürlich die Filme im Mainstream der Rock- und Pop-Szene. Im Spätsommer des Jahres 1956 kommt der Film *Rock around the Clock* auf den Markt (die Doppelvermarktung des Rock über akustische und audiovisuelle Kanäle hat sicherlich zu ihrer Breitenwirkung erheblich beigetragen) und wurde in England zunächst verboten: man fürchtete Gewalttätigkeiten, das Ausbrechen ungezügelter Instinkte und eine allzu große sexuelle Freizügigkeit. Während die *Beatles*-Filme (z.B. A hard day's night, 1964) durchaus stilistische Aspirationen hatten, sind die Filme der populären Popsänger (von *Elvis Presley* in den USA bis *Cliff Richard* in Großbritannien) anspruchslos ohne gegenkulturelle Konzeption - diese lag in den Songs, die die Hauptdarsteller sangen, und natürlich gab es zu allen diesen Filmen dann auch die entsprechenden Soundtracks auf LP. Auch in der Bundesrepublik gab es eine Welle von Teenagerfilmen - bis heute *(Gib Gas, ich will Spaß)*. Höhepunkte der populären Teenyfilme ist 1978 *Saturday Night Fever*, und damit begann der Discoboom. Die gegenkulturelle Rockszene demonstrierte ihre kommunikative Macht in den großen, lautstarken Film-Dokumentationen der Rock-Völkertreffen (vor allem *Woodstock*).

Die Verbindung von Rock und Film ist also immer sehr eng gewesen - Ausdruck der Tendenz, daß das Kino heute vor allem von Jugendlichen besucht wird. Inzwischen haben die Videoclips - neben Plattencovern und Szene-Zeitungen - neue optische Präsentationsweisen vor allem modisch-exzentrischer Selbstdarstellung entwickelt. An die Stelle von Konzepten und Stories als Transportmedien tritt die pure Präsentation der über Mode vermittelten personalen Mythen der neuen Rockstars. Ich vermute die Wurzeln dieser Entwicklung im Glam-Rock, als *David Bowie*, *Lou Reed*, *Gary Glitter*, *Slade*, *Roxy Music* uva. das *outfit* zum zentralen Bedeutungsträger machen. Was bei *Dallesandro* und Mick Jagger begann, wird jetzt auf die Spitze getrieben. Die neuen Glamour-Stars treten auf im hautengen Silberdress und Samt und Seide; Rouge, Duftwasser; falsche Wimpern, der Gebrauch von üppigem Make up führt zu absichtlich irritierenden Selbstinszenierungen. „Ich wäre am liebsten als Pin-up-girl zur Welt gekommen" (*Brian Peter George SL John le Baptiste de la Salle Eno*, der Übername eines Rock-Musikers). In den 80er Jahren wird *Grace Jones* mit betont männlichem Bodybuilding-Habitus ebenso zum Szenen-Idol wie *Boy George* oder *Madonna*. Der über solcher Manieristen breit inspirierte Konsum behält doch Züge des Kreativen, weil auswählender Geschmack und die Entscheidung für ein outfit zusammenkommen: jeder jugendliche Rezipient muß sich für *seine* Szene entscheiden, und zugleich gibt es, hat er dies einmal getan, keinen kategorialen Unterschied mehr zwischen ihm und dem Pop-Star; der die Modelle liefert. Dieser wird ja auch nicht mehr im Rahmen einer dramatischen Handlung erlebt, sondern als ausgestelltes Ich, das seinen Narzißmus (inszeniert oder wahrhaftig) ebenso zur Schau trägt wie der Jugendliche, der auf diese Weise sein Ich über sein outfit konstruiert. Es geht um „das erste Aufblitzen der Selbstgewißheit, die erste Begegnung mit einem ideal-vervollständigten Ich im spiegelnden Blick des anderen“ (Klippel/Winkler 77). Der *Geschmack* des Konsumenten ist das Entscheidende, nicht die Tatsache, daß er konsumiert (ebd.). Insofern gibt es auch keine Hinterbühne mehr; auf der der Star verschwinden kann. Seine Selbstinszenierung ist er selbst.

Diese Identifikation von Auftritt, Rolle und privat-sozialem Hintergrund findet sich auch bei den neuen Idolen. *Prince* verwandelt sich zwar vielfältig, aber mit seiner Gruppe im Hintergrund wird er zum seine Vergänglichkeit immer wieder überspielenden Pop-Idol, dessen Wandlungen nicht auf ihre Ernsthaftigkeit befragt werden, sondern von ihrer Faszinationskraft leben. Noch stärker ist dieses Verdampfen eines biographisch-persönlichen, von der Szene abtrennbaren Hintergrunds bei *Michael Jackson* zu beobachten. Jean Baudrillard (1989, 161) bemerkte bei diesem Mainstream-Rockmusiker einer neuen Generation, Alain Soral zitierend: „Michael Jackson ist ein einsamer Mutant, Vorläufer einer vollkommenen, weil universellen Kreuzung, irgendwie die neue Rasse nach allen Rassen. Die Kinder von heute haben keine Hemmungen mehr gegenüber einer bastardisierten Gesellschaft: sie ist ihr Universum, und Michael Jackson nimmt vorweg, was sie sich als ideale Zukunft erträumen.“ Und er fährt fort: „Dem wäre noch hinzuzufügen, daß Michael sich sein Gesicht neumachen, die Haare glattziehen und die Haut aufhellen ließ, kurz: er hat sich minutiös umgestaltet. Das macht ihn zum reinen und unschuldigen Kind - zum artifiziellen Androgyn der Farbe, der besser als Christus über die Welt regieren und sie versöhnen kann, da er besser ist als ein Kind Gottes: ein Prothesenkind, ein Embryo aus allen erträumten Formen der Mutation, die uns von der Rasse und dem Sex befreien.“ - Oder; ein letztes Beispiel aus der Kino-Kultkultur: aus Coppolas Film „The Outsiders“ sind die damaligen männlichen Teenager sämtlich als neue Stars hervorgegangen, die die Filmkultszene ebenso (zunehmend) beherrschen und damit als Elemente in die allgemeine Unterhaltungskultur eingehen: (1) Patrick Swayze (ungefähr 40 Jahre), der durch die Filme „Dirty Dancing“ und „Ghost“ bekannt geworden ist; (2) Matt Dillon (27 Jahre), der in dem Film „Drugstore Cowboy“ von sich reden machte und attraktives Sexidol vieler Teenager ist; (3) Ralph Macchio (30 Jahre), der anschließend durch die Filme „Up the Academy“ und vor allem „The Karate Kid“ bekannt wurde; (4) Thomas Howell, der sein Debüt in Spielbergs „E.T.“ hatte; (5) Rob Lowe (28 Jahre), inzwischen weitergetragen durch den Kultfilm „Saint Elmo's Fire“; (6) Emilio Esteviz, der zum „Billy the Kid“ in „Young Guns“ wurde; schließlich auch (7) Tom Cruise (30 Jahre), der durch den Kultfilm „Top Gun“ vor allem auch Jungen faszinierte. In Coppolas Film „The Out-siders“ haben die sieben Jungstars „Greasers“ gespielt, deren Idol Elvis Presley war. Der Film wurde übrigens gedreht nach einem Roman der erst 17jährigen Susan E. Hinto.

Damit ist die Entwicklung derzeit an ein gewisses Ende gelangt. Die Medien trennen nicht mehr jugendlichen ‘Rezipienten’ und ‘Star’, sondern beide inszenieren ihren persönlichen Mythos als Spiegelungsverhältnis und erleben so Zusammengehörigkeit und damit möglicherweise auch ein Gefühl von Akzeptiert- ja Geliebt-Sein. Die Medien sind nicht mehr Transporteure, und sie ‘disseminieren’ nicht mehr Botschaften, sondern sie sind die Bedingung dafür; daß das outfit zu sich selbst kommt, also untrennbarer Bestandteil der Szene.

Kontinuitätsbrüche, Oberflächen: Film und Videoclip

Medien seien ‘Bestandteil der Szene’, wurde eben gesagt. Dies bedeutet nicht nur; daß sie Material-Lieferanten für Vorstellungswelten und Orientierungsmuster; für Selbstinszenierungen und Fremdbeobachtungen sind, sondern daß sie, weit mehr darstellend als ein kulturelles ‘Gegenüber’, durch ihre Präsentationsweisen die Weltwahrnehmung auf einer ganz prinzipiellen Ebene beeinflussen. Es war W. Benjamin, der die Ablösung einer auratischen, die Feier der ‘eigenen Handschrift’ in den Mittelpunkt stellenden Kunst zu einer industriellen Kunst beschrieben hat, die in ihrer massenhaften Reproduzierbarkeit besteht. Dies bedeutet, daß Wahrnehmungsweisen nicht mehr persönlich sind, an das je einzelne Kunstwerk oder seine Betrachter geheftet, sondern im umfassenden Sinn ‘vergesellschaftet’, das meint: menschliche Sinneswahrnehmung, bestimmt durch neue Formen ästhetischer Präsentation, produziert massenhaft neue Muster, die massenhaft rezipiert werden (vgl. dazu auch Treptow 211 ff.). Veränderung und Mobilität, seit dem letzten Jahrhundert bestimmendes Merkmal unserer Lebensformen, erreichen immer höhere Grenzwerte: „So wird nicht nur die 'lokale Identität des Raumes und der ihn bewohnenden Menschen' zerstört und die Zeit 'synchronisiert', sondern die Veränderungen schlagen 'sich auch in den Wahrnehmungs- und Bewußtseinsstrukturen der Menschen nieder'; und es entsteht der 'industrielle Blick'. Dieser richtet sich zwar auf den Raum, faßt ihn jedoch unter seiner zeitlichen Abfolge. Nicht mehr seine Beschaffenheit, Struktur oder sein Ausmaß bestimmen den Raum, sondern die Geschwindigkeit seiner Durchquerung.“ (Kleinspel 244).

Der Film als industrielles Kunst-Produkt war für Benjamin das tragende Beispiel der eben beschriebenen Entwicklung. Der Film dynamisiert nicht nur alles, was sichtbar oder hörbar gemacht werden kann, er intensiviert nicht nur die Gegenwart, indem er Fernes heranschafft, sondern er bietet auch Seltenes, Wunderbares, Fantastisches, Science-fictionhaftes, also macht sichtbar; was es in der vertrauten, 'irdischen' Erscheinungswelt gar nicht gibt. Das epische Aneinanderreihen des Films bedeutet - sehen wir von bestimmten Dokumentarfilmtraditionen ab - längst nicht mehr Langsamkeit, Beschaulichkeit, sondern insbesondere für Jugendliche das Gegenteil: die Prinzipien der Montage, des Schnitts, des schnellen Wechsels, unterschiedliche Belichtungen, der Sprung von einem Handlungsstrang in einen anderen, das blitzschnelle Zusammenkombinieren von sichtbar Gemachtem und zeitlich Übersprungenem, das folgende aber Voraussetzende - das alles sind Wahrnehmungsweisen, die der Film uns antrainiert und für die insbesondere Jugendliche offen sind. Treptow (219 f.) formuliert dies so: „Zeitstrukturen von Bewegungsabläufen und das Erleben Jugendlicher können weder allein mit einem letztlich an die Linearität von Uhrzeit anknüpfenden Zeitbegriff der Sukzession im Nacheinander eines quantitativen Gleichmaßes befaßt werden, noch in der planen Unterstellung einer universalen Diskontinuität. Sie gehorchen vielmehr einer 'Logik', die Zeit in Rhythmen, Überlagerungen von Erinnerungs- und Antizipationsqualitäten, in dramaturgische Intensitätssteigerungen und kalkulierte Effekte einbindet, welche an Diskontinuitäten, abrupten Beschleunigungen, jähen Langsamkeiten interessiert ist, an Fragmentierungen, Abbrüchen' Unvollendungen, dann wieder an 'ganzheitlichen' Bewegungsabläufen: kurz als konkrete Qualität der Praxis-Zeit.“

Jugendliche sind den schnellen Wechsel von Bild- und Sinnwelten gewohnt; Kinder wachsen damit auf. Der Slalom-Seher oder Teleflaneur schaltet sich durch die Programme und reiht so Höhepunkt an Höhepunkt (oder Langeweile an Langeweile): dem Tennis-Match folgt auf anderem Kanal ein Stück des Fußballfinales, unterbrochen durch MTV-Videos, Bruchstücke einer Tatortwiederholung oder einer Talkshow mit 'Bio', etc. Wer in einem Buch blättert, ist doch dem roten Faden auf der Spur; verbunden der Diskursivität der Sprache. Schon das Blättern in einer Illustrierten war seit jeher mehr bestimmt durch das Suchen nach Reizen. Die Optionenvielfalt heutiger Bilderfluten verstärkt diese Tendenz zum schnellen Wechsel, der keineswegs mehr aufs Ganze aus ist, eine geschlossene Sinngestalt also, sondern wirkungsvolle Bruchstücke anzielt, die allenfalls im Rezeptionsvorgang blitzschnell collagiert werden oder unverbunden liegenbleiben.

Durch solche neuen Wahrnehmungsweisen erschließen sich neue Verstehens-Prozesse. Das Prinzip der *Bricolage*, wie es viele Jugendkulturen pflegen, entspricht solchen Wahrnehmungsweisen ebenso wie die Tatsache, daß die Verwendung eines Gegenstandes, eines Stils oder einer Mode in einem anderen Kontext als dem ursprünglichen, wie schon beschrieben wurde, *gestischen, demonstrativen* Charakter gewinnt. Damit tritt das *Signalentziffern* häufig an die Stelle der *Tiefendeutung*. In der Wahrnehmung eines Bildes, beim Lesen eines Textes erfassen wir nicht nur den gezeigten oder in Worte gefaßten Zusammenhang, sondern entdecken hinter ihm Strukturen: zwölf Männer; um einen Tisch zum Mahle versammelt, sind zu deuten als die zwölf Jünger beim Abendmahl; in einem Kriminalroman beschriebene Freundlichkeit dient, so deutet der wissende Leser schnell, letztlich dazu, den Partner zu übertölpeln und auszuspielen. Die neuen Filme, in die die Jugendlichen strömen, aber auch der Videoclip enthalten zwar auch noch Deutungsangebote, aber diese sind nicht mehr 'hinter' dem Gezeigten zu suchen, im historischen Wissen verankert, in der Überlieferung von Traditionen festgefügt. Signale vermengen sich in Bricolagen, im Outfit, in den Straßenzeichen der Metropolen, in Fernsehserien' Action-Filmen usw. Während Deutung auch immer einen reflektierenden Rückbezug auf mich enthält, begnügen sich Signale damit, erkannt und entschlüsselt zu werden, und zwar für den jeweiligen Augenblick.

Der *Videoclip* ist das derzeit neueste Beispiel eines Gesamtkunstwerks von Musik, Farbe, Kombination, schneller Bewegung, unterlegt mit einem aus dem Arsenal der Rock- und Film-Traditionen entnommenen Anspielungsreichtum, der sich freilich nur dem Insider erschließt. Damit sind die Videoclips mehr als die Bebilderung eines Musik-Titels: sie zeigen nicht nur den Star in Aktion, sondern zerhacken auch seine Bewegungen, zeigen die Gruppe und gleichzeitig imaginierte Raumzusammenhänge, und während die Musik in gesteigertem Rhythmus vorwärts zwingt, intensiviert oder konterkariert der Bildschnitt des Videoclips den Soundtrack und macht ihn häufig zum zweideutigen Rätsel oder auch zum gedeuteten Vexierbild schon gehabter Rhythmuserfahrungen der Szene. Angenommen wird eine durchschnittliche Schnittfolge von etwa 2,2 Sekunden, so daß ein Video-Clip von 3 1/2 Minuten etwa 100 bewegte Einstellungen umfaßt: da gibt es nichts mehr, das durch Aneinanderreihung sich erschließt, sondern allenfalls Wiederholungen, Überblendungen lassen ein Sinn-Muster ahnen, das sich selten oder nie kommentiert und erklärt. Kinomythen und Filmzitate werden durcheinander montiert und schaffen eine neue Szene eingeweihter Wahrnehmender; eine Jugendkultur; die nur über die Medien sich konstituiert und nicht mehr über die Gruppe. Der *Wahrnehmungs-Single* vielmehr ist der Prototyp, der sich freilich mit ähnlich Eingeweihten zum kenntnisreichen Rezeptionsgenuß treffen kann. Michael Jacksons „Thriller" enthält etwa das Video „Beat it", in dem der Regisseur John Landis Horrorvisionen, Werwolfmythen und Zombie-Erscheinungen in einer raffinierten Montage zusammenbringt, die beim Zuschauer Vergewaltigungsphantasien und -ängste erzeugen können (vgl. Nachtigaller 1985). Überraschung, Plötzlichkeit, Intensität der Augenblickserfahrung - eine deutsche Punkband nennt sich „Einstürzende Neubauten" - sind „Erzeuger von Erlebnisqualitäten", die mit dem Erfolg des Unerwarteten, des Überraschenden, des Plötzlichen auch entsprechende Emotionen freisetzen können: Schreck, Angst, Einschüchterung. Sie konstituieren die Erfahrung, in unmittelbarer Gegenwart, also *sofort* eingreifen zu können, und zwar in die Erlebnisse, die *andere* machen. „Der eigenen Erfahrung des Überraschtwerdens und der unerwarteten Bedrohung (in der Schule, der Familie, von sozialen Kontrollinstanzen) wird in der Symbolbildung solcher Jugendkulturen gegen eine dominante Vergesellschaftungsform von

Zeit-Erleben eine weitere hinzugefügt: nämlich selbst überraschen zu können, Schreckbewegungen erzeugen zu können, unerwartet zu sein, wenn die Anwesenheit schon nicht erwünscht ist, Test und Bestätigung zugleich. Der in Jugendkulturen aufgebaute Erfahrungszusammenhang des beobachtet Werdens im unerwarteten Moment wird in der jugendkulturellen Ästhetik des Schreckens zur aktiven Erzeugung von Überraschung und Beobachtung des Schreckmomentes der anderen. So differieren die Zeitlichkeitsmuster je nach räumlichem und zeitlichem Kontext" (Treptow 294f.). - „Live fast die young", also „schnell leben, jung sterben" (ebd., 295f.): der in den Jugendkulturen erlebte, nicht nur in der Gruftie-Szene beschworene allgegenwärtige Tod (Drogen, Unfälle auf den Straßen etc.) wird zum Prinzip eines Lebens, das, umgeben von Langeweile, in der Zusammenballung von Augenblicklichkeiten seine audiovisuellen Räusche erzeugt; Geduld und Abwarten-Können sind hier keine Tugenden mehr, mit denen jemand überleben kann, sondern das *subito-Prinzip* herrscht. Der von vielen beklagte 'Jugendlichkeitswahn' ist keine Frage des Alters, sondern eine Lebenshaltung, die, in den Medien produziert und von jugendkulturellen Jugendlichen aufgegriffen, allmählich auch in die älteren Generationen abwandert. Aber: Ballung, Augenblicksversessenheit und Überreizung sind nicht auf Dauer zu stellen, sie stumpfen vielmehr ab. Diese Erfahrung kann jeder machen, der eine Stunde lang den Videokanal MTV, VIVA (oder ein ähnliches Programm, es gibt deren mehrere) eingeschaltet hat: die immer neuen Tempowechsel, überraschenden Kombinationen, schrillen Klangkontraste machen auf Dauer müde, senken den Aufmerksamkeitspegel, führen schließlich zu dem Wunsch, endlich abzuschalten. Es ist wie mit der Sexualität, die auch nicht pausenlos Orgasmen hintereinander erlebbar machen kann.

2.6 Jugendkulturelle Dammbrüche Ende der 90er Jahre

Intensität auf Dauer zu stellen ist nicht möglich, und so scheinen sich die jugendkulturellen Bewegungen an der eigenen Überfülle von Reiz-Angeboten zu übersättigen. Gerade in den neuesten Medien, die eine moderne industrialisierte Kultur bis zum Letzten auszureizen scheinen, könnte der Übersprung in eine andere Qualität stattfinden und damit die Vernichtung der ästhetischen Momenthaftigkeit, die im Overkill an sich selbst zugrunde ginge. Dann kann sie keine bewußte Abgrenzung mehr leisten, denn wenn jedes kulturelle Muster jederzeit verfügbar ist, verliert es seine Besonderheit und fällt zurück in den Alltag, aus dem es doch heraus will. An dem derzeit (in der ersten Hälfte der 90er Jahre) zu beobachtenden historischen Entwicklungsstand der Jugendkulturen läßt sich dies leicht ablesen. Das Besondere, die Freiheit des Augenblicks sinkt zurück in die Alltäglichkeit, und zudem verwischen sich die Grenzen der Altersklassen, machen die Jugendphase allenfalls zum besonders deutlichen Exemplum von Erlebnisformen, die zunehmend allen zugänglich sind. Das Subjekt wird mehr als bisher, auch im Ästhetischen, auf sich selbst zurückgeworfen; es wird sich in den zunehmend längeren Pausen zwischen den Ekstasen, Gruppenverbrüderungen und Einsamkeiten immer wieder fragen müssen, wohin es denn wolle, ob Erfahrungsqualitäten in einen eigenen 'Lebens-Sinn' zusammenmontiert werden können oder ob dieser nicht doch jenseits solcher Erlebnisformen liege, etwa in den Bereichen nüchterner Arbeit oder normalen Gleichlaufs in standardisierten Biographien. Dennoch: Solche 'kulturkritischen' Anmerkungen halten vielleicht dann nicht Stand, verzichtet man darauf, die bisherigen Formen der Jugendkulturen nur an ihrem historischen Maß zu messen. Dann handelt es sich um bewußt ausgegrenzte Territorien, die - in welcher Weise auch immer - eine Auseinandersetzung mit der Gesamtkultur darstellen. Immer wieder (und auch hier) wurde dann dazu angemerkt, daß eine Jugend, die über Freizeit, Konsum, Mode und Medien sich selbst kommerziell bestimmt ausagiert, keine eigentliche Chance mehr habe, ein eigenes Bewußtsein zu produzieren und Stile zu schaffen, die immer wieder eine ursprüngliche *Authentizität* erzeugen und einen *Eigenwillen*, der sich nicht in Konsummuster einfügt, sondern diesem entgegensteht. 'Klassische' Jugendkulturen wären nach diesem Beurteilungsmaßstab heute aufgegeben.

Es könnte jedoch sein, daß eine solche Auffassung das Lebensgefühl der Jugendlichen, die etwa ab 1980 geboren sind, doch verfehlt. Auch, wenn die gleich darzustellenden 'neuen jugendkulturellen Strömungen' keineswegs 'brandneu' sind in der Weise, daß ihre Ursprünge sich aus der Generation herleiten, in der sie leben, zeigen sich doch immer wieder Abwandlungen, ja Neufassungen von Ausdrucksformen, die im bisherigen Lebensgefühl nicht nahtlos aufgehen und daher besondere Beachtung verdienen. An einigen Beispielen soll dies im folgenden deutlich werden:

Rap und Hip-Hop

„Rap" meint ursprünglich und unspezifisch die Bezeichnung für rhythmisches Sprechen mit, oft sogar ohne Musik. Auch die Hip-Hop-Musik akzentuiert vor allem das rhythmische Sprechen. Auch, wenn diese jugendkulturelle Ausdrucksform ein gesamtes kulturelles Umfeld bezeichnet, steht hier, beim Hip-Hop, doch die Musik im Vordergrund. Aber dies ist nicht der einzige besondere Akzent. Ein gewisser Anschluß an die Beat-Generation ist insofern gegeben, als auch hier die Texte, also Poetry, eine zentrale Rolle spielen, und zwar als Ausdruck von Protest und Abwehr. Daß die schwarze Kultur hier einen bis heute besonderen Beitrag leistete, ist freilich in dieser Sonderstellung ebenso neu wie die Tatsache, daß die Rap-Bewegung von Anfang an in ganz besonderer Weise einerseits ohne die Medien nicht zu denken ist, andererseits aber auch eine besondere Verbindung von Straße und Medien einging und damit die sozialen Herkünfte und Ursprünge mit einer über Medien zunehmend *globalisierten Generalkultur* verband.

Inzwischen gibt es, wie L. Gorris (192) schreibt, keinen „Provinzclub mehr ohne Rap-Platten, keine Hitparadenausgabe ohne Hip Hop", und es gibt keinen Monat ohne eine Rap-Tournee. Rap ist Anfang der 90er Jahre die Musik der Teenager, obwohl sie mit ihrer Kultur kaum etwas zu tun hat, vor allem nicht in Europa. Rap, das ist schon lange Bestandteil der schwarzen, jugendlichen Straßenkultur, mit Ursprung vielleicht in der Bronx (hierzu und im folgenden: Gorris). Cutting, Mixing, Scratching, Rapping, das ist eine Technik, wie aus vorhandenem musikalischem Material durch originell-aggressive Kombination und Bricolage neue Sounds erzeugt werden, die mit einfachen rhythmischen Versetzungen und Mitteln und einem darüber gesprochenen Sing Sang (zunächst) schwarze Botschaften weiterverbreiten für die, die zu den armen, entrechteten, den Straßenkindern gehören. Geradezu mythenumwunden ist dabei der DJ (Discjockey) Kool Hirc, „ein

Jamaikaner, der Ende der 60er Jahre in der Bronx gelandet war und hier mit seinem gewaltigen Sound-System Straßenparties veranstaltete. Irgendwann wechselte er von schwerem Reggae zu leichtem tanzbarem, Latin inspiriertem Funk und Disco. Schon nach kurzer Zeit hatte er sich in seiner Nachbarschaft einen Namen gemacht, weil er seine Platten nicht einfach hintereinander abspielte, sondern bewußt immer wieder die gleichen Stellen von Platten, meist instrumentale Breaks, aneinanderkoppelte, also zwischen den beiden Schallplattenspielern, auf denen jeweils das gleiche Stück lag, hin und herblendete und aus einem 40sekündigen Break mehrere Minuten zauberte. Kool Hirc ist der Mann, der als Pionier des Rap bezeichnet wird, weil er der erste war, der über diese künstlich erzeugten Instrumentalstücke fast nach der Art eines Radio-DJs seine Sprüche zu klopfen begann." (ebd. 194) Rap oder Hip Hop ist also eine Musik, die durch musikalische Bricolage im Augenblick entsteht und im gleichen Augenblick verbraucht wird. Rap war ursprünglich Clubmusik aus den schwarzen Ghettos; inzwischen werden mit Rap „stadienfüllende Großtourneen auf der ganzen Welt" veranstaltet (ebd. 214). Inzwischen zählt I.I. Cool J zu den führenden Symbolen der auftrumpfenden Protestmusik und gleichzeitig zu den Topverdienern. Seine Gruppe „Public Enemy" kommt aus dem Underground, mit schräg kombinierter Musik und Texten, die Punk- oder Metalsongs noch überbieten. Nicht Liebe, Geld, Reichtum sind die Themen dieser Gruppe, sondern seit ihrer ersten LP „Yo bum rush the show" (1987) agitiert die Gruppe gegen die Vorherrschaft der weißen Rasse und attestiert den Schwarzen aus Amerika ein mangelndes politisches Bewußtsein mit dem Ziel, eine politische Radikalisierung der Schwarzen zu erreichen. Die ein Jahr später erscheinende LP „lt takes a Nation of millions to hold us back" bringt dann den internationalen Durchbruch. Die Gruppe insistiert auf den afrikanischen Ursprüngen der Schwarzen Kultur (Afrozentrismus) und orientiert sich am islamischen Fundamentalismus. Die klassischen Band-Rollen (Gitarrist, Schlagzeuger etc.) werden in politische Rollen übersetzt. Bei der Gruppe „Public Enemy" sorgte das Gruppenmitglied, der sogenannte 'Minister Of Information' Prof. Griff für Aufsehen, indem er in einem Interview, das er der Washington Post gab, antisemitistische Reden hielt, die zu einem ganz USA ergreifenden Medien-Aufruhr führten und zur 'Suspendierung' von Prof. Griff aus der Band. Eine dritte LP wird angesichts der ersten Europatournee der Band herausgegeben und führt die Programmatik fort, wie schon der Titel zeigt: „Fear of a black planet".

Am Rap zeigt sich besonders deutlich, wie sich immer wieder Ursprünge, Botschaften (Protest) und Kommerzialisierung verbinden und die Medien Träger dieser Mixtur sind. So werden allmählich viele kritische Inhalte eingeebnet, werden aber auch von bestimmten Gruppen bewahrt. Ein Beispiel dafür sind die 'Boogie Down Productions', etwa mit ihrer LP „By all means necessary". Thematisiert wird die Welt der Waffen, der Gewalt, die Szene der Rauschgiftdealer, eines täglichen Überlebenskampfes, der Prostitution und Vergewaltigung. So versuchen viele Gruppen noch, den Weg der Vermarktung für ihre Botschaften auszunutzen, indem sie unter dem Motto „Bring the noise" Krach produzieren, nervende Soundeffekte mit einer „Wall Of Sound", die doch breitenwirksam sind. Als Anhänger der moslemischen 'Black Nation of Islam' vertreten manche Gruppen, vor allem die populären „Public Enemy", nicht nur den Separationismus dieser Bewegung, sondern sie greifen auch Frauen, Homosexuelle und Juden an. Daher wird ihnen Rassismus wie Faschismus in gleicher Weise vorgeworfen. Anhänger der Gruppe und der Bewegung der Schwarzen freilich sehen dies anders: die Gruppe 'zitiert' nur, was ohnehin Meinung und Thema in den Ghettos der Schwarzen ist, und sie verzichtet darauf, zur Lieblingsband westeuropäischer Intellektueller zu avancieren.

So bleibt eine große Ambivalenz, die Gorris (201) so beschreibt: „Die Gegend am Hudson River in Midtown Manhattan mit den leerstehenden Fabrikhallen ist alles andere als einladend, erst recht nicht zu nächtlicher Stunde, wenn sich hier nur noch ein paar verwirrte Auto-Strichkunden hin verirren. Aber 1983 war hier jede Freitagnacht die Hölle los. Dann nämlich wurde aus der Roller-Disco das Mekka der Hip-Hop-Kultur - das Roxy. Hier lebte der Geist der frühen Tage fort: Graffitibemalte Wände und eine fast fußballplatzgroße Parkett-Tanzfläche, auf der mittendrin der DJ thront. In jedem Winkel des Ladens miteinander konkurrierende, break-tanzende Crews, die sich nur von gelegentlichen Kurzauftritten kleiner und großer Stars des Rap unterbrechen ließen. Selbst der für vergleichbare Veranstaltungen in der Vergangenheit überraschend große Anteil weißer New-Wave-Freunde wußte sich entsprechend zu benehmen. Und das war - jedenfalls für einen ziemlich langen Zeitraum - das wirklich Überraschende. Zum ersten Mal hat der Hip Hop nicht mehr nur ein rein schwarzes Publikum, zum ersten Mal gab es so etwas wie eine Schwarz-Weiß-Integration, die zwar nicht ohne Spannungen und auch Gewalt funktionierte, trotzdem aber für eine relativ lange Zeit aufrecht erhalten werden konnte. Vorher und auch 1988 sieht das schon wieder ganz anders aus: die Hip-Hop-Clubs der Schwarzen und die hippigen Nightclubs der weißen post-new-wave-Generation haben nichts miteinander zu tun.“ Anfang der 90er Jahre besteht dann ein großer Teil der gezeigten Musik-Videos des Clip-Kanals MTV (Musik Television) aus Rap-Nummern, und schon im Jahr 1988 wurden mehr Rap-LPs veröffentlicht, wie zwischen 1979 bis 1987 zusammen. Das ist der Markt, der gleichzeitig auch wieder eine Chance darstellt, z.B. für viele schwarze Kids aus den Ghettos, die auf den ‘großen Dollar’ hoffen, oft noch nicht einmal 20 Jahre alt sind und nun versuchen, sich sowohl ein Stück vom großen Vermarktungskuchen abzuschneiden wie auch das zu erleben, was Soul für die 60er und Funk für die 70er Jahre bedeutete: Spaß, Tanz, Krach, Provokation, Protest, Straße, Szenenintensität, Ausdruck von Endzeitgefühl.

Wie viel sich davon auf die Rap-Szene der Bundesrepublik überträgt, ist offen. Deutschsprachige Rapper erscheinen in diesem Sinne eher als kulturelle Okkupanten, denen die Härte des Protests zur Unterhaltung verkommt (etwa in dem Rap-Song „Pump’ ab das Bier“). Eine gewisse Breitenwirkung hat der Rap ohne Zweifel auch wegen der von den Rappern getragenen Kleidung: Sportswear, Goldketten um den Hals, Baseballmützen auf dem Kopf. Das alles wird zu einem weitverbreiteten Jugend-Stil Anfang der 90er Jahre, in einer inzwischen bekannten Mischung von Protest und Anpassung, die die Herkunftsmilieus verblassen läßt.

Von der Disco zum DJ

Die Geschichte von Disco und Discomusik war bereits beschrieben. Sie hat ihre Geschichte, begann etwa Mitte der 60er Jahre, mutierte Mitte der 70er Jahre zur allgemeinen Pop-Kultur, und der Tänzer John Travolta oder die Pop-Sängerin Donna Summer führten diese Kultur in den Mainstream. Hier wurde die Pop-

Kultur zum allgemeinen Signal eines Aufbruchs, an dem jeder teilhaben konnte und viele auch teilnahmen.

Erst Ende der 90er Jahre wird eigentlich - im Zusammenhang mit House und der Techno-Bewegung (s. weiter unten) - deutlich, daß eine neue *Kulturwelle* entstand mit der führenden Rolle des DJ. Dies ist neu: bisher war der DJ vor allem *Plattenaufleger*, nun aber wird er zunehmend zum *Kunstgestalter*, und an die Stelle der Pop-Bands tritt der Single, dessen Kunst in einem *Remix* besteht: „Gewachsen aus der Synthese zwischen den beiden Plattentellern entstand Mitte der 70er Jahre die Idee des Remixes, bei der ein bestehendes Lied in kreativer Reproduktion neu interpretiert werden sollte. Die meisten Remixe sollten gewährleisten, daß das bestehende Stück im Kontext einer Diskothek funktionierte und besser mit den anderen Elementen des DJ-Mixes harmonierte. Der Remix ist also die gezielte Abrichtung eines Stükkes auf einen bestimmten Kontext, einen bestimmten Zweck. Der Remix rettet je nach Anlage viel oder wenig des alten Stückes in die neue Form hinüber, und je nach Remix kann man von einem neuen Lied oder einer vorsichtig renovierten Form des alten Liedes sprechen. Auch Walter Benjamin oder Karl Marx lassen sich gut remixen. Denn ein Remix kann nicht nur die Anpassung an einen neuen Kontext gewährleisten, sondern auch die Aktualisierung eines alten (brillanten) Gedankens ermöglichen. Am Anfang des Remixes steht in den meisten Fällen die Liebe zum Original, verbunden mit dem Glauben daran, daß man diese Urschöpfung neu betrachtet, variieren und bereichern kann und sollte. Der Remix will dem Original zu neuem Leben verhelfen, will seinen Einfluß stärken und seine Idee retten. Der Remix dient dem Original, ohne die eigenen Interessen zu vergessen.“ (Poschardt 1997, 35). Mit dieser Darstellung verbindet Poschardt freilich schon eine Deutung, die auf zeittypisches Empfinden trifft: daß nicht mehr notwendig das einmalige Original zu feiern sei, sondern gerade das zitierende Wiederaufnehmen kulturellen Gewinn verspreche. In der Regel waren die DJs jedoch nicht derart philosophisch; sie waren vielmehr praktische Musikmacher, freilich mit ganz neuen Möglichkeiten, vorhandene Musik neu zu kombinieren und damit ein Ton- wie Tanzereignis zu kreieren, das auch die Discos noch einmal verwandelte.

Vor allen Dingen die *Sampling*-Technik wurde ein wichtiges Element der DJ-Kompositionen. Das Sampling erlaubt die digitale Speicherung und Manipulation von Geräuschen jeder Art, von einfachen Klirrklängen bis zu Melodiefolgen. Es ist der DJ, der diese Kombinationen, oft auch aus dem Stegreif heraus, erzeugt. So kann sich der DJ als Einzelkünstler profilieren, indem er zitierend sein Lieblingsrepertoire durchgeht und versucht, andere zu ergreifen. Doch der DJ braucht in der Regel weitere Zutaten, um sein Publikum zu erreichen: dazu gehören die Körperlichkeit und die Tanz-Ekstase (früher sprach man von 'sex, drugs und rock'n'roll). Die kulturelle Signatur von Diskotheken war - bis die Techno-Bewegung aufkam - durchaus ein Ort, an dem alle Regeln jugendlicher Normalität, wie sie von Eltern und Pädagogen erwünscht waren, verletzt zu sein schienen: „Die Drogendealer versorgten die Tanzwütigen mit Speed, Kokain, Hasch und LSD wie im 'Supermarkt' (...). Der exuberante Drogenkonsum und die baßlastige, laszive Musik machten aus der Kirche im Club eine Sexmesse. Der Geschlechtsverkehr auf der Tanzfläche war untersagt, doch in den Toiletten wurde zu Ende gebracht, was auf der Tanzfläche mit lockenden Gesten, nackten, schwitzenden Oberkörpern und gierigen Küssen vorbereitet worden war. Zu den Rhythmen von James Brown wurden alle möglichen Beischlafstellungen auf der Tanzfläche als Trockenübungen exerziert, um dann in den Kabinen der Herrentoilette real vollzogen zu werden. Die Orgien in einer Zeit, in der es noch kein Aids gab, führten sogar dazu, daß die Chor- und Kirchenstühle als Kopulationsort genutzt wurden; vor allem das freie Ausleben *schwuler* Sexualität war eine entscheidende Grundlage für die Disco" (Poschardt 1997, 112 f.)

In der Disco und der neuen Form des DJ begann, was sich bis heute fortsetzt und in der Techno-Bewegung akzentuiert: das Proletariat, der Action-Kumpel war „als Subjekt politischer Emanzipation nahezu unbedeutend geworden", so daß seit den 70er Jahren neue Akteure „und Gruppierungen die politische Bühne" betraten. „Die Gesellschaft zersplitterte in Minderheiten. Immer neue Gruppierungen traten auf, die - so Lyotard - 'in den offiziellen Registern bisher nicht geführt wurden: Frauen, Homosexuelle, Geschiedene, Prostituierte, Enteignete Gastarbeiter ..." (ebd., 114 f.; vgl. Lyotard 1977, 38).

Doch auch diese Ursprünge und Herkünfte verwischten und vermischten sich mit dem Siegeszug von Disco und DJ über USA, Europa und andere Erdteile. Es begann die Zeit des 'Dancefloor-Planet', von Poschardt auf die Zeit von 1987 bis 1995 datiert. Es war das Jahr 1987, in dem „Pump up the Volume" von M/ARRS erschien, eine Platte, die aus lauter Samples zusammengeschustert war. Technische Abwicklung während des Komponierens im Studio; Kenntnis der Musikgeschichte und ihre Ausbeutung; eine umfangreiche Plattensammlung waren Material für neue Experimente und raffinierte Tüfteleien, die jedoch durchaus Breitenwirkung hatten. Diese neue Generation von DJs mochten ebenso House wie Disco und Hip-Hop, aber sie wollten sich nicht mehr identifizieren mit den Ghettos der Bronx oder den Schwulenclubs in Chicago und New York. Die neuen 'Situationisten' verbanden in ihren Samples klassisches Material wie alten Soul und Funk bis zu wilden Technik-Geräuschen oder predigtartigen Beiträgen. Dabei half zunehmend das *Mischpult* dazu, die beiden Plattenspieler, aber auch angeschlossene Mikrofone, DAT-Geräte oder weitere Plattenspieler zu vernetzen; aus riesigen Kästen entstanden dabei immer schneller handliche Boxen, oft schmaler als ein Plattenspieler. Immer mehr DJs hatten immer mehr DJ-Equipments zur Verfügung. Entscheidend aber war, daß die Raffinesse der Klang-Erstellung einem Zweck diente, der keineswegs außermusikalisch war, sondern in der Musik selbst enthalten, aber doch aus der Musik entbunden: Tanz und Tanzbewegungen, die nun immer freier und wilder, exzentrischer und zugleich 'unberührbarer' wurden. Dies war die Hauptaufgabe eines DJs, der sich zum *Deejay* mutierte: der Hexenmeister der Tanz-Ekstase, der absoluten Hingabe an den groove einer außergewöhnlichen Situation, die aber nicht mehr über sich hinaus wollte.

Denn dies ist vielleicht die entscheidendste Veränderung in den 90er Jahren: *ihre ekstatische Absichtslosigkeit*. Die Punks waren vielleicht die letzten, die auf ihre Weise zwar nicht die Gesellschaft attackierten, aber durch ihren Verhaltens-Gestus doch Ablehnung signalisierten und eine eigene Ausdruckswelt. Die neue Generation der DJs und Discotänzer aber feiert ein zweckfreies Leben der Freude. Dies mag als Ausverkauf der Subkulturen erscheinen, die noch eine gesellschaftliche Differenzierung anzielten und in der Rolle des Außenseiters oder des im Bereich des ‘Sub’ Angesiedelten ihre außergewöhnliche Position markierten. Dem Dancer der späten 90er bleibt nichts als die Ausdrucksgeste, die auf sich selbst verweist und weder über Familie, Schule noch Arbeitslosigkeit und Beziehungsnöte lamentiert. *Der Ausdruck der Freude wird radikal selbstreferentiell.*

Techno und Raven

Techno wurde zu einer Massenbewegung und der einzige jugendkulturelle Mainstream, an dem auch Deutschland gestaltend, aktiv und mit Nachdruck teilnahm. Nur begrifflich lassen sich dabei Disco-, House-Musik (und andere Spielarten) und Techno trennen. Bei *House*, durchaus im Underground operierend („Kids“ nannten sich damals die schwulen Afro-Amerikaner untereinander), strebten einfach einen noch schnelleren und härteren Sound an als bisher gewohnt. An die Stelle von *Songs* treten nun *Tracks*: „Track bedeutet ‘Stück’ oder ‘Nummer’, aber auch ‘Pfad’, ‘Weg’ oder ‘Route’ und außerdem auch ‘Tonspur’. In dieser dreifachen Bedeutung wird der Begriff ‘Track’ im House-Kontext benutzt und mit einer eigenen Schreibweise, die das ‘cks’ am Ende durch ein ‘x’ ersetzt, neu versiegelt. Die Bezeichnung ‘Track’ sollte andeuten, daß das Stück, neben seiner relativen Eigenständigkeit als Song, vor allem als Teil eines DJ-Mixes seine letzte ästhetische Bestimmung erhalten hatte.“ (Poschardt 1997, 250)

Längst mischten sich die Klänge: Es entstanden Mixe aus Chicagoer ACID-House, Independent-Gitarren und Hip-Hop-Klängen. Die Musik wurde im Sommer auf Ibiza am Strand gespielt, im Winter in den Clubs; Freizeitszenen und Nachtleben, Clubs und Discos, DJs und Dancer feierten ihre Weekend-Partys, die oft in die Woche hinein dauerten, und ersetzten die Fragen nach der ‘Sinn-Suche’ durch die nach gegenwärtiger Lebensfreude, indem alle Gefühle möglich sind, nur nicht als ideologisch überhöhtes Programm oder als diskutierbarer Deutungszusammenhang. Die Dancefloor-Bewegung in den USA oder Europa verzichtete zunehmend darauf, ethnische Zugehörigkeiten zu betonen oder Heimaten herauszukristallisieren. Schon die allgegenwärtige Technik, die Medien der Globalisierung führen dazu, daß ‘Ort’ überall sich befindet und damit Bindung kein Begriff mehr ist, der irgendetwas zu erklären vermag. Dies gilt auch für den im

Zusammenhang mit 'Jugendkultur' bisher stets verwendeten Begriff 'Bewegung'. Wenn die 'Techno Generation' jeden akzeptiert und Zugehörigkeit durch Gegenwärtigkeit ausdrückt, verlieren sich hier die strukturierenden Elemente von Geschichtlichkeit, Zeitlichkeit und Bewußtsein, die für jugendkulturelle Traditionen, auch in ihrer Einschätzung, so typisch sind. Techno ist eingegangen in das urbane Repertoire einer metropolistischen Zerstreuungskultur, die heute jeden erreicht, unabhängig vom Alter, vom Milieu, von Herkünften, Sehnsüchten, Wünschen und Lebensstilen. „Ohnehin schon heterogen zusammengewürfelt, driften die diversen Techno-Unterabteilungen im Zuge seiner Popularisierung weiter auseinander. Ob sich ausgewachsene Nachtschwärmer im kleinen Unterground-Club versammeln oder lebenshungrige Pubertierende sich an Riesenraves zudröhnen und austoben, ob Lederschwule ihre Feten mit donnerndem House aufmotzen, ob esoterische, LSD-getränkte Goas sich zu weichem Trance wiegen oder zapplige Heisssporne zu superhartem Gabber vor sich hin zittern, ist ein Riesenunterschied. Deshalb gibt es keine Techno-Bewegung. Als gemeinsamer Nenner der Unterabteilungen bleiben gerade mal ekstatisches Tanzen zu elektronischer Musik sowie der Hang zu chemisch und technisch verursachten Sinnesreizen." (Haemmerli 1995, 187).

Aber solche selbstkritischen Äußerungen der Szene und Szene-Kenner werden zugleich *amüsiert* vorgetragen, und dies ist neu. Der Gestus der 'Kulturkritik' produziert Argumente und Gegen-Argumente, Mögen und Nicht-Mögen, Akzeptanz oder Abwehr. Die 'neue Kritik' ergeht sich in der ironischen Beschreibung von Tatbeständen, gegen die anzuargumentieren ohnehin nichts bringt, weil niemand da ist, der die Argumente hören will oder kann. „Kiffen hat sich - mindestens in urbanen Zentren - dem Biertrinken angenähert: ein Privatvergnügen, dessen Existenz uns nicht einmal mehr ein Schulterzucken abzuknöpfen vermag", und: „seit Techno ein Medienphänomen ist, fühlen Krethiker und Plethi sich berufen, eine Meinung dazu ausposaunen zu müssen. Man bekommt dann zu hören, dass man bei seinen Freizeitvergnügungen doch nicht das erhalte, was man eigentlich suche; man vernimmt am Lokalradio, der Sound sei nur im XTC-Rausch zu ertragen; und überhaupt lasse sich die Jugend für hehre Ziele nicht länger begeistern, weil sie ja jetzt diesem oberflächlichen Spektakel anheim gefallen sei - wenn nicht gar der Faschismus als Schreckgespenst herhalten muss, dass mit den fremdbestimmten Leibern umherschleicht und verblendete Christenmenschen in die Eisen diktatorialer Maschinenmusik schmiedet, während Gehirnweichmacher den letzten Rest von Comment und Vernunft hinfortspülen" (Haemmerli 1995. 187). Dies ist dann für den Raver nichts als ein Gemeinschaftsgefühl" von „Plaudertaschen und Kritikastern". Er mag tun, was er will: wenn Biertrinken und Kiffen keine Unterscheidungen mehr anzielen, ist auch das Repertoire von Kultur- und Jugendkritik endgültig aufgebraucht und im monotonen Zitieren beliebig geworden.

Der Raver hat seine Ekstase, und diese neue Ausdrucksfiguration nennt sich raven: „So einfach raven als Tanzform sein mag - die Ornamentik in den Arm- und Handbewegungen von TechnotänzerInnen weckt starke Assoziationen an indische und balinesische Tanzkultur, während das rhythmische Hüpfen von einem Bein auf das andere und die auffällige, seit den Jugendtänzen der 70er und 80er Jahre eingetretene Verlagerung des Bewegungsschwerpunktes auf den Oberkörper an die rhythmischen und rituellen Tänze afrikanischer Stämme erinnert - der Schwerpunkt liegt auf dem Tanzen, Toben, Rasen und Phantasieren, es ist nicht bloß Nachbild oder Utopie von bereits Dagewesenem, sondern eine Neuschöpfung, die in Form und Inhalt durch technokratisch induzierte In-Formation geprägt ist und als Wiederkehr und Wandel des Bedürfnisses nach Glaube und Ekstase-Kultur erscheint." (Ahrens 1995, 43 f.). Dieser Vergleich mit indischer, balinesischer und anderen Tanzformen spielt an die Dimension von *Religiosität* an, und tatsächlich ist dieser 'neue Hedonismus' ohne Zweifel eine Suche nach *Heimat*, die sich freilich nicht mehr als ein ortbares Territorium ausweist, sondern allein das Subjekt in den Strom seiner Gegenwärtigkeit stellt. Formuliert werden konnte solch religiöses Feeling durch den Jung-Literaten Rainald Goetz („Irre", Frankfurt/M. 1983; „Hirn", Frankfurt/M. 1986; „Kontrolliert", Frankfurt/M. 1988; „Kronos", Frankfurt/M. 1993). Das Verschlucken einer Ecstasy-Pille, das Tanzen mit anderem Menschen, führt dazu, daß sich der entgrenzte Tänzer „über die Fundamentalkraft der Antigravitation mit dem bewegten Fingerzeig von einem Tänzer auf der anderen Seite der Tanzfläche durch meine Fingerspitzen verbunden" fühlt, und selbst diesem Meister der ironisch-modernen Poetry bleibt angesichts einer ersten ACID-House-Party in München mit Nebel, Schlägerei und Polizei nun nur der Ausruf, er sei „soo glücklich“. Und wer ist der neue Meister, Initiator und Archeget: „Die D.J.: mix master G. HELL. Das vergesse ich dem nie. Incipit vita nova.“ Goetz fühlt sich dabei nicht als genialischer Autist, der von der Wirklichkeit der Welt wegdriftet - das alles sind Erklärungsmuster, die heute nicht mehr zu greifen scheinen (Zitate nach Poschardt 1997, 317 ff.).

Vielleicht führt es wirklich nicht weiter, Techno an Hip-Hop zu messen, dem man dann nachsagen könnte, daß es immerhin noch Botschaften, ja sogar Ausdruck von Engagement gäbe (z.B. im schwarzen Protest). Das Selbstbewußtsein von Techno (so das Techno-Fanzine *Frontpage* 1992) feiert Lebenskonzepte, die so unbekannt nicht klingen: Freedom, Unity, Equality, Respect, Fun and Love. Aber dies wird hier nicht propagiert oder in Song-Texten ausgedrückt, sondern im Dabei-Sein und im Raven *ausgelebt* - und damit erfüllt. Tatsächlich ist dies neu: daß die *Love-Parades* (Berlin: 1989 etwa 200 Menschen; 1991: 5.000 Menschen; 1993: 25.000 Menschen; 1995: ca. 200.000 Menschen; 1996: über 700.000 Menschen; 1997: 1.000.000 Raver) einfach funktionieren. Niemand kann dies eigentlich erklären, und tatsächlich ist durchaus vorstellbar, daß beim nächsten Mal eine Horde böser Killer sich in die fast unerträgliche Leichtigkeit des Seins einmischt. Wichtig ist hier zunächst etwas anderes: daß die Raver sich derart erleben und trotz Drogen und neuen Drinks (Flying Horse, Red Bull, Guarana-Drinks) zwar Randsituationen ausmachen, sie aber keinesfalls bestimmen, läßt doch vermuten, daß es sich möglicherweise um eine *Bewegung* handele, freilich von neuer Art. Sie bestände darin, daß sie Glück und Glückserfahrung nicht gegen andere ausbeutet, sondern sie als ein Eigenrecht behauptet und sei es ‘nur’ als Freizeitkultur.

Freilich, die Planken ragen ins Ungewisse. Ort ist überall und nirgends, dies meint: Wenn ‘Heimat’ ohnehin nicht mehr als lokale, regionale oder sonstwie erdfest zu machende Bindung aufgefaßt wird, also auch Love-Parades in Berlin eher zufällige Trefforte darstellen, kann dies in eine neue Beliebigkeit ausarten, in der nicht einmal mehr pluralisierte und multiplizierte Milieus in ihrer Unübersichtlichkeit einen, wenn auch schwer überschaubaren, Lageplan zu entwerfen erlauben. Gerade die Techno-Bewegung wagt sich in die neuen Zukünfte eines Informationszeitalters, dessen positive und/oder problematische Ausgänge derzeit offen sind. Als die „station rose“ in Wien (1991), im Zentrum der Stadt, geschlossen wurde, fand eine letzte Fax-Aussendung statt, die die Errichtung einer „station im Cyberspace“ ankündigte. Hier „treffen wir seit 1991 fast täglich unsere *virtual community*, die *multimedia-echtzeit-performances* von *station rose* mit e-mail-Vernetzung stehen für eine *elektronische feuerstelle im Cyberspace*, was für den Transfer in einem Datennetz und für die schnelle Umsetzung von Ideen Bedingung ist. station rose verstehen sich als *propagandisten einer neuen bewußtseinskultur*, als interface-designer einer hypermedialen Kunst. station rose bauen bei den life-perfomances einen virtuellen Raum im Raum. Dieser besteht ausschließlich aus digitalem Licht (beams) und Projektionsflächen und wird direkt am Computer kreiert. Der Stil der Life-Musik ist der Sparte ‘Intelligent- und Ambient-Techno’ zuzuordnen, mittels Modem passiert eine *echtzeitvernetzung über internet*. Es läßt user global an dem *station-rose-date-rave* teilnehmen, nicht mehr die Projektionsflächen oder die Lautsprecherbox sind das interface, sondern die *cerebrale festplatte*. high- + low-tech und ihre live-trance-Umsetzung im Internet. Bis dato also im world wide web“ (Rose 1995, 169).

Es entwickelt sich die Mythologie eines neuen Vokabulars: Internet-labels, Neurolandschaften, Datenraves, Meedy-Vernetzungen, prickelndes Online-Gefühl, Cyberspace als Biotop, Mind Children, elektronische Feuerstelle ...: das Raven wird zum programmatisch erklärten Un-Ort auf einer aus Science-Fiction-Elementen genährten, mit Phantasy-Erinnerungen angereicherten Heimatreise, die unauffällig und zugleich ekstatisch eine neue Rave-Welt entstehen läßt:

- Im Gegensatz zu den Übereinkünften einer funktionierenden Arbeitsgesellschaft heben Raves diese Ordnungen auf; getanzt wird in der Nacht und in den Afterhours auch noch am Tag: Glück ist die Absenz des Zeitempfindens (Steffen 1995, 177);
- Kommunikation übers Wort wird intensiviert durch Kommunikation über Tanz und Körper;

- Techno-Tracks können zunehmend selbst produziert werden, und sie dienen nur begrenzt kommerzieller Ausbeutung, da es keine 'Evergreens' oder 'Klassiker' mehr gibt: Techno ist eher ein Transportmittel;
- Es gibt keine Stars und kein Starsystem, weil es keine Sänger, Groups, Bands, Groupies gibt und damit die bisherige Rock-Geschichte wenn nicht widerruft, so doch einschränkend verändert;
- Der Raver ist ganz bei sich und fühlt sich doch als nicht-abgegrenzt und nicht-abgrenzbar;
- Nicht nur die Gefährlichkeit von Promiskuität im Aidszeitalter, aber auch keine ideologisch propagierte Enthaltsamkeit, sondern ein Lebensgefühl des Naheseins, Begehrens und Sich-lösens führt zu einer neuen Wiedergeburt der Erotik als Lebensgefühl, das nicht auf sofortige Explosion drängt;
- Die traditionell empfundenen, propagierten und auch theoretisch ausgearbeiteten Gegensätze zwischen 'Wirklichkeit' und 'Schein', 'Reality' und 'Virtual-Reality', 'Kommerzwelt' und 'Authentizität', 'Glücksverlangen' oder 'Konfliktorientierung', 'Originalität' oder 'Zitat', 'Alltäglich-sein' oder 'Besonders-sein', 'Heimat' und 'Heimatlosigkeit' zerfallen wie modrige Pilze (Zitat), so daß auch der jugendkulturelle Diskurs an eine neue Grenze gelangt ist - wenn nicht gar schon eine Grenzüberschreitung stattgefunden hat.

Damit aber hat zunächst auch jede Geschichtsschreibung zur Jugendkultur zumindest solange ein Ende, bis sie sich fortsetzt, verändert oder endgültig eingeht (was aber nicht anzunehmen ist). Wir sind, gerade in den aktuellsten 'Traits', den *Phänomenen* gefolgt, weil wir das Selbstverständnis der Jugendkulturen nicht zerstören wollten. In dem folgenden Kapitel werden wir statt dessen auch wieder argumentativen Plädoyers folgen sowie Deutungen, die nicht die Frage von Jugend*kulturen* in ihrer Gesamtheit, sondern insbesondere die des jugendlichen Subjekts in den Mittelpunkt der Betrachtung stellen.

3. Zentrale Elemente der Jugendkulturen

3.1 „Jugendkultur“ statt „Subkultur“

Nach einer primär deskriptiven Darstellung der jugendlichen Szenen mit besonderem ‘Auffälligkeits-Potential’ (unter Einbezug historischer, systematischer und deutender Elemente) gilt es nun, die Phänomene zu orten: das vorgelegte Material allein reicht ja nicht aus zu erklären, warum es überhaupt sinnvoll ist, sich damit zu beschäftigen. Darüber hinaus sind die von den Szenen selbst gegebenen Interpretationen und Antworten zwar als Ausdruck des Selbstverständnisses sehr ernst zu nehmen; aber sie sind doch stark an die Position der jeweiligen Szene gebunden und gehen unter im Pluralismus unterschiedlicher Deutungen. Schließlich: die Selbstdeutungen sollen und müssen immer schon *Antworten* sein, denn eine Szene, die sich selbst infrage stellt, würde damit ihren Kritikern die Arbeit abnehmen. Gibt es darüber hinaus Gemeinsamkeiten im Selbstverständnis, vor allem aber auch in den gesellschaftlichen Funktionen, die eine Auseinandersetzung mit den neuen Jugend-Szenen überhaupt sinnvoll machen? Ehe diesen Fragen nachgegangen wird, ist zunächst zu erläutern, warum der in den 60er und 70er Jahren dominierende Begriff *Subkultur* heute kaum noch benutzt wird und durch den Plural *Jugendkulturen*, auch in diesem Buch, ersetzt ist. Dies muß begründet werden, wenn dies mehr ist als eine modische Attitüde im Jargonbereich der Jugendforschung.

Zur „Subkultur“-Diskussion

Seitdem vor etwa 25 Jahren Robert R. Bell behauptet hatte, es gäbe eine *Teilkultur* der Jugendlichen, hat sich die Diskussion dieses Themas wiederholt angenommen. Bell definierte in Anlehnung an eine von *R. L. Sutherland* 1952 gebotene Formulierung: „Unter Teilkulturen verstehen wir ‘relativ kohärente kulturelle Systeme, die innerhalb des Gesamtsystems unserer nationalen Kultur eine Welt für sich darstellen'. Solche Subkulturen entwickeln strukturelle und funktionale Eigenheiten, die ihre Mitglieder in einem gewissen Grade von der übrigen Gesellschaft unterscheiden." (zitiert nach: L. v. Friedeburg 83). Wie viele Definitionen besitzt auch diese einen so hohen Grad der Abstraktion, daß sie eigentlich nicht viel aussagt. Worin, so muß man fragen, besteht denn die „relative Kohärenz" und inwieweit ist sie „relativ"? Warum handelt es sich gerade um „kulturelle Systeme" - und nicht etwa auch um soziale, ökonomische, und wenn nicht: warum eigentlich nicht? (Diese Frage soll dieses Buch beantworten!) Stellt die Gesellschaft überhaupt, wie nahegelegt wird, ein kompaktes Gesamtsystem von verhältnismäßiger Einheitlichkeit dar (das ist zu fordern, weil sonst „eine Welt für sich" gar nicht diagnostizierbar ist)? Wie groß schließlich muß der „gewisse Grad des Unterschiedes" sein, damit man von *Teilkultur* sprechen kann? Handelt es sich denn überhaupt um ein nur „nationales" Phänomen oder vielleicht auch um eines mit gleichen strukturellen Grundzügen in allen modernen westlichen Industriegesellschaften?

Nach *Bell* (der mehr beschreibend verfährt) und *Eisenstadt* (der gründlich historisch und systematisch analysiert) entstehen offene, nicht von Erwachsenen pädagogisch betreute und kontrollierte Jugendgruppen der Teil- oder Subkultur (die Begriffe werden synonym gebraucht)

- aufgrund der regressiven Funktion der primären altersheterogenen Gruppen (z.B. der neuzeitlichen Familie, in der wenigstens zwei Generationen, Eltern und Kinder, beieinander sind; sie vermag heute aber nur noch partiell die notwendigen Orientierungshilfen an den Jugendlichen zu vermitteln - sie kann etwa nicht mehr wie früher, als der Sohn den Vater bei der Arbeit beobachten konnte und oft dessen Tätigkeit übernahm, den Erwachsenen in die Arbeitswelt einführen, und die Freizeit- und Konsum-Sphäre ist längst zu einem Konkurrenz-Faktor geworden);
- aufgrund einer daraus resultierenden und durch den Wert- und Verhaltenspluralismus der universalistischen Industriegesellschaft noch verstärkten Unsicherheit;

– aufgrund einer mangelhaften Rollendefinition für den Jugendlichen: weder Kind (im elternabhängigen Status) noch Erwachsener (mit der gesetzlich garantierten und praktisch möglichen Selbstverfügung) befindet er sich, nach *Eisenstadt*, in einer *interlinking-sphere* mit eingeschränkten Rechten und Mitwirkungsmöglichkeiten;
– aufgrund einer wiederum daraus entstehenden emotionalen und sozialen Labilität, die in Orientierungs- und Schutzbedürfnis umschlägt, aber doch den Schutz bei den traditionellen pädagogischen Ordnungsmächten nicht mehr finden kann - pointiert: Tradition, Alter und Lebensweisheit kommen schon immer zu spät in einer mobilen, von der Dimension der Zukunft mehr als aus der Vergangenheit bestimmten Gesellschaft. Generell arbeitet das Bildungs- und Erziehungssystem heute stets mit antiquierten, zumindest verspäteten Methoden und Zielen gegenüber Jugendlichen.

Die jugendlichen Subkulturen sind danach ein erklärbarer Reflex, eine Konsequenz der unzureichend gewordenen Gesellschafts- und Erziehungsstruktur. Die Orientierung in alters*homogenen* Gruppen ersetzt Sozialisierungsdefizite von Familie, Schule und Ausbildung.

Subkulturen sind für *Bell* vermutlich „*kulturelle* Systeme“, weil die Jugendlichen z.B. wirtschaftlich, aber auch in Lernen und Ausbildung in die „Gesamtgesellschaft“ eingegliedert bleiben, sich jedoch im Rahmen ihrer Freizeit eigene Symbole (Kleidung, Musik, Gruppen-Code usw.) schaffen, in Peer-Groups Freundschaften schließen und Aktivitäten unternehmen. Nicht die Basis ihrer Existenz, sondern nur bestimmte, als vorübergehend angesehene Verhaltensweisen in eigenen Erfahrungsbereichen sind von subkulturellen Ausprägungen betroffen („Popkultur“).

„*Relativ* kohärent“ sind Subkulturen, weil sie schon raum-zeitlich nicht geschlossen sind, sondern immer wieder Einbrüche von gesamtgesellschaftlichen Institutionen mit ihren Anforderungen stattfinden. Die „Subkultur“ von Schülern ist etwa auf ihre Freizeit am Nachmittag und am Abend sowie auf Wochenenden und den Urlaub beschränkt. Eine „Welt für sich“ stellen sie nur dar, wenn man von den äußeren Einwirkungen, aber auch von bestehenden Abhängigkeiten und emotionalen Bindungen zu Personen außerhalb des Teilbereichs „altershomogen bestimmter Freizeitaktivitäten“ absieht.

Deutlich wird: es ist schwer, die „strukturellen und funktionalen“ Eigenheiten jugendlicher Subkulturen zu bestimmen. Sie werden oft verstanden als Folge von Anpassungsschwierigkeiten der Jugendlichen und meinen einen nur marginalen und „akzidenziellen Dissens“ (Hollstein 157) - also erheblich weniger, als die Definition Bells umfassen *könnte*. Subkultur - oder in ebenfalls identischer Bedeutung: Youth Culture’ Peer-Groups - ist nach den Materialien, die Definitionen dieser Art auffüllen, nichts als ein funktionaler Bestandteil unserer Gesellschaft, eine Art Selbsthilfeaktion der Jugend, die temporären Charakter hat und in der Reife und den Rollen des Erwachsenen schließlich aufgeht. So endet *Bells* Aufsatz mit den Sätzen: „Man sollte begreifen, daß die jugendliche Subkultur einer Entwicklungsphase entspricht, durch die der Jugendliche hindurchgeht und der er wieder entwächst. Stellt Rock’n’Roll ein System der Teilkultur der Heranwachsenden dar, so ist nichts dagegen einzuwenden, wenn Jugendliche mit 16 Jahren dem Rock’n’Roll anhängen; bedenklich wird es aber, wenn sich jemand noch mit 26 Jahren mit dieser Art von Musik identifiziert. Die beibehaltene Identifizierung läßt vermuten, daß der Anschluß an die Erwachsenenwelt selbst dann nicht gelang, als er möglich wurde.“ Hier wird besonders deutlich, daß die Subkultur-Diskussion in den USA -obgleich sie behauptet, allgemeine Strukturen moderner Gesellschaften bloßzulegen - auf einen bestimmten historischen Ausschnitt beschränkt ist. Der Rock’n’Roll der 50er und frühen 60er Jahre ist inzwischen selbst ein historisches Phänomen, und die 20- bis 30jährigen sind inzwischen die *entscheidenden* Träger vieler Bewegungen.

„Was ist Subkultur“ - diese Frage werden Definitionen allein also nicht beantworten können. Man muß genau wissen, an welche *Phänomene* sie sich binden. Die Überlegungen von *Bell* bis Tenbruck gelten primär einer mittelständisch-bürgerlichen Jugend und ihrem Freizeitverhalten. Ihre Abweichungen von der sozialen Norm sind so gering, daß andere Forscher - *F. Elkin* und *W. Westley*; *M. Jahoda* und *N. Warren* - der Subkultur-These widersprachen mit dem Argument, daß die soziale Schichtzugehörigkeit jugendliches Verhalten ebenso entscheidend bestimme wie eigene Symbolwerte der Freizeitkultur; daß Jugendliche die Beratung, Entscheidung und Kontrolle Erwachsener in weiten Bereichen ihres Lebens durchaus akzeptieren (z.B. Wahl der Schulart; Berufspläne); daß also das Subkultur-Theorem aus diesen Gründen wenig Erklärungskraft für jugendliches Verhalten besitze.

Solchen Einwänden muß freilich widersprochen werden, und zwar aus folgenden Gründen:

1. *Elkin* und *Westley* interviewten in der ersten Hälfte der 50er Jahre 20 Jugendliche und deren Eltern sowie 20 Studenten eines wohlständischen Vororts in Montreal, um das Subkultur-Theorem zu überprüfen. Dabei ergab sich für diese obere Mittelschicht, daß der Sozialisationsprozeß mehr Kontinuität als Diskontinuität aufwies, es keine schwerwiegenden Gegensätze zwischen Eltern und Kindern gab und die Jugendlichen ihre Ausflüge in den Bereich von Parties und Rendezvous selbst als vorübergehende Erscheinung ansahen, die ihnen in der Zukunft nichts mehr bedeuten würden. Das Material ist jedoch viel zu schmal, um den Satz zu rechtfertigen, die Theorien, die aufgrund spezifischer Interessen und psychischer Spannungen eine Jugendkultur postulierten, seien „ohne angemessene Grundlage“. Dies gilt vielmehr für die Verallgemeinerung aus den Erhebungsergebnissen selbst. Auch heute wird das Argument von Elkin und Westley, wenn auch mit zum Teil anderen Begründungen, ähnlich vorgetragen. *Allerbeck/Hoag* (46) stellten in ihrer repräsentativen Umfrage bspw. fest, daß Punker, Hausbesetzer und Alternative zu fast 100% bekannt seien, während nur wenige der befragten Jugendlichen selbst einer der Gruppen angehören. Dies erklären sie dadurch, daß die Medien durch ihre aufsehenerregende Berichterstattung für ihre breite Bekanntheit sorgen mit der Folge, daß das Abweichende unter den heutigen Jugendlichen mehr wahrgenommen werden als das Normale: „Ein Ergebnis ist, daß auf diese Weise ein sehr merkwürdiges Bild der Jugend in unserer Gesellschaft entsteht. Bewußt seien hier die absoluten Zahlen unserer Umfrage genannt: die 5 Punker prägen das Jugendbild der Öffentlichkeit mehr als die 37, die in der Freiwilligen Feuerwehr sind, oder die 17 Rettungsschwimmer. Letztere sind nicht ‘interessant’ genug. (Dies soll kein Vorschlag an die Medien sein, ihre Berichterstattung zu

ändern: Wenn es berichtenswert wäre, daß junge Leute bereit sind, Feuer zu löschen oder Ertrinkende zu retten, wäre die Situation unserer Gesellschaft besonders trostlos, weil diese dann seltene Ausnahmen darstellen würden)." Hier sind die Zahlen zwar präzis, aber die Schlüsse sind dennoch nicht zwingend. Tatsächlich ist die Mitgliedschaft Jugendlicher zu besonderen, auffälligen 'Kulturen' immer sehr begrenzt gewesen: in den 50er Jahren wurden die Halbstarken in der Bundesrepublik auf höchstens 5 bis 10% geschätzt, und *Allerbeck/ Hoags* Untersuchung ermittelt, daß nur 2 bis 5 % zu den neuen Szenen gehören. Zum einen ist dazu zu bemerken, daß auch solche Umfragen immer nur momentgebundene Querschnitte darstellen. Da die Zugehörigkeit zu den Szenen wechseln kann und transitorisch ist (wie die Autoren selbst betonen), könnte jeder Jugendliche prinzipiell jederzeit, wenn auch vorübergehend, zu den 2 bis 5 bis 10% gehören. Insofern sind Sub- oder Jugendkulturen ein heute auffälliger und kulturell bemerkenswerter Bestandteil von „Jugend" und als permanentes Angebot an alle jeder Beachtung wert. Damit sind wir bei einer zweiten Überlegung: Die Ränder der Zugehörigkeit sind offenbar unscharf und verschwimmen in einem allgemeinen Bild von Jugend, das teils von den Medien produziert wird, teils aber auch realisiert ist. Zahlen können über diese Verschiebungen und unklaren Übergänge so gut wie nichts aussagen; vor allem machen sie nicht deutlich, worin die *Faszination* (manchmal auch in der Abwehr) der neuen Szenen seit den 50er Jahren für viele Jugendliche besteht; denn sie sind, wenn auch nicht massenhaft zugehörig, so doch zumindest durchweg 'Sympathisanten' der neuen Szenen (wie auch die Shell-Studien 1981, 1985 und 1997 deutlich zeigen). Was wir als erprobtes Wissen mit uns herumtragen, als vertrautes lebensweltliches Setting erleben, braucht nicht hervorgehoben und kommentiert zu werden - wichtig sind vielmehr die Risse und Brüche, die hier entstehen. (Insofern haben die Medien durchaus auch die 'Funktion', auf solche Risse und Brüche aufmerksam zu machen!)

2. Die traditionelle amerikanische Subkulturforschung bedachte überdies nicht, daß ihre empirischen Ergebnisse schnell überholt werden könnten. Ihre Diskussion besitzt keinen Aktualitätswert mehr, da sie auf bestimmte, dazu „nationale" Phänomene begrenzt ist. Inzwischen gibt es nicht nur die jugendli-

chen Peer-Groups' sondern internationale Jugendbewegungen, die den einzelnen Heranwachsenden intensiver erfassen als die amerikanische Partykultur der 50er Jahre - nicht zuletzt, weil der Widerspruch nicht so sehr gegenüber den Eltern wie gegenüber ihrer Abstraktion als Erwachsene und damit den Einrichtungen unserer Gesellschaft schärfer geworden ist. Aus psychischen und pubertären Spannungen vorübergehender Art sind politische geworden, und diese haben teilweise einen grundsätzlichen Charakter gewonnenen. So umfaßt der Sammelbegriff Subkultur inzwischen sehr verschiedene Phänomene, die man sich auf einer gleitenden Skala von den Peer-Groups der 50er Jahre, den Teenager-Kulturen und den Mainstream der Pop-Musik über eine stärker durch grundsätzliche Ablehnung gesellschaftlicher Werte bestimmte Jugend bis zur radikalen Absage an Ordnungen und bisherige Gewohnheiten vorstellen muß. Die Übergänge sind fließend, sowohl, was die wechselnde Zugehörigkeit einzelner Jugendlicher zu bestimmten Szenen anbelangt, als auch, was die Bestimmungsmomente der verschiedenen Gruppierungen angeht.

Einen eher systematischen, nicht an statistischen Umfrageerhebungen orientierten Zugang zum Thema hat *R. Schwendter* mit seiner „Theorie der Subkultur“ vorgelegt (Erstauflage 1971; seitdem einige Bearbeitungen). Der Autor selbst steht den kritischen Bewegungen nahe (zum ersten Mal wurde er durch seine Auftritte auf den Jugendfestivals auf dem Gelände der Burg Waldeck bekannt). Schwendter ist ein engagierter und stark „sympathisierender“ Analytiker, der sich von der Alternativkultur eine Veränderung der Gesellschaft verspricht. Er entwickelt eine Subkulturen-Typologie in Anlehnung an ein Schichtungsmodell von *Kingsley Davis*, das er aber uminterpretiert. An der Spitze der sozialen Hierarchie steht nach ihm das „Establishment“, unter das er „die großen und mittleren Kapitaleigentümer, einschließlich jener Teile des Kleinbürgertums, die fest hinter diesen stehen, und die politischen und apolitischen Eliten eines Landes, die höheren Angestellten und Beamten im Staatsapparat, in den Konzernen, im Militärapparat, in den Medien etc., die leitenden Funktionäre der Verbände und anderen Lobbies und die verselbständigten Arbeiteraristokratien“ subsumiert. Personen, die dem Establishment nicht angehören, zählen zur „kompakten Majorität“ (Proletariat, Lumpenproletariat und die Teile des Kleinbürgertums, deren Proletarisierung weit fortgeschritten ist). An den Rändern dieser Gesellschaftspyramide entstehen die Subkulturen. *Schwendter* unterscheidet progressive (sie wollen den gegenwärtigen Zustand der Gesellschaft verändern, in heutiger Sprache: die Alternativen) und regressive (suchen vergangene Werte und Normen wieder herzustellen, Beispiel heute: Neonazis) Subkulturen und verfeinert seine Typologie dann im folgenden, indem er inhaltliche Kriterien für „progressiv" und „regressiv" herauszuarbeiten sucht, weitere Unterscheidungen einführt - so zwischen „emotionalen" (Grüne) und eher „rationalistischen" (Rote, Neue Linke), „freiwilligen" und „unfreiwilligen" (z.B. Stigmatisierte; Gefängnisinsassen) Subkulturen - und schließlich das Modell auffüllt dadurch daß er durch einen Gang durch die Geschichte allen abweichenden Bewegungen einen Platz im Rahmen seiner Systematik zuweist.

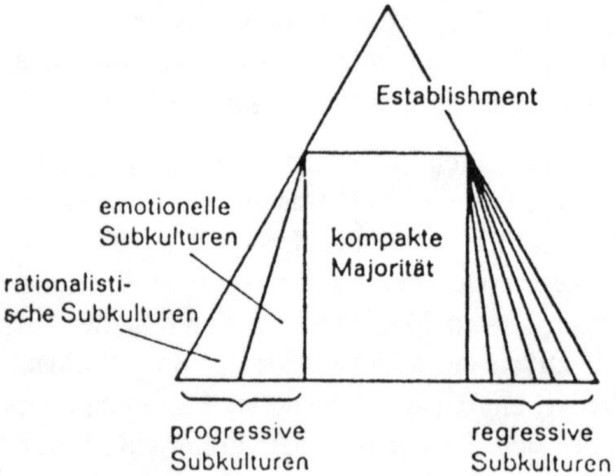

Abb. 2: Schichtungsmodell von Subkulturen (nach Schwendter 1978, 40)

Schwendter versucht, die möglichen Einwirkungen der Subkulturen auf die gesellschaftlichen Blöcke bzw. auch ihre Absorption durch diese zu systematisieren (7 Möglichkeiten). Am häufigsten ist der Fall, daß progressive (z.B. die deutsche Sozialdemokratie im Zeitraum 1880-1920) oder regressive (z.B. Bündische Führer, die HJ-Führer wurden) Subkulturen in der „kompakten Majorität" oder im „Establishment" aufgehen (ein Beispiel für *Schwendter*: das Godesberger Programm der SPD). *Schwendter* überlegt, ob Subkulturen überhaupt eine Chance haben, Einfluß auf die Gesellschaft zu nehmen. Unter Hinzuziehung von Überlegungen der Spieltheorie versucht er plausibel zu machen, daß es nur 10% „Standardneutrale“ in den Mittelblöcken (Personen, die sich mit den gesellschaftlichen Werten, Normen, Überzeugungen und darauf beruhenden Einrichtungen nicht identifizieren) sowie 1 % aktive Revolutionäre aus den progressiven Subkulturen zu geben brauche, damit die Gesellschaft das „Spiel“ nicht mehr spielen kann und grundlegende Änderungen möglich sind. Schließlich enthält das Buch eine Anleitung zur subkulturellen Praxis, was die Selbstorganisation der Bedürfnisse und die Institutionalisierung der Subkultur angeht, und schließlich werden Strategien einer Verallgemeinerung ihrer Handlungsprinzipien auf die Gesamtgesellschaft hin entworfen. Für den Praxisbereich „Konsum“ schlägt *Schwendter* bspw. vor: „Praxis 1: Gegenökonomie, Kneipen, digger-shops, Kommunen; Praxis 2: Kaufhaus- und Werbekampagnen, Wohnbezirksarbeit; Praxis 3: Konsumentengewerkschaften, Konsumgenossenschaften; Praxis 4: Sektion Konsum.“ (306) - In *Schwendters* Buch liegt ein Beispiel für „Subkultur-Forschung“ vor, die Analyse in engagiert entworfene Strategien überführt und versucht, die Spannung zwischen behandeltem Gegenstand und behandelndem Autor aufzuheben. *Schwendters* Buch kann insofern einen wichtigen Beitrag liefern für das Selbstverständnis wie die Praxis von sogenannten Subkulturen. Freilich beschränkt sich *Schwendter* in seinen Empfehlungen primär auf politisch engagierte, bewußt gesellschaftskritische „Subkulturen“. Die Alternativ-Szene ist aber nur eine mögliche Variante innerhalb der neuen Bewegungen. *Schwendter* verwendet (obwohl er den Terminus mündlich häufig kritisiert hat) den Ausdruck „Subkultur“, weil er ursprünglich geläufig war. Warum von „Subkultur“ heute nicht mehr die Rede sein sollte, kann in folgenden Vorschlägen zusammengefaßt werden:

1. der Ausdruck „Subkultur“ suggeriert, es handele sich um kulturelle Sphären, die *unterhalb* der akzeptierten elitären Kultur liegen - von teilweise zweifelhaftem Wert und jedenfalls einem irgendwie „unteren“ Bereich zugehörig. Diese Deutung entspricht nicht den Tatsachen - wenn zwar sie häufig vertreten wird - und sollte vermieden werden.

2. „Subkultur“ provoziert aber nicht nur möglicherweise nicht wünschenswerte Assoziationen. Darüber hinaus legt der Be-

griff nahe, es handele sich um „Teilsegmente" der Gesellschaft, die exakt auszudifferenzieren sind. Wir hatten gesehen, daß dies äußerst schwierig ist. Die Fülle von Übergängen zur „Gesamtkultur" einerseits, der Anspruch an gleichgewichtige Legitimierungen andererseits läßt es nicht geraten erscheinen, weiterhin von „Subkultur" zu sprechen.

3. Die „Subkultur"-Theorien gehen jeweils davon aus, daß die einzelnen Subkulturen präzise lokalisierbar seien (in einer bestimmten sozialen Schicht, in einer bestimmten politischen Grundhaltung etc.). Das ist nur begrenzt haltbar, wie das Beispiel der *Punks* schnell zeigt: sie sind weder 'links' noch 'rechts' oder sie sind teils kommerziell, teils unabhängig, insgesamt keinem Raster einzufügen. Auch zeigt ihr Beispiel (wie das der Hippies, der Teds und Mods, der Rocker und Skins, der Hillibillies und Heavy-Metal-Fans), daß „Subkulturen" keine Sub-Aggregate einzelner Gesellschaften sind. Es handelt sich um kulturelle Gruppierungen, die sich international ausbreiten und unter dem gleichen Erscheinungsbild ganz unterschiedliche Formen von Selbständigkeit und Abhängigkeit ausagieren. Der 'Freizeitpunk' lebt ganz anders als jemand, der die Punk-Existenz zum Mittelpunkt seines Daseins gemacht hat - hier handelt es sich meist um über 20jährige in bestimmten sozialen Positionen.

4. Obgleich es „Subkulturen" gibt, die relativ selbständig sind und versuchen, alternative Netzwerke aufzubauen, gilt dies keineswegs generell. Gerade die Aussagen zur Postadoleszenz (‚ältere' Jugendliche, meist zwischen 20 und 30, die kulturell selbständig sind, eine eigene Wohnung besitzen und eine Ausbildung haben, aber noch keine Familie gegründet haben - oder dies gar nicht wollen - und auch nicht über einen Beruf verfügen, der ihre materielle Subsistenz sichert) macht deutlich, daß *ein* Element in *Bells* Definition von „Subkultur" auf jeden Fall haltbar ist: die Betonung der Eigenständigkeit *kultureller* Systeme. Eine Betonung dieser Tatsache impliziert, daß „kulturell" hier nicht als Überbau-Phänomen gedeutet wird, sondern als ein spezifischer Habitus, der bis in die Motive ökonomischer Lebenssicherung und politischer Selbstverortung hineinreicht. Dies ist ohne Zweifel eine wesentliche Leistung der Medien: daß sie dem kulturellen Habitus eine so

durchschlagende Bedeutung verliehen haben, daß in ihm die Phänomene, die wir als Jugend-Szenen diskutieren, in ihrer besonderen Eigenart wie in ihrem Beitrag für möglicherweise gesamtgesellschaftliche Entwicklungen am deutlichsten faßbar sind. Der Ausdruck „Subkultur" bliebe dann denen vorbehalten, die keinerlei Stoßrichtungen aus der vorhandenen Gesellschaft auszeichnet (etwa in emanzipatorischer oder gesellschaftskritischer oder eben kulturell-gestaltender Absicht), sondern in ihr sich ansiedeln, meist verborgen, teilweise auch verboten, also wirklich im ursprünglichen Sinne „unter"gründig (Beispiele wären dann Subkulturen unter den Insassen der Gefängnisse oder auch Mafia und Camorra in Italien).

Soziale Milieus statt Schichtungskonzepte

Nach diesen Überlegungen läßt sich das bisherige Ergebnis auch so zusammenfassen: Der Ausdruck „Subkulturen" unterstellt, daß die Gesellschaft in verschiedener Weise 'von oben nach unten' *geschichtet* ist; dies gilt für die gesamte Gesellschaft (Oberschicht, Mittelschicht, Unterschicht mit mannigfaltigen Differenzierungen) wie auch für das ausführlich behandelte Subkultur-Konzept *Schwendters*. Es setzt eine hierarchische Ordnung voraus, die aber empirisch kaum noch vorfindbar ist. An die Stelle von Schichtungsmodellen sind inzwischen Modelle der Lebensweltforschung sowie Überlegungen zu soziokulturellen Netzwerken oder systemischen Zuordnungen (z.B. lebensweltliche Konkretheit und mediale Globalisierung) getreten. Interessant ist, daß dieses neue Bild der Gesellschaft nicht nur von der empirischen Sozialforschung (Sinus-Institut) entwickelt wurde, sondern in Zusammenarbeit auch mit dem Deutschen Sportfernsehen (DSF) - ein Zeichen dafür, daß auch Kulturen, denen Jugendliche angehören, heute verstanden werden als Zielgruppenpotentiale im Publikumspool der Medien. An die Stelle von *Schwendters* engagiertem Interesse an politischen Veränderungsmöglichkeiten ist heute die Betrachtung von Strukturen getreten, die sich in den neuen Erlebnisgesellschaften eher über schichtungstheoretisch relativ strukturlose Sozialisationsmilieus von verstärkt beliebiger Zugehörigkeit entwickeln und erklären lassen (dazu Schulze: Die Erlebnisgesellschaft: Kultursoziologie der Gegenwart.)

Die Lebenswelt möchte die Erfassung von 'Lebenswelten', von Zielgruppen leisten mit der Absicht, die Meinungsäußerungen und Selbstdarstellungen definierter Befragtengruppen zu speziellen Themen in Abhängigkeit von der jeweiligen sozialen und kulturellen Lage zu untersuchen. (Isenbart 1995). Der Ausdruck 'Lebenswelt' umfaßt alle relevanten Erlebnisbereiche, mit denen Personen es im Alltag zu tun haben (von der Familie über die Freizeit bis zum Arbeitsleben, den Konsumsektor etc.). Diese Erlebnisreiche wiederum sind bestimmend für die Entwicklung und Veränderung von Einstellungen, Werthaltungen sowie Verhaltensmustern und erlauben in Summa ihre soziale Plazierung genau anzugeben. So versucht die Sinus-Lebensweltforschung, *soziale Milieus* zu beschreiben und abzugrenzen und die jeweils charakteristischen Einstellungen und Lebensorientierungen herauszufinden. Dabei sind, wie schon beschrieben, Analyseeinheiten nicht mehr wie herkömmlich soziale Schichten, sondern soziale Milieus. Alltagsbewußtsein und Alltagshandel werden heute nicht mehr nur von demographischen Merkmalen relativ überdauernder Art bestimmt, sondern von milieuspezifischen Eigenheiten, entsprechenden milieuspezifischen kulturellen Bedingungen und milieuspezifischen Wertorientierungen: „Bei der Definition der Sozialen Milieus handelt es sich im Unterschied zur Schichteinteilung um eine inhaltliche Klassifikation. Grundlegende Wertorientierungen, die Lebensstile und Lebensstrategien bestimmen, gehen dabei ebenso in die Analyse ein wie Alltagseinstellungen (zur Arbeit, zur Familie, zur Freizeit, zum Konsum) oder wie Wunschvorstellungen, Ängste und Zukunftserwartungen (...). Der hier verwendete Milieubegriff nimmt Bezug auf soziale Syndrome, bestehend aus sozialen Lagen einerseits und Wertorientierungen sowie lebensweltlichen Sinn- und Kommunikationszusammenhängen andererseits. Dabei liegt es in der Natur der Sache, d.h. der sozialen Wirklichkeit, daß die Grenzen zwischen den Milieus fließend sind." (ebd., 43). Auch in der Sinus-Studie wird der Ausdruck 'Subkultur' (mißvrständlicherweise) aufrecht erhalten, um eine Absetzung vom Schichtkonzept deutlich zu machen. Wir meinen, daß der Milieu-Begriff übergreifender ist, weil er jede Modellierung nach Schichtungen zunächst außen vor läßt und damit zumindest im Modell ein Stück weit die schon beschriebenen Pluralisierungsprozesse auch im jugendkulturellen Bereich widerspiegeln.

Ende 1980 wurden 8 Milieus erfaßt und beschrieben:

1. Konservatives gehobenes Milieu
2. Kleinbürgerliches Milieu
3. Traditionelles Arbeitermilieu
4. Traditionsloses Arbeitermilieu
5. Aufstiegsorientiertes Milieu
6. Technokratisch-liberales Milieu
7. Hedonistisches Milieu
8. Alternatives Milieu

Grafik 1: Die Milieustruktur in Deutschland West* 1994

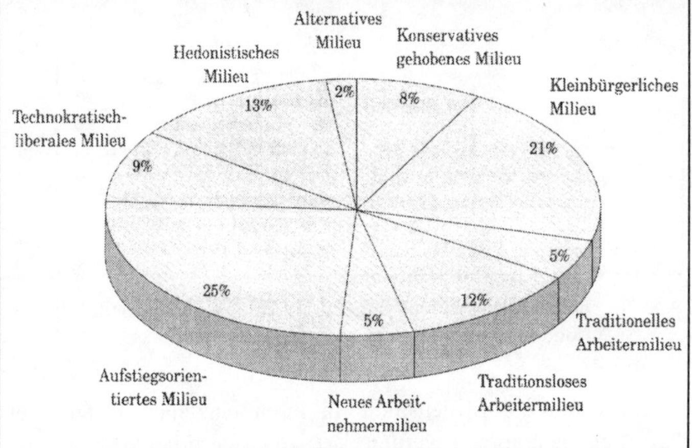

Quelle: Sinus
* Grundgesamtheit: Wohnbevölkerung ab 14 Jahren in den alten Bundesländern

Abb. 3: Die Milieustruktur in Deutschland West 1994

Natürlich ist anzumerken, daß die Grenzen zwischen den Milieus fließend sind und sich - angesichts der Instabilität von Pluralisierungsprozessen - ständig verändern können. Und: die Milieustruktur der Bevölkerung erlaubt keine eigentlichen Abgrenzungen mehr, vielmehr finden sich starke Überlappungspotentiale, wie sie die Abb. 4 bietet. Je höher das entsprechende Milieu in dieser Graphik angesiedelt ist, desto weniger traditionell ist die

Grundorientierung des jeweiligen Milieus. Die Grenzen sind fließend.

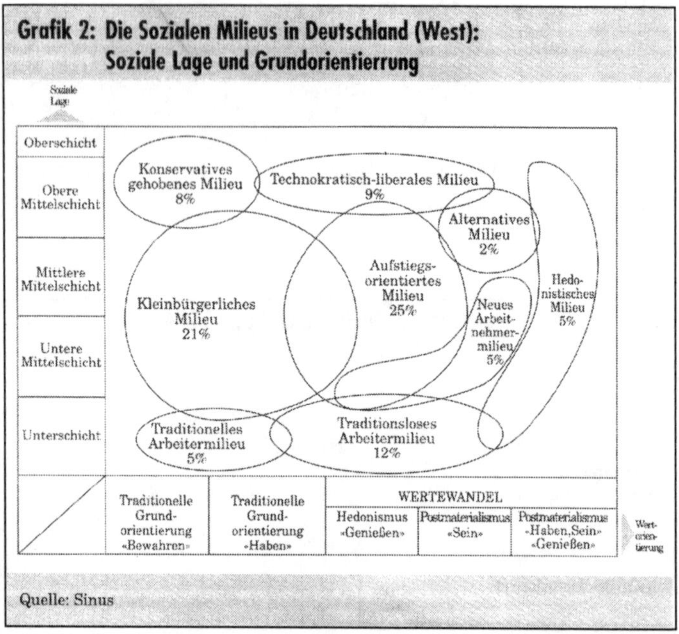

Abb. 4: Die Sozialen Milieus in Deutschland (West): Soziale Lage und Grundorientierung

Auch, wenn die Milieustudie in ihren einzelnen Daten nicht 'wörtlich' genommen werden darf, zeigt sie doch sehr deutlich, daß auch 'Subkulturen' nur in zweiter Linie als hierarchisch organisierte soziale Gebilde angesehen sind, eher schon als überlappende Aggregate mit zum Teil ganz neuen, den alten Schichtmodellen nicht entnehmbaren Zuordnungen. So hat sich ein 'Konservatives gehobenes Milieu' neben den neuen Typ eines 'Technokratisch-liberalen Milieus' geschoben; eine immer noch starke kleinbürgerliche Orientierung (in der Mittellage) tritt neben ein verstärkt aufstiegsorientiertes Milieu, das etwa ein Viertel des Segmentes erfaßt; das Arbeitermilieu ist zumindest in eher traditionsorientierte und eher traditionslose (desorientierte) Gruppen auseinandergefallen, etc. Besonders interessant ist das Hedonistische Milieu, das in 'Wurstform' quer zu allen Strukturierungen liegt und vor allem *junge Menschen* anspricht. Mehr als zwei Drittel dieses Milieus sind unter 40 Jahren; 14- bis 19jährige erscheinen als deutlich überrepräsentiert; auffällig ist ein hoher Anteil von Ledigen, mittlere und höhere Bildung, hoher Anteil von Schülern, Studenten, Auszubildenden bei meist kleinem bis mittlerem Einkommen ist kennzeichnend. Das *Lebensziel* dieses Milieus besteht aus den Wertorientierungen Freiheit, Ungebundenheit, Spontaneität (demonstrative Ablehnung von Sicherheits- und Geborgenheitswerten); wichtig ist, das Leben intensiv und genußreich zu leben und aus den Zwängen des Alltags auszubrechen; zentral ist die Suche nach Kommunikation, nach Abwechslung und Unterhaltung; man will anders sein als die 'Spießer', unabhängig sein, sich keine Vorschriften machen lassen. Dem entspricht die *Lebensstil*-Dimension: Es gilt ein Leben im Hier und Jetzt; Lebensplanung ist nicht so wichtig; entscheidend sind Originalität, Unverwechselbarkeit und Echtheit als wichtige Stilansprüche (radikaler Individualismus); hinzu kommt ein spontaner Konsumstil (verbunden mit einem relativ unkontrollierten Umgang mit Geld, Freude am guten Leben, an Luxus und Komfort). Entsprechend der *Konsumstil*: Eine 'bürgerliche' Existenz und die damit verbundenen Leistungsanforderungen werden zwar abgelehnt - dennoch will man auf Geld und Konsum nicht verzichten; es besteht eine hohe Konsumneigung bei milieutypischen High-Interest-Produkten (U-Elektronik, modische Kleidung, Auto). - Eher im Widerspruch zu diesen Milieus sind das *Konservativ gehobene Milieu* (hoher Anteil von Rentnern bei hohen Einkommensklassen und hoher Formalbildung), *Kleinbürgerliche Milieus* (überwiegend Hauptschüler, geringe Einkommen); ein eher belastetes Milieu ist das *Traditionslose Arbeitermilieu* (geringe Formalbildung, hoher Anteil von Arbeitslosen), während das *Neue Arbeitnehmermilieu* (bis 29 Jahre, hoher Anteil Lediger) und das *Aufstiegsorientierte Milieu* (jüngere und mittlere Altersgruppen bis 49 Jahre, prestigeorientierter Konsumstil mit hoher Wertschätzung von Statussymbolen) und das *Technokratisch-liberale Milieu* (hohe Formalbildung, hohe bis höchste Einkommen, im Gegensatz zum Hedonistischen Milieu) eine gezielte Planung von Karriere und Privatleben mit hohem Aspirationsniveau anstrebt.

Vergleichen wir mit dieser (exemplarisch gemeinten) Milieustudie die Ergebnisse, die die 12. Shell Jugendstudie in Hinsicht auf Jugendkulturen und Freizeitpräferenzen vorlegt (20 ff.), zeigen sich einige Entwicklungen, die mit der eben vorgelegten Milieuskizze durchaus kompatibel sind; dazu gehören vor allem folgende Feststellungen:

- Zunehmend verlieren jugendkulturelle Stile ihre Bedeutung als subkulturelle Visionen und Formen einer „besseren" und „jugendgemäßeren" Gesellschaft;
- in einer in Krisen geratenen Gesellschaft (in Sinne: nicht mehr überblickhaften, vorplanbaren Lebensstrukturen ausgeformenden) dominieren eher schnellebige, diffuse, eklektische und sehr flexible Formen;
- dennoch bleiben Abgrenzungsversuche gegenüber der Mehrheitskultur, insbesondere der Erwachsenen, freilich mit dem deutlichen Verwischen von Grenzziehungen und Polarisierungen: Jugendliche verweigern die Forderung, „mit der Entscheidung für einen bestimmten Stil, gleichzeitig eine Absage an andere Stile zu verbinden und praktizieren nicht selten mehrere Stile parallel oder in rascher Folge".

Im Vergleich mit der 9. Jugendstudie (1981) wird deutlich, „daß sich weniger Jugendliche mit keinem oder nur einem Stil identifizieren und daß sich immer mehr Jugendliche mit mehreren konkreten Stilen gleichzeitig anfreunden. Aufs Ganze gesehen freilich ist die Bereitschaft, sich mit jugendkulturellen Stilen zu identifizieren oder gar dabei mitzumachen, leicht rückläufig. Rückläufige Identifikation ist ein Phänomen, das vor allem die politisch subkulturellen und die sozialen Protestbewegungen betrifft, nicht jedoch kommerzielle lebensstilorientierte Gruppenstile. Rückläufige Werte im Identifikationsbereich gehen nicht automatisch auch mit rückläufigen Sympathiewerten einher. Beispielsweise bei der Umweltbewegung zeigt sich deutlich eine Verlagerung vom Identifikations- in den Sympathiebereich." (ebd., 21).

Auch die folgende Darstellung von Geschichte und Weiterentwicklung des Konzepts „Jugendkultur(en)" wird deutlich machen, daß die Prägekraft jugendbestimmter Stile - am deutlichsten noch einmal hervorgetreten in der Punkbewegung - offenbar im Abnehmen begriffen ist: Die *Jugendmilieus* von heute leben in der Spannung von Krise und hohem Lebensanspruch und bearbeiten ihre Unsicherheiten, indem sie sich zunehmend weniger über jugendkulturelle Bindungserfahrungen definieren denn über den Habitus seiner *sympathieorientierten Offenheit.*

Zum Ausdruck „Jugendkultur(en)"

Der Ausdruck „Jugendkultur(en)" ist ebenfalls nicht ohne weiteres verwendbar, denn er ist gleichsam historisch besetzt. Er stammt in der deutschen Sprache von *Gustav Wyneken* (1875-1964): ein bekannter deutscher Pädagoge, Mitarbeiter eines der maßgeblichen Begründer der deutschen Landschulheimbewegung, *Hermann Lietz. Wyneken* gründete 1906 mit *Paul Geheeb* die *Freie Schulgemeinde Wickersdorf* die er 1906-1910, 1919/20 und noch einmal 1925-1931 (mit) leitete. Hervorgetreten ist er auch als freier Schriftsteller, der sich ausführlich mit Jugendbildungsfragen beschäftigte; bekannt geworden ist er vor allem schließlich wegen seiner engen Verbindung mit der bürgerlichen deutschen Jugendbewegung. Er spielte, so ist gemeinhin die Interpretation der Verwendung des Begriffs „Jugendkultur" bei Wyneken, diese aus gegen die „Alterskultur" der bürger-ich-wilhelminischen Lebensweise. „Jugend" ist für ihn das Lebensalter der größten Offenheit für alle hohen ethischen Werte und Haltungen. Geist und Jugend brauchen einander und ergänzen einander, in einem quasi gegenseitigen Befreiungsverhältnis: Jugend kommt nur durch geistige Beschäftigungen und gründliche geistige Fundierung ihrer Lebensgemeinschaften zu sich selbst, und die geistige Welt kann nur durch eine neue Jugend aus den Fesseln engstirniger Bürokraten und geisttötender Pädagogen befreit werden. Dies alles geschieht am besten in einer Gemeinschaft von Jugendlichen - unter Einschluß des Lehrers, der als geistiger Führer zugleich durchaus auch erotische Bindungen (im platonischen Sinne) aufbauen kann. Mit einer solchen Auffassung wird Wyneken in die Nähe der Jugendbewegung gerückt und ihr ebenfalls nahestehende Reformpädagogen wie *Haffner* (bildende Kunst), *Luserke* (Theater und Laienspiel) oder *Halm* (Musik). In neuerer Zeit hat *Ulrich Herrmann* darauf aufmerksam gemacht, daß eine solche Interpretation zu kurz greift. Gerade das Stichwort „Kultur" weise auf eine starke *Schulbezogenheit* der Wyneken' schen Konzeption, und er zitiert zur Verdeutlichung aus einem Münchner Vortrag Wynekens von 1913, in dem es heißt: „Es hat, wenigstens in unserem Zeitalter und Kulturkreis, bisher keine Jugend gegeben. Es gab vielleicht Kindheit, es gab dann ein Noch-Nicht-alt-sein (und so schnell wie möglich Alt-gemacht-werden), es gab aber Jugend nicht als eigenen Lebenstyp, als geistiges Phänomen. 'Jugend' kann sich nicht in der bürgerlichen Familie entfalten, da bleibt sie immer ein unselbständiges Anhängsel der Erwachsenen, nach den Interessen der Erwachsenen behandelt und geformt. Jugend müßte ein Jugendreich, eine Pflanz- und Freistätte haben, um wirklich Jugend werden zu können. Wo? In der Schule. Die früher von außen an die Jugend herangetragen wurde, nun aber, ganz neu gedacht, aus ihr erwachsen soll; die früher ein Gefängnis war, deren Mauern ihre Front nach innen kehrten, jetzt aber eine schützende Burg sein soll, deren Mauern Störungen von außen abwehren." *Wyneken* wendet sich damit gegen Familie, deren Beitrag zur geistigen Jugendbildung gering geschätzt wird, und gegen die herkömmliche Schule, die eine bloße Unterrichtsanstalt ist. Die freie Schulgemeinde hingegen soll der Ort sein, an dem im geselligen und vertrauten Miteinander die Mängel der alten Schule und der Familie überwunden werden. Es handelt sich bei Wyneken also um eine Legitimation seiner Schulgründung, und er versucht dies, indem er einen Mythos Jugend schafft, der sich nicht am Lebensalter allein ausrichtet, denn die *„Eigene und eigenste Aufgabe* (Sc. der Jugend) *ist und bleibt: jung zu sein*. Jung sein ist das einzige, was sie vor dem Alter voraus hat. Jung sein ist das einzige, durch nichts ersetzbare Gut, das sie der Menschheit liefern kann (...) Sie leistet für die Welt das größte und schönste, was ihr beschieden ist, wenn sie der Menschheit sich selbst als einen dauernden Jungbrunnen erhält, als eine unerschöpfliche Möglichkeit, zurückzukehren zu reinem Willen, starkem Glauben und heiliger Begeisterung." (so Wyneken in der Schrift *„Was ist Jugendkultur?"*) *Herrmann* zeigt, daß diese etwas emphatisch-verblasen erscheinende Auffassung dennoch der Boden ist für eine „radikale Kritik der herrschenden pädagogischen und gesellschaftlichen Praxis", denn der politische Anspruch seines Jugendkulturkonzepts geht dahin, daß Jugend das geistige Fundament ist, „auf dem Feld prinzipieller kultur- und gesellschaftspolitischer Auseinandersetzungen über das Recht und die Formen menschlicher

Selbstverwirklichung in einer Gesellschaftsordnung, deren Fundamente und Normen brüchig geworden waren." (Herrmann 231)

Der Aufweis solcher Zusammenhänge scheint mir wichtig zu sein, weil damit die pädagogische Frage gestellt ist, inwieweit wir heute, wenn wir von „Jugendkultur" sprechen, vom Bildungssystem als entscheidendem Vermittler von Bildung und Kultur für die heranwachsende Generation absehen können - in einer Radikalisierung des außerschulischen Standpunktes, daß die neuen Jugendbewegungen mit Schule nichts zu tun haben. Sicher ist dies ein Teil der Wirklichkeit und auch der heute gemeinte Anspruch. Wer sich in einer Jugendkultur organisiert, orientiert sich gerade nicht an den durch die Schule vermittelten Bildungsgütern, sondern an Maßstäben und Materialien, die außerhalb der Schule produziert werden: Rock und Pop, Mode, Konsum, alternative Lebensformen, alles getragen und bearbeitet in erster Linie durch *Medien* als vermittelnder Instanz, gerade nicht durch Familie und/oder Schule. Dem entspricht, daß die Schule von jugendkulturell orientierten Jugendlichen als unerheblich abgelehnt wird, wenn sie sie nicht bereits verlassen haben oder, im postadoleszenten Stadium, bereits über ganz andere Bezugspunkte verfügen. Der Vergleich mit der Zeit *Wynekens* macht deutlich, wie sehr heute der außerschulische Bereich als solcher freier Verfügbarkeit nicht nur an zeitlicher Ausdehnung zugenommen hat, sondern auch der Ort ist, von dem viele Jugendliche entscheidende Impulse für ihre Lebensgestaltung erwarten. Dem entspricht, daß die heutige Schulreform-Diskussion es - im Gegensatz zur Landschulheimbewegung - bisher jedenfalls nicht vermocht hat, Schulen ins Leben zu rufen, die den Auffassungen heutiger Jugendkulturen entsprechen könnten. Dies ist meiner Einschätzung nach auch gar nicht möglich: weil sich der Kultur-Begriff entschieden gewandelt hat. „Kultur" ist nicht mehr nur der Bestand an Traditionen und geistigen Bildungsgütern, sondern eben ein Lebensraum, der dieser kulturellen Tiefendimensionen im traditionellen Sinn entbehrt. „Kultur" in den heutigen Jugendkulturen meint (wie im folgenden noch gezeigt wird, aber vorangehend mehrfach angedeutet wurde) die Schaffung von Stilen über Medien, deren „bildender Gehalt" unter Pädagogen eher strittig sein dürfte: Konsum, Pop und Rock, Mode sowie Schaffung neuer sozialer Treffpunkte. Gerade das letzte Stichwort - Schaffung „neuer sozialer Treffpunkte" - weist aber zurück auf das Konzept

Siegfried Bernfelds (1892-1953), des großen sozialistischen Pädagogen, der versucht hat, in seinen Schriften über Psychoanalyse, antiautoritäre Kindererziehung sowie sozialistische Heim- und Anstaltserziehung eine kritische Pädagogik sowohl zu begründen als auch zu praktizieren. Er war nicht so sehr am Lehrer als geistigem Führer interessiert (wie Wyneken), sondern als Student in Wien der Meinung, die neue Jugendkultur müsse eine Angelegenheit von Gymnasiasten und Studenten selbst sein; heute würde man von „Selbstorganisation" sprechen. *Herrmann* (232): „Bernfelds Konzept ist das der Organisation von Schüler- und Studentengruppen, von Kommittees und Vereinen, von Arbeitskreisen, Sprechsälen und Jugendgemeinden; wenn man so will, das Konzept sich aufklärender Geselligkeit und öffentlichen Räsonnements, wie es für die 'bürgerliche Öffentlichkeit' im ausgehenden 18. und frühen 19. Jahrhundert charakteristisch gewesen war, nun eben auf der Ebene der Gymnasiasten und Studenten. Aber dieses Konzept bedeutete eben auch nicht mehr und weniger als eine 'Gegenöffentlichkeit' zu Elternhaus, Schule und Hochschule. Dies war sein 'geometrischer Ort' für die Jugendkulturbewegung." - Natürlich gibt es Berührungspunkte mit *Wyneken*, so in der Auffassung, daß die Jugendbewegung des Wandervogels unzureichend sei, das Konzept „Jugendkultur" mit Leben zu erfüllen. Radikaler als *Wyneken* jedoch kritisiert er vorhandene Hierarchien und Lebensordnungen, nicht zuletzt im Interesse der intellektuellen Außenseiter (Marxisten, Juden), zu denen er selbst gehörte. Die Idee der Sprechsäle war, so würde man heute formulieren, ein Konzept jugendlicher Selbstorganisation und Partizipation. Sprechsäle wurden in mehreren Universitätsstädten tatsächlich eingerichtet; *Herrmann* (237) schreibt über den Wiener Sprechsaal, der im Februar 1913 ins Leben gerufen wurde: Er „diente der freien Aussprache der Studenten und Schüler, die hier in großer Zahl zusammenkamen, durchweg aus jüdisch-bürgerlichem Wiener Milieu, unter ihnen eine bunte Vielfalt philosophischer, musischer, politischer, pädagogischer, erotischer Begabungen, Mädchen und Jungen, junge Männer und junge Frauen, die im Sprechsaal oder im Jugendheim jene 'intellektuellen Wanderungen' begannen, die sie vom deutschen Wandervogel und vom österreichisch-jüdischen Wanderbund Blau-Weiß unterschieden. Die Aussprachen wurden vorbereitet durch Vorträge, z.B. über Jugendkultur, Energie und Ethik (ein Thema, das auf *Wilhelm Reich* verweist), moderne Lyrik, die Esperantobewegung, reproduktive Kunst, den Wandervogel, die Friedensbewegung, die Erziehung im Hause - moderne Moral (Sexualdebatte, freie Liebe, Prostitution), die Suffragettenbewegung, Schülerausschüsse, die Ziele des Sprechsaals, *Wynekens'* Schule und Jugendkultur', Jugend und ethische Erziehung, Schopenhauer." In der Ferienadressenliste der Sprechsaalmitglieder vom Sommer 1914 finden sich Namen wie *Norbert Elias*, *Otto Fenichel*, *Hans Lederer*, *Paul Friedländer*, *Paul Lazarsfeld*. Die Sprechsäle waren natürlich keine Alternative zur Schule und wohl auch kaum so gedacht - es handelte sich vielmehr um ergänzende Freiräume, von denen aus dann freilich auch Impulse ausgehen sollten.

Sprechen wir heute von „Jugendkultur", so muß der mit historischer Tradition bereits gesättigte Begriff sicherlich neu gefüllt werden - ohne daß man seine historischen Bedeutungs-Vorläufer ignorieren sollte. Ein (hier sehr kurz gefaßter) historischer Rückblick kann auch zur Schärfung gegenwartsbezogener Begrifflichkeit beitragen - im vergleichenden Blick auf Gemeinsamkeiten, aber auch Unterschiede zur Begriffsgeschichte im deutschsprachigen Raum. Folgende Konsequenzen für den Nutzungs-Kontext von „Jugendkultur" sind m.E. zu ziehen:

1. Der Begriff „Jugendkultur" besitzt bereits eine pädagogische Tradition *(Wyneken, Bernfeld)*.

2. Das Bildungssystem (Schule, Ausbildung, Universität) als Vermittler kulturellen Wissens bleibt ein Bezugspunkt - in Anlehnung oder Abgrenzung. Dabei sind die heutigen Jugendkulturen im Gegensatz zu klassischen Jugendkultur-Konzepten und Praktiken entschieden schulferner, und es gibt, aufs Ganze gesehen, wohl kaum Möglichkeiten, sie als Bewegungen auch in ein reformiertes Schulsystem hereinzuholen.

3. Vielmehr sind die heutigen Jugendkulturen freizeitbezogen, stellen dar Absetzbewegungen auf der *kulturellen* Ebene.

4. „Kultur" ist im Kontext heutiger Jugendkulturen die Spur einer neuen 'Überlieferung', die in der Geschichte jugendkultureller Neu-Orientierungen (siehe Veränderungen in der Rock- und Popszene, in unterschiedlichen Gruppierungen etc.) so-

wie in neuen Auffassungen von Stil (Kleidung, Körpersprache, auch Konzepten von Individualität, wie sich noch zeigen wird) zu finden sind. „Kultur“ hat neue Dimensionen gewonnen, die freilich (bisher) nicht im überlieferten Begriff aufgehen.

5. Von *Wynekens* Auffassung, Kultur sei „geistige Welt“, ist (im heutigen Sinne) hinüberzuretten, daß es sich auch heute um Fragen handelt, die *Wyneken* im Sinn hatte: um die Art und Weise, wie man vor sich und anderen ‘dasteht’, seine Individualität ausdrückt - nicht nur über Arbeit, sondern über Versuche der Ich-Konstitution mit anderen.

6. Weiterhin zeigt die Analyse von *Wynekens* Jugendbegriff, daß es sich (übrigens nicht nur bei ihm!) um einen *Mythos* handelt, um eine Projektion. Auch das heutige Reden über Jugendkulturen kommt ohne solche projektiven Elemente nicht aus, sprich: indem wir etwas, das ‘ist’, thematisieren’ projizieren wir unsere Deutungsmuster, Erwartungen und Vorstellungen hinein.

7. *Bernfelds* Konzept der Sprechsäle ist bemerkenswert, weil hier eine Gegen-Öffentlichkeit versucht wurde, wie sie auch die Beatnik-Szene, die Schüler- und Studentenrevolte der 68er Jahre und manche alternative Bewegungen versuchten. Die heutigen Medien dafür sind Alternativ-Zeitungen, Fanzines der Rock- und Popszene etc.

8. Den jungen *Wyneken* und den Studenten *Bernfeld* würde man heute vielleicht ‘postadoleszent’ nennen. *Jugend*kulturen umfassen nicht nur eine (im Vergleich zur Zeit *Wynekens* und *Bernfelds* erheblich erweiterte) Zeitspanne, sie insistieren auf Autonomie und wählen in diesem Bestreben gerade nicht die Bezugspunkte Familie oder Schule.

9. Gemeinsam ist *Wynekens* und *Bernfelds* Konzepten und der heutigen jugendkulturellen Praxis, daß sie - wie auch immer - emanzipative Momente enthalten: es sind heute diejenigen, die nicht in der gesellschaftlichen Akzeptanz und in den akzeptierten und etablierten kulturellen Überlieferungen aufgehen.

10. Während *Wyneken* (bürgerliche Jugendbewegung, pädagogische Reformideen, Freie Schulgemeinde), und Bernfeld (Sprechsäle, sozialistische Pädagogik) eine *bestimmte* Jugendkultur im Auge hatten, haben wir es heute mit einer *Pluralisierung* der Selbst-Konzepte und der Praktiken zu tun: darum der Plural „Jugendkulturen".

11. Ein starkes Trägerelement heutiger Jugendkulturen gab es zur Zeit *Wynekens* und *Bernfelds* in dieser Weise nicht: die ebenfalls vielfach in sich differenzierten Medien/Massenmedien (vom Rundfunk über das Fernsehen bis zum Kassettenrekorder und Videogerät, zum Computer und Internet). Sie tragen nicht nur zur Internationalisierung der Jugendkulturen bei, sondern ermöglichen (zumindest teilweise) auch allererst ihre Konstitution - abgesehen von anderen zeitgeschichtlichen Bezügen, gesellschaftlichen Veränderungen, neuen Krisen.

12. Die neuen Krisen der Jugendkulturen zeigen sich in Kontinuitätsbrüchen, wie sie vor allem in neuen Filmen und durch Videoclips repräsentiert werden, also in den Medien: tendenziell verliert „Jugendkultur" ihr im Bestimmungswort liegendes Ansinnen, an eine bestimmte Lebensphase (Jugend) gebunden zu sein, wird vielmehr Ausdruck eines Lebensgefühls von Schnelligkeit, Plötzlichkeit und Intensität, das prinzipiell allen Altersgruppen zugänglich ist und sich in der Überbeanspruchung abnutzt. Dies ist eine *postmoderne* Signatur von „Jugendkulturen" insofern, als sie von Bernfeld, Wyneken, W. Benjamin u.a., obwohl Zeitbewohner des 20. Jahrhunderts, nicht vorausgesehen werden konnten.

In unserem Themenbereich finden sich, unabhängig von der hier vorgenommenen Entscheidung für den Begriff „Jugendkulturen" auch die anderen bereits zitierten Ausdrücke (Subkultur, Teilkultur, Gegenkultur etc.). Sie werden, sofern auf diese Literatur referiert wird (wie im nächsten Unterabschnitt) dann auch entsprechend dem Verwendungskontext benutzt, in dem ein Autor oder eine Autorengruppe sie belassen hat.

Theoretische Elemente der Jugendkultur- (Subkultur-) Diskussion

Es kann hier nicht darum gehen, die breitgefächerte und wegen des offenen Definitionsspielraums auch unterschiedliche Gegenstände behandelnde Subkultur-Diskussion auszubreiten. Sieht man auf diejenigen Darstellungen, die sich mehr oder weniger auch dem in diesem Buch behandelten Objektbereich zuwenden, so ist zunächst eine Gemeinsamkeit festzustellen: unabhängig, welche gesellschaftliche Funktion man den Jugendkulturen zuweist, sieht die entsprechende Diskussion nie davon ab, Jugendkulturen aus dem gesellschaftlichen Gesamtzusammenhang zu erklären. Die Eigenständigkeit von Jugendkulturen ist nur intern; sie sind aber einzig aus externen Bezügen, ihrer Einlagerung in die gesamtgesellschaftlichen Bewegungen, erklärbar. Die Erklärungen selbst freilich sind durchaus unterschiedlich. Jugend oder (wie es meist heißt) Subkultur werden angesehen

- als besondere Form von abweichendem Verhalten
- als Widerstandsbewegung, Absetzbewegung, jugendliche Selbstausbürgerung
- als Katalysator gesamtgesellschaftlicher Probleme
- als problemlösendes Angebot an Stellen, da die gesellschaftlichen Vorkehrungen und Einrichtungen (Schulsystem, Familie etc.) nicht mehr einen hinreichenden Orientierungs- und Sozialisationsbeitrag in der modernen Welt zu leisten vermögen
- als „Speerspitze des sozialen Wandels“ (Clarke 22), also als gesellschaftsverändernde Potenz (vgl. die Übersichten bei Jarman/Semmelroth.)

Die differenzierteste Darstellung und Deutung haben die Wissenschaftler des *Centre for Contemporary Cultural Studies* in Birmingham vorgelegt, bezogen freilich primär auf die proletarischen Jugendkulturen. In einer marxistisch orientierten Grundposition untersuchen sie die Beziehungen zwischen Produktionsweisen, Lebensweisen und kulturellen Hervorbringungen. Dabei gehen sie davon aus, daß Kultur immer die einer bestimmten sozialen Gruppierung oder Klasse sei, und entsprechend sind Jugendkulturen Untereinheiten einer Klassenkultur. Entscheidend ist das Verhältnis von dominanter Kultur (Kultur der Herrschenden, die die offiziellen Medien besetzen) und spezifischer Klassenkultur. Diese wiederum differenziert sich in *parent culture*, die Kultur der Eltern, und die zugehörige Jugendkultur. Jugendliche im Arbeitermilieu machen Front gegen die parent culture ihrer Klasse, weil sie den Stigmatisierungen entgehen wollen. Neben individuellen Reaktionen sind die kollektiven Reaktionen beachtenswert. Die untersuchten englischen Jugendlichen differenzieren dabei nicht nur ihre Herkunftskultur, sondern in erster Linie reagieren sie als Angehörige einer Klasse ohne viel Zukunftsaussichten auf eine Umgebung, die ihnen kulturfremde Verhaltensweisen aufzwingt (z.B. das Schulsystem, das mittelständisch orientiert ist). Dabei gelingt es den Jugendlichen nicht, ihre Klassenabhängigkeit zu überwinden oder ihre Situation grundsätzlich zu ändern - schon deshalb nicht, weil sie auf das Arbeits- und Beschäftigungssystem keinen Einfluß ausüben können und oft auch gar nicht hineingelangen, und wenn, dann an untere Positionen. So stellen die Jugendkulturen allenfalls Teillösungen dar für Widersprüche innerhalb ihrer Situation. Ihr wichtigster Beitrag ist dabei die Erhöhung des persönlichen Selbstwerts und die Schaffung eines kollektiv orientierten Identitätsgefühls. Da die meisten Spiel-Räume Arbeiterjugendliche eher behindern, sind ihre Hauptaktionsfelder die Straßen, die Straßenekken, die öffentlichen Plätze, die Kneipen etc. Die Art und Weise, wie man Mädchen anredet; wie man Aggressivität ausagiert; wie man Zusammengehörigkeit signalisiert und beweist - dies alles sind stilistische Mittel für die genannten Teillösungen dieser Jugendprobleme. Die beobachteten und interviewten Jugendlichen selbst haben über ihr Verhalten natürlich nicht eine solche 'Theorie'; ihr Ausgangspunkt ist z.B. das Stichwort Langeweile; aus einem Interview von Burschen mit *Paul Willis*, einem der Wissenschaftler aus Birmingham:

P. W: Was ist das Gegenteil von Langeweile?

Joey: Aufregung

P W: Aber was ist Aufregung?

Joey: Gesetze mißachten, Gesetze übertreten, Trinken zum Beispiel.

Spike: Klauen

Spansky: Durch die Straßen rennen.

Joey: Kaputtmachen (...) Das ist das Gegenteil von Langeweile - Aufregung, das Gesetz mißachten, wenn du draußen im *Plough* (ein Pub) bist und an der Theke stehst, an der Theke redest, Drinks bestellst und so, und weißt, daß du erst vierzehn oder fünfzehn bist und eigentlich achtzehn sein solltest." (Willis 59)

Die informelle Gruppe trifft sich zum Rumhängen, Blödeln und Quatschen, sie will was zu lachen haben, übt Aggressions-Spiele ein - alles aus Spaß. Übrigens ist die Schule dabei nicht ausgeschlossen (Willis): Der „Spaß am Widerstand" besteht gerade darin, die Autoritätsregeln und Ordnungsrituale der Schule zu unterlaufen - ohne natürlich letztlich etwas auszurichten. Immerhin: die Situation wird erträglich gemacht, und ein *Lad* mit einem gestärkten Selbstbewußtsein und dem Gefühl, gute Kameraden zu haben, ist vielleicht auch später fähig, *Interessen* solidarisch zu formulieren. Die Lads sind dabei in keiner Weise 'fortschrittlich' zu nennen: sie sind Sexisten (Mädchen sind vor allem Sexualobjekte und häusliche Trösterinnen), und sie sind auch Rassisten (Angriffe auf Pakistani und Menschen anderer Hautfarbe, vgl. die Skins). Die kulturellen Praktiken machen also das Leben nur erträglich, ermutigen vielleicht auch, drücken symbolisch Protest und Widerstand aus - damit aber sind die Grenzen erreicht. Einer der Ratschläge, die Paul Willis am Ende seines Buches (266) Pädagogen gibt, lautet darum: „Erkenne die strukturellen Grenzen der Aktivität auf kultureller Ebene und organisiere dich politisch, um für die wie unter den dir Anvertrauten zu handeln, wenn eine strukturelle Veränderung geschehen soll."

Warum aber ordnen sich Arbeiterjungs einer gesellschaftlichen Ordnung ein, die ihnen Jobs vorenthält, obwohl ihre Klasse doch bestimmt ist zur Revolution und damit zur Destruktion kapitalistischer Herrschaftsverhältnisse? Die Antwort von Willis lautet: Es handelt sich um ein nicht richtig justiertes Zeitverhältnis, das es der Mehrzahl von Arbeiterjugendlichen nicht möglich macht, ihre Interessen und die Interessen anderer zu vertreten. Das primäre Problem der jungen Arbeiterburschen besteht zunächst darin, gegen das formelle System der Schule mit ihren Mittelklassewerten ihre eigene Arbeiter-Identität zu behaupten und auf diese Weise Selbstbewußtsein gegenüber faden Mittelklasselehrern mit Schlips und dunklen Anzügen. Der 'Spaß am Widerstand' besteht darin, daß die 'Lads' die Regeln und Riten des formellen Schulsystems unterlaufen. Da es ohnehin nicht möglich ist, über kulturell gezeigten Widerstand hinaus in der beruflichen Hierarchie Arbeitskraft angemessen zu verkaufen, bemühen sich die 'Lads' auch nicht sonderlich darum, durch zusätzliche Qualifikationen einen ohnehin nur einzelnen möglichen Aufstieg zu erlangen, der sie persönlich dann eher privatisiert, isoliert und im ganzen eine kulturelle Leere aufzwingt, weil die subkulturellen Verhaltensmuster endgültig suspendiert werden müssen. Wer aber will sich schon von sich selbst trennen und von den kurzen Momenten des Glücks, die er erlebt hat und die er Zeit seines Lebens erinnert? Die Tragik der auf diese Weise nicht zustande kommenden Revolution besteht darin, daß die Arbeiterjugendlichen sozusagen den ungünstigsten Zeitraum wählen, um ihre gegenkulturellen Praktiken auszuleben: das Jugendalter, in dem über Ausbildung, Qualifikation und Beruf entschieden wird. Eine gewisse Zeit ihres Lebens, so Willis, „glauben die 'Lads' in einem Turm zu hausen, in den Kummer nicht eindringen kann. Diese Zeit des unzerstörbaren Vertrauens entspricht gerade der Zeit, wo alle wichtigen Entscheidungen ihres Lebens zu ihrem Nachteil gefallen sind - und dies ist einer der Hauptwidersprüche der Arbeiterkultur und ihrer sozialen Reproduktion; ein Widerspruch, an dem auch die staatliche Schule und ihre Prozesse tief Anteil haben." (S. 167) Später tut es dann vielen Burschen leid, auf Muskeln und Männlichkeit vertraut zu haben und nun zu spät Qualifikationen nachholen zu müssen, die es erlauben, der Familie einen erträglichen Lebensstandard zu bieten. Pointiert ausgedrückt: Indem Arbeiterjugendliche sich als Arbeiterjugendliche kulturell konstituieren, versäumen sie den Zeitpunkt, der es ihnen ermöglichen würde, in die formellen Systeme der Mittelklasse einzudringen und entweder an ihnen zu partizipieren oder sie von innen auszuhöhlen und zu enteignen. So schaffen die 'Lads' „sich ihre eigenen gesellschaftlichen Zusammenhänge, als Produkt der Geschichte", indem sie „ihre eigenen, gemeinschaftlichen Beziehungen auch ihrer eigenen gemeinschaftlichen Kontrolle" unterwerfen. Diese Sätze aus den Grundrissen der Kritik der politischen Ökonomie von Karl Marx werden also von Willis interpretiert, und zwar mit dem Ziel zu zeigen, daß Lebensstil, kulturelle Praktiken und Standards nicht der durch die Arbeitsverhältnisse bestimmte 'Überbau' sind, sondern selbst eine Produktionsebene von Lebensformen darstellen, deren Ironie darin liegt, daß sie die Methoden, sich selbst zu reproduzieren und zu erhalten, bezahlen mit dem Verzicht, die hegemoniale Kultur, die formellen Verhältnisse in Schule und Betrieb, zu durchdringen oder auch nur zu beeinflussen. - Das ist, wenn ich recht sehe, ein genuin *kulturtheoretischer* Ansatz, wie er hierzulande viel später und in anderen Varianten in den Shell-Jugendstudien, von Thomas Ziehe, Jürgen Zinnecker und auch von dem Verfasser dieses Buches im Raum der Jugendforschung entwickelt wurde. Die Stärke des Ansatzes besteht ohne Zweifel darin, daß Arbeit und Kultur, Produktion und Reproduktion nicht als voneinander getrennt gesehen werden, sondern als ein komplexes Bedingungsverhältnis mit der speziellen tragikomischen Note, daß gesellschaftlicher Wandel zwar denkbar ist, gesellschaftliche Revolutionen aber von der Klasse versäumt werden, die für sie zuständig wäre.

Bemerkenswert ist auch an den Arbeiten des CCCS, daß hier Action-Kulturen der Arbeiterklasse anschaulich und gründlich geschildert werden. Genau darin bestand aber auch eine Grenze in der Rezeption: Arbeitersubkulturen ließen sich in der Sozialstruktur der Bundesrepublik nicht auffinden, so wurde argumentiert, und insofern stellen die CCCS-Studien interessante Dokumente dar über englische Entwicklungen, die aber für die Bundesrepublik in dieser Weise nicht gelten können.

Eine Veröffentlichung von Willis 1990 (deutsch 1991), mit dem Untertitel „Zur Ästhetik der gemeinsamen Kultur" hat diesen Einwand einer anglozentrischen Reduktion nun aufgehoben. Das Marx-Zitat als Motto wird ersetzt durch Auszüge „aus der neueren Statistik". Die vorgelegten Daten gelten cum grano salis für alle Industrie- und Kulturnationen zumindest westlicher Prägung: 5 % der Bevölkerung Großbritanniens gehen ins Theater, in die Oper oder ins Ballett, teilt Willis mit, immerhin 38% der 11-25jährigen besuchen Diskotheken, 26% Nachtclubs, 40% der 16-24jährigen gehen mindestens einmal alle drei Monate ins Kino; dafür gehen (Studenten abgerechnet) nur 2% aller Jugendlichen ins Theater (arbeitslose Jugendliche: 0%), und 98% der Bevölkerung sehen im Durchschnitt mehr als 25 Wochenstunden fern. Das sind knallige Daten, die das Thema des Buches illustrieren: die Elite- oder Hoch-Kultur hat mit den Menschen moderner Gesellschaften nichts zu tun; es ist vielmehr die Massen- und sogenannte Trivialkultur, der sie anhängen. Dies bedeutet aber nun nicht vollständige Unterwerfung. Willis bleibt seiner Leitthese vielmehr treu: gerade Jugendliche entwickeln einen spezifischen 'Eigensinn', der es ihnen erlaubt, die Ausdrucksmittel der Trivialkultur sich originell und ausdrucksstark anzueignen, zum Teil weiterzuentwickeln und auf diese Weise „Möglichkeiten von oppositionell unabhängigen und alternativen Symbolisierungen des Selbst" zu erzeugen. Die Kulturindustrie führt nicht zur einfachen Unterwerfung ihrer 'Rezipienten', sondern - nun kommt eine neue Ironie auf - sie macht durch ihre Allgegenwärtigkeit die Chance für Jugendliche greifbar, die Alltagskultur, die 'common culture', aktiv mitzugestalten bzw. als Ausdrucksmittel zu benutzen. Die Massenkultur der Herrschenden zerbröselt diesen quasi unter den Händen: „der 'Machtblock' ist kaum zur Übereinstimmung mit sich selbst fähig - die Spaltungen zwischen aristokratischen Tories, unternehmerfreundlichen Thatcheristen und sozialdemokratischen Kinnockisten demonstrieren es tagtäglich -, geschweige denn dazu, seine Bedeutungen durch einen kommerziellen Kultursektor aufzuprägen, der selbst vor Anarchie brodelt. Dem kommerziellen Sektor fällt es schwerer denn je, Vorschriften über Geschmack und Mode zu erlassen, geschweige denn, in ihnen herrschende Bedeutungen zu codieren (...) Es ist eben diese Ungewißheit, die zu postfordistischer Serienproduktion und zu kürzeren Produktentwicklungszyklen treibt, und nicht etwa eine beistimmte Produzentenlogik um ihrer selbst willen." Die Ausführungen beziehen sich zwar auf die historische Spezifik Großbritanniens, sind aber ebenfalls zu verallgemeinern. Das kulturelle Chaos ist heute perfekt, die Zugänglichkeit zu allen kulturellen Ausdrucksmustern freigestellt. Dies hat Folgen, denn das Interesse gilt nun nicht mehr ausschließlich 'Arbeiterjugendlichen' und dabei vor allem den Jungen, sondern auch Mädchen und 'Jugendlichen' insgesamt. Es geht, jedenfalls auf den ersten Blick, auch nicht mehr um die Arbeiterklasse, sondern um alle Menschen in verschiedenen sozialen Situationen, die sich nicht nur im Beruf finden, sondern „symbolische Kreativität" als Teil ihres Alltagshandelns einsetzen.

„Notwendige Arbeit" ist nach Willis alle Arbeit, „die zur Sicherung der alltäglichen Produktion und Reproduktion menschlicher Existenz wesentlich ist und nicht bloß hinzukommt". Sprache,

Körper, das Drama der Interaktion und die Kreativität selbst sind Medien, die der geläufigen Einteilung nach im 'Kultursektor' anzusiedeln sind, aber eben eine Zeichenwelt zu konstruieren erlauben, mit deren Hilfe Überleben und Existenzdeutung heute möglich sind. - Das sind neue Töne. Der Arbeitsbegriff ist entspezifiziert und auf den Kulturbereich übertragen. Die Entgegensetzung von zwei Klassen findet sich ebensowenig wie eine Analyse, warum gesellschaftliche Revolution wohl (immer noch) verpaßt wird. Entsprechend bezieht Willis nun nicht nur das Leben der Jugendlichen in Schule und Straße ein, sondern vor allem auch ihr Fernsehverhalten. Mit-Autor P. Collet etwa beobachtete Jugendliche, die zwar den Fernsehapparat laufen lassen, aber vieles unternehmen, während der Apparat läuft, also die eigene kulturelle Aktivität parallelisieren zur kulturellen Berieselung durch den Fernsehapparat. Auf diese Weise wird umfassend „kulturelles Kapital" (nach Bourdieu) erwirtschaftet. Freilich, der 'Spaß am Widerstand' in der Schule und auf der Straße ist nun weitgehend verschüttet, weil die traditionelle Volks- und Arbeiterkultur durch die Warenkultur überdeckt wird oder sich mit ihr verbindet, und so kommt der Kommerz auf die Straßen „und auf die gemeinsame Kultur zurück, um dort seine nächsten Waren zu finden" (S. 35). Konventionen, Stereotype, Genres; Moden und Antimoden, dieses kulturelle Material wird nun eingeschmolzen in elementare Ästhetiken (grounded aesthetics), die dazu dienen, Alltagslangeweile durch Steigerung zu konterkarieren, Alltagsmodelle zu transformieren, kurz: den Alltag zum Zentrum kultureller Praktiken zu machen, in denen immer neue symbolische Bedeutungen durch symbolische Arbeit produziert werden. Auf diese Weise wird die Welt nicht verändert, aber aushaltbar, und Ausdrucks- wie Herrschaftsmuster werden immer wieder gleichsam pointillistisch aufgelöst.

Damit hat Willis seine spezifische Kulturtheorie zu einer allgemeinen weiterentwickelt. Freilich, es gibt Resistenzen. So bewertet Willis die sogenannte Postmoderne sehr kritisch. Nach ihm behauptet diese 'neue Welle' der Kulturdebatte, alles sei Oberfläche, stehe vor dem Kollaps, denn „die unablässige Suche des Marktes nach neuen Begierden" steigere massenhaft die „populäre Zirkulation von symbolischen Wünschen", deren Umlauf mit Entwertung und Inflation einhergehe (S. 45). Das ist freilich nur die eine Seite von „Postmoderne". Die Diskussion auch in der Bundesrepublik hat - da steht Willis keineswegs originell und allein da - längst darauf hingewiesen, auch im Bereich der Pädagogik, daß etwa Fernseh-Unterhaltung und Alltag kategorial nicht mehr zu trennen seien, sondern das Medium gegenwärtiger Existenz darstellten. Dann gewinnt die Frage erhebliche Bedeutung, ob diese Form gegenwärtiger Existenz, wie sie in den Jugendkulturen besonders intensiv ausgelebt wird, vor allem und ausschließlich destruktiv sei. Hinzu kommt für Willis das Problem mit dem, was er „Offizialkultur" nennt (also Museen, Oper, Theater etc.). Alle diese Einrichtungen gliedert Willis in den „Kulturbetrieb" ein, der elitär ist, ausgrenzt und nichts mit dem Alltag von Jugendlichen zu tun hat. Die „Offizialkultur" ist Willis gleichbedeutend mit „Dingästhetik" (S. 43). Jetzt verstehen wir auch den Sinn der dem Text vorangestellten Statistik-Tabelle: kaum ein Jugendlicher geht ins Theater, fast alle aber hören Radio und sehen fern. Auf diese Weise soll es den formellen Kultur-Institutionen ebenso an den Kragen gehen, wie allen, die in ihnen und für sie arbeiten. Willis geht davon aus, daß es immer noch eine 'Elitekultur' gibt, die von einer 'Trivialkultur' der Medien ebenso deutlich zu unterscheiden sei wie letztere wiederum von einer (leider verlorengehenden) 'Volkskultur'.

Sehen wir auf die Geschichte der kulturellen Bewegungen seit den 60er Jahren, in die die Jugendkulturen eingelagert sind, ließe sich ein anderes Bild zeichnen. Blicken wir zurück auf das Jahr 1970, als die Welle der neuen Jugendbewegungen, von den Hippies bis zur Neuen Linken, einen ersten Höhepunkt hatte. Damals schrieb Charles Reich den Bestseller „The Greening of America" (deutsche Ausgabe 1971). Darin heißt es beispielsweise voller Zukunftshoffnung auf die Chance der Jugend, Gesellschaft zu verändern: „Probleme gibt es überall; die Frage lautet, wie über sie in sinnvoller Weise diskutiert werden soll; es genügt nicht zu zeigen, wie schlecht verpestete Luft für die Lungen ist oder wie sehr der Wehrdienst die individuelle Freiheit des Menschen einschränkt. Wir alle wissen um die Übelstände, aber dieses Wissen führt zu nichts. Um über eine Frage so zu sprechen, daß sie das Bewußtsein anspricht, bedarf es zweierlei; erstens muß die Frage in allgemeiner Form besprochen werden, und zweitens muß sie im Zusammenhang mit dem *Corporations-Staat* erklärt werden. Angenommen wir sprechen mit einem Arbeiter über die übermäßige und dumme Überwachung seiner Arbeit oder mit einer

Hausfrau über die neugierigen Fragen auf der neuen Volkszählungsliste oder mit einem jungen Arzt über die starren Normen, denen er sich in seiner Beziehung zu den Kollegen und zum Spital zu beugen hat, oder mit einem Bezieher einer Arbeitslosenunterstützung über die ständige Kontrolle durch die Behörden. Der Grundwert, den es in allen diesen Beispielen herauszuarbeiten gilt, ist Selbstbestimmung, Unnachgiebigkeit oder ein ungestörtes Privatleben. Man kann beweisen, daß der Staat diese Werte auf unzählige Arten zerstört und das als eine Einmischung von vielen Menschen in den verschiedensten Arten von Berufen und Tätigkeiten empfunden wird. Dann kann gezeigt werden, daß der Hauptgrund dafür die Tatsache ist, daß die Einwohner des Corporations-Staates dazu gebracht worden sind, relativ wenig Wert auf die Selbstbestimmung zu legen, und zwar im Vergleich zu Werten wie der technischen Vervollkommnung und der Fähigkeit, leitende Stellungen auszufüllen. Wenn das einmal verstanden worden ist, ist der Weg für eine Änderung der Ansichten in einer bestimmten Frage offen, so daß die Leute sagen können: 'das Abhören von Telefonleitungen ist ein Hilfsmittel, Verbrecher zu fangen, aber Selbstbestimmung und Privatleben sind Werte, die wir genauso beachten sollten, wie den Schutz der Gesellschaft vor Kriminellen'. Das stellt eine teilweise Änderung des Bewußtseins dar und bedeutet gleichzeitig, daß in die Maschinerie des Staates neue Prinzipien und eine gewisse Kontrolle eingeführt worden sind.“ - Hinter solchen Vorschlägen und Überlegungen steht der zuversichtliche Glaube, daß die neuen Jugendkulturen neue Lebensformen einführen können, die über Stil, Kommunikation und lebensweltliche Authentizität die Gesellschaft „verändern“ könnten. - Mehr als 20 Jahre später müssen wir nun feststellen: das Grünen hat nicht so stattgefunden, wenn zwar es grüne Areale gibt. Dort wohnen die Widerständler in den Jugendkulturen, auch noch in den 90er Jahren: Hausinstandbesetzer, Friedens-marschierer, Atomkraftgegner und viele andere Außenseiter, die es immer wieder geben wird. Aber auch sie sind ein Produkt der Mainstream-Kultur: indem diese Normalität und Mitte signalisiert, stülpt sie zugleich die Ränder aus sich heraus, stellt so eine fast ästhetisch zu genießende Harmonie her zwischen allgemeiner Anpassung und geduldetem Außenseitertum, das sich über die Partei der Grünen inzwischen wieder integriert hat. Ähnlich ist es auch mit der Trivial- und Kitschkultur: Sie ist ein Resultat dessen, daß eine Elitekultur für wenige vorbehalten schien, so daß das, was wir früher einmal „Volkskultur“ genannt haben, abgekoppelt werden mußte. Es geriet in den Schmelztiegel der massenmedialen Allesverbreitung, wurde darin ausgekocht und neu abgeschmeckt, so daß die allseits bekannten Soap Operas als Signum heutiger Volkskultur herhalten können. Aber nicht genug damit. Die Szenen haben sich differenziert, und gerade im kulturellen Bereich werden heute ganz scharfe Grenzlinien gezogen: der New Waver verachtet den Müsli, der Heavy-Metal-Rocker findet die neuen Mode-Manieristen lächerlich, und der engagierte Friedensmarschierer legt seinen engagierten Protestsong auf den Plattenteller, aber nie würde er eine Disco betreten oder zuhause im Discosound wohlig untergehen wollen. Vor den ehernen Pforten der Kulturgeschichte, des kulturellen Kanons und der Klassik differenzieren sich die Szenen aus, grenzen sich ab: zwischen Masse und Vulgarität, mit Ingredienzen der Elite, mit dem Anspruch auf Alternativ-Sein. Kulturelle Selbstgenügsamkeit gibt es hinreichend - Quell und Ursache für Fremdenhaß und Fremdenangst. Auch Willis hatte ja eine Arbeitersubkultur von Jugendlichen beschrieben und die problematischen Züge vielleicht nicht deutlich genug hervorgehoben: den Konservativismus, die Verachtung der Frauen, die Fremdenfeindlichkeit, etc. Die amerikanische Diskussion, für die Reich paradigmatisch steht, war hier immer genereller und insofern ungenauer: die Hippie-Bewegung beispielsweise bestand vor allem auch aus Jugendlichen der sozialen Mittelklasse, sie galt als Schmelztiegel unterschiedlicher Milieus und führte so zu einer umfassenderen Gesellschaftsdeutung, die nicht nur den Partialbereich eines einzigen gesellschaftlichen Milieus erfaßt, wie dies in den CCCS-Studien der Fall war. In diesen unterschiedlichen amerikanischen und englischen Auffassungen, die sich auf unterschiedliche Materialien und Erfahrungen berufen, wird freilich eins deutlich: die *Ambivalenz heutiger Kultur*. Sie kann beschrieben werden als warenästhetische Totalität; es sind aber auch Differenzierungen und Abgrenzungen herauszufinden, ein Arsenal von Hoffnungen, sehr unterschiedliche Lebensstile, nicht untergegangene Erwartungen. Diese ambivalente Widersprüchlichkeit ist leicht zu erklären: Die relativ geschlossenen Kulturen, zu denen als letzte Phase die bürgerliche Kultur in Europa gehörte, hatten für alle verbindlich gemachte Wertorientierungen und Bewertungskriterien. Hierarchien und Standards waren wohlgeordnet, und insofern bewegte man/frau sich in einer sinnvollen Welt. Die verzweifelte Suche nach reinen Arbeiterjugendkulturen, die Klage des Bürgers über verlorengehende Hochkultur, die Nichtanerkennung des Rock-Sängers als Stifter kultureller Beiträge, der Argumentationsfreak und der, der im Knirschen der Muskeln und Gelenke beim Bodybuilding genügend Argumente in sich spürt - dies alles zeigt, daß heute *keine* Verbindlichkeitsansprüche mehr gestellt werden können, die unbestritten und ohne weiteres mehrheitlich geteilt werden. Der Kunsthistoriker Hans Sedlmayer hat schon in den Hoffnungstagen der damaligen Bundesrepublik den „Verlust der Mitte“ beklagt. Diese Klage wurde als konservativ interpretiert, und sie war es. Denn durch den Verlust der Mitte haben wir auch etwas gewonnen. Die Elite kann nicht mehr beanspruchen, unangefochten zu stehen; die *prinzipielle* Gleichordnung unterschiedlicher Verhaltensstandards und Lebensstile ist durchaus auch ein Prozeß der partizipationsorientierten Demokratisierung. Also: kulturelle Identität ist nicht mehr den traditionell ‘Gebildeten’ vorbehalten, sondern es gibt heute viele Orte, an denen sie sich, je ganz unterschiedlich, ausbildet. Schon Wittgenstein hat gesagt: „Um zur Klarheit über ästhetische Ausdrücke zu kommen, muß man Lebensformen beschreiben“. Dies ist heute notwendiger denn je: Der Verlust der Mitte hat die kulturellen Machtzentren zersplittert. Wir hatten dies auch in diesem Buch schon beschrieben, etwa am Beispiel der Videoclips, die auf inzwischen eigene kulturelle Traditionen des Films (Horror, Action), des Rock und Pop zurückgreifen und damit strukturell ebenso ‘anspruchsvoll’ sind wie etwa eine Bach-Motette. Eine solche Interpretation hat dann auch *praktische* Auswirkungen: Soziokultur, freie Theater- und Rockgruppen erhalten, wenn zwar noch unzureichend, inzwischen ebenfalls öffentliche Subventionen; bürgerliche Vereinstraditionen, Zirkusse und Klein-Varietes werden als volkskulturelle Relikte gefördert und geschützt; feministische Kunst erhebt längst ihre Ansprüche an gleichberechtigte Rezeption über Ausdrucksformen; der Comic ist wie der Videoclip nicht mehr als minderwertig verschrien, sondern kann zum neuen Träger von Satire, Gesellschaftskritik und innovativen Zeichenkombinationen führen.

G. H. Lewis hat in seiner Soziologie der Populärkultur (1978) den Zusammenhang von sozialer Struktur und Kulturmustern in fünf Stufen dargestellt (siehe Abbildung 2).

Stufe I ist die Volkskultur der alten Gesellschaft, die sich selbst Mitte ist (ob es sie je gegeben hat?). In Stufe II entwickeln sich, mit dem Aufkommen des Bürgertums und in vorindustrieller Zeit, die bürgerlichen Rückzugsmöglichkeiten in eine Elitekultur, die nun die Maßstäbe zu setzen beansprucht, festzulegen, was „Mitte" ist. Es gibt eine Gruppe von kulturell legitimierten und herrschenden Personen wie Institutionen, die Hierarchie-Signale geben, die aber nicht mehr aus einem einzigen Ton bestehen. Mit Stufe III verändert sich dies Muster entscheidend: Massen- und Vulgärkultur, getragen durch die Medien, drängen die maßstabsetzende Elitekultur an den Rand, die dennoch ihren Anspruch auf maßstabsetzende Gültigkeit aufrecht erhält und bis in die Massenkultur hineinträgt. Dieses Muster ist in Stufe IV gleichsam gesellschaftlich internalisiert: Die sozialen Schichten ordnen sich in die Kulturmuster ein. Ober- und Mittelschicht werden zu entscheidenden Trägern der Elitekultur, die Unterschicht geht in der Massenkultur auf, und die untere Unterschicht, das deklassierte Proletariat, ergeht sich in Geschichtslos-Vulgärem. Das inzwischen erreichte post-industrielle, auch post-modern benannte Zeitalter wird durch Stufe V wiedergegeben: zwar bleiben Bildungshintergrund und soziale Schichtung sowie Verfügen über materielle Ressourcen Hintergrund-Figurationen für Kulturentwicklungen; aber inzwischen postulieren alle unterschiedlichen Geschmackskulturen Gleichberechtigung. Die Mitte ist verschwunden, Ansprüche werden von vielen Seiten formuliert. Zwar gibt es noch die „kleinen Unterschiede", wie sie Bourdieu (1982) materialreich beschreibt als die zwischen dem Bildungsadel, jenen Leuten mit dem „reinen Blick" auf kulturelle Strukturen, und dem „populären Geschmack", der in der Operette und im gegenständlich gemalten Bild sein Behagen sucht. Der Ästhet mit dem reinen Blick erfreut sich am Foto einer Fabrik oder eines abgelaufenen Schuhs, während der Simpel aus den unteren Klassen meint: dies habe er täglich und immer, er wolle lieber eine Braut im Schleier sehen und den hellen Mond über der Fliederlaube. Auch dies gibt es heute, und also auch solche Unterschiede und Unterscheidungen. Denn Traditionen und Zuordnungen sind beharrlich. Aber es gibt auch den Punk, der mit grell gestylten

Haaren und Sicherheitsnadel im Ohr *kulturellen Protest* ausdrückt, als programmatischer Selbstdeklassierer; es gibt den zweideutigen Rap-Fanatiker zwischen Aufbegehren und fremdenhassender Konformität; es gibt den androgynen Michael Jackson, die unheilige Madonna und die ehrliche Haut Bruce Springsteen; es gibt Berührungen und Vermischungen zwischen Hoch-, Trivial- und Massenkultur, die Schichtungen werden durch flexible soziale Milieus mit starker Lebensstilorientierung und nachlassenden Abgrenzungen abgelöst. Damit gibt es die Chance, wohl zum ersten Mal in der Geschichte Europas, im Scherbenhaufen der Standards und Ansprüche zu wühlen und neue Muster zusammenzusetzen. Dies nenne ich dann das „postmoderne" Deutungsmuster. Während das der Modernität eher ausscheidet, differenziert und abgrenzt, nimmt das Deutungsmuster der Postmodernität alle Elemente zunächst als prinzipiell gleichberechtigt auf, um - vielleicht zum ersten Mal in der europäischen Geschichte - kulturelle Disparitäten aufzuweichen und die Rede von Kultur nicht auf Institutionen zu begrenzen, sondern auf Lebensformen verschiedenster Art auszuweiten. Dieses gewährende Geltenlassen, dieses Sich-Versuchen in Bricolagen gibt gerade denen eine Chance, die bisher als kulturelle Abseitler gestempelt waren, als minderwertig und dem Höheren ohnehin nicht aufgeschlossen. Daß *Kultur* heute zum *Such-Raum* geworden ist, birgt auch Chancen. Nicht zu verdecken ist freilich, daß das Wort 'Chance' inzwischen selbst ambivalent gebraucht wird: sie kann verstanden werden als Offenheit des Horizonts, der über kulturelle Praxen neue Muster in die Welt stellt, aber auch als maßstab- und geschichtslose Versammlung von zerschmetterten Kultur-Erbschaften unterschiedlicher Art, die sich als beliebiges Sammelsurium präsentieren. Dann hilft, jedenfalls den Pädagogen, nur das Vertrauen auf die Fähigkeit des Subjekts, offene Situationen immer wieder als Gestaltungsanreiz zu benutzen. Daß dies (häufig) so ist, belegen die Aktivitäten und bisherigen historischen Schicksale der Jugendkulturen, wie sie in diesem Buch beschrieben und gedeutet werden.

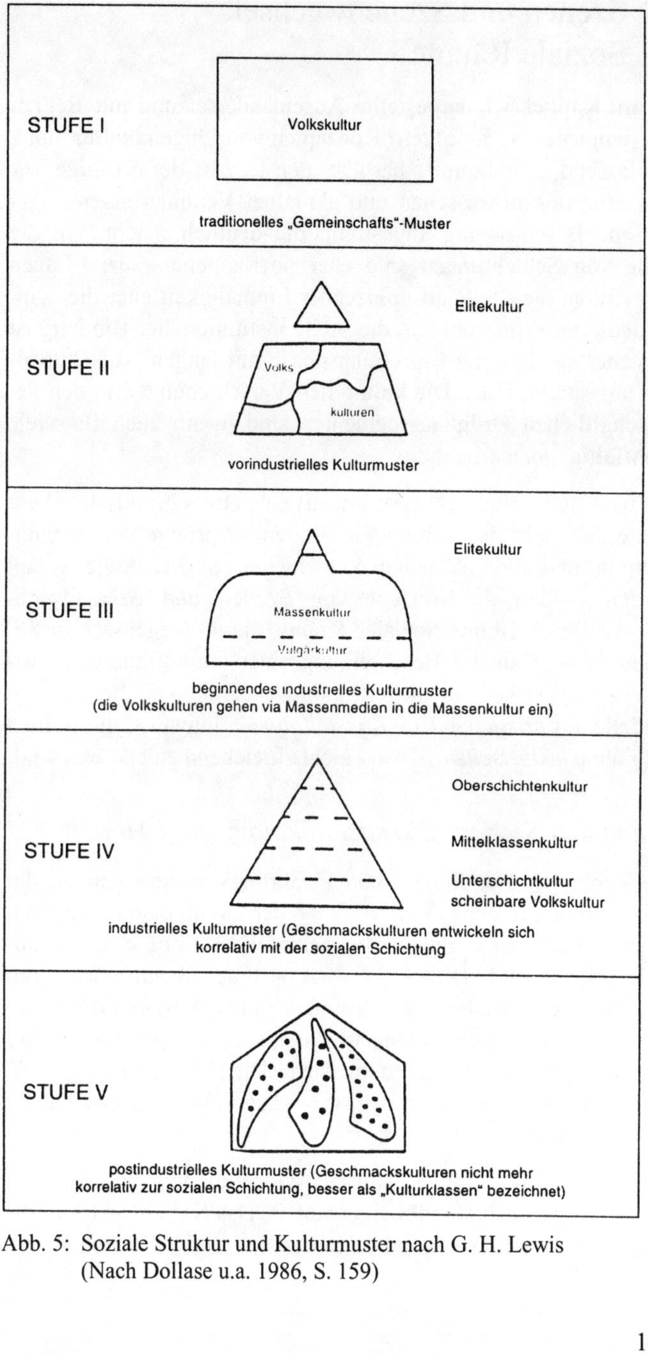

Abb. 5: Soziale Struktur und Kulturmuster nach G. H. Lewis
(Nach Dollase u.a. 1986, S. 159)

3.2 Szenen und Szenenwechsel: Soziale Räume

Die im Kapitel 3.1 dargestellte Auseinandersetzung mit Begriff und (empirisch aufgefüllten) Konzepten von „Jugendkultur" und, nachlassend, „Subkultur", hat über den Begriff der *Sozialen Milieus* eine den historischen und aktuellen Veränderungen angemessene Beschreibung angestrebt, die deutlich macht: An die Stelle von Schichtungen sind eher überlappende Sozial-Lagen getreten; an die Stelle ausgrenzender Einmaligkeit eher die sympathieoffene Erprobung; an die Stelle institutioneller Bindung ist eine eher spielerische Erprobungsphase mit langen Aufschubfristen angestrebt, kurz: Die kulturellen Verschiebungen in den gesellschaftlichen Ordnungssegmenten sind, wenn auch für viele unauffällig, doch erheblich.

Das nächste Kapitel geht insofern auf eine etwas grundsätzlichere Ebene, als nicht die sich entwickelnden Ursprünge von Jugendkulturen und ihre aktuellen Verschiebungen ins Auge gefaßt werden, sondern die Konzepte von 'Szenen' und 'Szenenwechsel', die Beschreibung Sozialer *Räume*, die im Gegensatz zu Sozialen *Milieus* an der Beschreibung einer Grundfiguration festhalten, die stärker als die eben durch Zeitlichkeit bestimmten Modelle auf *ortsgebundene Konstellationen* hinweist, die freilich auch ohne *historischen Wandel* nicht zureichend zu erklären sind.

Zonen und Szenen: Ein sozialökologisches Modell

Die konkreten Handlungs- und Erfahrungszusammenhänge der Jugendkulturen können nur erfaßt werden, wenn man die jugendlichen *Lebenswelten* genauer betrachtet. Hier gibt die Sozialökologie erschließende Hilfen. Sie fragt nach den Wechselbeziehungen zwischen sozialer Umwelt und sozialem Handeln des Menschen. Ich habe vorgeschlagen, die Sozialökologie für die Jugendforschung fruchtbar zu machen (Die 13-18jährigen, 38ff) und zwar zunächst, indem man die *beschreibende* Kapazität des Ansatzes nutzt.

Betrachtet frau die Lebenswelt eines Jugendlichen, so kann man sagen, daß sie sich allmählich erweitert. Das Kleinkind ist an die Familie gebunden; das Kind orientiert sich an der Nachbarschaft, geht in den Kindergarten und erobert so weitere Räume; der Jugendliche geht zur Schule, trifft sich mit Freunden, wird also sowohl institutionell eingegliedert, sucht aber auch außerinstitutionelle Freiräume. Auf diese Weise durchläuft er unterschiedliche *Zonen*, die schematisch als sich erweiternde konzentrische Kreise angeordnet werden können (siehe Abbildung 6).

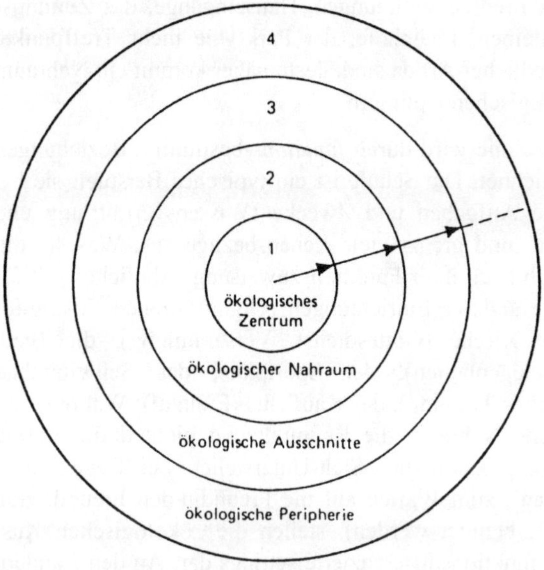

Abb. 6: Schematische Darstellung der vier ökologischen Zonen

1. Die erste Zone ist der alltägliche und unmittelbarste Umraum, in den jemand hineingeboren wird: das „ökologische Zentrum". Meist handelt es sich um den Ort der Familie, um „zu Hause". Hier sind die emotionalen Bindungen vorherrschend, und in den Prozessen primärer Sozialisation erwirbt das Kind die Fähigkeit zu laufen und sich zu bewegen (Motorik), Beziehungen zu anderen Menschen aufzunehmen (Emotionalität), zu sprechen, sich zu orientieren und die Umwelt gliedernd zu erfassen (Kognition), und es macht Erfahrungen in den Chancen, Wünsche durchzusetzen und Versagungen zu erleiden (Dimension des Willens).

2. Die zweite Zone ist die Umgebung der Zone 1, in der Regel „Nachbarschaft“ genannt. Ich nenne sie „ökologischer Nahraum“. Hier nimmt das Kind erste Außenbeziehungen auf, und es findet außerfamiliäre Spielkameraden. Für den Adoleszenten wird der Stadtteil, das Viertel, die „Wohngegend“ zu einem Revier voller Treffpunkte und Aktionsmöglichkeiten (je nach Ausstattung des Stadtteils angereichert und eingeschränkt). Fremde Wohnungen, Hauseingänge, das Zeitungskiosk, Kneipen, Innenhöfe, der Park - je mehr Treffpunkte unterschiedlicher Art da sind, desto näher kommt ein Nahraum dem ökologischen Optimum.

3. Die dritte Zone wird durch *funktions*-bestimmte Beziehungen gekennzeichnet. Die Schule ist ein typisches Beispiel: sie hat bestimmte Aufgaben und Zwecke (Wissensvermittlung und Erziehung) und grenzt viele Lebensbezüge aus. Was sie tut, richtet sich nach ihrer Funktionszuweisung. Ähnliches gilt für eine Fülle anderer Einrichtungen (Organisationen, Institutionen): die Kirche (Gottesdienst, Versammlung), die Bank (Geldangelegenheiten), der Sportplatz, das Schwimmbad (körperliches Training), das Kaufhaus (Einkauf). Während der ökologische Nahraum die Raumnutzung nicht definiert (ein Hauseingang kann zum Sich-Unterstellen bei Regen, zum ‘Quatschen’, zum Warten auf die Freundin/den Freund, zum Klingeln... benutzt werden), stellen die „ökologischen Ausschnitte“ funktionsdifferenzierte settings dar. An den Rändern dieser ökologischen Ausschnitte entwickeln übrigens die Jugendlichen ihre Peer-Beziehungen: sie schließen Freundschaft mit Klassenkameraden; Lehrlinge aus dem gleichen Betrieb treffen sich in einer Kneipe, und dies kann dann zu weiteren Gruppenaktivitäten führen.

4. Die „ökologische Peripherie“ ist der nicht systematisch, sondern nur zuweilen zur Verfügung stehende Handlungsraum (daher für das Alltagshandeln ‘peripher’, in einer Randlage): Beispiele sind die Ferien auf einem Bauernhof, ferner gelegene Freizeitangebote, die man selten besucht (z.B. die Oper im Stadtzentrum), das leere Fabriksgelände’ wo sich junge Drogenabhängige mit ihrem Dealer treffen.

Die Systematisierung in „Zonen“ erlaubt, Handlungsräume eines Jugendlichen zu beschreiben. Sie sind zunächst begrenzt, greifen immer mehr aus, ändern freilich auch ihre Qualität: die Ganzheitlichkeit des Lebens, die ein Kind noch erfährt, wird durch die Ausschnitte immer mehr in unterschiedliche Funktionen aufgesplittert. Dies ist ein zentrales Kennzeichen für das Aufwachsen in modernen Gesellschaften: daß Jugendliche zu Haus weder weitergehende, systematisierte Lernerfahrungen machen können, noch Kontakt mit der Berufssphäre bekommen, etc. Sie müssen sich in unterschiedliche „Ausschnitte" begeben und versuchen, diese auf sich selbst hin zusammenzuordnen und zu gewichten.

Urie Bronfenbrenner hat in seine sozialökologische Systematik nicht nur die hier dargestellten unmittelbaren Handlungsräume aufgenommen, in denen face-to-face-Erfahrungen dominieren (dies nennt er *Mikro-System*), sondern hinzu kommen ein *Mesosystem*, das die Wechselbeziehungen zwischen den Lebensbereichen umfaßt, an denen sich die entwickelnde Person beteiligt (hier sind das Verhältnis von Zentrum und Nahraum, Nahraum und Ausschnitten interessant), ein Exosystem, an denen ein Jugendlicher nicht selbst beteiligt ist, obwohl dort Ereignisse oder Entscheidungen stattfinden, die seinen Lebensbereich beeinflussen (z.B. die Entscheidung des Kultusministeriums - das der Jugendliche normalerweise ja nicht betritt, zumal es in einer anderen Stadt liegt als seine Schule -, Informatik als Grundbildung für alle einzuführen), und schließlich das *Makrosystem*, das umfassende Ganze mit allen Weltanschauungen und Ideologien, die das Miteinander, aber auch Gegeneinander von Zentrum, Nahraum, Ausschnitten und Peripherie beeinflussen könnten (Bronfenbrenner 38ff).

Um herauszufinden, worin das Raum-Problem der Jugendkulturen bestehen könnte, stelle ich an mein System der Zonen eine Reihe von Fragen (die sich durchaus in Bronfenbrenners ergänzende Schematik einordnen lassen). Ich frage nämlich nach

(1) dem Grad der Konnexität (Mesosystem)
(2) dem Grad der Intimität (Mesosystem)
(3) dem Grad der Institutionalisierung (Mesosystem/Exosystem)
(4) dem Grad der Kontrolle (Exosystem)
(5) dem Grad der Wertbesetzung (Makrosystem)

Zu 1: Die Frage nach der Konnexität richtet sich auf Übergänge, aber auch Brüche zwischen einzelnen Zonen. So gibt es einen relativ hohen Grad von Konnexität zwischen Familie und Schule: nicht nur, daß Termine der Einschulung, der Prüfungen und der Entscheidungen über weiterführenden Schulbesuch gegliedert sind; die Eltern werden in diese Entscheidungen auch einbezogen, sie akzeptieren (meistens) die Notwendigkeit von Schule, unterstützen schulische Maßnahmen, ergänzen die Schule beim Leistungsversagen ihres Kindes (Nachhilfe), informieren sich in Lehrersprechstunden, etc. Schwächer ist die Konnexität zwischen Schule und tertiärem Bildungsbereich (Fachhochschulen, Universität etc.) oder Ausbildung: hier können Schulen zwar vorbereiten, aber sie haben keinen unmittelbaren Einfluß auf diese Bereiche und spielen für die Entscheidungen des Jugendlichen, nachdem er die Schule durchlaufen hat, auch kaum eine Rolle (schwache Konnexität zwischen Schulen und Universität!) Eine Institutionen vorgeschriebene, also durchaus vorhandene, aber in ihren Funktionen problematische Konnexität besteht dann zwischen Berufsausbildung und Berufsschule.

Gesellschaften sind bestrebt, eine möglichst hohe Konnexität herzustellen. Jugendliche selbst erfahren ihren Lebenszusammenhang zunehmend (vgl. die Zone der „Ausschnitte“) als widersprüchlich. Moral und Wertvorstellungen der Familie entsprechen nicht denen, die sie bei ihren Peers kennenlernen (z.B. in Hinsicht auf Mode, Sexualität); schulische ‘Werte’ (Pünktlichkeit, Sparsamkeit, Ordnungssinn) werden im Freizeit- und Konsumbereich durch quasi entgegengesetzte Anforderungen konterkariert (Spaß haben, Geld ausgeben, dem Augenblick leben, Action suchen). - Die Jugendkulturen entstehen zum Teil aufgrund *gestörter* Konnexität: die Widersprüche zwischen Wertproklamation und Wertverwirklichung; die Fremdheit ihres eigenen Milieus in Ausschnitten, in die sie gezwungen werden (Schule für Arbeiterjugendliche); die Zerstörung sinnlich erfahrbaren Wohnens, Arbeitens, miteinander-Umgehens durch die moderne Trennung in Arbeitsbereiche: Trabantenstädte, dem Konsum vorbehaltene Innenstädte - dies alles führt in Jugendkulturen, die ja unter anderem versuchen, eine Ganzheitlichkeit von Erfahrung über Stile, Mode, Meinungen etc. zu konstituieren. *In der jugendkulturellen Gruppierung findet der Jugendliche die verlorengegangene Konnexität.*

Zu 2: Der Grad der Intimität bestimmt sich nach dem Maß persönlicher Vertrautheit oder Unzugänglichkeit für andere; am Ende der Skala stände etwa die lokale oder regionale Öffentlichkeit, an die etwas getragen wird, über die Wissen verallgemeinert wird, etc. Der Jugendliche erfährt Intimität in der Familie, muß sie aber in der Schule bereits aufgeben: Lehrer-Schüler-Beziehungen dürfen nicht allzu persönlich werden. Es handelt sich um Rollen, die man erfüllen muß. In der Vielzahl unterschiedlicher Ausschnitte geht dem Jugendlichen immer mehr Intimität verloren, ohne daß er in die Intimität einer eigenen, neuen Familie gelangt. Um dies Ziel zu erreichen (wenn er es überhaupt will!), muß er eine Reihe von Voraussetzungen erfüllen: abgeschlossene Ausbildung, nach Möglichkeit Beruf, Fähigkeit, einen Partner zu wählen und an sich zu binden, usf. Nun ist es de facto nicht so, daß die Familie allen Jugendlichen das Maß an Intimität und Geborgenheit bietet, das sie erwarten und benötigen. Scheidungen; wenn beide Eltern arbeiten; große Familien in allzu engen Sozialwohnungen, die zu Spannungen und Konflikten führen: der Jugendliche sucht dann Intimität außerhalb, z.B. bei den Peers. Umgekehrt gibt es kaum eine Öffentlichkeit, in der er sich wiederfindet: Jugendliche sind allenfalls Thema, wenn sie auffällig sind (oder im Bereich des Sportes oder auch einmal als selbstlose Lebensretter); von der Mitgestaltung öffentlichen Lebens sind sie meist ausgeschlossen. - *Die Jugendkulturen bieten eine nichtfamiliäre Intimität an, gleichzeitig aber auch ein Forum jugendkulturell bezogener Öffentlichkeit, auf dem der Jugendliche sein Ausgeschlossensein ausgleichen kann.*

Zu 3: Man kann sagen, daß die moderne Gesellschaft durch fortschreitende Institutionalisierung gekennzeichnet ist. Damit einher geht die Nötigung, das institutionelle Handeln zweckmäßig, zeit- und kostensparend zu organisieren und gleiche Behandlung für alle sicherzustellen. Dazu entstehen Bürokratien, die Übergänge zwischen den Institutionen, Verstöße gegen institutionelle Regeln etc. zu behandeln haben. Jugendliche erfahren solche Form von Institutionalisierung oft als Entfremdung. Die Handlungsregeln sind bereits vorgegeben, die Ziele der Institute sind keineswegs mit eigenen Erfahrungen und Absichten deckungsgleich (z.B. die Schule: pädagogisch betrachtet soll sie allen Jugendlichen förderndes Lernen ermöglichen, für viele Jugendliche ist sie aber lediglich ein angstbesetztes Auslese-Feld mit strengen Selektionsregeln' die sie gefährden). -Die Jugendkulturen sind jeweils gar nicht oder unter-institutionalisiert. Dies ist sicherlich eine Schwäche, weil sie auf diese Weise ihren Bestand nicht sichern können: dies geht heute nur über Institutionen. Andererseits ist ihre Stärke aber auch gerade die Tatsache, daß Erfahrungen hier in face-to-face-Gruppen unmittelbar, flexibel und in immer wechselnden Situationen wechselnd gemacht werden. *Die durchinstitutionalisierte und bürokratisierte Welt findet in den Jugendkulturen ihr Gegenbild.*

Zu 4: Kontrollen sind auch Jugendliche in mehrfacher Weise ausgesetzt. Einmal erfahren sie Kontrollen qua *ökonomische Macht anderer* (z.B., wenn diese Häuser aufkaufen, in die Gestaltung von Städten durch Errichten großer Kaufhäuser eingreifen, in Industrieareale etc. investieren usf.). Sodann erfahren Jugendliche Kontrollen qua Auftrag (so die Polizei, die sie abends in den Parks kontrolliert, ihr Verhalten auf der Straße beobachtet, usf.). Schließlich erfahren sie Kontrollen qua *Macht der Hegemonial-Kultur* und der hegemonialen Apparate. Dies gilt vorrangig für die in den Birmingham-Studien untersuchten Jugendkulturen im Quartiersmilieu traditioneller Arbeiterbezirke, etwa im Londoner East-End (Cohen). Sanierung alter Arbeiterquartiere und Bau neuer Siedlungen für kaufkräftigere Schichten; Rationalisierung am Arbeitsplatz, Arbeitslosigkeit, Job-Differenzierung (höherwertige, spezialisierte und routinemäßig durchgeführte Jobs) - dies alles wird als nicht steuerbarer Eingriff erfahren. - *Die Jugendkulturen stehen allen Formen von Kontrolle abwehrend gegenüber.* Sie wenden sich ja gerade gegen die etablierte Hegemonial-Kultur, indem sie alternative Gesellschaftsbilder zeichnen (Protestbewegungen), neue kulturelle Relevanzen setzen (von den Teenagern bis zu den neuen manieristischen Szenen) oder sich in aktionsbezogenen Gangs organisieren (Kulturen der Teds, Skinheads, teilweise Punks und Rocker). Zwar entstehen in den Jugendkulturen selbst zum Teil sehr strenge neue Binnen-Kontrollen, die ohne Zweifel dann auch Probleme darstellen (extremes Beispiel: die Jugendsekten, die in ihren fragwürdigen Ausprägungen das Ich eines Jugendlichen auszulöschen und 'umzumontieren' trachten), aber dies wird primär nicht erwartet, wenn sich jemand jugendkulturell orientiert.

Zu 5: Gegenüber allgemeinen gesellschaftlichen *Wertbesetzungen* verhalten sich Jugendkulturen - partiell oder total - kritisch, ja abwehrend. Auch, wenn ein durchgehender Wertwandel qua Jugendkultur nicht ohne weiteres festgestellt werden kann - Ansätze sind zweifellos vorhanden. Die in den Jugendkulturen und im Freizeitbereich übernommenen Rollen sind in erster Linie *Situations*rollen, also wenig institutionalisiert, allenfalls ansatzweise im Binnenraum der Jugendkultur selbst. Selbst der Konsumzwang vermag sie nicht ausschließlich und endgültig zu kanalisieren, setzt ja - über Geschmacksbildung, Auswählen etc. - sogar kreative Potenzen frei. Während die institutionalisierten Rollen im Erziehungs- und Bildungssystem wie im Arbeitsprozeß *instrumental* sind (sie dienen dem Prestige, der Existenzsicherung, dem Aufstieg durch Leistung, der Positionsfestigung), sind die in den Jugendkulturen ausgeübten Rollen eher *konsumtiv*: sie erlauben, ja erzwingen Selbsterprobung, Abenteuer, Risiko, die Durchmusterung abweichender Verhaltensweisen. Sie dienen so einer individualisierten, personenbezogenen Identitätssuche in der Gruppe. Indem diese Situationsrollen die außengeleiteten Handlungszuweisungen abbauen, produzieren sie, jedenfalls zum Teil, andere Wertorientierungen als Leitkategorien alternativen Handelns und Erlebens, nämlich: Kreativität, Genuß, Experiment, Solidarität usf. Viele Jugendliche der Jugendkulturen versuchen, die hier gemachten Erfahrungen auf den Bereich der Arbeit zu übertragen: sie erwarten hier nicht nur guten Verdienst, Anerkennung durch den Vorgesetzten und Aufstiegschancen, sondern zugleich und manchmal vorrangig gute Arbeitsverhältnisse, kommunikative Offenheit, verantwortliche Mitentscheidung (Schmittchen).

Es ergibt sich also, daß die in modernen Gesellschaften bereitgehaltenen Lebens- und Entwicklungs-Zonen in Hinsicht auf Konnexität, Intimität, Institutionalisierung, Kontrollen und Wertbesetzung kritisiert werden. Da Jugendkulturen jedoch keinen Diskurs darstellen, sondern eine Lebens- und Handlungspraxis, gehen sie über Kritik noch hinaus, indem sie andere Modelle der Lebenserfahrung entwickeln. Da nun aber die Zonen als räumliche Aggregate bereits systemfunktional besetzt sind, brauchen die Jugendkulturen *eigene Räume*, in denen sie ihre Ziele und Stile realisieren können. Diese schaffen sie in ihren *Szenen*. Der Ausdruck „Szene“ bezeichnet ursprünglich eine Einheit des

Dramas, nämlich die in Auf- und Abtritte gegliederten Untereinheiten von Akten. Sie sind also bestimmt durch konkrete und direkte personale Zusammensetzung und überschaubare Zusammengehörigkeit. Dies ist das erste Bestimmungsmoment dessen, was wir jugendkulturelle „Szene“ nennen, entsprechend dem Suchen der Jugendlichen nach Konnexität und Intimität. Hinzu kommt als zweites Bestimmungselement, daß „Szenen“ oft eine Zuspitzung, Krise, Wendung oder Entscheidung in Ereigniszusammenhängen meinen: sie sind also gekennzeichnet durch *Intensität.* Wenn wir (beispielsweise) von „Pop-Szene“, „Drogen-Szene“ oder allgemein „jugendkulturellen Szenen“ sprechen, sind also Raumqualitäten gefordert, die den eben genannten Bestimmungsmomenten entsprechen. Diese enthalten auch, daß „Szenen“ starken Ereignischarakter haben, in ihrer zeitlichen Ausdehnung begrenzt sind und nicht notwendig an institutionelle Vorkehrungen gebunden sind: „Szenen“ können sich grundsätzlich überall ereignen, nämlich dort, wo sie sich durch das Zusammentreffen von Menschen als Aktions- und Erlebniseinheit konstituiert.

Jugendkulturelle Szenen in diesem Sinne haben keine für sie bereitgehaltenen Räume, jedenfalls in der Regel. Es ist ja gerade ein Kennzeichen der „Szene“, daß sie mit den gesellschaftlich konfigurierten Zonen nicht deckungsgleich ist, vielmehr eine Absetzbewegung darstellt.

Es gibt nun verschiedene Möglichkeiten, eigene Räume für die Inszenierung der gesuchten Erlebnisqualitäten zu erobern:

1. *Eingliederung in vorhandene Zonen-Angebote.* Ein Beispiel ist die jugendliche Selbstinzenierung in der Provinz“ (Lecke 109ff). Lecke spricht von der „Freizeitbühne“, die sich Jugendliche in der provinziellen Enge auf dem Land herstellen, denn es geht „um die spezifischen Inszenierungen, in denen Jugendliche sich selber auf unterschiedliche Weise im provinziellen Alltag darstellen. Von besonderer Bedeutung ist dabei die ‘Bühne’: hier nicht verstanden als kompakter Aktionsraum, sondern als Ensemble von Verhältnissen und materiell dinglichen Rahmenbedingungen, in denen die Inszenierung realisiert wird. Die Selbstinszenierung Jugendlicher ist öffentlich nur in der Freizeitsphäre wahrnehmbar.“ Auf dem Lande finden Jugendliche jugendkulturelle Elemente „zwischen

Stammtisch und Pokalen, Kicker und Flippern - Vereins- und Jugendkneipe“: hier müssen sie sich mit denen arrangieren, die die Szene schon besetzt halten. Dann gibt es aber auch „Kommunikation und Klamauk: selbstgestaltete Jugendräume und Jugendtreffs“; diese Szenen sind schon entschieden gefährdeter, denn ob Jugendliche bestimmte Treffs besuchen dürfen oder nicht, „das hängt vom jeweils aktuellen Stand der 'Reputationskurve' des Treffs in der öffentlichen Meinung ab. Beständig die eigene Existenzberechtigung nachweisen zu müssen, dies fördert ungewollt die Konsens- und Handlungsfähigkeit: wie weit kann man gehen ('starke Fete'), welche 'Öffentlichkeitsarbeit' ist nötig, um diesen kleinen Freiraum zu sichern usw. Dies führt aber auch zu weiterreichenden Selbsterfahrungen und Auseinandersetzungen“; schließlich gibt es - neben Fanfarenzug und Posaunenchor -, auch die öffentliche Hinterbühne, Disco, Szene und Konzert im Zusammenhang überlokaler Freizeitkultur im Raum des Kommerz: „An warmen Tagen ist der Treff auch Startplatz für Unternehmungen nach außerhalb. Was Außenstehende als typische Unentschlossenheit wahrnehmen - die wissen nichts mit sich anzufangen -, ist in Wirklichkeit eine Phase intensiven Aushandelns, wer mit wem zu welchem Ziel losziehen kann.“ (ebd., 111)

2. Eine andere Möglichkeit des Szenen-Aufbaus ist die *Aneignung von Räumen*, die ausschließlich für bestimmte jugendkulturelle Stile zur Verfügung stehen. Dazu gehören Jugend-Kneipen oder Jugend-Cafés. Untersuchungen in der Bundesrepublik haben gezeigt, daß diese oft nur kurzzeitig bestehen, ihre Stile auch ändern können (und damit ein anderes Publikum haben); es gibt aber auch Jugendkneipen, die für eine bestimmte Jugendkultur verläßliche Trefforte darstellen (Lindemann u.a. 87ff). Ein Beispiel aus der Fallstudie A: „Das RF, ehemals V, ebenfalls in der Innenstadt gelegen, hat eine lange Tradition für 'ausgeflippte' Jugendliche. Ehemals ganz in weißem Plastik gehalten, steriler als eine Eisdiele, mit Video und Milchmixgetränken, zog es ein buntes, auffallendes Publikum (Schüler, Studenten, Azubis, Arbeitslose) überwiegend nach 1.00 Uhr nachts an. Dann, wenn alle 'normalen' Kneipen schließen und die Bürger nach Hause gehen, fängt der 'Flip' erst richtig an. Banana Shake oder Kakao in weißen Tassen, an

die weiße Wand gelehnt oder sitzend in weißen Gartenstühlchen, wurde auf die Mattscheibe gestarrt: 'Dschungelbuch' von Walt Disney war der beliebteste Film.

Heute, als RF, ist die Kneipe in Pastelltönen gestrichen, wie Küchenmöbel der 50er Jahre. Rosa, hellblau und ein helles Gelb sind dominant und verteilt über Decken, Wände, Möbel - originale alte Küchenmöbel, kleine Regale, Gläser, Lampen, die Küchengeräte für die Mixgetränke, die Dekoration an den Wänden: alles original 50er Jahre. - An der Theke, wie überall in den Kneipen, stehen Angehörige von Bands, ca. 18 bis 25 Jahre alt. Sie trinken alle um 23.00 Uhr hauptsächlich Kaffee mit Cognac oder Milchgetränke - weniger Bier. Die beiden Jungens hinter der Theke sind schmal, kurzhaarig, vom Stil her 'sportlich-avantgardistisch', auffällig bebrillt (wie die letzte Brille von John Lennon), freundlich und kommunikativ. Blicke werden ausgetauscht, Gespräche, Lachen. Die Musiker sind ähnlich kommunikativ. Passend zur Einrichtung läuft tatsächlich eine Platte von Peter Kraus. - An kleinen Tischen entlang des Schaufensters sitzen die Punks in kleinen Grüppchen eng beisammen. Sie haben hier eine neue Bleibe gefunden für ein paar Wochen. Die Musik stört sie nicht. Später läuft eine Platte von David Bowie, sie wird gebührend besprochen. Im Hinterzimmer, das gut einsehbar ist, steht ein Tischkicker. Keiner kickert.“ (88 f)

Eine stärker mit Auseinandersetzungen belastete Form der Aneignung stellt die *Hausbesetzung* dar. Hier werden für die Stadtteilsanierung zum Abriß vorgesehene Häuser, die noch bewohnbar sind, von Jugendlichen 'vereinnahmt' und manchmal ist es (Berlin) ja auch gelungen, mit den Institutionen der Kontrolle (Senat) Bleibeverhandlungen durchzuführen und einen modus vivendi für die Szene zu sichern.

3. Sodann gibt es eine *Teil-Aneignung von Räumen auf Zeit*. Ein gutes Beispiel sind Rockkonzerte, die in großen Hallen stattfinden (Grugahalle in Essen), wobei diese Hallen auch für andere Zwecke einsetzbar sind. (Parteifest, Geflügelausstellung). Auch open-air-Rock-Konzerte (z.B. auf dem Loreleyfelsen) sind solche zeitlich begrenzten Teil-Aneignungen von Gelände für ein jugendkulturelles Szenen-Ereignis.

4. Schließlich gibt es die *Umdefinition von Räumen*. Sie findet für jugendkulturelle Zwecke inmitten der eigentlich vorgesehenen statt. Ein Beispiel: auf dem Hauptbahnhof in Hannover lagerten sich Punk-Gruppen zum Biertrinken, aber auch zum geselligen Austausch an den Rolltreppen, die in die Bahnhofshalle führen. Der Zweck dieses städtebaulich gestalteten Raums ist natürlich, den Verkehrsfluß zu steuern und vor allem Reisende möglichst schnell und bequem an die Fahrkartenschalter, Bahnsteige etc. zu bringen. Die Punks akzeptieren durch ihr Verhalten nicht diese funktionale Bestimmung, sondern machen aus dem Raum einen Ort der Zeitverschwendung, des Konsums, der Kommunikation. An den Rolltreppen zu sitzen, ist in keiner Weise 'gemütlich' oder einladend - gerade *darum* sitzen die Punks hier. Ihr In-Besitz-Nehmen dieser Verkehrszone stellt eine Provokation dar, einen Protest: damit entsteht eine Szene.

Im folgenden sollen einige wichtige jugendkulturelle Szenen in ihren unterschiedlichen Ausprägungen beschrieben werden.

Szene der Treffs und Rockkultur

Die Metropolen sind der eigentlich zentrale Sozial-Raum für die Entfaltung von Jugendkulturen. Im Prozeß der Industrialisierung des 19. Jahrhunderts sind hier die Menschen zusammengeströmt, haben sich dynamische Strukturen herausgebildet, die der jugendkulturellen Szene als Hintergrund und Anlaß dienen. Große Städte sind gekennzeichnet durch die Merkmale *Gleichzeitigkeit* und *Zentralität* (Breyvogel 92 f). Gleichzeitig meint, daß die Stadt eine Fülle von Angeboten hat, die zu ständig neuen Optionen zwingt: Kinos, Discos, Kneipen, Restaurants, öffentliche Plätze, Theater, Museen, Bildungsangebote in breiter Streuung - das bunte Gemisch von Anregung und Aufregung ist vor allem für die Szene wichtig, in der Mode und Gesehen-Werden-Wollen, laute Musik und Discotanz vorherrschen. Hinzu kommt die Zentralität: in der Stadt strömt alles nach innen, in die City (wenngleich als Gegenbewegung durchaus auch eine Explosion, ein Auseinanderbersten der Stadt in die Fragmente der Randzonen, Vororte, Satellitenstädte etc. zu registrieren ist).

Untersuchungen zur englischen Pop-Tradition zeigen, daß diese schon um 1860 in den *musichalls* begann (die Kids gingen damals wie heute hin „for having a good time"). Es gab das Pub, die Sportzeitung, die Rennen und die Wetten darum, und schon im 19. Jahrhundert gründeten sich unter der Industriearbeiterschaft Kricket- und Fußballvereine, die sich beide sehr schnell professionalisierten, so daß schon um 1900 häufig die Zuschauer die Spieler bezahlten (Chambers 6). In den dancehalls kommen „drink and dance, sex and fashion, fun and fantasy" zusammen (ebd. 41). Die Tradition änderte sich einschneidend erst in den 60er Jahren dieses Jahrhunderts, als eine Fülle von kleinen Clubs aufkam, in denen Gruppen original spielten. Liverpool und London sind besonders markante Beispiele für diese Entwicklung, die schon skizziert wurde. Eine weitere Welle von Szenen-Gründungen im kommerziellen Raum waren dann, vor allem in den 70er Jahren, die Discotheken. Damit war für die Rock- und Pop-Szene alles zusammen: in der Stadt konnte man in Boutiquen, Jeans-Shops und Modengeschäften einkaufen, auf den Straßen flanieren und sich abends in den Clubs und Discos treffen. So konstituierte sich überall eine flexible, dynamische, lebendige Szene, deren unsichtbare Verbindungsmuster das 'normale' Stadtleben durchliefen. Erst später wurden dann die städtischen Errungenschaften auch in die Provinz getragen; heute finden sich gerade dort häufig die großen Discotheken. Dies ist natürlich erst möglich geworden mit einer Erhöhung der Jugend-Mobilität (Verfügung über Fahrräder, Motorräder und Autos).

In den Städten sind auch die Angebote der ökologischen Peripherie für diese Szene: die großen Hallen und Plätze für Rock-Konzerte, großangelegte Modenschauen etc. In den großen Rock-Ereignissen finden sich die Aufgipfelungen der Szene; dies illustriert beispielhaft die Schilderung eines Konzerts von *AC/DC* in der Sporthalle Köln: „Schon am Eingang mußte man zeigen, was man draufhat. Ich meine so mit Rempeln, Schieben, Drücken. Mitten in der Eingangstür stand ein Typ, der alle Besucher in Windeseile nach waffenähnlichen Utensilien untersuchte. Besonderes Interesse hatte er an Nietenarmbändern. Daß er gut zupackte, wenn ihm etwas nicht paßte, hatte ich schnell mitbekommen. Als ich mich ihm nähere, heb ich freiwillig die Arme, als ginge ich meiner Verhaftung entgegen. Dabei will ich nur meinen Magen, meine Nase und meinen Fotoapparat heil in die Halle bringen. In der Halle wird langsam aufgeheizt. Und dann geht's tierisch los mit AC/DC. Mir juckt's in den Knochen und überall um mich herum die 'kleinen Fluchten' und Alltagsflips. Ich mittendrin. - *Angos Young* zieht seine Show ab, und bei verhaltener Musik, seine Hose herunter. Die Halle kocht, und die Fäuste fliegen im Takt. Auf den Schultern seiner 'body guard' läßt er sich unters Volk tragen. Dafür muß der Weg freigemacht werden. Die Fetzen fliegen. Die *Piranhas* (eine Rocker-Gruppe) erwischt es auch. Einer von ihnen ist zeitweilig außer Gefecht gesetzt. Auch das gehört alles dazu. - Auf der Autobahn Köln-Aachen, nach dem Konzert, meint einer der *Piranhas*, der völlig geschafft neben mir im Sicherheitsgurt hing: 'Jetzt reicht's erst mal wieder für ein Jahr.'" (Nachtwey 64) In solchen Großereignissen wird „aufgetankt", und insofern sorgen sie für die Stabilität der Szene. Denn gerade heute kommen zwei weitere Raum-Bereiche dazu, die weniger sichtbar sind. Zum einen ist dies die *private Sphäre*. Das (schon beschriebene) zunehmende Raffinement der Aufnahmetechnik, die gestiegenen Ansprüche, Intellektualisierung und Angebote des Marktes bauen Szenen auch in den Zimmern der Jugendlichen auf. Dort sitzen sie zwischen Kopfhörern, allein, konzentriert und in die Klang-Sphären der Rock-Welten entführt. Dies Phänomen ist relativ neu: daß Zugehörigkeit zur Jugendkultur nicht über eine Gruppe laufen muß, die ständig beisammen ist; es genügt, an symbolischen Höhepunkten anwesend zu sein, um dann für die Zeit der Dürre allein zu Hause die neuen Schallplatten und Kassetten zu hören, als imaginäre Partner der großen Rockgemeinde. - Zum andern haben gerade die Punks, entsprechend ihrer Ästhetik, Randzonen und Schutzräume der Städte entdeckt. Nicht das kommunale Jugendheim, der freundlich von der Kirche zur Verfügung gestellte Treff zieht sie an, sondern gerade Orte, die auf den ersten Blick keinesfalls als 'jugendgeeignet' gelten können: Straßenränder in der rush-hour, leere vor sich hingammelnde Fabrikgebäude, alte halbweggesprengte Bunker, verwahrloste Grünzonen mit niedergetretenen Zäunen und wildwucherndem Unkraut unter totem Gestrüpp. Ein Beispiel waren die Punk-Räume in Berlin-Kreuzberg, wo „ganze Straßenzüge" aussehen, „wie nach einem Bombenangriff" (Reimitz 130). Hier hatten die Punks ihre Räume, Gegen-Inszenierungen zur bürgerlichen 'Gemütlichkeit': „Zwei Ratten laufen frei in der ganzen Wohnung herum und nagen alles Eßbare an.

Nachts krabbeln sie über die beiden schlafenden Frauen auf ihren Matrazen. Ohne großen Nachdruck werden sie weggescheucht. Die Ratten kommen wieder. Eine öffnet geschickt mit den Pfötchen die Lippen der Schlafenden, drückt ihr spitzes Mäulchen an den Mund und beginnt, von dem Speichel zu trinken. Horrorvision aus einem Gruselfilm oder 'ätzende' Realität der Berliner Punk-Szene?" Hier ist nichts auf Dauer, Besitz wird nicht angehäuft: „Punk-Zimmer sind in ihrer spartanischen Einrichtung, in ihrem oftmals sehr verdreckten Zustand mit leeren Dosen und Tüten, Essensresten, Papierfetzen, Kippen und der Art, wie sie belebt und bewohnt werden, öffentlichen Plätzen ähnlich - sie sind wie die Straße. Die Grenzen zwischen Privatsphäre und öffentlichem Raum verschwimmen." (ebd.) An den Wänden gibt es Graffiti wie draußen auf den Straßen, Tiere laufen herum, jeder kann ein- und ausgehen, keine geschlossene Haus- oder Wohnungstür hindert oder kontrolliert den Zugang. Diese Rückzugs-Orte der Punks bieten selbst keinerlei Rückzugsmöglichkeiten mehr an; in ihrer Abriß-Ästhetik signalisieren sie Grenzzustände - weniger der Punks, die als Symptom leben, sondern der Metropolen, die ihrer Verslumung nicht Herr werden und durch die durchkapitalisierte 'Sanierung' tote Räume und Zonen schaffen, in die extreme Jugendkulturen eindringen.

Die Verschärfung der Situation in den Metropolen kann man am Beispiel der Drogen-Szene in Berlin und ihrer Entwicklung skizzieren (dazu: Heckmann 165): noch 1962 bestimmten vorwiegend Künstler und Intellektuelle unter dem Beatnik-Einfluß die Berliner Jugend-Szene. Die GI's und die US-Touristen vermittelten Neuigkeiten aus dem „Land der unbegrenzten Möglichkeiten". Etwa fünf Jahre später war der Konsum von Canabis bereits ein Massenphänomen. An der Kaiser-Wilhelm-Gedächtniskirche oder der Halensee-Brücke trafen sich Gammler und Hippies; man versammelte sich zu *smog-ins* im Tiergarten, wo auch der „Zentralrat der umherschweifenden Haschrebellen" tagte, getragen vor allem von Oberschülern und Studenten. Ein Spruch damals lautete: 'High sein, frei sein, Terror muß dabei sein'. Auf den zahlreichen Szene-Festen waren Joints selbstverständlich. Dann begann die Szene zu kippen: harte Drogen, Opium und Morphine wurden immer häufiger gedealt. Im Jahr 1975 wurde die sogenannte 'Berliner Tinke' erfunden, wegen des geringen Preises ein Verkaufsschlager (aus Morphin-Base und Essigsäure wird eine Art Heroin gekocht). Eine Trennung findet statt in die Shit-Szene und die Tinke-Szene. Jetzt sind auch Arbeiter dabei, mehr Jüngere, die 12-16jährigen nehmen zu. Haschisch und Kokain gibt es überall, ein gewisser Höhepunkt ist in den 70er Jahren erreicht. Im Jahre 1982 sind festzustellen: eine starke Proletarisierung (Rückzug der Intellektuellen und Studenten), viele Umstiege von weichen auf harte Drogen, eine Vervielfältigung der Szene in zahlreiche Unter-Szenen und Konnexionen, eine auffallende Verjüngung, einhergehend mit zunehmender Kriminalisierung und Brutalisierung; die Jugendlichen dieser Szenen leben heute mit hohen Risiken (ebd. 170ff). - Dies Beispiel zeigt, daß die Punk-Ästhetik die eine Seite der Wahrheit ist. Diese kann man als Demaskierung von kommunaler Mißwirtschaft, als phantasievoll-provozierende Raumgestaltung feiern. Kaum möglich ist dies dann, wenn die Szene an den Rand der Selbstzerstörung ihrer Mitglieder gerät. Auch hier entfaltet die Metropole freilich ihre diversifizierenden Kräfte: man kann sich zurückziehen, neue Szenen auftun, andere Vorlieben ausagieren. Die jungen Schönen in den Techno-Discos tun dies ebenso wie die jungen Teds und Mods, die in ihren revivals oft nicht einmal Alkohol zulassen.

Szene der Protestbewegungen

Auch hier gibt es Mitläufer und Zugehörige, Aufgipfelungen und den 'alternativen Alltag'. Letzterer ist wenig ostentativ und, da es sich auch hier um eine Pluralität von Weltanschauungen und Orientierungen handelt, sehr vielfältig. Die Hausbesetzer-Szene in Berlin-Kreuzberg; das Netz von Hausgemeinschaften und Kneipentreffs in vielen Universitätsstädten; Netzwerke von alternativen Werkstätten, oft in Verbindung mit autonomen Jugendtreffs; Landkommunen mit dem Versuch ökologischen Anbaus - auch hier ist eine wachsende Vervielfältigung festzustellen. Die Protest- und Alternativ-Szene hat längst auch die Provinz erreicht, hat sich teilweise in bäuerliche Traditionen sogar erfolgreich integriert. Ist das Statistisch-Gemeinsame vielleicht noch darin zu finden, daß hier mehr als anderswo die 'taz' gelesen wird, daß Szene-Zeitungen hier ihre treuesten Inserenten (und natürlich Leser) finden - und daß hier das Rekrutierungsrepertoire für die großen Demonstrationen zu finden ist: 'Friedensdemo' in Bonn,

Völkertreffen auf den Kirchentagen, Anti-Atomkraft-Lager und -initiativen. Dies sind die Höhepunkte, an denen die Szene ihre Kohäsionskraft erprobt und durch die sie wieder in die Medien gelangt. An solchen Groß-Ereignissen wird diagnostiziert, wie stark ihr Zusammenhalt ist, welchen Einfluß man ihr einräumen sollte.

Die Suche nach alternativen Lebensformen ist alt. Auch hier könnte man die Beschreibung bei den *Beatniks* beginnen, die noch stark an der Boheme orientiert waren (mit dem 'antibürgerlichen' Tagesrhythmus von spätem Aufstehen und spätem Schlafengehen, andern Zeiten für Mahlzeiten, anderen Eßgewohnheiten, ungeregelten Tätigkeiten etc.), und man wäre bei der Beschreibung der *Öko-Szene* noch nicht am Ende. Gerade in Netzwerken, die durch Arbeit ihre eigene Subsistenz sichern, sind scheinbar 'bürgerliche' Tugenden wie Disziplin (frühes Aufstehen, Termine einhalten), Fleiß und äußerste Verläßlichkeit wieder gefragt, weil notwendig.

In diesen Szenen sind ältere Jugendliche (die sogenannten Postadoleszenten zwischen 20 und 30) und Intellektuelle (ältere Schüler, Studenten) besonders überrepräsentiert. Mädchen und Frauen haben hier am ehesten geschafft, auch die öffentlichen Räume zu betreten. Es gibt für sie eigene Lokale, und sie organisieren die Großereignisse mit, an denen sie auch zahlreich teilnehmen. Da die Höheren Schulen und Universitäten sich aller Bemühungen zum Trotz zu großbetrieblichen Einrichtungen entwickelt haben (Mitterauer 149 f), die eine Identifikation der Jugendlichen erschweren, suchen diese andere Trefforte. Auch hier gibt es Traditionen. *Klaus Laermann* hat auf den „Versuch jugendlicher Gegenöffentlichkeit im Kaiserreich“ (360ff) hingewiesen: die schon genannten Sprechsäle. Neben dem ersten, der am 1. Februar 1913 in Wien eröffnet wurde, entstanden weitere bis zum Oktober 1913 in München, Stuttgart und Berlin sowie Heidelberg und Göttingen: „Ihre Faszination ist heute kaum mehr nachzuvollziehen. Obwohl sie zunächst nur etwa 25 bis 40 Mitglieder hatten, stellten sie nach deren Auffassung gemeinsam mit der Zeitschrift und dem Archiv für Jugendkultur tatsächlich Institutionen einer Gegenöffentlichkeit dar. In Wien, dem Zentrum des Akademischen Komitées für Schulreform hatte dieses nach *Bernfelds* Angaben im Juni 1914 ca. 500 Anhänger.“ (371) Diese Tradition ist nicht fortgesetzt worden, findet sich allenfalls - ohne daß hier ein direkter Rückbezug gesucht wurde -bei den Republikanischen Clubs der frühen 60er Jahre wieder. Da die Protestbewegungen anders als die Rock- und Pop-Szene auf der Basis bestimmter Lebensvorstellungen die politische Auseinandersetzung sucht, ist auch immer wieder versucht worden, eigene Welten zu gründen, in denen das Prinzip von Solidarität und Nähe, Sozialismus und Gleichberechtigung praktiziert wurde. Der Freistaat Kristiania (Kopenhagen) ist ebenso ein Beispiel wie die Westberliner Ufa-Fabrik, die Wiener Fabrik-Szene und andere Gründungen, in denen größere, zusammenhängende Territorien alternativ organisiert und verwaltet werden. Es gibt sie viel zu selten, sie verdienten Unterstützung als Modelle sublokaler Organisationsformen, die durchaus auch gesamtgesellschaftlich wirksam werden könnten. Hinzu kommt die Anzahl von ca. 11.000 Alternativbetrieben, denen etwa 80.000 Menschen verbunden sind (Riewold 41 f). Insgesamt ist die Behauptung wohl nicht übertrieben, daß gerade die Protestbewegungen räumliche Elemente haben wiederentdecken helfen, die inzwischen nicht nur hier gepflegt werden: das Lokal-Gewachsene (Aufschwung der Denkmalspflege!); das Überschaubare, auf nachbarschaftlicher Solidarität Beruhende; energiesparende Produktionsformen; neue Experimente der Arbeitsaufteilung; die Favorisierung von biologischem Anbau und gesund-natürlicher Lebensweise.

Quartiergebundene Action-Szenen

Während die Szenen der Treffs, die der Selbstinszenierung und Stildarstellung dienen, keineswegs ausschließlich, aber doch vorwiegend von Jugendlichen aufgesucht werden, die sich mit den gesellschaftlichen Verhältnissen und ihren eigenen Lebensumständen auf ihre Weise zu arrangieren suchen, und die Protestbewegungen nach Territorien am Rande der gesellschaftlichen Zwangs-Ordnung suchen, sind die eher proletarischen Szenen der Rocker und Teds, Skinheads und anderen sehr stark an das Herkunfts-Quartier gebunden und am ausdrücklichsten durch Entfremdungsgefühle geprägt. Auch hier sind historische Rückverweise möglich. *Mitterauer* (207) weist darauf hin, daß „Jugendgruppen der einzelnen Quartiere mit starken Solidaritätsbindungen in Florenz“ schon im Trecento nachgewiesen sind; in der

Zeit des Karnevals „fanden Schlägereien solcher Revierbanden unter den Arnobrücken statt. 1380/90 lieferten sich die beiden als 'Berta' und 'Magroni' bezeichneten Quartierbanden 50 Tage lang jeden Abend heftige Gefechte. In Lyon bestanden im 16. Jahrhundert etwa 20 Jugend-'Abteien', von denen die meisten nach Quartieren organisiert waren." Relativ deutlich überliefert ist die historische Kontinuität der Revierbanden Arbeiterjugendlicher in Paris; Dokumente gibt es aber auch aus Manchester und vielen anderen Städten, in Deutschland aus Aachen. Schon in vorindustrieller Zeit waren also städtische Quartiere Bezugspunkt von Bandenbildung. Übrigens war zunächst die Pfarre in der Stadt (wie vorher auf dem Land) „das maßgebliche räumliche Substrat des Gemeinschaftsbewußtseins. Sie wirkte offenbar sehr stark auch in vermittelter Weise -einerseits durch die Schulen, die sich an die Pfarrsprengel anschlossen, andererseits durch die Plätze bei den Kirchen, die wichtige Treffpunkte der Kinder und späterhin auch der Jugendlichen darstellten." (ebd. 208) Nach der Industrialisierung entwickelten sich territoriale Jugendgruppen der Arbeiterschaft vor allem dort, wo Arbeiterquartiere sich an die Tradition vorindustrieller Wohngebiete anschlossen. Die Industrialisierung führte dann zu dichterer Besiedlung und zur Einschränkung der Bewegungs-Spielräume; offene Felder und Wälder rückten immer mehr an den Rand und wurden schwerer erreichbar. Gleichzeitig wurde es in der Stadt enger, und 'die Straße' wurde zum zentralen Bezugspunkt der industriellen Banden und Gangs in allen Industriegesellschaften. Daneben gab es die Kirmes; auch die Parks, sofern vorhanden, waren wichtig. Die Tradition solcher quartierbezogenen Gangs ist in England besonders gut erhalten (vgl. die Birmingham-Untersuchungen von Cohen, Clarke, Willis u.a.). In Deutschland ist man in letzter Zeit auf die *wilden Cliquen* aufmerksam geworden (Kittelbach-Piraten, Edelweißpiraten), die es in Berlin, aber auch viel in westdeutschen Großstädten gab. Es handelt sich um keine organisierte Widerstandsbewegung gegen den Nationalsozialismus; dennoch wehrten sich die Mitglieder dieser nur lose verbundenen Gruppen (auch Mädchen waren zugelassen) gegen den ihnen aufgezwungenen HJ-Stil, zum Teil aus KP-Elternhäusern kommend, zum Teil als Arbeiterkulturen mit sozialistischen oder internationalistischen Einstellungen. Sie wurden im Nationalsozialismus kriminalisiert; *Peukert* hat entsprechende Dokumente gesammelt. Aus dem Bericht eines Kölner Jugendrichters (7. November 1943): „Man unterscheidet (sc. bei den Edelweißpiraten. D.B.) 'Treffs' und 'Fahrten'. Die zu einer Gruppe gehörenden Jungen treffen sich regelmäßig, meist täglich, nach Einbruch der Dunkelheit und stehen an Straßenecken und den Torwegen herum oder suchen abwechselnd bevorzugte Gastwirtschaften auf, wo ihnen meistens 'der kleine Saal' zur Verfügung gestellt wird (...) Für die 'Fahrten', die Samstags/Sonntags oder Sonntags, durchschnittlich in Begleitung von Mädchen angetreten werden, werden bestimmte Plätze bevorzugt. für *Köln* ist dies die Altenburger Gegend, Marienheide, die Felseninsel und der Märchensee im Siebengebirge (...) Die Jungens, die als Edelweißpiraten in die Erscheinung treten, gehören überwiegend der Altersklasse 14-18 an. Es stoßen jedoch auch Halberwachsene zu ihnen, ja selbst 25-30jährige sind beobachtet worden. Das sind dann gewöhnlich ausgediente oder kriegsversehrte Soldaten, die bereits früher schon Anschluß an wilde Jugendgruppen hatten. Die Jungens sind meist nicht oder nicht mehr in der Hitler-Jugend. Sie sind sehr häufig Arbeitsbummelanten oder fast immer ohne feste Bindung zu einem erlernten Beruf und in ständig wechselnden Arbeitsstellen." (Peukert 40 f) Diese Edelweißpiraten sind durchaus eine Arbeiter-Jugend*kultur*; denn sie haben es vermocht - abgesehen davon, daß sie überfordert gewesen wären, einen richtigen Widerstand zu organisieren -, einen eigenen Fahrtenstil (mit bündischen Elementen) zu prägen, eigenes Liedgut zu pflegen bzw. vorhandene Lieder umzudichten, kurz: in der Wahl ihrer kulturellen Symbole die Anpassung an Deutschlands Einheitsjugend zu verweigern. In Gerichtsprotokollen oder staatsanwaltlichen Ermittlungspapieren (abgedruckt bei Peukert) wird dann auch immer wieder darauf hingewiesen, daß diese Jugendlichen in Wirtschaften, in denen eine Kapelle spielte, diese dazu aufforderten, „Jazzmusik" zu spielen, die als entartet galt. Die Welt des Rock und Pop mit ihren Traditionen (der Jazz gehört zweifelsohne dazu) ist seit jeher Signal des Sich-Nicht-Anpassen-Wollens in einer gleichgeschalteten Gesellschaft gewesen.

Was über die Edelweißpiraten vermerkt wird - sie seien zum Teil ohne Berufsausbildung, ohne Beruf oder Kriegsversehrte, übrigens aus Elternhäusern, in denen der Vater sehr oft eingezogen war - gilt strukturell für die englischen Arbeitersubkulturen ebenso. Das Quartier wird als eigenes Territorium verteidigt - aber in dem dumpfen Bewußtsein, daß die Vertreter der hegemonialen Kultur mit ihren Kontrollen letztlich die Räume umstellt haben und sie beherrschen. Gangs finden sich vor allem in städtischen Ballungsräumen mit schlechter sozialer Infrastruktur. Dies bedeutet, daß die sozialökologische Beschaffenheit sehr viel mehr zur Bandenbildung beiträgt als etwa der persönliche Handlungswille einzelner. Gangs bilden sich eher, wenn (a) Armut im Bezirk vorherrschend ist, (b) die Väter sich um ihre Kinder kaum kümmern, (c) elterliche Unterstützung fehlt, (d) die Schulanpassung gering ist und (e) das Selbstbild problematisch ist - verletzte Gefühle und ständige Furcht, daß sich jemand lustig machen könnte (Johnstone 283 f). Die quartierbezogenen Banden sind nicht Wurzeln devianten oder auffälligen Verhaltens, sondern sie ermöglichen das Leben in der devianten Rolle (Sipilä 478). Gangs rekrutieren also kaum Jungen, die noch nicht mit dem Gesetz in Konflikt gekommen sind, sondern eher Jungen, bei denen dies bereits der Fall war. Gangs machen nicht kriminell, sie nehmen nur schon kriminalisierte Jungen auf (Johnstone 297). Hier zeigt sich deutlich, daß die quartiersbezogene Bandenbildung eine produktive Reaktion auf sozialökologische Mißstände darstellt. Die Hochschätzung von Härte, Unerschrockenheit, Gewalttätigkeit und Männlichkeit kann gedeutet werden als ein Rückzug auf die eigenen Körpergrenzen, über die man noch verfügt. Wie wichtig dies für die Action-Szenen ist, signalisieren die Namen: Bengal, Tigers, Black Hand Gang, Redskins, Cowboys, Hellhounds, Bell and Pistol Club bei englischen Streetgangs; bei den wilden Cliquen entsprechen dem Bezeichnungen wie *Ostpiraten, Tatarenblut, Zigeunerblut, Wildsau, Gewaltbanditen, Apachenblut, Seeräuber; Galgenvogel, Wolfsblut, Sturmfest, Tarzan, Santa Fé, Nachtschwärmer, Sing-Sing, Blutiger Knochen, Todesverächter* (Mitterauer 210). Anklänge an Trivialliteratur, an Abenteuerromane, Filme und Traumwelten (Nachtschwärmer, also die Großstadtszenen mit ihren Action-Gehalten) sind deutlich. Das Sich-Breitmachen auf den Straßen und das Anpöbeln Entgegenkommender ist eine Maßnahme der Revierverteidigung, denn vielen Jugendlichen bleibt nichts als die Straße, und wenigstens diese wollen sie, jedenfalls punktuell, beherrschen. Ähnliche Rituale sind ja auf dem Fußballplatz beobachtet worden, und sie pflanzen sich bis in die Rock-Konzerte fort. Das Sich-

Schmücken mit entsprechenden Emblemen (Totenköpfen, NS-Runen, Schwertern und Dolchen) oder, enger an der Körpergrenze noch, die Tätowierungen sind Ausdruck alltagskulturellen Widerstands dieser Gruppen, die außerhalb ihrer Szenen oft keine Zukunft finden. So entwickeln sich gerade hier die Gruppen mit ihren subkulturellen Stilen an den besonders schwachen Stellen der Sozialisationskette Familie - Schule - Berufsleben. Die quartierbezogenen Verhaltensweisen „institutionalisieren Neudefinitionen und Umcodierungen der Realität zu dem Zeitpunkt, wo Kinder Erwachsene werden." (Zimmer 41)

Die neuen Fanszenen

Fans gab es immer: Es sind die Bewunderer und meist mit eigenem Stilgebaren nicht hervortretenden Mitglieder, Nachläufer und Teilnehmer von Szenen, die als Hooligans (Fußballfans), aber auch Rockfans oder Popfans ein entscheidendes interaktives Gestaltungselement ausmachen, ohne den die den Fans gegenüberstehenden *Stars* oder *Kultfiguren* jenes Echoraums entbehren, der nicht nur für die wirtschaftliche Stabilisierung notwendig ist, sondern auch emotionale Energien freisetzt, von denen Fans und ihre Protagonisten in gleicher Weise profitieren.

Aber auch die Szenen der Fankulturen haben sich derart verschoben, daß die Substanz vorhandener Definitionen nur noch teilweise greift (zum folgenden: Winter 1997). Fans waren in gewisser Weise schon immer Produkte der Medien, die zwischen Protagonisten und Fans *vermittelten*. Entscheidend ist jedoch, daß heute nicht nur bestimmte Fan-Gruppen über Medien vermittelt werden, sondern in den Medien selbst als Gegenstand der Beachtung und Verehrung erscheinen. Fernsehserien (Beispiele: 'Unter uns' von RTL, 'Verbotene Liebe' in der ARD) haben inzwischen ebenso auffällige Fangruppen hervorgebracht wie jugendliche Moderatoren (vor allem in den Clipprogrammen MTV und VIVA sowie VIVA 2), Talk-Moderatoren und ihre Gäste treten in das Zentrum der Beachtung, kurz: Die postmoderne Produktion der Fans geht weit über die Tradition vorhandener Gruppen als Leistungsangebot hinaus, indem die Medien in ihren Programmen selbst Personen als elektronisch-wirkliche Vergegenwärtigungen erzeugen, an denen Fans dann ihre Begeisterungspotentiale finden. Fans sind in diesem Sinn besonders aktive Kulturkonsumenten, die den Szenenreichtum noch einmal erheblich vergrößern. Diese Produktivität der Fans findet erst seit kurzem einige Beachtung; in der Regel werden Fans eher unter negativen Vorzeichen diskutiert, nämlich entweder „als obsessive, lobotomisierte Fanatiker, die sich enthusiastisch und exzessiv ihrem jeweiligen Kultobjekt widmen" oder aber „als gefährdete Opfer der Kultur- und Freizeitindustrie, die phantasielos, vereinsamt und desorientiert" sind. (ebd., 41). Die Zuschreibung von Devianz oder zumindest Pathologie oder neurotischen Strukturen (etwa bei den Fans von Boygroups) hat als dahinterstehendes Strukturmuster die Ablehnung von Produkten der Populärkultur (während die 'Fans', die Werke von Shakespeare, Goethe oder gar avantgardistische Musik verehren, Billigung finden). Wer der (sich auflösenden) Hochkultur anhängt, wird deren Anhängern Intellektualität, Vernunft und ein reifes Geschmacksurteil zuschreiben, während Madonna- oder Michael Jackson- oder Batman-Fans eher als emotional unreif, kindisch und geschmacklich unsicher betrachtet werden. Inzwischen wissen wir, daß die traditionale Auffassung des Fantums von Abwehrhaltungen bestimmt ist und auf Vorurteilen gründet. Wir entdecken inzwischen Aneignungspraktiken der Fans, die ein ausgeprägtes Urteilsvermögen, Phantasie und kulturelle Kompetenz aufweisen, denn

- Fans müssen aus einer Fülle des Angebots in einem ungeordneten Sinnmarkt sich jene Protagonisten und Szenen auswählen, auf die hin sie ihr Fantum praktizieren wollen;
- dabei wird in der Regel ein Bezug zum eigenen Leben hergestellt im Gegensatz zu Abgeschlossenheit und Einheit eines hochkulturellen Textes;
- Fans besitzen vor allem originelle Aneignungspraktiken: Sie wildern „in den Sinnwelten der medialen Texte, *deuten* diese um und *stehlen* die für sie relevanten Elemente, weil sie auf spaß- und lustbetonten Gebrauch aus sind und nach Anschlußmöglichkeiten für eigene Aktivitäten suchen. Die Medien liefern das Rohmaterial für ihre eigenen kulturellen Produktionen und für ihre sozialen Interaktionen mit Gleichgesinnten." (ebd., 43);

- auf diese Weise entsteht eine Fansouveränität, in die erhebliche Medienkompetenz eingeht: So schätzen etwa Fans der *Lindenstraße* das offene Ende einer Folge, die Fans der *Akte X* die geheimnisvollen Handlungen, und populäre Texte, nicht zuletzt die Werbung und ihre Songs und ihre Jingles animieren zu verschiedenen Fragen, Deutungen, Recherchen und eigenen Weiterentwicklungen in der Entwicklung von Fantexten;
- Die Fan-Existenz wird zwar, wie typisch in Jugendkulturen, von *Intensität* und Abgrenzungsbestrebungen bestimmt, so daß das Verlassen einer Fan-Zone keineswegs beliebig und leicht ist (vgl. die Verzweiflungsakte, als die Boygroup *Take That* sich auflöste); dennoch sind diese exaltierten Bindungsdemonstrationen relativ kurzfristig und werden in der Regel überstanden: Fans sind in einer wachsend globalen Kultur relativ autonome Verfüger über ein umfangreiches Fan-Repertoire, aus dem sie in der Regel souverän auswählen.

Jugendliche Fans zeigen emotionales Engagement auf der Basis medialer Kompetenz, und sie beleben die Szene durch ihre Begeisterung für ihre Lieblingsclips oder -serien, -Talkmaster oder -Boygroups, -sänger oder -moderatoren. Ein Beispiel sind die *Horrorfans*, die als Fachleute dieses Genres durchaus einen guten von einem schlechten Horrorfilm unterscheiden können und insofern *Cineasten* für ein Spezialgebiet sind, das sich vor allem auch daran auszeichnet, daß es Erwachsenen und medial ungebildeten Personen nicht zugänglich ist, sie also ausgrenzt aus einem für Jugendliche zentralen Genre-Bereich der Medien. Ähnliches gilt für Action-Fans, Sitcom-Fans o.ä., aber auch Western-Fans oder die Fans des Werks eines Regisseurs sind neben den Fans von SchauspielerInnen etc. distinkte Angebote von hoher Qualität.

Beobachten läßt sich (auch der Autor hat dies in seinen Interviews registriert), daß Mitglieder von Fankulturen ein starkes Selbstbewußtsein neben hoher Lebenslust zeigen. Die Fangruppen, die sich entweder in privaten Szenerien (Wohnungen) oder im öffentlichen Raum (Bistros, Kneipen, Plätzen etc.) treffen, verfügen über ein breites Spektrum von Interaktionen, die den Fans Kontur geben und sie keineswegs zu einem abhängigen Muster der bewunderten Figuren und Figurationen machen, im Gegenteil. Die Analyse der Fankultur im Umkreis *Madonnas* hat beispielsweise gezeigt, „daß sowohl weibliche als auch männliche Fans die Sexualität ihres Stars als eine Herausforderung oder sogar als Bedrohung für die herrschenden Rollendefinitionen von Weiblichkeit und Männlichkeit betrachten; sie loben etwa Madonnas Mut, frei und offen über ihre Sexualität in allen Aspekten zu sprechen. Insgesamt weisen die Äußerungen der Fans darauf hin, daß die Sängerin ihnen durch ihr Verhalten ein Gefühl für die potentielle eigene Stärke in der Gestaltung ihrer sozialen Beziehungen und persönlichen Identität vermittelt. Auch die Fans von Heavy-Metal-Music oder die weiblichen Fans der Bay City Rollers, für die rückblickend nicht männliche Stars, sondern ihre gemeinsamen spaßbetonten Erlebnisse als junge Frauen entscheidend waren“, sind Beispiele dafür, wie gerade auch weibliche Fans ihr Selbstbewußtsein über die Musikrezeption hinaus steigern können (Fiske 1997).

Die kulturellen Produktionen der Fans gehen jedoch über Gespräche im Fanzirkel längst hinaus. Immer mehr Fangemeinschaften geben eigene Zeitschriften heraus, die *Fanzines* (Kombination von '*Fan*atic' und 'maga*zins*'). Diese Zeitschriften mit oft sehr kleinen Auflagen, oft noch handschriftlich verfertigt und im Umdruckverfahren hergestellt, in den Kreisen der Fangemeinschaften postalisch, neuerdings auch über Internet und E-Mail verteilt, bieten heute eine Fülle von authentischen Äußerungen und neben aktuellen Informationen genaue Hinweise auf die Qualität neuer Fan-Produkte, die viele Fanzines inzwischen ihrerseits zu einem Kultgegenstand haben werden lassen. Diese breite Streuung und damit Verdichtung von kulturellen Szenerien findet sich allenthalben. Neben den Fanzines, die jenseits auflagenstarker Zeitschriften sich etablieren, zeigt sich auch eine wachsende Bereitschaft der Fans, nicht nur standardisierte Fangemeinden zu erzeugen, sondern auch auf *Neuentdeckung* zu gehen. Dazu gehört die *Refokussierung*, indem beispielsweise die Hauptaufmerksamkeit in populären Serien auf *Nebendarsteller* fällt, häufig Frauen oder ethnische Minderheiten; oder es findet eine Transformation des moralischen Universums der Serie statt, indem die Bösewichte zu den Protagonisten in den Erzählungen der Fans werden. Dabei wagen sich die Fans durchaus in Randzonen vor, sind also auch mit dem Falschbild angepaßter Nachlauferei keineswegs zu identifizieren. Ein Beispiel ist die Produktion pornographischer oder jedenfalls dem kulturellen Mainstream unvertrauter Texte, genannt *Slash*: „Unter *Slashing* werden die Prozesse des Lesens, Kritisierens und Neuschreibens medialer Texte verstanden, die das Ziel haben, homoerotische Beziehungen zwischen männlichen Figuren zu kreieren und zu erkunden. Kirk und Spock sowie Starsky und Hutch sind beliebte Vorlagen dieser kreativen Fanpraxis, der mit Vorliebe Frauen nachgehen." (ebd., 49). *Höhepunkt* der jeweiligen Fangemeinde ist neben den alltäglichen Treffen, wie eben beschrieben, die direkte Begegnung mit dem angezielten Fan-Ereignis: Der Besuch des Konzerts einer Boygroup, das gemeinsame Sehen einer beliebten und von den Fans mit Kennerschaft begleiteten Vorabendserie, aber auch das Entdecken eines 'Stars' in der Menge mit der Herstellung eines Schrei-Ereignisses, mit Zusammenlaufen, Nachrufen, Ansprechen etc. Hier gestalten sich Fans ostentative Höhepunkte. Auffällig ist dabei, daß etwa die weiblichen Besucher von Boygroup-Konzerten ihre Ergebenheit in die Objekte der Begierde mit allen Signalen erprobten Fantums (Augen aufreißen, vor Begeisterung heulen, die Augen schließen etc.) ausüben, aber diese Fan-Ausdrucksmuster zugleich ironisch-augenzwinkernd zitieren - etwa in übersteigerten Ausdrucksformen des Hingerissenseins oder im 'die Hände vor die Augen halten'. Die Fans wissen, wer und was sie sind, und sie fühlen sich längst nicht mehr als nur dirigierte oder dirigierbare Abhängige, sondern sie machen sich im Zweifelsfall sogar zum *Mittelpunkt* von Fanobjekten, die dann nur noch als Anlaß und Anstoß dienen, um die fankulturellen Szenerien dann mit eigenem Selbstbewußtsein und origineller Ausdruckskraft zu beleben. Auf diese Weise entstehen jugendkulturelle Szenerien mit einem hohen Grad von kultureller Autonomie.

Unterwegs-Sein und Heimat-Suchen

Jugendkulturen suchen Bindungen - aber ihre Mitglieder sind auch besonders viel unterwegs. Auch hier gibt es natürlich Traditionen: die Wanderungen der zünftigen Gesellen, Fahrt und Lager der deutschen Jugendbewegung, usf. In den 50er Jahren spielte bei den Beatniks (Kerouac *On the road*), bei Dylan, James Dean, Morrison immer wieder 'the road' eine zentrale Rolle als Metapher (vgl. auch den Namen der Gruppe *Steppenwolf*). Die einsame Hochstraße, die kühle Dunkelheit phantasierter Bars, der

Traum des 'go west' beim Trampen mit den Truckers oder das Traumziel Las Vegas - das Unterwegs-Sein wird zum Symbol für jugendliche Unrast, das Heil liegt anderswo. Gerade in den neueren Jugendkulturen spielt das Reisen eine zentrale Rolle. Die Shell-Untersuchung Jugend '81 ermittelte, daß die Jugendzäsur Führerschein (darüber hinaus über ein eigenes Auto verfügen) besonders wichtig geworden ist. Urlaubsreisen oder Reisen in die Trefforte der Fanszenerien werden von immer mehr Jugendlichen allein (ohne Eltern) oder in Gruppen unternommen, im Schnitt ab 17 Jahren (Mitterauer 50 f). Die Interrail-Tickets der Bahnen werden von immer mehr Jugendlichen benutzt. Die Reise, die klassisch der Erholung oder auch der Bildung diente, wird in den 60er Jahren zum Mittel, neue Länder kennenzulernen, vor allem: *Kontrasterlebnisse* zur 'normalen' Umgebung zu haben. Griechenland wird entdeckt, die Hippies überfallen Kreta und Rhodos; bald kommen Frankreich (Provence), später dann Indien (Poona) und immer entferntere Weltgegenden hinzu. Das jugendliche Reisen ist zu einer Massenbewegung geworden; noch in den 20er Jahren dieses Jahrhunderts waren es vor allem die „Bündischen", die mit Zelt oder besser Kote ihre weiten Reisen in die Einsamkeit Lapplands unternahmen (Tusk, dj 1.11). Was damals noch als Abenteuer einer 'Elite' erschien, ist heute jugendkulturelles Gemeingut.

Das Reisen dient dabei nicht nur dem Erleben von Alternativen oder dem Unterwegs-Sein nach einer in den Raum gesetzten Utopie. *Es wird vielmehr zunehmend zum Selbstzweck.* Die *Hells Angels* donnern mit ihren Motorrädern durch das weite Land der USA; die Rocker benutzen die Motorräder nicht, um ein Verkehrsziel zu erreichen, sondern sich im wörtlichen Sinn 'den Wind um die Nase wehen' zu lassen: das Unterwegs-Sein wird zu einem Bestandteil von Action, zum Wert an sich. Es gewährt ähnliche Intensitäts-Erlebnisse wie etwa das *saturday night fever* nach den vier Beatrhythmen des Rock.

Sieht man von den quartiersgebundenen Arbeitersubkulturen ab, entstehen die anderen Szenen oft gerade aufgrund dieser Mobilität. Berlin wurde zur Jugendszene, nachdem immer mehr Kriegsdienstgegner zum Studium dorthin kamen, um nicht zum Wehrdienst erfaßt zu werden und nachdem Berlin zum 'Mekka' der Drogen, des freien Lebens und alternativer Stile geworden war.

Das mußten die Medien nicht verkünden - es sprach sich in den Szenen viel schneller herum. So sind die jugendkulturellen Szenen häufig garade nicht aus den Einheimischen entstanden, sondern sie mischen sich in ursprungsfremde Areale - vor allem dann, wenn - wie in Berlin - ein subtiles Netz von Straßen und Sträßchen, Hinterhöfen und Hintergebäuden eine Fülle von Schlupfwinkeln und rekonstruierbaren Räumen zur Verfügung stellt.

Unterwegs-Sein ist dennoch kein letzthinniger Selbstzweck. Wir hatten gesehen, daß Jugendkulturen entstehen aufgrund von Fremd- und Selbstausgrenzungserlebnissen. Sie sind also zugleich - Heimat. Dies bedeutet: man muß sich zugehörig fühlen, spüren, daß andere Verantwortung für einen haben und die Chance wahrnehmen, selbst Verantwortung für andere zu tragen. Wenn dies zu ernsthaft und erwachsenen-orientiert ist, so hilft schon die Allgegenwärtigkeit von Mode und Konsum, sich im Ambiente immer neuer Verkleidungen ein Stück zu Hause zu imaginieren, über das man verfügt. Heimat wird so transponiert in die Szene selbst, da die gesellschaftlich bereitgehaltenen Zonen, ohnehin lebenszyklisch different zugänglich, immer weniger 'Eingänge' (in bessere Ausbildungsmöglichkeiten, in 'lohnende' und gewollte Berufe) bereithalten.

3.3 Regelverletzung und neue Kulturbewegung

Die Umwandlung von räumlichen Zonen, in denen viele Jugendliche sich fremd fühlen oder zu denen sie nicht zugelassen werden, in Szenen ist eine fundamentale Voraussetzung dafür, daß Jugendkulturen entstehen können. Abgesehen davon war zu zeigen, daß die Szenen selbst sehr unterschiedlich sein können. Ähnliches gilt für die kulturellen Praktiken, die nun darzustellen sind. Dennoch haben auch sie ein Gemeinsames, das mit den Stichworten „Regelverletzung“ und „neue Kulturbewegung“ bezeichnet sein soll.

Regelverletzung als Weltzerstörung

Eine Szene aus dem Zusammenhang der politisch orientierten Protestbewegung Ende der 60er Jahre. Anlaß: die Eröffnung der neugegründeten Universität Bielefeld. Ort: ein festlicher Saal. *Hermann Lübbe* (1005), an der Gründung mitbeteiligt, berichtet: „Die Menge der Studenten drängte sich, wie damals noch üblich, auf hinteren und oberen Rängen. Das Establishment' wie seit kurzem zu sagen gewöhnlich geworden war, fuhr vor, an der Spitze der Präsident der Republik, sonstige Präsidenten und Exzellenzen in Fülle nebst ihren Staats- und Generalsekretären. Das Städtische Orchester intonierte 'Gaudeamus igitur' in der Brahms'schen Fassung, und nun sollte der Chef der Regierung den Kranz der Reden beginnen. Dazu kam es nicht mehr; denn ein Studentenchor intervenierte lautstark, und zwar im Kontrast zum Frühling, der soeben begonnen hatte, mit Weihnachtsliedern, unter der Leitung des Pfarrers der zuständigen protestantischen Studentengemeinde. Einen Moment lang herrschte zweifel, ob die Angelegenheit nicht unter ästhetische Kategorien zu subsumieren sei; ein Antrag auf Erhebung eines happening-Künstlers zum Staatspreisträger war bei der Regierung nämlich bereits eingelangt. Indessen wurde bald der Respekt vorm anwesenden, weißhaarigen Staatsoberhaupt dominant, und der Polizei wurde Befehl erteilt, die Provokateure vor die Tür zu setzen. So geschah es mit angemessenen Mitteln physischen Zwangs. Für die Störer kam das überraschend - vor allem in moralischer Hinsicht, wie man an ihren vor Empörung erregungsbleichen Gesichtern ablesen konnte. Es war offensichtlich, daß sie vermutet hatten, der Zweifel am Recht zum Gebrauch solchen Zwangs habe die da oben längst erfaßt und werden sie lähmen. Daß diese ihre Vermutung nicht gänzlich gegenstandslos gewesen war, zeigte sich bald. Erschrocken über seinen Mut, gegen den kritischen Eifer politischer Moralisten den Polizeigriff aufgeboten zu haben, dementierte sich der verantwortliche Regierungschef unverzüglich und lud die Provokateure des Präsidenten zum Staatsempfang ein, der dem Präsidenten zu Ehren und zum Ausklang des Tages mit Bier und Hackfleischbrötchen anschließend gegeben wurde.“

Dies ist ein Beispiel für eine bestimmte Art von Regelverletzung. Die Eröffnung einer neuen Universität, die aus öffentlichen Geldern finanziert wird - das ist einen Staatsakt wert. Führende Repräsentanten des Staates sind angemessen zu plazieren, man erwartet angemessene Worte zum Thema - und angemessene Reaktionen. Das sogenannte Establishment zögerte denn auch nicht, diesen 'selbstverständlichen' Regeln zu folgen, wie sie für öffentliche Staatsakte oder Feiern gelten. Anders der studentische Chor. Er sang, völlig unpassend zum Anlaß und zur Jahreszeit, Weihnachtslieder. Dies war eine absichtliche Provokation des feierlichen Staatsaktes, eine Verletzung grundlegender Regeln. Dabei ist hervorzuheben, daß der Protest sich nicht inhaltlich artikulierte - als protestierende Dreinrede -; er hielt sich an den Rahmen der Feierstunde und benutzte statt dessen das formale Mittel, etwas lächerlich zu machen. Damit ist die Auseinandersetzung auf eine Ebene verlagert, auf der sie erst ihren grundlegenden, zugleich unheilbaren Charakter gewinnt. Das politische System wird nicht herausgefordert, indem man nach den Regeln politischen Schlagabtauschs verfährt - etwa wie Regierung und Opposition im Parlament -, sondern indem die der herrschenden Ordnung zugrundeliegenden Verhaltensweisen verletzt werden. *Lübbe* interpretiert die Bedeutung solcher Herausforderungen so: „Der gegen die herrschende Ordnung sich richtende Angriff ist dabei nicht eine direkte Herausforderung ihrer Macht, von der man natürlich weiß, daß sie chancenlos wäre. Die Herausforderung gilt dem Verbindlichkeitsanspruch dieser Macht." (ebd. 1008 f) Indem ein Staatsakt zum Skandal wird, zeigen die Studenten, daß der Kaiser von China eigentlich nackt sei: ein Tabu, das keiner zu brechen wagt, weil die Regeln des Verhaltens für ihn als zwingend gelten. Die Folge solcher Aktionen ist nicht vordergründig darin zu sehen, daß Feierlichkeiten dieser Art, jedenfalls in Milieus, zu denen akademische und andere Jugend Zutritt hat, zunehmend abgebaut wurden, die Professoren beispielsweise ihre Talare auszogen, unter denen der „Muff von tausend Jahren" versteckt zu sein schien. Die eigentliche Wirkung war viel weitgehender: das System und seine Repräsentanten galten nicht mehr als hinlänglich ernsthaft zu nehmen. Ein vielzitiertes Beispiel für ein solches regelverletzendes Vorgehen ist das Verhalten Fritz Teufels vor Gericht, als er aufgefordert wurde aufzustehen. Dies zu tun weigerte er sich zunächst. „Wenn es der Wahrheitsfindung dient" sagte er schließlich - und erhob sich. Die Bemerkung zeigte: das Ritual des Aufstehens ist äußerlich, eine Respektsbezeugung vor einem Gericht, das die Substanz seiner Entscheidungen in der hierarchischen Form des Verhältnisses von herrschendem Richter und untergebenem Angeklagtem ausagiert. Entsprechend hatte Fritz Teufel die Lacher auf seiner Seite, und die Medien hatten wieder eine 'story'.

Die Jugendbewegungen der 80er Jahre mit ihren vielfältigen und widersprüchlichen Ausprägungen lassen sich nicht aus der Revolte der Schüler- und Studentenbewegung Ende der 60er Jahre ableiten. Jugendbewegungen kümmern sich programmatisch kaum um historische Kontinuität. Dennoch ist auffällig, daß auch die neuen Bewegungen, zum Teil sogar radikaler, das tun, was auch im eben diskutierten Beispiel geschehen ist: den Verbindlichkeitsanspruch etablierter Rituale (in Politik, in der Öffentlichkeit, im Fernsehstudio, beim Militär etc.) herauszufordern: weniger durch direkte Auseinandersetzung, sondern mit ihrer Desavouierung. Die Zürcher Bewegung der frühen 80er Jahre mit ihrer Pflasterpoesie, einer Mischung aus Provokation, Aggression, Sprachgefühl und Nonsens ist da ebenso zu nennen wie die Punkbewegung mit ihrer Ästhetik des Häßlichen. Sätze wie „Du hast keine Chance, also nutze sie“ oder „Wir haben nichts zu verlieren außer unserer Angst“ oder „Verbrenn die Alten, mach' Randale“ sind in ihrer je unterschiedlichen Art jedenfalls nicht geeignet, von der Mehrheit akzeptiert zu werden. Dieses Mittel der Lächerlichmachung findet sich in dem in jugendkulturellen Szenen besonders geschätzten „endgültigen Satiremagazin Titanic“, etwa in den „Briefen an die Leser“ (auch hier Umkehrung üblicher Verfahren: 'Leser' schreiben sonst an ihre Zeitung!). Hier werden Politiker oder Prominenzen lächerlich gemacht, indem man sie beim Wort nimmt, ohne ihnen devoten Respekt zu erweisen. Ein beliebiges Beispiel (Juni 1998, 7): „Auch Sie, Hillary, müssen da was verwechselt haben! Es kann doch nie und nimmer um Ihren Schoßhund Buddy gegangen sein in der eidesstattlichen Erklärung der Kathleen Willey vor dem Clinton-Untersuchungsausschuß: Frage: Hat er jemals versucht, eine von Ihren Händen auf irgendeinen Teil seines Körpers zu legen? Willey: Ja. Frage: Bitte beschreiben Sie das! Willey: Er hat meine Hände auf seine Genitalien gelegt. Das schafft der geilste Labrador-Rüde nicht, das war schon Mr. President himself. Mensch,

Hillary! Sie haben den falschen Hund kastrieren lassen! Wir warten auf Nachbesserung!
Titanic."

Hier liegen nicht Satire oder Persiflage im hergebrachten Sinne vor, und schon gar nicht handelt es sich um eine Art von Humoreske. Vielmehr wird ein Gazetten-Geplapper, -Geplauder und -Gegeifer mit gespielt-pornographischer Underdog-Attidüde aufgenommen, indem die Verdächtigungen gegenüber dem amerikanischen Präsidenten Clinton, er habe sexuelle Kontakte vor, während und (nach?) seiner Ehe gehabt, aufs „Geilste" aufgenommen und verballhornt werden, indem die Anklägerin Willey und der Hausrüde Buddy in ein Verwechselspiel geraten, das Hillary, der treuen Präsidentengattin, unterstellt wird: als „geilster Labrador-Rüde", der schließlich der Präsident selbst sein muß, der Schoßhund Buddy nicht sein kann - eine Aufgabe für die umtriebige Hillary, hier etwas richtigzustellen. Die angesprochene Hillary ist natürlich keine Leserin von Titanic: der Double-Talk ist zum Vergnügen derer, die Leser sind, und das sind die, die des Ernstnehmens mit gravitätischem Gestus überdrüssig sind und in neuen Wortspielen die pseudo-moralische Welt in Unordnung geraten lassen.

So entwickeln sich zunehmend Kommunikationsmuster, die in der offiziellen und öffentlichen Kommunikationskultur keine Geltung haben. Gemeint sind Verfahren der Artikulation, die sich nicht an offiziellen Orten realisieren und auch nicht die offizielle Sprache benutzen, diese vielmehr destruieren. Ein Beispiel ist das Spiel mit der Aufforderung anläßlich einer Bundestagswahl an die Kommilitonen, sich an ihr nicht zu beteiligen. Dieses Motto fand sich auch in einem Fahrstuhl der Universität Bielefeld eingeritzt: „Boykottiert die Wahl!" Zunächst fügte jemand ein „i" ein. Dagegen wurde die Aggression verschärft: „Die Wahl", im Ausgangs-Spruch ernst genommen, wird zu etwas Lächerlichem: sie wird „koitiert", der Unterleibssphäre zugewiesen. Weitere Sprachbastler entschärften dann den aus den Zeiten der Studentenrevolte stammenden aggressiven Sinn der Notiz. Hinter „Boy" wird ein „s" eingefügt, und „Die Wahl" durchgestrichen. Aus einer politischen ist eine sexuelle Parole geworden: „Boys koitiert!" Damit ist auch der politische Anspruch lächerlich gemacht - vielleicht von einem jungen Manieristen oder Hedonisten.

An vielen Hochschulen sind die Toiletten Orte geworden, an denen nicht nur Fäkalisches und Pornographisches zu lesen ist, sondern wo auch Fragen persönlicher Befindlichkeit oder politische Einstellungen behandelt werden (dazu: Baacke, in Müller 1985). Eine psycho-soziale Verunsicherung führt zu Legitimationsschwund. Dabei werden geltende Inhalte dadurch verletzt, daß man die Formen angreift, in denen sie sich darbieten. Weitergehend noch ist das Verfahren, sich gängigen Kommunikationsmustern ganz zu entziehen, in die Sprachlosigkeit abzuwandern. Diese Techniken, in der inzwischen eher klassisch gewordenen Studentenrevolte begonnen, haben als ihr vielleicht wichtigstes Ergebnis überdauert, unabhängig vom politischen Gehalt. Der Rückzug von Jugendlichen in Landkommunen, die Suche nach „alternativen Lebensformen", aber auch die Punk-Provokation oder die Verherrlichung von Glanz und Glamour zeigen, daß die Akzeptanz geltender kultureller Formen und Ausdrucksmodalitäten umstritten ist.

Das Handlungsmuster *Provokation* findet sich auch international. *Bill Haley*, *Elvis Presley*, *die Beatles*, *die Rolling Stones*, *die Sex Pistols* - wohin man blickt, fühlt sich eine geltende kulturelle Übereinkunft immer wieder zur Abwehr herausgefordert. Ein Beispiel für harte Provokation ist auch der Glam-Rock. Wenn die Gruppe *Roxy Music* in Nazi-Uniformen auftritt, *David Bowie* singt „Hitler was the first super star. He really did it right" oder die *Deutsch-Amerikanische Freundschaft* die Teenies auffordert „Tanz den Adolf Hitler/ Tanz den Mussolini", so verbergen sich dahinter keine politischen Stellungnahmen, sondern ein an die Grenzen gehendes provokatives Spiel mit der Allverfügbarkeit längst abgearbeiteten Sprachmaterials. Wohlformulierte Gesinnungen, ostentativ vorgetragene Überzeugungen, demonstriertes Engagement für oder gegen eine Sache sind, so lehrt uns die Bewegung, ebenso verbraucht wie Waren, die sich abnützen. „Alles ist Plastik, darum sei auch du falsch": dieser Spruch formuliert ein jugendliches Anti-Credo.

Die Ethnomethodologie hat darauf aufmerksam gemacht, auf welche Weise wir das Selbstverständnis und die Selbstverständlichkeit der Welt, in der wir leben, konstruieren. Sie bemüht sich, hinter geäußerten Sätzen oder einzelnen Handlungen die Kategorien und Regeln aufzudecken, die ihnen zugrundeliegen. Soziale

Erscheinungen sind keine Sachen, die man beispielsweise mit naturwissenschaftlichen Verfahren möglichst objektiv untersuchen kann. Dies hinterginge die Tatsache, daß es bestimmte Konstruktionsregeln sind, nach denen wir unsere Erlebnis- und Handlungswelt konstruieren, und diese sind veränderbar. Indem wir reden, stellen wir reflexiv etwas dar: uns und das, was wir meinen. Äußern wir „Engagement“ oder „Gesinnung“, so handeln wir beispielsweise nach der Regel: „In der politischen Diskussion muß man in der Lage sein, begründet Positionen zu beziehen und diese durchzusetzen. Wer politisch fortschrittlich ist, engagiert sich für die Unterdrückten und Armen, analysiert ihren Zustand und pocht auf Veränderungen. Dies macht ihn politisch glaubwürdig und sein Programm, wenn schon nicht immer durchsetzbar, so doch diskutierenswert und ehrbar.“ Wenn gegen solche Grundüberzeugungen verstoßen wird, indem sie spielerisch zur Verfügung stehen und in Form von Neu-Kombinationen in andere Sinnzusammenhänge hinein montiert werden, wird die Welt der Übereinkünfte, nach denen wir handeln, zerstört. Während eine gegenteilige Meinung argumentativ 'abgearbeitet' werden kann, sind Demontagen der Grund-Regeln, nach denen wir unsere Rede- und Handlungs-Dokumente 'bauen', zugleich eine Zerstörung der Welt, in deren Selbstverständnis wir leben. Wie dünn die Wände unserer Wirklichkeit sind, zeigen die Regelverletzungen Jugendlicher, und offenbar wird auch deshalb so verwirrt oder hart auf sie reagiert. Urteile wie „typische jugendliche Unreife“, „pubertäre Albernheit“, „gesinnungsloser Zynismus“ oder ähnliches sind schnell bei der Hand. In ethnomethodologischer Sicht handelt es sich hier aber nur um Abwehrhaltungen gegenüber den Versuchen, bestimmte kulturelle Übereinkünfte einfach nicht mehr gelten zu lassen - und damit die Welt, in der wir uns, scheinbar selbstverständlich, bewegen. Für die Punks war und ist nichts mehr selbstverständlich, weil sie wissen, daß auch ein „überzeugter Antifaschist“ ein rigider Moralist und psychischer Erpresser sein kann, ausseiend auf die Herrschaft *seiner* Moral in seiner Person. Die Regelverletzung, indem sie mit unserem standardisierten und tradierten Konventionen spielt, ist die Methode jugendkultureller Suche nach anderen Welten und Welt-Definitionen.

Abgedreht und richtungslos

Inzwischen haben sich jugendkulturelle Ausdrucksweisen durchgesetzt, die als 'Regelverletzung' zu etikettieren deswegen unangemessen wäre, weil die neuen Ausdrucksformen jenseits allen Anspruchs sind und selbst dem deutungsstimulierten Kulturkritiker oder Kulturpädagogen das Heft aus der Hand gleiten läßt. Hier versagt die Kategorie des sogenannten guten Geschmacks vollständig, und niemand sollte willens sein, hier mehr zu suchen als die völlig abgedrehte Sinnlosigkeit, die deswegen auch keine 'Sinnverweigerung' oder ähnliches darstellt. Es ist das Schweigen, das sich über Worte, Sätze und Szenen artikuliert.

Einige Beispiele: (1) Der Technosong „It's cool man" besteht aus gesampleten Elementen der Milka-Werbung. In ihr tritt ein alter 'bodenständiger' Schweizer auf, der für ein neues Schokoladenprodukt wirbt. Im Kontext der Übertechnisierung des Sounds, der Zerhackung der Werbe-Melodie und im Zerrinnen des Slogans ergibt sich eine Mischung aus Werbung und Medien und Post-Rockmusik im Techno-Gewand, das nichts darstellt als die reine Verhohnepipelung in der Durchmixung aller Genres und möglichen Expressionen. - (2) Während *Harald Schmidt* noch nach Pointen stochert, verzichtet *Helge Schneider* darauf, etwas auszusagen, was mehr sein könnte als der Leerlauf trivialster Sätze, die gerade wegen ihrer absoluten Pointenlosigkeit, im Signum perfekten Blödeltums also, jugendliches Publikum zum Lachen und Jubeln bringen. Da ist selbst die Satire in ihrem guten Willen, etwas auszusagen, längst an sich selbst erstickt. Ein anderes Beispiel ist der Moderator *von der Lippe*, der mit seiner Sendung 'So isses' einen Slogan geformt hat, der in seiner letzthinnigen Perfektion jenseits aller Aussagenhaftigkeit die letztmögliche Feststellung über das Leben darstellt. - (3) Die Popband *Die Doofen* gibt eine neue CD heraus mit dem Titel „Lieder, die die Welt nicht braucht". Natürlich ist das *fast* eine Pointe, aber wer den Titel beim Wort nimmt, wird nach dem Anhören der CD zu dem Urteil kommen, daß sie wirklich ein überflüssiges, weil in keiner Weise, weder ästhetisch noch sozial noch sonstwie weiterbringendes Produkt sei. In diesen Kontext gehören auch - neben dem Bekenntnis zur 'absoluten Doofheit' - der Umgang mit Four-Letter-Words aller Art, die aber längst keine Provokation mehr darstellen, und das Herbeizitieren von Häßlichkeit und eher unappetitlichen Vorstellungen, wie etwa in dem Poplied: „Nimm mich jetzt, auch wenn ich stinke ...“ oder „Ich bau Dir ein Haus aus Schweinskopfsülze“ oder „Es geht ein Pullunder auf Reisen ...“. Da wird zitiert, montiert, angespielt, jenseits des Bösen oder des Guten die Leere der Mitte des Nichts-Aussagens - nein, nicht zum Programm gemacht, das wäre wieder falsch: Das Blödel blödelt sich selbst. Wenn noch ein ästhetisches Sprach- und Sprechbewußtsein da ist, wird es doch derart verbogen, daß ein sonst der Sinnsuche nachspürender Deutschlehrer hier keine für ihn erträglichen und damit irgendwie bearbeitbaren Materialien mehr findet. Es ist die *Feier des Trash*, der die gesamten Sprüche, Witze und Provokationen gleichsam noch einmal durch den Wolf dreht und droht, daß der letzte Hauch von Sprachwitz abgeschliffen ist (man beachte die mißlungene Metapher). „Die angefahrenen Schulkinder“ erfreut mit „Tötet Onkel Dittmeyer“ die Fans seiner Comedy-Gruppe, im Vergleich zu denen *Mr. Bean* immer noch Anzeichen verspotteten englischen Kleinbürgertums im Motivstrang des Hagestolz-Komikers andeuten könnte. Nichts ist heilig, aber auch nicht unheilig, und darum kann nichts mehr verboten sein. - (4) Die ziellose Absichtslosigkeit wird auch durch die 12- bis 16jährigen Kids, die sich als Kelly-Fans outen, sehr deutlich: „Es sind immer diejenigen, die die bereits erwähnte gepflegte Nachlässigkeit unter Umgehung der *Bravo*-Modeseiten bei meistens mittelgescheiteltem Haupthaar präsentieren. Während ihre Altersgenossen den Trendscouts in die Arme rennen und die aus solchen Kollisionen entstehenden Trends tragen müssen, wird die Normalität des Outfits der Fans zur *dritten Härte* des Phänomens Kelly Family: Es widersetzt sich aller Markentreue, benötigt keine Designerjeans, Kurzhaarfrisuren und auch nicht den monatlichen Neuerwerb von 200 DM-Turnschuhen oder von T-Shirts, die erst von 80 DM an aufwärts Ravetauglichkeit erlangen. Aber gerade dadurch sind sie klarer erkennbar als fast alle anderen Jugendphänomene. Bei Punk war es ähnlich, mit dem einzigen, aber markanten Unterschied, daß sich das Punkoutfit aktiv gegen die damals herrschenden Outfitvarianten richtete. Das Outfit der Kelly-Fans richtet sich gegen nichts.“ (Lau 1997, 232)

Diesen abgedrehten Tendenzen der richtungslosen Absichtslosigkeit entspricht, daß diese Art jugendkultureller Kultur auf nichts mehr insistiert, auch nicht auf sich selbst und seine Unterschiedenheit, etwa zur 'Erwachsenenkultur'. Wer etwa den Pop-Sender (Eins live/WDR 1) hört und die täglich eingehenden E-Mails, Faxe, Briefe und Telefonate mit ihrer Mischung aus Science Fiction, Sprüchekulturen, persönlichen Herzseufzereien und Schulanklagen, der bekommt eine Ahnung, daß diese Art von Subversivität für die meisten unverständlich, damit unzugänglich ist und gerade dadurch dann doch wieder eine Kult-Gemeinde des absolut gesetzten Blödelns aufbaut, die derart fern von kulturtheoretisch faßbaren Diskursen ist, daß hier vielleicht die *gemeinsten* Provokationen jenseits von Punk, Rock und Techno entstehen - weil sie absolut keine sind.

Kultur, kultiviert, Geltung: Neue Tendenzen

„Kultur" emanzipierte sich als Beschreibung eines eigenständigen menschlichen Zustandes erst in der Neuzeit. Samuel Pufendorf begriff den Naturzustand nicht mehr als paradiesischen Urzustand Adams' sondern nach Hobbes als glücklosen Zustand außerhalb der Gesellschaft, die dem Status naturalis den *Status kulturae* entgegensetzte (Perpeet). Damit begründete er die moderne Kulturphilosophie, die Kultur versteht einmal als Werk des Menschen (ergologisches Sinnmoment), zum anderen als durch gesellschaftliche Anstrengungen, also soziale Gruppen realisiert (soziales Sinnmoment). Wie Marx später akzentuierte: Kultur entsteht erst durch Aneignung von Natur, und dies leistet menschliche Arbeit. *Herder* schließlich führte als drittes Sinnmoment die Historizität hinzu. Er sprach nicht nur von „Kultur", sondern auch von „kultiviert" als Ergebnis eines kulturellen Lernprozesses. (Hierzu und zum folgenden: Perpeet 1309ff)

Trotz der Entdeckung der Geschichtlichkeit jeglicher Kultur (als Werk des Menschen) hat die neuzeitliche Kulturphilosophie bis in die 20er Jahre dieses Jahrhunderts hinein „Kultur" normativ verstanden. Die Kultur der Jetztzeit wurde jeweils an Idealen gemessen (der Antike, den „Griechen", der „Klassik" als kultureller Hochblüte eines Landes etc.). In der „Kultur sollte sich der Sinnzusammenhang gesellschaftlicher Ordnung immer wieder neu vergewissern - durch Tradierung dessen, was galt und gelten wird". So sprachen etwa die Philosophen *Windelband* und *Rickert* von „Kulturgütern" und meinten damit wertbehaftete reale Objekte und Sinngebilde. Der jeweilige Wert galt als vorab (Tradition,

Kanon, Naturrecht, historisches Selbstverständnis, hermeneutische Erschließung) festgestellt und definiert. Jede Art gesellschaftlicher und politischer Kultur ist insofern ein historisch begründbares Überlieferungsgeschehen.

Es ist alltägliche Erfahrung, daß wir „Kultur" jetzt nicht mehr durchweg derart verstehen. Insofern sie historisch wandelbar ist, kommen *neue Tendenzen* hinzu, die statt von allmählicher Veränderung eher von der Notwendigkeit grundlegender Neuorientierung sprechen lassen. Hierzu fordern die Jugendkulturen auf - wie sich zeigen wird, allerdings in der Form *ihres* Diskussionsprozesses, denn sie bieten kein Ergebnis an. Einige Punkte der Auseinandersetzung:

1. Walter Benjamin hat auf die technische Reproduzierbarkeit des Kunstwerks hingewiesen. Nachdem das als einmalig vorgestellte Kunstwerk seine Aura nach dem Entstehen von Fotografie und Film verloren hat, ist es der „zerstreuten Rezeption" von Massen ausgeliefert. Der Film wird *kollektiv* rezipiert. Damit können sich die Zuschauer gegenseitig kontrollieren, es können ein eher kulinarisches und ein kritisches Interesse zusammenfallen (*Benjamins* Paradebeispiel sind die Filme Chaplins). Die postauratische Kunst wird durch Technik bestimmt. *Benjamin* hoffte, auf diese Weise eine wirklichkeitsnahe, von allen geteilte Kunst heraufkommen zu sehen, die den Sozialismus befördern helfe. Allerdings sah er auch eine Gefahr, nämlich die *Ästhetisierung der Politik* durch den Faschismus (Benjamin 496ff). „Kultur" wird damit als soziale, allgemeine verstanden, die nicht mehr einer Elite vorbehalten ist. Die „neue Sensibilität" der neuen Linken, das Einsetzen von Provokation und *happening*, liegt ganz in dieser Linie Benjamins: „Kultur" ist nicht mehr Selbstsublimation, auch nicht mehr Überlieferungsgeschehen, sondern verwirklicht sich erst im Prozeß sozialen Tuns mit anderen, in der Durchsetzung von Chancengleichheit und Menschenrechten im Rahmen einer gelebten demokratischen Kultur. Das ist die eine Antwort der Jugendkultur, sozusagen die intellektuelle Variante, die auf die entsprechende Diskussion verweist. Aber die Beispiele des Glam-Rock zeigen, daß es andere Antworten gibt, die in ästhetischen Spielen mit varianten Ausdrucksmöglichkeiten jenseits der Alltäglichkeit bestehen.

Auf diese neuen Versuche hin wäre zu fragen, ob die „Ästhetisierung der Politik" (bei den Nazis durch protzig-faschistische Einschüchterungs- und Repräsentativ-Architektur) grundsätzlich abzulehnen ist und, nur weil es das historische Beispiel des Faschismus gibt, von vornherein problematisch. Die ästhetisierende Jugend-Szene ist thematisch und auf den ersten Blick natürlich völlig unpolitisch. Unter der Hand ist sie dies natürlich nicht. Dieses 'unter der Hand' muß jedoch nicht dahingehend ausgelegt werden, daß sie zur Destruktion politischen Engagements beitrage, weil sie sich so a-politisch verhalte. Sie könnte, nicht qua intellektuellem Diskurs, sondern qua Verhaltenshabitus über die Medien Tanz, Ekstase, Intensität, Bricolage, Zitation, Zusammenwür-felung die Konstellation 'ehrenwerter' positionsgebundener Überzeugungen, wie sie sich zunehmend in wenigen Machtblöcken gruppieren, zu unterlaufen suchen mit dem Gestus „diese Welt interessiert mich nicht", ich habe zu ihr allenfalls ein Verhältnis im Gebiet des Lächerlichen. Indem ich selbst lächerlich und nicht ernst zu nehmen erscheine, ein Unterhaltungstyp des Show-Business, wage ich doch den Vorschein eines gesellschaftlichen Zustandes zu inszenieren, in dem der Anspruch des Menschen auf Vergnügen und Spaß, auf Abweichung und Vermischung unterschiedlicher Überzeugungen nicht als Überzeugungs-Diskurs, sondern als Szenen-Arrangement erlebbar gemacht wird.

2. Damit ist die Legitimität einer gesellschaftlichen Kultur einfach qua Überlieferung oder Bestand nicht mehr hinreichend. Ein permanenter Legitimationsschwund hat stattgefunden, wie es zuerst in der Diskussion um „Autorität" deutlich wurde. Diese gilt nicht mehr als vererbbar, sondern muß *erworben* werden, und zwar durch einen Prozeß des Aushandelns zwischen dem, der Autorität (auf Zeit) zu haben beansprucht, und dem, der ihm diesen Anspruch aus Überzeugung, durch Argumente geworben als zurecht gestellt zuspricht. Das „bessere Wissen", die „gründliche Übersicht" - dies sind alles Vokabeln, die zuletzt einer Systemrationalität dienen, auf die nur die „endgültige" und endzeitliche Satire Antwort geben kann. Dies muß nicht bedeuten, daß es keinerlei Übereinkünfte, keine gemeinsam geteilten Grundwerte mehr gibt. Nur: wenn diese stilistisch nicht mehr glaubwürdig vermittelt werden kön-

nen, sind sie selbst am Verschwinden. Ein Beispiel ist dafür die demonstrative Tierliebe vieler Menschen und ihre Gleichgültigkeit gegenüber den schändlichen Bedingungen, unter denen viele Kinder heute aufwachsen müssen. Wenn aus der Jugendkultur tönt „schlachtet eure liebsten Tiere und eßt sie am Weihnachtsabend", mag dies ebenso geschmacklos' erscheinen wie der Ratschlag „zieht eure Kinder über die Tischkante, damit sie wissen, was ihnen bevorsteht". Aber letztlich könnte es sich um den Zynismus einer radikalen Verzweiflung handeln, um das Mißtrauen gegenüber einer Festtags-Humanität, die alltäglich widerlegt wird, weil sie *de facto* gar nicht gilt. Die Provokation ist „ätzend" - aber nur, wenn die Wunden schmerzen, können sie heilen.

3. Rituale werden entsprechend unzuverlässig. Tabus sind entauratisiert und damit verletzbar. Gleichzeitig bricht damit die Grenze zwischen Professionellem und Amateur, die Differenz der Positionen zusammen. Auch dies ist umstritten, aber als Streitpunkt geschichtsmächtig, möglicherweise: einerseits wird Politik immer mehr zur Profession, die sich entsprechend nach Regeln professionellen Handelns zu richten hat; andererseits zeigen Bürgerinitiativen, Hausinstandbesetzer, aber auch dreitägige Rock-Festivals auf je unterschiedliche Weise, daß es eine Vielfalt von Ausdrucks- und Teilhabe-Möglichkeiten gibt - aber eben (bisher) in einer anderen Welt, an der auch die Jugendkulturen teilhaben, gerade sofern sie kulturell-ästhetische Ausdrucksmodi in ihrer *Art* in die Höhe treiben.

Kultur und Legitimationsinstanzen

Über den Zusammenhang von Kultur und Legitimation war schon gesprochen. *Bourdieu* hat darauf aufmerksam gemacht, daß das Verhältnis von Kultur, Gesellschaft, sozialen Gruppen und einzelnen sich nicht nur qua Interaktion regelt, sondern ebenso vergesellschaftet und institutionalisiert ist wie (fast) alle anderen Beziehungen, die zwischen den vielfach ausdifferenzierten Systemen moderner Gesellschaften bestehen. Eine „Kultur" wird um so höher geschätzt, ist um so weniger angreifbar und stabil, je anerkannter die Instanzen sind, die sich ihr deutend, interpretieren, kritisierend, entwerfend etc. zuwenden. Dies geschieht durch die Legitimations*instanzen*, Institutionen und Personen also, die das Verhältnis von Kultur und Glaubwürdigkeit regeln. So könnte man sagen, daß „die Welt der Oper“ eine spezifische Kultur sei: es gibt „Opernfans“, „Bayreuth-Pilger“, kurz: eine begrenzte Menge Menschen interessiert sich für eine bestimmte kulturelle Ausdrucksart, die starke Traditionen in der Vergangenheit hat und Mühe, ihre „Welt“ in die Modernität fortzusetzen. Man könnte pointiert von einer gesellschaftlichen „Teilkultur“ sprechen, nämlich der der Oper. Sie ist ebenso stark ästhetisch orientiert wie beispielsweise der Glam-Rock (um bei diesem Beispiel zu bleiben). Auch, wenn es sich um unterschiedliche musikalische Sphären handelt, sind die strukturellen Ähnlichkeiten hoch. Dennoch gibt es einen ‘praktischen’ Unterschied: die Teilkultur der Oper wird öffentlich subventioniert, Rock-Konzerte werden es nicht und fallen häufig noch jetzt unter die Vergnügungssteuer. Denn sie stellen keinen kulturellen Beitrag dar, sondern sind eine Art Massenamusement für häufig noch pubertierenden Zuhörer. Diese *unterschiedliche* Behandlung ist letztlich nicht auf eine *im Grad* unterschiedliche ästhetische Qualität zurückzuführen, sondern darauf, daß die Oper als Legitimationsinstanz nicht nur Komponisten, Orchester, Repetitoren und eindrucksvolle Opernhäuser zur Verfügung hat, sondern auch ein kritisches Feuilleton sowie die Musikwissenschaft an den Hochschulen, die die Oper als legitimen, wichtigen (wenngleich möglicherweise nicht zentralen) Gegenstand ihres Curriculums betrachtet. Glam-Rock hat als Legitimationsinstanz allenfalls die Szene, die Szenen-Magazine und die Rockkritiker, die aber selbst der Szene angehören oder an ihrem Rande siedeln. Es gibt keine gesellschaftlichen Institutionen, die den Glam-Rock, Rock und Pop überhaupt als einen kulturellen Beitrag öffentlich und anerkannt diskutieren, kritisieren, Auseinandersetzungen provozieren. Bourdieu hat eine Systematik versucht und unterschiedlichen kulturellen Hervorbringungen unterschiedliche Legitimationsinstanzen zugeordnet, wie Abbildung 7 zeigt.

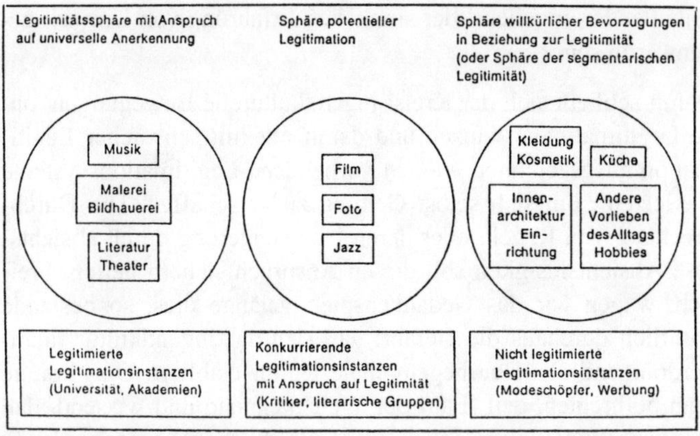

Abb. 7: Bourdieu, P., Zur Soziologie der symbolischen Formen, 1970, S.109

Dieses System im einzelnen zu diskutieren, ist hier nicht der Ort (man könnte Zuordnungen ändern, Kulturbereiche und Legitimationsinstanzen ergänzen); deutlich wird nur; daß, je höher die Legitimationsinstanz angesiedelt ist, sie den Objektbereich, den sie vertritt, um so wirkungsvoller kulturell etablieren kann. Auch die sogenannte *Soziokultur* oder *Alltagskultur* (von Schützenbruderschaften und das noch aus den Zünften gewachsene Vereinswesen bis zum Straßentheater, Mitspieltheater; Kindertheater) besitzt in den Kulturhaushalten der Gemeinden eine Randstellung, weil entsprechende Legitimationsinstanzen fehlen oder, sofern sie vorhanden sind, nicht die Macht haben, diesen Bereich nicht als *Konkurrenz* zu anderen Kulturbereichen, aber doch als gleichberechtigt und kulturell ebenso ertragreich zu „legitimieren". In diesen Zusammenhang gehört auch die Feststellung in den Birmingham-Studien, eine „hegemoniale Kultur" der Mächtigen und Kontrollierenden herrsche über die Arbeiter-Subkultur und ihre jugendkulturellen Ausprägungen, die damit in den Untergrund abgedrängt werden. *Raymond Williams* hingegen betont die zumindest partiell autonome Kulturproduktion des englischen Proletariats, z.B. im Bereich der gesprochenen Sprache. Kultur; so ist seine Überzeugung, sei nicht schriftlich, sie werde vor allem *gelebt* und müsse nicht nur in ästhetisch geballten und verdichteten Ausnahme-Situationen, sondern als alltägliches Element des

Miteinanderumgehens, der sinnlichen Erfahrung von Umwelt gegenwärtig sein.

Damit schließt sich der Kreis: jugendkulturelle Bewegungen, ohne Legitimationsinstanzen und damit nur mit schwacher Legitimation ausgezeichnet, *müssen* vorhandene Legitimationssysteme 'verletzen', um sich selbst Geltung zu verschaffen. Die Durchbrechung von Regeln oder deren Übersteigerung durch absichtslose Absichtslosigkeit soll diesen Anspruch sichern helfen. Freilich, wagen wir das Gedankenspiel: gelänge dies, so bestände natürlich durchaus die Gefahr; daß sich die Jugendkultur raumverdrängend als neue hegemoniale Kultur etabliert. Dies könnte man befürchten, den 'Lauf der Welt' kennend und wissend, daß Herrschaftspositionen (auch im Kulturbereich) ausgewechselt, aber nicht grundsätzlich abgeschafft werden können. Es könnte aber auch sein, daß die Jugendkultur, sensibel (weil verletzlich und verletzt) in Sachen Gleichberechtigung und allgemeiner Partizipation, selbst pluralistisch und sich pluralisierend, auch der etablierten Kultur ihren Platz läßt, ja, sich mit ihr verbindet. Letzteres ist eigentlich seit jeher der Fall gewesen. Ein Beispiel für den Versuch, ein *kulturelles* Gegenmilieu zu bilden, bildete die Nachkriegs-*d.j.* (eine bündische Gruppe aus den 20er Jahren unter *Tusk*) dadurch, daß sie auf Traditionen zurückgriff, die nichts mit der Wandervogel-Ästhetik, aber auch nichts mit der Plüsch- und Nierentischästhetik der 50er Jahre etwas zu tun hatte: „Die Ästhetik der Modernität, so wie in den zwanziger Jahren begriffen wurde, war bewußt in die Selbstdarstellung der d.j. 1.11. aufgenommen worden. Der Kunststudent Tusk hatte die betuliche Wandervogelgrafik durch die strenge Bauhaus-Ästhetik ersetzt. Auf sie wurde auch in den 50er Jahren wieder zurückgegriffen, als die neubelebte 'Deutsche Jungenschaft' nach ihrem unverwechselbaren Stil suchte, zu dem unter anderem die konsequente Kleinschreibung gehörte. Der gymnasiale Zeichenunterricht im Zeichen von Bamberger Reiter und Gips-Apoll verblaßte völlig neben den grafischen Übungen nach konstruktivistischen Modellen, der sterile Musikunterricht der Schule war vergessen, wenn an den Gruppenabenden Orffs' Carmina Burana' geprobt, wenn komplizierte rhythmische Figuren entwickelt wurden. Mochte sich die intensiv betriebene ästhetische Praxis auch mit einer merkwürdigen Aura des Erlesen-Avantgardistischen umgeben, so stellte sie dich den ersten Kontakt mit der aus der Schule verbannten Moderne her und schuf die Voraussetzung dafür, daß zeitgenössische Produktionen akzeptiert und verstanden werden konnten. Die Neugier auf Benn und Celan, auf Kafka und Brecht ist zweifellos durch die Schulung in dieser Gruppe beizeiten geweckt worden." (Baier 261) Dies Beispiel aus dem Bereich der deutschen bürgerlichen Jugendbewegung ließe sich um viele andere ergänzen. Die *Beatniks* griffen auf den europäischen Existenzialismus, auf Camus und Sartre, aber auch auf die Tradition der amerikanischen Literatur zurück (Walt Whitman); im 'Swinging London' der 60er Jahre trafen sich in den neueröffneten Bistros und Boutiquen, beispielsweise im *Ad Lib Club* in Soho Schüler der britischen Kunstschulen (die Beatles und Rolling Stones hatten hier ebenso gut ihre Verbindungen wie viele Punks), Popgruppen, Modedesigner; Maler; Fotografen, Filmstars, Popartisten: „The gallery gesture of American Pop Art Jasper Johns' flag paintings was translated into the media effect of a Union Jackjacket hanging from the skinny shoulders of Pete Townshend of the Who. Old hierarchies were disturbed, disrupted by images drawn from daily life. 'Art' was absorbed within the profane languages of the popular media. Derek Boshier's Barbertoles and Peter Blake's Targets formed the weekly devor of *Ready, Steady, Go*, the pop Art lesson that the 'synthetic' and the 'artificial' culture and pop music (Wellcort in the Who's Pan to interchangeable, 'plastic', appearences: 'Substitute')." (Chambers 82) Es gibt Berührungspunkte der Sex Pistols und der Punkbewegung mit Dada (ebd. 181), und auch in der Bundesrepublik berührten sich Punk und Kunst; so veranstaltet Peter Fallnauer am 20. April 1978 in seiner Galerie eine Art Punk-Art-Ausstellung (Osterwold 59) - und so weiter. Auch innerhalb der jugendkulturellen Szenen finden sich produktive Mixturen, die mit dem neuen Stichwort *Multimedia* bezeichnet werden könnten, also dem Versuch, verschiedene Vercodungen (am folgenden Beispiel: Sound und Film) zusammenzubringen. So fuhr der Rapper *Ahearn* in die South Bronx (als Weißer eine risikohafte Unternehmung), wurde mit anderen Hip-Hop-Künstlern bekannt und realisierte den Entschluß, einen Film über Hip-Hop zu drehen mit dem Ziel, viele Originalakteure in das Projekt einzubinden, um auf diese Weise eine Mischung aus Spiel- und Dokumentarfilm aufzubauen, der den Rap dennoch nicht nur als Gegenstand der Darstellung hatte, sondern als präsentes und präsentierbares Ausdrucksprodukt. Auch hier mischten sich die Szenen: Die Hauptrolle spielte dann etwa die 21jährige Graffiti-Legende Lee Quinones (im Film „Zoro“ genannt). Neben Rap-Acts traten verschiedene Sprayer auf, die *Fantastic Freaks* zeigten Performances, die *B-Boys* von der *Rock Steady Crew* und die *Electric Force Dancers* breakdanceten, und die DJs Grandmixer *D.S.T.*, Grandmaster *Flash* und DJ *Theodore* waren im Film zu sehen. Auch das Scratchen, für viele bisher nur ein Soundeffekt, konnte nun visuell vergegenwärtigt werden. Auf diese Weise bildeten Rapper, DJs und Graffiti-Künstler eine ästhetische und diskursive Einheit. Plausibel gemacht werden sollte beispielsweise die Verwandtschaft zwischen Graffitis und Breakbeats. Die Semantiken der Körpersprache, des Sprechens, der Graffiti, des Sounds und des Scratchens sollten so eine Synthese produzieren, in der nicht mehr eine Kunst gegen die andere ausgespielt werden konnte. Gerade im Zeitalter des Mediums Video, zunehmend dann auch mit den neuen Simulationsmöglichkeiten im Computer werden hier immer neue Ausdrucksmittel kombiniert, die an avantgardistische Kunst erinnern könnten, handelte es sich nicht (das eben gebrachte Beispiel macht dies hinreichend deutlich) um Jugendszenen aus dem Alltag, dessen Ansprüche keineswegs darin bestehen, eine kulturelle Rechtfertigung durch Abgrenzung zu suchen.

Amalgamierungen, Befruchtungen, Anregungen sind möglich, historisch und gegenwärtig nachweisbar; sie werden nur behindert durch falsche Kulturpostulate und ungerechte Machtverteilungen, die den ästhetischen Beitrag der Jugendkulturen gar nicht wahrnehmen lassen. Dabei ‘legitimiert’ sich letztlich das, das neue inhaltlich und formale Gestaltungsmöglichkeiten hervorbringt und seine Art von Authentizität so artikuliert, daß die ästhetische Kriteriendiskussion nicht zur Ruhe kommt. Die Jugendkulturen können dazu beitragen.

3.4 Mode, Konsum, Oberfläche: Stil und Bricolage

Der letzte Durchgang durch „zentrale Elemente der Jugendkulturen“ wendet sich einem Bereich zu, der sicherlich am umstrittensten ist, in seiner Entwicklung am wenigsten abgeschlossen - und m.E. am interessantesten. Im Bereich von Konsum und Mode unterscheiden sich auch die Jugendkulturen relativ stark; so kann man den sogenannten Protestbewegungen und Alternativ-Szenen attestieren, daß sie nach Distanzierung streben. Insofern bleiben sie 'konservativ', weil sie nach Übereinstimmung von Tradition (in ihren Reihen), außen und innen trachten und auf Konsistenz in ihrer Argumentation aus sind. Dennoch, ein Hauch des Mondänen und Verruchten aus den neuen, anderen Szenen dringt auch zu ihnen herüber; Mitte der 80er Jahre lösen sich generell die Zementsockel von 'Standpunkten' langsam auf, zerbröckeln. Die Feier der 'Oberfläche' ist, dies sei einleitend vorweggenommen, keineswegs 'oberflächlich': es handelt sich eher um die schon im Abschnitt „Regelverletzung und neue Kulturbewegung" dargestellte Tendenz, den alles durchdringenden kapitalisierten Konsum und die mit ihm einhergehenden Mode-Tendenzen nicht kritisch zu analysieren, larmoyant zu beklagen, sondern - in einer Zeit, da auch Jugendliche, im Vergleich zu anderen Epochen gesehen, über relativ viel Subsistenzmittel verfügen - die Linien sozusagen zynisch bis an ihre Grenzen auszuziehen: „Das ist das Schöne am Kapitalismus, die schämen sich doch wegen ihrer Kapitalmaximierung, und die klappt sowieso nicht, darum gibt es Discountpreise und für uns ganz tolle Sachen, und außerdem machen die sowieso immer mehr, was wir wollen, denn sonst gehen sie pleite" - O-Ton eines freizeitpunkigen Gymnasiasten.

Solches Selbstbewußtsein, darauf ist hinzuweisen, teilen freilich nicht alle Jugendlichen. Sie befinden sich in *Problemsituationen* und suchen Auswege, die zumindest zweideutig sind. In den Jugendkulturen finden sich zunehmend Ausreißer; arbeitslose Jungen oder von den Eltern alleingelassene Mädchen, die sich durch Prostitution, Drogen und Drogenhandel durchschlagen und in den jugendkulturellen Randzonen Aufnahme finden. Auch die Zahl *alkoholabhängiger* Jugendlicher wird immer größer; das Einstiegsalter ist niedriger; und wieder sind es die jugendkulturellen Szenen, in denen viele dieser halben Kinder Aufnahme finden, denn in bestimmten Cliquen und Milieus ist der Alkoholkonsum (wie andere Drogen) gerechtfertigt durch den Gestus der Verweigerung, wobei die häufig dahinter stehende Verzweiflung leicht übersehen wird. Jugendsekten (nicht: Jugendreligionen!) bieten - einer freilich geringen Zahl - Sicherheit und Schutz in den Zwangsformalitäten einer Gruppe und eines Heilsbringers, der Unterwerfung fordert und dafür die gefürchtete Vereinzelung aufhebt. Okkultistische Bewegungen, die offenbar vor allem auch auf dem Lande aufblühen, sich in den Metropolen in der Gruftie-Szene etablieren, enthalten neben modischem Flair auch Grenzbereiche der Finsternis und Verzweiflung mit der Folge einer Radikalisierung von finsterem Irrationalismus. Jugendkulturen sind keinesfalls gefeiter als andere soziale Aggregate, im Gegenteil: ihre Offenheit, ihre mangelnde Institutionalisierung macht sie zum Einfallstor für viele neue Ideen, aber auch für fast alle Bedrohungen, die die moderne Welt für Heranwachsende bereithält. Die gleich beschriebene Feier der 'Oberfläche' und die stilbildende Geltung von Mode, Konsum (über Stil, Stilisierung und Bricolage) kann diese 'Seitenströme' nicht mittragen. Auch die folgende Darstellung kann sie nicht aufnehmen. Darum war diese 'Zwischenbemerkung' notwendig: würde dies Buch auch die sozialen und psychischen Nöte von Jugendlichen debattieren, wie sie in den Jugendkulturen aufgefangen, zum Teil allererst offenbar werden, müßte es aus zwei Teilen bestehen und einen doppelten Umfang annehmen. Da es aber über Problemlagen von Jugendlichen aus *sozial-* wie *gesamtpädagogischer* Sicht reichlich Literatur gibt, wird diese dunkle Seite der Jugendkulturen hier methodisch abgeblendet. Denn die 'andere Seite des Mondes' wird, zumindest in pädagogischen Debatten, zuwenig als vorhanden in Rechnung gestellt: daß Heranwachsende heute entschieden mehr als früher nicht nur eigene kulturelle Ausdrucksmuster bevorzugen, sondern diese auch allererst produzieren und allmählich gesamtgesellschaftlich verfügbar machen. Würde es nicht als zynisch mißverstanden werden, könnte hinzugefügt werden: selbst Jugendliche in Problemlagen produzieren noch *originelle Lösungen* bzw. zeigen in etikettiertem 'problematischen Verhalten' eindrucksvolle Inszenierungen der Verweigerung und Selbstdestruktion. So hart es klingen mag: vielleicht ist dies für manche (wenn zwar wenige) ein besserer Ausweg als die Klientelisierung, die Aufbewahrung in Heimen mit dem Wegfall aller Bewegungssouveränität, nach der Jugendliche nun einmal streben - und wenn sie geht bis zum „Recht auf den eigenen Tod“. Diese gedankliche Hinzufügung darf deshalb nicht unterschlagen werden, weil sie nicht nur für die pädagogische Wertungsdebatte wichtig ist, sondern letztlich auch eine radikale Schlußfolgerung ist aus dem hier angebotenen erweiterten Kulturbegriff, der eine differente Fülle von Lebensformen umschließt und dabei von der

Mehrheit der Bürger (und Pädagogen) für problematisch erachtete prinzipiell nicht ausschließt.

Vom Diskutieren zur allseitigen Freundlichkeit

Jugend ist nicht nur eine gesellschaftlich arrangierte Übergangsphase zwischen Kindheit und Erwachsensein, sondern ein Raum der Selbstgestaltung über wechselnde stilistische Attitüden. Dies wird besonders deutlich in den Jugendkulturen, die auffällig und verdichtet gestalten, was jeweils ein neuer Trend sein könnte. Seit 1968 geht dabei der Weg von einer *Überbetonung der Appellfunktion zu einer Überbetonung der Ausdrucksfunktion*.

1. „Wir wollen diskutieren“: das ist die Zentral-Attitüde der inzwischen klassisch gewordenen 68er Schüler- und Studentenrevolte. Die linke, kritische, marxistisch orientierte Jugendbewegung orientierte sich vor allem an Folksongs' Bob Dylan und ‘We shall overcome’. Die Struktur dieser Bewegung war primär die des Kampfes, der Herausforderung. Ihre Mittel waren

   - Diskussion
   - Streitgespräch
   - Agon
   - Demonstration
   - Besetzung
   - Kampf

   Das *Modell*, an dem sich die ‘kritische’ Bewegung orientierte, ist der *soziologische Diskurs*. Das ‘Establishment’ wurde in seiner Selbstdarstellung unterbrochen, indem man dreinredete. So wurden Seminar-Veranstaltungen an Hochschulen ‘umfunktioniert’, Redner gestört, ihre Argumente als zu kurzgreifend, gesellschafts-analytisch blind entlarvt; lang anhaltende Argumentations-Tiraden wurden entgegengesetzt; ich selbst erinnere mich an das häufig benutzte „das heißt“ in einer Kette von Argumenten, die schließlich in der Verurteilung ‘bestehender Verhältnisse’ gipfelten und zur ‘Gesellschaftsveränderung’ aufriefen. Theorie war gefragt, denn nur so konnte man den Verwendungszusammenhang des scheinbar plausibel Gegebenen aufbrechen und hinter die Kulissen schauen. Man agierte nach dem Typus von Klassenkampf und Anklage;

Aufbegehren der Ohnmächtigen wurde erwartet; die redemächtigen Jugendlichen waren ihr Anwalt. - Diese Phase wurde entsprechend von einer sich als kritisch verstehenden Jugendforschung begleitet; Beispiele sind *H. Kuppfers Jugend und Herrschaft, Schurians Jugendfeindlichkeit und Lessing/ Liebels Jugend und Klassenlage*.

2. „Keiner fragt - Politiker antworten": In diesem Slogan drücken sich die *neuen* Stilmittel aus, die Mitte der 70er Jahre zunehmend gefunden und benutzt wurden. Die 'Linke' löst sich auf in Untergruppen, Basisgruppen; die Faszination des soziologischen Diskurses verblaßt. Die neue *Struktur* ist die Verunsicherung. Nunmehr arbeitet man jenseits des Diskurses mit

   - Regelverletzungen
   - spielerischen Improvisationen
   - Maskeraden
   - Coolness und Eleganz

   Das geltende *Modell* ist jetzt der ethnologische Diskurs. Der alte Gedanke der 'Stämme' (Indianer) wird nun ins Moderne transponiert und aktualisiert. Jugend stellt sich dar als eine spezifische neue Ethnie mit eigenen Regeln, narzißtischen Selbstdarstellungs-Orgien auf der Straße, in den Discos, überall dort, wo man auffallend sein kann, unter sich und für andere. Glam-Rock, Punk und noch Heavy Metal begleiten diese Phase, in der man genußvoll sich als Ted, Punk, Skinhead, individueller Mode-Manierist kostümiert. Die jetzt benutzte *Typik* ist die des enfant terrible, manchmal auch des Struwwelpeter, der nicht mehr erzogen werden will und kann. Das *epater le bourgeois*, altes Mittel der Boheme, wird wieder aufgegriffen: „Wie sehen die denn aus!" ist die Abwehr-Reaktion, etwas hilflos, der Alten, der Erwachsenen, die, zum Voyeur gemacht und tatsächlich etwas neugierig an diesen Szenen entlangstreifen. Der Diskurs ist nicht mehr gefragt, weil der 'alte' Glaube der Jugendkultur an die Überzeugungsfähigkeit von Sprache, von arrangierten Diskussionen nicht mehr gilt.

3. „Es ist alles supergut, ne" (minimal Art-Popsong von Arno Steffens): Dieser Spruch artikuliert die jugendkulturell spätzeitliche Ästhetik der 80er Jahre. An die Stelle des Arguments tritt immer mehr der Spruch, der kategorial zusammenfaßt,

was der Diskussion und Auseinandersetzung nicht mehr lohnt, weil ohnehin ist, was ist. Die Machthaber tun nur so, als wollten sie zuhören - und sei es, um Stimmen zu gewinnen, Zuläufer zu haben. Darum sind nun auch die Hippies, die Linken, die 'Grünis' für viele so lächerlich: da stehen noch immer Überzeugungen im Hintergrund, man könne aus eigener Jugendkraft und viel Engagement die Welt verbessern. Wie aber ist das möglich, wenn nicht nur das Kunstwerk reproduzierbar ist, sondern jeder Versuch von Originalität damit schon immer in verbrauchten Mustern besteht. So wird es schwer Unterscheidungen zu treffen, Elite und Trash gegeneinander auszugrenzen. Dann bleibt nur noch das allseitige Lob von Zuständen, die ohnehin nicht verändert werden können und in ihrer Statik dann den Zynismus des Unterscheidenwollens (etwa zwischen besseren und schlechteren Welten) vollständig aufheben. Das Angebot ist groß, die Optionenvielfalt schier unerschöpflich. Resignation mischt sich mit Originalitätssucht und *tatsächlicher* Originalität. Jugendfilmer inszenieren sich selbst, betonen Spaß und Spiel, Verkleidung und Doppelbödigkeit. Die Disco-Szene wird offen, jeder kann dazukommen. Hauptsache, er symbolisiert durch seine Kleidung, daß er weiß, wie man die letzte Sensibilität ausdrückt. Wer einen Parka trägt, denunziert sich nun als hausbacken-altmodisch, als gläubiger Trottel der Weltverbesserung. Er wird deswegen nicht verbal angegriffen, allenfalls belächelt (nur die Punks werden ab und an aggressiv). Es ist die Teenager-Kultur der 50er Jahre, die sich inzwischen emanzipiert hat. Aus Teenagern sind selbstbewußte Hedonisten geworden, die selbständig über ihr Portefeuille verfügen. Das Argument, die Bombe falle jederzeit (schon die Beatniks hatten das gesagt!) wird nun benutzt, um Jugend abermals zu einer (neuen) Ideologie zu machen: Tanz auf dem Vulkan, Mitnehmen was Spaß macht, zugleich eine Form neuer Zärtlichkeit und ausgeglichener Freundlichkeit dominieren nun in vielen Szenen. Die Struktur ist: Geltenlassen anderer und Ich-Zentrierung. Das *Modell* ist der *postmoderne Diskurs*. Er ist gekennzeichnet dadurch, daß er keine Verbindlichkeiten eingeht. Dies alles ist eine durchaus nicht zufällige Reaktion auf kommunikationskulturelle Problemlagen:

- Widersprüchlichkeit der Wertbereiche (Schule und Beruf fordern Disziplinierung und Planung; die Freizeit dagegen Geldausgaben und Augenblicksversessenheit)
- steigende Bilderflut mit Ton- und Geräuschkaskaden (ein Beispiel sind die Videoclips' die von ihrer originellen Gestaltung leben, zugleich durch dauernde Wiederholung das faszinierendste Muster schnell abschleifen)
- Verschleierung der Erwachsenen-Konturen (wie insbesondere die Shell-Studie „Jugendliche und Erwachsene '85" zeigt, haben Mütter und Väter längst den jugendlichen Habitus übernommen, joggen, gehen in Discos, pflegen ihr outfit und bieten so keine nennenswerten Reibungspunkte mehr; an denen man seine eigene Kontur schleifend konturieren kann)
- die steigende Optionenvielfalt (Programme, Moden, alles wird verfügbar; und jede Entscheidung für einen Stil oder eine Mode bedeutet gleichzeitig Ausschluß von unzähligen anderen Alternativen, die man damit versäumen könnte)
- Wohlstand und Sicherheit entlang an Todeslinien (spätestens seit Tschernobyl ist jedem deutlich, daß alle Leistungen des Wohlfahrtsstaates und die von ihm garantierte Sicherung durch soziale Netze auf einer zweifelhaften Produktionsbasis, beispielsweise für Energien, beruhen, die dem Glück des Wohlstands die Kehrseite der Todesfratze aufprägt)
- die offene Freizeitgesellschaft und die geschlossene Arbeitsgesellschaft (im Freizeit- und Konsumbereich ist jeder willkommen und gleichgestellt, der Arbeitsbereich wahrt Hierarchien, Positionen und Abhängigkeiten und läßt viele nicht in seine sich verschließenden Berufszirkel ein)

4. „One Nation under one Grouve": Zur entgegenstehenden Wende des Jahres 2000 hat die 'Informationsgesellschaft' mit ihrer weit ausgreifenden Mediatisierung nicht nur über Programm-Medien (Radio, Fernsehen, Film etc.), sondern die neuen Informations- und Kommunikationstechniken (vom Computer über Muldimedia-Ausdrucksformen bis zum Internet) eine Welt der Interaktivität und Vernetzung geschaffen, in

der technische Voraussetzungen und kulturelle Ausdrucksformen zunehmend als untrennbar erscheinen. Damit leben die neuen Generationen (der etwa ab 1975 Geborenen) zum ersten Mal in einer Welt, in der Medien aller Art nicht als 'zusätzliche Ausstattung' erscheinen, sondern als 'seinsüberwölbender Daseinsgrund': Nach Agrarwirtschaft, Industrie- und später Diensteistungsgesellschaft scheint eine Informationsgesellschaft ins Haus zu stehen, in der der schon angesprochene Zeichenreichtum noch anwächst (so daß eine zukünftige Hauptaufgabe in der Selektion von Informationen bestehen könnte). Mit den neuen Möglichkeiten des Internet und der Ausdrucksformen von Multimedia scheint ein neues Bild von der Wirklichkeit insgesamt zu entstehen. Die interaktiven Datennetze wie das Internet verändern unsere Wahrnehmung und unsere Kommunikationspraxis zutiefst, oder wie Sandbothe (1997, 57) es formuliert: „Raum, Zeit und Identität werden im Internet neu definiert". Denn die bisher als selbstverständlich geltenden Grenzen zwischen Bild, Sprache und Schrift geraten in Bewegung, und mit den interaktiven Datennetzwerken „wird die digitale Revolution zur treibenden Kraft einer umfassenden Transformation, welche die Praktiken unseres symbolischen Handelns und damit die Grundlagen unseres Wirklichkeitsverständnisses neu definiert." Das Consumer-Internet mit seiner benutzerfreundlichen Oberfläche hatte im Oktober 1995 bereits 17 Millionen Nutzer, und die Wachstumsraten sind exponentiell, sie haben sich in den letzten Jahren in jedem Jahr verdoppelt. Beim Internet handelt es sich also um entschieden mehr als um eine kommunikative Marginalie, vielmehr um den so lange erwarteten und nicht erreichten Status einer kulturellen Weltrevolution mit weitreichenden Folgen. Es ist vor allem die umfassende *Reichweite* des neuen Kommunikationsmediums, das alle Dimensionen des Netz-Highways umfaßt: Den Information and Commerce Highway (funktional und kognitiv akzentuiert), den Education Highway (moralisch-praktisch ausgerichtet) und schließlich den Entertainment Highway (ästhetisch orientiert). Damit sind alle drei Zugänge der klassischen kritischen Vernunft Kants umfassend erreichbar (ebd., 80). Neue Formen der *Tele*präsenz differenzieren die *synchrone* Ebene (Telefongespräch) und die *asynchrone* Ebene (E-Mail) weiter. Neben direkte, persönliche

Handlungen treten zunehmend Formen *asynchroner Telepräsenz* (Netzwerk-Server, Clients, autonome Software-Agenten). Vom Ausbau von Fernmeldezentren für die Telekommunikation (Telefon, Radio) über das Fernsehen in den 30er Jahren bis zum Internet (1983), billigeren Personalcomputern (frühe 80er Jahre) und kommerziellen Online-Diensten (erste Hälfte der 90er Jahre) ist eine Telewelt entstanden, und inzwischen gehören „Versuche mit interaktivem Fernsehen, Videospiele mit virtueller Realität, das explosionsartige Durchstarten des World Wide Web, die Kommerzialisierung des Internet, endlose Fusionen und Geschäftsallianzen, als Computer-, Telekommunikations-, Verlags- und Unterhaltungsindustrie" mit dem Billigerwerden der Kommunikationsmittel und einer wachsenden Selbstverständlichkeit im täglichen Leben zum Alltag (Mitchell 1997, 32). Nach dem *soziologischen* (1), dem *ethnologischen* (2) und dem *postmodernen* (3) Diskurs folgt nun (4) der *Cyberdiskurs*. Das körperbelastete, an Ort und Zeit und mit einem Namen behaftete Subjekt ist nun in die völlige Freiheit einer entgrenzten Öffentlichkeit entlassen. Es entstehen, für jedermann zugänglich, neue Formen einer virtuellen Gemeinschaft im Netz. Öffentlichkeit hat ihren Substanzbegriff aufgegeben, wonach jemand mit seinem Namen gerufen und erkannt werden sollte. Nicknames, Übernamen, Spottnamen, auch die Veränderung von Argumentationslinien sind in den Internet-Gemeinschaften mit ihren mannigfachen Netzwerken an der Tagesordnung. Es exisitiert kein tragischer Zwang, der jemanden an eine Gruppe bindet, die seinen Interessen nicht länger entgegenkommen. Das Subjekt wird zum visuellen Code, die Person als synchroner, asynchroner, präsenter und telepräsenter Träger von Informationen, Meinungen und Aufrufen zu Handlungen zu einem *Hypertextmodell*, das gar nicht mehr auf persönliche Autorschaft und damit Verantwortung insistieren kann, weil die neuen Textstrukturen jeden zu einem verweisenden Link machen können. Entscheidend sind die Eigenschaften der *Veränderbarkeit* und *Interaktivität.*

Der Cyberdiskurs rechnet noch mit dem Körper (sowie Räumen und Szenen), aber er läßt sich nicht mehr ausschließlich über sie definieren. Nach einer fast utopielosen Diskurszeit entsteht nun ein neuer Vorstellungsraum, in dem die Allerreichbarkeit übers Internet *Globalisierungsprozesse* erwarten läßt, die alle unter die Devise einer „One Nation" stellen.

Aber die *Inhalte* der übernationalen Weltnation bestehen nicht mehr aus politisch besetzten Botschaften; diese können, wie alles andere, quer- und nebenherlaufen; das entscheidende Weltzeltdach jedoch ist nun „One Grouve", mit der Botschaft, wie er in der Techno-Szene zu Hause ist: Ich bin okay, Tanzen ist okay, und der Rest wird schon funktionieren. Dieser Cyberdiskurs besteht aus

- Ironie und zugleich Naivität, Autismus und ein neues Gemeinschaftsgefühl verbinden sich;
- es ist entstanden eine neue Form der Überzitation (Bricolagen werden zu Bricolagen werden zu Bricolagen und bedeuten nichts mehr und alles);
- Love-Paraden predigen Gewaltlosigkeit, scheinen sie zu erreichen und sind doch nicht im Paradies;
- Avantgarde und Mainstream sind schwer unterscheidbar, so daß auch im Popsektor aufrecht erhaltene Stil-Abgrenzungen immer beliebiger werden, Spielmaterial des Durchgangs;
- Glücksmomente werden angestrebt und zugegeben - um den Preis, daß das auch Jugendlichen angemessene und von ihnen benutzte Instrument der *Kritik* und der kritischen Auseinandersetzung derzeit eher schwach bleibt.

Die hier entwickelten und vorgestellten Diskursformen, von denen die 4. ein Stück weit in eine noch nicht vollständig erfahrene Zukunft hineinreicht, sind natürlich Deutungskonstrukte und insofern problematische Zusammenfassungen in einer Zeit, da gerade die Jugendkulturen darauf insistieren, daß nichts zusammenzufassen sei. Dies ist eigentlich auch deshalb nicht möglich, weil jeder seinen eigenen Reim singen kann (und dies auch tut). Ein Beispiel ist die Popmusik, die als klassisch postmodern nun *doppelcodiert* erscheint (dazu: Proschardt 1997, 28 f.). Für die einen ist es nur Pop, für die anderen ein kompliziertes Spiel von Zeichen und Verweisen, Anspielungen und Bricolagen. Bands wie *Spandau Ballet* oder *Heaven 17* produzierten Pop im Wissen um die Funktion, die Pop in einer kapitalistischen Gesellschaft hat, und die Gefährdungen, welche daraus erwachsen können. Ein neues, linkes Poppublikum wuchs heran, das Pop nicht mehr mit unschuldiger, sondern mit *reflektierter* Euphorie genoß. Aus diesem Publikum entstand die neue, linke Popkritik um die Zeitschriften *Sounds* und *Spex* und die Literatur von Lottmann, Diederichsen, Glaser und Goetz“ (ebd.). Diederichsen (1993, 35) etwa bezeichnet die „Abweisung der stets dialogischen Struktur der Kritik oder des Protestes zugunsten von Scheinaffirmation oder Affirmation“ als eine der zentralen künstlerischen Praktiken, die sich als subversiv verstehen. Eins bleibt nämlich in allen Diskursformen gleich: Jugendkulturell orientierte Jugendliche integrieren sich kaum noch in die Meinungsbildungsprozesse gesellschaftlich akzeptierter Öffentlichkeit; vorgeheuchelt wird vielmehr ein scheinbar grenzenloses Verständnis mit der Machtausübung, „denn daß die Scheiße mit sich selbst identisch bleibt, ist (...) mehr Grund zur Freude, als wenn sie durch den Dialog mit Oppositionellen die Gelegenheit bekommt, sich selbst als reformfreudig zu inszenieren“ (ebd., 38). Dies bedeutet aber nicht, daß zur Schau gestellte *Gleichgültigkeit* und eine Art lascher *Sympathie* die einzigen Zukünfte des neuen Cyberdiskurses im jugendkulturellen Spektrum sind. Poschardt weist beispielsweise daraufhin, daß Madonna - auf den ersten Blick eine Mainstream-Königin - Kontakt zu den schwarzen und schwulen Latinos unterhält und ihnen lukrative Aufträge verschafft, oder er erinnert an die *Pet Shop Boys*, die die Filme *Derek Jarmans* bis zu seinem Tod 1994 finanzierten, in einer Zeit, als die Aids-Hysterie zu einer Diffamierung und Unterdrückung schwuler Filme, Literatur und Kunst führte. Andere Strategien sind die der sogenannten *Indi-Bands* (‚Independent labels', Plattenfirmen, die das große Geschäft meiden); es gibt Bürgernetze, die ihre Server-Dienste gegen den Kommerz und dem Geist der Völkerverständigung ausnutzen, etc. Kurz: Auch hinter den Fassaden der zur Schau gestellten Gleichgültigkeit lassen sich wieder Potentiale des Engagements und des Eigensinns aufdecken. So sind die Antworten der Jugendkulturen vielfältig, sind aber insbesondere durch drei Strukturzüge gekennzeichnet, nämlich durch

– *Pluralisierung* (es werden so viele neue Systemgrenzen und -übergänge, etwa unter den verschiedenen Szenen, geschaffen, daß undurchsichtig wird, welches System möglicherweise von welchem abhängig ist)

- *Individualisierung* (gerade, wenn es kaum noch Orientierungs- und Handlungsmuster gibt, die nicht schon erprobt wurden, muß man immer wieder seine Muster aussuchen, um wenigstens für sich selbst erkennbar zu bleiben)
- Resistenz (Jugendliche formulieren zwar Ängste und Gefühle, beharren aber in ihrem Privatleben auf Glückserfüllung und Hoffnungszeichen: eine beeindruckende Art, sich selbst sozialpsychologisch Überlebenschancen zu sichern, wenn Erwachsene, Staat und Gesellschaft - scheinbar? - ratlos geworden sind.)

Diese besonders in den Jugendkulturen vorfindbaren Strategien haben zur Voraussetzung einen hohen Grad von (wie ich es nenne) postkonventioneller Selbstreflexivität. Jugendliche sind heute in einem großen Maß in der Lage, ihre eigene Situation zu bedenken und auch ihren psychischen Zustand für sich und andere so 'zurückzuspiegeln', daß sie ihn für sich selbst manipulierbar halten. Dies ist ohne Zweifel Folge davon, daß unser Alltag von Psychologismen durchsetzt ist (schon 13jährige erklären ihren Lehrern 'Leistungsversagen' damit, daß sie eben in der Pubertät steckten und deswegen gewisse Schwierigkeiten hätten). Die Thematisierung von Beziehungen verstärkt diesen Trend, und noch die populären Kultserien 'Unter uns' oder 'Verbotene Liebe' stehen in diesem Zusammenhang, denn auch dort geht es vor allem um Beziehungsregelungen, um Selbstdarstellung vor anderen und immer wieder Sicherung der eigenen Haut. Jugendliche werden heute von frühauf mit einer Vielfalt solcher Selbstdarstellungsmuster konfrontiert und übernehmen sie gleichsam als Arsenal in ihren eigenen Selbst-Kostümierungs-Fundus. 'Postkonventionell' ist diese Art Selbstreflexivität, weil sie sich nicht mehr an *eine* einmal getroffene Entscheidung hängt oder in Bewußtseinstiefen sich zu ergründen sucht, sondern häufig im Ausprobieren verschiedener Kleidungsmuster für das Selbst bleibt. Dies nennt man

Bricolage

Lévi-Strauss hat den Begriff in seiner strukturalen Anthropologie entwickelt. Bricolage, wörtlich „Bastelei“, meint „die Neuordnung und Rekontextualisierung von Objekten, um neue Bedeutungen zu kommunizieren, und zwar innerhalb eines Gesamtsystems von Bedeutungen, das bereits vorrangige und sedimentierte, den gebrauchten Objekten anhaftende Bedeutungen enthält“ (Clarke 136). Wenn man ein Notizbuch als Briefbeschwerer einsetzt, handelt es sich also noch nicht um Bricolage, sondern einfach um eine ‘Zweckentfremdung’. Hinzu muß kommen, daß die Verwendung eines Gegenstandes, eines Stils oder einer Mode in einem anderen Kontext *gestischen, demonstrativen Charakter* hat. Ein Beispiel ist die Nachahmung des Oberklassenstils durch die Teds’ die dadurch eine neue Bedeutung schaffen: „Lacking in status, education and articulacy, the teds invested their pride in the appearance“ (Jarman 22). Die Bricolage-Techniken der Jugendlichen beziehen sich vor allem auf ihre Kleidung (in der Rock-Szene handelt es sich meist um die Amalgamierung unterschiedlicher Stile, Zitationsweisen, Imitationen etc.). In *Absolute Beginners* von *Colin Mac Innes* (1959) spielt, in Konfrontation gegen die Normalität der Erwachsenenwelt, zum ersten Mal die Kleidung eine zentrale Rolle. Diese Versessenheit aufs *outfit* wird meist als jugendlicher Narzißmus gedeutet. Sie mag Züge davon haben; gleichzeitig ist jedoch die Kleidung am ehesten geeignet, Bricolagen durchzuführen. Denn sie läßt sich am leichtesten manipulieren, umändern, auch auswechseln. Außerdem kann man selbst die Definition seiner Bricolagen steuern. „Es kann bei der Beurteilung nach links oder rechts doch nicht um Äußerlichkeiten gehen. Nur weil jemand einen schwarzen Stern um den Hals oder am Öhrchen trägt, ist er doch noch lange kein Anarcho. Denkt mal, wie viele Mitglieder der Wiking-Jugend lange Haare und Parka tragen. Das sind doch diese Standardtheorien, irgendwelche Beurteilungen des Inneren aufgrund äußerer Merkmale und Stilbildungen“ (Hahnke 123). So lehnen Punks’ obwohl sie häufig Nazi-Embleme tragen, die extreme Rechte nachdrücklich ab (Jarman 30), weil sie sie nicht als Bekenntnis zu einer faschistischen Tradition benutzen, sondern zum Schock-Element verfremden oder zum bloßen Schmuckstück veroberflächlichen. Diese Haltung ist neu und unterscheidet sich von den anderen Verfahren der Jugendkulturen, sich über Kleidung zu definieren.

Mythen und Rituale haben in der Jugendbewegung ja immer eine große Rolle gespielt, denn sie setzen nicht nur „die Geschlossenheit der sozialen Gruppe voraus. Sie eignen sich offensichtlich in besonderer Weise dazu, eine Gruppe allererst zu konstituieren und ihren Zusammenhalt zu sichern.“ (Janz 315) Dies gilt natürlich *auch* für die Szene. Zeremonien, ritualistische Handlungen und eine bestimmte Kleidung stützen auch die Szene, geben ihr Kraft, helfen ihr zur dauernden Vergegenwärtigung. Ein Beispiel dafür sind die *Jeans*. Sie änderten mehrfach ihren Verwendungszusammenhang. Jeans, ursprünglich Arbeitskleidung, werden zur Freizeitkleidung, nachdem sie, bei den heimgekehrten Vietnam-Veteranen, zunächst einen Protest dagegen darstellten, nun gleich zur alltäglichen Tagesordnung übergehen zu müssen. Dadurch, daß sie von ikonischen Repräsentanten der Jugendkultur aufgegriffen wurden, verallgemeinerten sie ihren spezifischen Sinn (und dazu gehört auch der Ausdruck des Protests): „Marlon Brando und Marilyn Monroe, Symbolfiguren diese Protestpotentials, trugen in ihren Filmen Jeans und sorgten für einen mittleren Skandal, als sie Mitte der 50er Jahre in Jeans zur Oskar-Verleihung erschienen. Jeans waren jetzt Weltanschauung; Jugendlichkeit, Sex und Protest waren nun wichtigere Image-Komponenten als der Gebrauchswert, obwohl sie auf ihm aufbauten.“ (Schock und Schöpfung 181) Inzwischen sind die Ur-Jeans vielfachen Wandlungen unterworfen worden und müssen heute mit den unterschiedlichsten sportswear-Produkten konkurrieren. Ein Mitarbeiter der Marketing-Abteilung der Firma Lewis: „Modische Neuentwicklungen gehen in der Regel von Kalifornien aus; der natürliche Vorlauf der USA vor Europa von 9-12 Monaten und die Lewis-Marktbeobachtungen in Europa sind die besten Planungsinstrumente. Vorgeplant wird für 24 Monate und dies bedeutet auch, daß bei einer Massenproduktion auf die Prognosen und Informationen von Stoff-Lieferanten, Designern und von Mode-Messen Verlaß ist, da diese ihrerseits kurzfristiger funktionieren. Gerade weil die Jeans quasi ein Rohprodukt sind, funktioniert das. Mit Dekor; Muster oder ähnlichem bedruckte Kleidung verfällt viel rascher in ihrer modischen Gültigkeit.“ (ebd. 182) Die blauen Hosen sind inzwischen fast gesellschaftsfähig geworden, werden von allen Altersstufen als Freizeitkleidung getragen, von Lehrern auch in der Schule. Aber immer noch signalisieren sie in besonderer Weise Individualität und Unabhängigkeit und einen gewissen Hang zur Unkonventionalität. Aber sie wurden von einem Bekenntnis zu einem eher ungefähren Ausdrucksmittel. Gleiches gilt für Frisuren. Lange Haare waren in den 60er Jahren ein Bekenntnis und Ausdruck von Individualität, so daß Lehrlinge sich umbrachten, wurden sie von ihren Meistern gezwungen, sie zu scheren. Die symbolische Bedeutung könnte sein, daß der frühere Initiationsritus' das Scheren der Haare (auch beim Eintritt zum Militär) als Ausdruck sexueller Mündigkeit und Erwachsen-Sein dadurch, daß die Haare bis zu Locken auf die Schulter fallen, konterkariert wird. Damit wird angezeigt: ich will nicht erwachsen werden, sondern führe mein eigenes Leben und gehöre zu einer *anderen* Szene. Rocker definieren sich bis heute durch ihre Kleidung als bestimmte Handelnde (Haferkamp 434f). Die Vermehrung des Konsum-Angebots ist sicherlich ein wesentlicher Grund dafür; daß Szenen sich zwar auch heute durch ihr outfit zu erkennen geben, dieses aber - abgesehen von der Trendaussage - eher auswechselbar ist. Für die Erkennbarkeit von Gruppenzugehörigkeiten spielt es die gleiche Rolle wie bisher; nur: indem der einzelne leichter seine Einkleidungen wechselt, signalisiert er; daß er zwar zur Gruppe gehört, aber seine Individualität eigentlich nicht aufgeben will - er kann wechseln, und er verfügt qua Bricolage wie ein Couturier über die Möglichkeit, seinen Ich-Ausdruck je neu zu montieren.

Die Wahrheit der Oberfläche

Die Bricolage über Mode und Stil bedeutet, daß die Oberfläche gültiges Signum der Persönlichkeit wird - jedenfalls in (vielen) Jugendkulturen. Wenn ich recht sehe, ist die Entdeckung der 'Wahrheit der Oberfläche' in Andy Warhols Factory erfolgt, vor allem von Andy Warhol selbst. „Wenn du alles über Andy Warhol wissen willst, so schaue dir nur die Oberfläche meiner Bilder und Filme und mich an, und da bin ich. Es ist nichts dahinter." So Warhol über Warhol, oder: „Ich glaube, jeder versteht jeden; das Problem der Kommunikationslosigkeit ist kein Problem. Ich habe schlicht das Gefühl, verstanden zu werden, und mich stört nichts von dem, was über mich geschrieben wird: ich lese ohnehin nur wenig davon; ich schaue mir nur die Bilder in den Absätzen an; es ist mir gleichgültig, was sie über mich sagen; ich lese nur die Struktur der Worte", und: „Ich sehe alles auf diese Weise, ich sehe die Oberfläche der Dinge - wie ein intellektueller Braille sozusagen; wie der blinde Erfinder der Blindenschrift lasse ich meine Hände über die Oberfläche der Dinge gleiten", oder: „Es gab keinen tieferen Grund für mich, eine Todes-Serie zu machen; mir ging's nicht darum, 'Opfer ihrer Zeit' darzustellen; der einzige Grund, den ich hatte, betraf die Oberfläche". - Wie Warhol serienweise Tafelbilder herstellte (oder herstellen ließ) und die Einmaligkeit von Künstler und Kunstschöpfung, Thema und Gestaltung aufhob, so desavouiert er die nach seiner „personality" forschenden Interviewer immer wieder durch die gleichen Redensarten und den Hinweis, nichts, was mit ihm zusammenhänge, habe irgend etwas zu bedeuten, außer dem was man sehe oder jedermann ohnehin wisse. Daher kann er Journalisten bitten, ihm die gewünschten Antworten vorzusagen, die er dann nachsprechen werde; oder er schickt zu einer Vortragsreise ein Double. Nicht nur Kunst ist nach Warhol für jedermann machbar und technisch unbegrenzt reproduzierbar; auch der Macher ist nicht einmalig individuell und damit nichts, was er sagt. Nur konsequent sind daher Warhol-Äußerungen wie: „Ich habe keinen Schutzwall aufgerichtet gegen Fragen, die unter die Oberfläche zielen ... .) Ich fühle mich ebenso sehr als Teil meiner Zeit, meiner Kultur; wie es Raketen und Television sind. Am besten gefallen mir amerikanische Filme; ich finde sie großartig; sie sind so klar; so wahr; ihre Oberfläche ist so großartig. Ich mag, was sie zu sagen haben. Im Grunde haben sie nicht viel zu sagen, und gerade deshalb sind sie so gut. Ich meine, je weniger etwas zu sagen hat, desto vollkommener ist es", oder: „Ich bin einverstanden mit allem, was die Leute tun; da irgendjemand gesagt hat, es sei richtig, muß es schon richtig sein". Dies geriet den Beobachtern und Interpreten Warhols zur Provokation. Solche Oberflächlichkeit muß doch einen Grund haben, sie muß erklärbar sein und auch bewertbar. So riß die Kette der Warhol-Deutungen nicht ab, wobei viele kritisch sind: Warhol vertrete exemplarisch die amerikanische Trivialkultur; deren Pop-Mythos die Unfähigkeit zu kultureller und moralischer Regeneration, eine funktional-technologische Industriegesellschaft triftig entlarve. Angemessener ist schon die Deutung Scheibles: Die Pop-Art Warhols, die Briefmarken, Campbell' s Suppendosen und andere Gegenstände einer Umwelt mit „Zügen eines gigantischen Supermarktes" reproduziere, stellt eine Identifikation mit den ausgestellten Waren dar als „Versuch, durch die bedingungslose Rezeption der gesellschaftlichen Vermitteltheit eine neue Form der Unmittelbarkeit zu finden. Man läßt sich auf die Dinge ein, um sie sich vom Hals zu halten. Da aber jenseits der Vermitteltheit nichts ist, erscheint die Mimikry an die Gegenstände der Konsumwelt eher als eine Mimikry an Nichts, an den gesellschaftlichen Kältetod."

In den 70er Jahren konnte Warhols Ästhetik kaum verstanden werden, ihre Provokation ging darum häufig ins Leere. Heute hingegen ist Warhol der Prototyp der manieristischen Jugendkulturen. Denn man muß ihn nicht als Moment der Resignation sehen, sondern kann ihn als kulturellen und politischen Innovator entdecken. So demonstriert er die Zugänglichkeit kreativer Tätigkeit für *alle*, indem er nicht protestiert oder kulturkritisch räsoniert, sondern selbst, *mit* anderen oder *durch* andere Serien von Siebdrucken, Lithographien, Filmen und verbalen Äußerungen *produziert*. Entsprechend der neuen Kulturbewegung bricht damit die Entgegensetzung von Kunst und Leben, Gestaltung und Erfahrung zusammen. Durch die Pointierung der Affirmation weist er auf sie hin - ebenso wie Jugendliche heute betonen, sie seien ohnehin nur eine Kopie. „Alles ist hübsch", sagt Warhol, und er würde es auch zu diesen Interpretationen gesagt haben. Sie sind alle möglicherweise richtig, „großartig" wie Raketen und Television. Hier erweist sich, wie konsequent die Warhol'sche Faszination durch die Oberfläche ist: alles, was es gibt an Gegenständen, Tatsachen und Tatbeständen, Gedanken und Ideen, gehört ihr zu - also auch das, was sich um „„Vertiefung" bemüht, „„Zusammenhänge" aufweist, „Ziele" angibt. Man könnte diese Konzeption als Material für den systemtheoretischen Gedanken von der *Äquifinalität von Prozessen* in Anspruch nehmen. Unabhängig von Ursachen, die sind, oder Begründungen, die wir angeben, gibt es bestimmte Phänomene, die sich als Zustände der Gesellschaft darstellen - man halte von ihnen, was man will. Und: was ist, ist grundsätzlich gleichberechtigt: die Oberfläche wie der Versuch, sie zu „ergründen". Denn sie sind identisch mit ihrer Oberflächenhaftigkeit: als Phänomene dieser Welt (dieser Gesellschaft). Es ist sicher kein Zufall, daß Bilder und Filme für Warhol und seinen Kreis die erste Rolle spielen. Ihnen fehlt das Diskursive der Sprache, das auf Zusammenhänge aus ist, ordnen und deuten will, und dies möglichst endgültig. Entscheidend ist nicht die Bedeutung der einzelnen Phänomene, die sie aufeinander verweist, sondern ihre grundsätzliche Gleichberechtigung und Gleichartigkeit. Welche Auswahl man unter ihnen trifft, richtet sich ganz nach den Wünschen, die man hat: „Ich machte meine frühesten Filme mit nur einem Schauspieler; der auf der Leinwand mehrere Stunden lang die gleiche Sache macht: Essen oder Schlafen oder Rauchen; ich tat das, weil die Leute gewöhnlich doch nur ins Kino gehen, um nichts als den Start zu sehen (...) Und für sie gibt es hier endlich eine Möglichkeit, nur den Start zu sehen, so lange man will, gleichgültig, was er macht." Bedeutung besitzt also nicht das Phänomen für sich. Sie wird ihm von dem, der sich mit ihm beschäftigt, *zugesprochen*. „Alles ist hübsch", aber je nach Situation und ästhetischer Disposition zu seiner Zeit. Was manche in ihrer Sprache „Affirmation" oder „Akzeptieren der Verdinglichung" nennen, ist bei Warhol etwas anderes: *Duldsamkeit* gegenüber der Welt und ihren Beständen; Entlastung von theoretisch begründeten Entscheidungen; *Reduktion von Komplexität* nicht dadurch, daß man sie in Systemen organisiert, sondern indem man die Bestände an Beobachtbarem und Erlebbarem in der Schwebe hält und je nach seinen individuellen Erwartungen auswählt.

Inzwischen haben die Jugendkulturen eingeholt, was Warhol praktiziert und propagiert hat. „Alles ist hübsch" ist nichts als eine Variation des Arno-Steffens-Songs „Supergut, ne", und die Unfähigkeit, Antworten zu geben oder den Vorschlag zu machen, doch selbst die gewünschten Antworten ins Interview zu schreiben, zeigen, daß die Methode, die Wahrheit an die Oberfläche zu holen und dort zu belassen, genau die ist, die heute ästhetisch - und nicht zu vergessen: moralisch - gerechtfertigt erscheint.

Medien des Stils und der Stilisierung

Wenn die Oberfläche das ist, was zählt, drückt sich auch der Stil *an* ihr und in ihr aus. Während der klassische Stilbegriff häufig die Durchdrungenheit von etwas Eigentlichem ausdrückt (z.B. Goethes Symbol: man erkennt am Phänomen - der Bläue des Himmels - beispielsweise ein darunterliegendes Tiefes: das Grundgesetz der Chromatik), spricht man jetzt besser von *Stilisierung*. Diese geschieht *am* und *durchs* outfit. So wie die damit verbundenen Gesten, Gebärden und Zurschaustellungen: durch die Stilisierung wird Stil eine intentionale Kommunikationsform, drückt soziale Zusammengehörigkeit und Abgehobenheit aus (Hebdige 100f). Einige *traits* aus der Jugendkultur als Veranschaulichung:

1. Pop, die neue Teenagermusik" änderte auch bald ihre Präsentationsart. Die *Tin-Pan-Alley*, auf der die alten Schlager produziert wurden, orientierte sich insofern durchaus an europäischen Musiktraditionen" als sie (zwar äußerst trivialisierte) Melodie-Folien verwendete. Beim Pop fällt die Melodie zurück, und als oberflächlich Angesehenes gewinnt Bedeutung. Dazu gehört vor allem der Sound einer Musik. Im Rockbereich wurde er vor allem von *Phil Spector* entdeckt, den Nick Cohn so beschreibt: „So ist mein Bild von ihm: er oben, brennend in seiner Box" das lange Haar schweißnaß" sein Gesicht aufgelöst, und unter ihm dieser unmögliche Sound, aber er treibt ihn noch an, er steigert ihn immer mehr; und dennoch kann er ihn am Ende nicht laut genug machen, niemals. Und wenn man Phil-Spector-Platten kaufte, dann kaufte man keine Wegwerfprodukte, sondern gigantische, wilde Ergüsse von Haß und Paranoia" wilder Wut und Frustration und visionärer Apokalypse. Und wenn man ein Teen war; dann fühlte man wahrscheinlich ebenso, und man liebte diesen Sound." (Nik Cohn 78) Das Arrangement, die Lautstärke sind wesentliche Elemente dieses *Sounds*. Dazu gehört auch das Aufkommen der *elektrischen* Gitarre Ende der 40er Jahre, zuerst im Jazz, dann im Stadt-Blues und in der Country- und Western-Musik. Indem die elektrische Gitarre immer mehr die akustische Gitarre ersetzte (für Liebhaber klassischer; beispielsweise spanischer Gitarrenmusik ein Greuel), konnten viele Techniken der Verschrillung, des Nachhall s, des Sound-Arrangements verwendet werden. (Auch hier gibt es Berührungspunkte mit der klassischen Kultur: erinnert sich an die Wiederentdeckung der Sinfonien *Gustav Mahlers*, die eine Zeitlang als 'oberflächlich galten, während sie jetzt als kunstvolle Bricolage und, im Zeitalter der Stereoboxen, als beeindruckende Klangereignisse gelten.)

2. Die sogenannte *Jugendsprache*, die eher ein „Ensemble von Sprechstilen' darstellt (Januschek/Schlobinski)" hat sich auf ihre Weise als anspielungsreiches Idiom einer verständnisinnigen Szene entwickelt. Auch sie erlaubt, etwa in der Kultur der

Sprüche, der Anspielungen, der flapsigen Redensarten, kulturelle Abgrenzungen vorzunehmen, unterschiedliche Sprechstile zu vermengen und so ein Kunstprodukt darzustellen, das nur auf den ersten Blick simpel erscheint. Anglizismen, Wortneuschöpfungen, Wortverstärkungen, Sound-Words, gehäufte Verwendung von Gesprächspartikeln - das alles hat stilbildende Funktion. Der gruppenspezifische Medienkonsum (Bücher; Musikstile, Fernsehsendungen) beeinflußt dabei die Ausdrucksweisen. Aus den Printmedien werden in die Sprech-Montage besonders Elemente aus den Werner-Comics, aus Bravo, „Mickey-Mouse-Heften" aus Bravo Girl und Metal Hammer genommen, und die Fernsehsendungen Alf, Lindenstraße sowie Action- und Horrorfilme bieten ein wichtiges Arsenal, das den Inszenierungscharakter jugendlichen Redens verstärken hilft. Sprachwitz wird ebenso geschätzt wie Direktheit, Spontaneität und Kreativität (ebd. 81 ff.). Damit entstehen Verfremdungseffekte und die Möglichkeit, sich ironisch von Werten der dominanten Kultur zu distanzieren.

3. *Jugendlichkeit* wird von *Ziehe* interpretiert als „gestischer Habitus von Jugend" (19f): Ich demonstriere, indem ich sie an mir zur Schau stelle, daß ich um mein Jung-Sein weiß, daß ich schön bin (für andere und auch für mich), und dies *präsentiere* ich und schaffe dadurch eine Welt der Jugendlichkeit.

4. Auch Körper sind nicht natürlich, gegeben, sondern

   – machbar (Jogging, Bodybuilding)
   – stilisierbar (Accessoires wie Ohrringe, aber auch Sicherheitsnadeln, Klammern)
   – Symbolträger (vgl. die zu Kutten bearbeiteten Westen voller Embleme und Zitat-Montagen, Nachtwey 58ff).

Die Woodstock-Generation feierte bei ihrem großen Völkertreffen noch die simple Nacktheit. Die neuen Jugendkulturellen wissen, daß das Körpergefühl auch ganz anders herstellbar ist: sie sind blaß, nicht braun, schmal und engbrüstig (oder betont maskulin), sie haben Pickel, kurz: der Körper ist stilisierbar; und zwar nach meinen Vorstellungen und denen meiner Gruppe. Gabi Delgado von der Deutsch-Amerikanischen Freundschaft in einem Interview 1986, das Comeback der Gruppe kommentierend: „Es war unser Ziel, das Comeback zu vermeiden. Daß wir den Orient gewählt haben, ist auch kein Zufall. Der Orient steht für den ethnischen Einfluß, für den Mix. Und dieser Mix gilt eben nicht nur für die Musik, man kann alles mit allem mischen, das gilt auch für die Mode. Die späte Hälfte der 80er wird in die Geschichte eingehen als das Jahrzehnt, wo man alles mit allem mischen kann - 60er Gitarren werden mit Afrobeat und Discogesang unterlegt, dazu zieht man eine Lederhose und ein indianisches Oberteil an. Das ist das Ding. Alle Platten, die man hat, sollte man auf einmal hören. Alle Kleider; die man hat, sollte man auf einmal tragen", und: „Der Körper ist immer noch König. Das wird sich nie ändern". Strukturell ähnliches gilt übrigens auch für die, die auf Demonstrationen gehen. Auch dies erfordert ein ganz bestimmtes outfit (z.B. praktischer oder symbolischer Schutz gegen Polizeimaßnahmen" Vermummung); man muß bereit sein, einer gleichgestimmten Masse anzugehören, und in der einfallenden Dunkelheit leuchten unzählige Feuerzeuge auf, kreisen, bilden Spiralen - der Protest hat heute mit der Stimmung zu kämpfen. Generell gilt: indem Szenen ganzheitlich durchgestylt werden, entstehen Jugendkulturen; geschieht dies nicht, sind sie nicht erkennbar.

4. Bestimmungselement „Jugend“

4.1 „Jugend“ als Projektion und Mythos

Jugendkulturen sind diejenigen Teile einer nationalen oder übernationalen jugendlichen Population, die für das Jugend-Selbstverständnis einer bestimmten Epoche oder eines ungefähr angebbaren Zeitraums Leitbilder setzen und auch von den Erwachsenen und ‘Erziehungsberechtigten’ als diejenigen wahrgenommen werden, die aufgrund ihrer scharf konturierten Eigenarten mit oft herausforderndem Charakter für die ältere Generation in besonderer Weise Irritationen darstellen. Damit ist in der Regel auch etwas über die *Qualität* von Jugendlichen gesagt, die sich an Jugendkulturen orientieren oder ihnen zugehören. ‘Jugendkulturelle Jugendliche’ erfüllen in besonders markanter Weise die Jugend-Gestalt einer Epoche oder eines Zeitraums. Weiterreichend kann die Aussage nicht sein; so ist nicht sicher, ob die Angehörigen von Jugendkulturen in ihrem späteren Erwachsenen-Leben einen besonders wertvollen Beitrag für die Gemeinschaft leisten oder nicht. Hier können auch die institutionell integrierten, nach außen eher ‘unauffälligen’ Jugendlichen eine durchaus bedeutungsvolle Zukunft haben. Der Beitrag der Jugendkulturen besteht eher darin, daß sie in der Gleichzeitigkeit von Jugend- und Erwachsenengeneration Herausforderungen darstellen, die auch Auswirkungen über den Rand der Jugendkulturen hinweg haben - ebenso, wie die von den ‘Erwachsenen’ organisierte Gesellschaft mit ihren Institutionen, Kapital-Akkumulationen und Märkten in die Jugendkulturen hineinwirkt.

Dennoch: es sind die Jugendkulturen, von denen der neuzeitliche Begriff von Jugend seinen Ausgang genommen hat. Da sogenannte Jugendliche erst in neuerer Zeit sich bewußt als ‘Jugend’ oder ‘jugendlich’ definieren und verstehen, normalerweise aber ein ‘Jugendlicher’ sein Leben ebenso hinnimmt und lebt in Hinsicht auf seinen Generationsstatus wie ein ‘Erwachsener’ auch, darüber hinaus die ‘Erwachsenen’ (Erzieher, Pädagogen, Jugendforscher, Politiker etc.) es sind, die sich über Jugend und Jugendlichkeit Gedanken machen, liegt die Vermutung nahe, daß jede Rede von „Jugendkulturen" und „Jugend" zunächst von denen bestimmt wird, die sie in solcher Weise thematisieren. Der Jugend-Diskurs wird von der älteren Generation bestimmt. Die Begriffsgeschichte von 'Jugend' ist damit zunächst und primär eine *Projektions*geschichte. *Lutz Roth* hat in seinem Buch „Die Erfindung des Jugendlichen" in „Analogie zu der These, die Hornstein für das 18. Jahrhundert formuliert hatte - der Wandel vom 'jungen Herrn' zum 'hoffnungsvollen Jüngling'" die These entfaltet: „Es gab im 19. Jahrhundert eine Entwicklung vom 'Jüngling' zum 'Jugendlichen'" (13). Der „Jüngling" ist die vorherrschende Jugendgestalt des frühen 19. Jahrhunderts. Beispiele sind (in ungefähr auch zeitlicher Reihenfolge) die „Leipziger Jünglinge" (cf. Gellert, F.G. Klopstock u.a.), die Jünglinge des „Göttinger Hain" (J.H. Voss, L.C. H. Hölty, J.M. Miller u.a.) sowie schließlich die Vertreter des Sturm und Drang (der junge Goethe, F.M. Klinger, Ch. Kaufmann, J.M.R. Lenz u.a.). Die Namen-Beispiele zeigen, daß es sich um gebildete junge Leute des neuen Bürgerstandes handelt, die ihre Gruppen und Zusammenschlüsse parasitär über und an den Universitäten bildeten. Während die Leipziger Jünglinge „eher spöttisch, keineswegs rebellisch oder kämpferisch" waren (17) und (in heute gebräuchlicher Sprechweise) durchaus hedonistische Tendenzen vertraten (in Anlehnung an Rokoko, Empfindsamkeit), stellt der Sturm und Drang durchaus eine Jugend-Revolte dar. Die Stürmer und Dränger wandten sich gegen eine „unnatürliche" Gesellschaftsordnung mit Ständeschranken, festen Konventionen, lebensfeindlicher Moral und verflachtem Regeldenken. Die Betonung der Selbsterfahrung, der Befreiung des Individuums als leib-seelischer Ganzheit, das Herausstellen der Gefühlswerte, der Sinnlichkeit und jugendlicher Spontaneität sind Akzente, die, wenn zwar historisch verwandelt, sich auch in heutigen Jugendkulturen wiederfinden lassen. Die Kulturkritik J.-J. Rousseaus wurde aufgenommen und weitergetragen - kaum freilich in den politisch-gestaltenden Bereich hinein, eher durch die Literatur (Goethes „Die Leiden des jungen Werthers", zahlreiche in Prosa geschriebene, Alltagssprache mitverwendende Dramen, Verarbeitung autobiographischer Erfahrungen). Die Entdeckung volkstümlicher Überlieferung führt zu einer Stärkung nationalen Wertbewußtseins. Das Ende des Befreiungskriegs führt dann auch zum Ende des Jünglings, denn die Restaurationsphase beschwichtigt den Jünglingsprotest, der jetzt keine direkten Anknüpfungspunkte mehr fand. Roth zeigt, wie die pädagogisch-administrative Literatur zwar an diesen historischen Ereignissen anknüpft, sie aber in ihrem Sinne umdeutet. Es wird das herausgefiltert, was nun wünschenswert erscheint: der Jüngling ist „rechtschaffen", „herb und heldenhaft", „deutsch-national und gehorsam" und später vor allem „christlich". Damit wird aus dem historisch realen 'Jüngling' ein *Erziehungsideal* destilliert, das freilich ausschließlich sich am Bürgertum orientiert. Die im Zuge der Industrialisierung und Verstädterung immer zahlreicher heranwachsenden Arbeiter werden durch dieses Konzept nicht erfaßt. Sie werden vielmehr zum Problem und von psychiatrischer, vor allem auch juristischer Literatur als „Jugendliche" und „Jugend" von den Jünglingen abgehoben. Als sozial nicht abgesicherter, gefährdeter Teil der Heranwachsenden handelt es sich um junge Personen, die der staatlichen *Fürsorge* bedürfen, damit sie auf diese Weise „korrigiert" und doch noch ins Interesse des nationalen Ganzen gezogen werden können. Nur ein Beispiel für die auf diese Art von 'Jugend' gerichtete Erziehungsprogrammatik: „Eine solche Jugend muß ihren gefährlichen Umgebungen, dem Müßiggange, Betteln, Stehlen, Lügen, Fluchen u.s.w. entrissen, zur Frömmigkeit, Arbeitsamkeit, Genügsamkeit, Sparsamkeit, Übung von christlichen und bürgerlichen Tugenden angehalten, mit einem Worte in Rettungshäusern untergebracht werden" (vgl. Roth 140). Während also der „Jüngling" die Projektion bürgerlicher Zielvorstellungen verkörperte, ist die gefährdete „Jugend" eher negativ besetzt: es handelte sich zunächst um *Proletarierjugend*, die überwacht und vor Abirrungen bewahrt werden mußte. Während das Jünglingsbild verblaßte (freilich noch in Sprangers „Psychologie des Jugendalters" wieder auflebte), wird nun der „Jugendliche" zum Thema. Die *negative* Besetztheit wird dabei übergeleitet in die Zielvorstellung vom „jungen Staatsbürger", der sich gesellschaftlich einzuordnen weiß und dazu von den Bildungs- und Erziehungsinstitutionen angeleitet wird. Die Maßnahmen der *Jugendpflege* sollten dazu dienen, seinen staatstragenden Beitrag zu sichern. Im Gefolge der Jugendbewegungen (Wandervogel) und der in ihren Impulsen stehenden Reformpädagogik entwickelte sich zu Beginn des 20. Jahrhunderts wiederum ein *positives* Jugend-Bild. Der Rousseausche

Gedanke des Eigenwerts der Jugend wurde nun verstärkt in die eigenen Hoffnungen an die neue Generation hineingedeutet. Das pädagogisch prominenteste Beispiel bietet *Gustav Wyneken*, der eine Brücke zwischen dem Wandervogel und seiner Freien Schulgemeinde zu bauen suchte: „Jugend ist nicht lediglich Vorbereitungszeit, sondern sie hat ihren eigenen unersetzlichen Wert, ihre eigene Schönheit und infolgedessen auch das Recht auf ein eigenes Leben, auf die Möglichkeit der Entfaltung ihrer besonderen Art. (...) Das Alter fühlt die latente, potentielle Überlegenheit der Jugend und sucht ihre Realisierung hintanzuhalten. Diese Überlegenheit besteht eben in ihrer intellektuellen und ethischen Unverbogenheit, in ihrer Glaubens- und Begeisterungsfähigkeit, was doch nichts anderes ist als intensivere Geistigkeit und höhere Geistesverwandtschaft." (nach: Mogge 185) Die Steigerung von Jugend-*Projektionen* in den Jugend-Mythos ist darin zu sehen, daß Jugend nun von einer „Reihe von Kulturkritikern, Lebensreformern und Literaten (...) zu dem gesellschaftlichen Leitbild schlechthin" wird (ebd. 202). Jugend erscheint nunmehr „als die gesellschaftliche Kraft(...), von der eine grundlegende geistige, soziale und national-völkische Erneuerung ausgehen werde." (Reulecke 21) Daß solcherlei Mythisierung von Jugend, eine programmatisch-idolisierende Überzeichnung ihrer realen Gestalt von den unterschiedlichsten Parteien und Interessengruppen benutzt wurde, ist bekannt - bis zur Gleichschaltung der Jugend im Dritten Reich.

Die heutigen Jugendbewegungen, von der APO-Generation der späten 60er Jahre bis zu den diversifizierten Szenen der 80er, stellen ein vorläufiges Fazit dieser Entwicklung dar. Was 'über' Jugend gesagt wird, wird von dieser schnell aufgegriffen und ihrem eigenen Selbstbild einverleibt. Der von den Erwachsenen produzierte Jugend-Mythos wirkt auf die Jugend-Szenen zurück. Diese können ihn korrigieren, verändern und zu einer neuen Welle von Negativ-Bildern führen. Die Angst vor einer „staatsfernen" Jugend, die gesellschaftlich nicht integrierbar sei, geht wieder um - zugleich mit der Hoffnung, 'diese Jugend' könne ihre gesellschaftsverändernde Kraft beweisen. Die Diskussion der Standpunkte und Interpretationen ist insofern unabschließbar, weil die Mischung von Projektionen und Gegen-Projektionen, von Mythen und Gegen-Mythen in ihrem Gemisch von realem Substrat und interpretierender Bedeutungszuschreibung nicht auflösbar ist. Auch die Jugendkulturen sind in diesen Diskurs verflochten (wie auch dieses Buch belegt) und nehmen noch in der Abwehr an ihm teil. Im Überbau vollzieht sich das gleiche, was für den Unterbau immer wieder konstatiert wird: die Verschränkung von Kommerz und Konsum auf der einen, jugendkulturellen Szenen auf der anderen Seite ist unaufhebbar. Zu fragen bleibt, ob es heute Tendenzen in den Jugendkulturen gibt, die das Konzept Jugend neu zu justieren zwingen, zumindest im Rahmen pädagogischer Deutung. Daß dies notwendig sei, ist eine der Thesen dieses Buchs.

4.2 Jugend um 1900 und heute

Sind Jugendkulturen der besondere Fokus von Jugend, so ist zu fragen, ob es - abgesehen, aber nicht unabhängig von der projizierenden und mythisierenden Debatte - für die heutigen Jugendkulturen eine veränderte Lage innerhalb der Konstellation 'Jugend' gibt. Die Antwort ist nicht leicht zu finden, wie ein Vergleich der Jugendzeit um 1900 und heute deutlich machen soll. Greifen wir zunächst noch einmal kurz auf den Anfang unseres Jahrhunderts zurück: die Feststellung, daß um die Jahrhundertwende allmählich der negative Jugendbegriff von einem positiven Gesamtmythos Jugend abgelöst wurde, trifft nur einen Teil der Wahrheit. Blickt man nämlich in die Literatur um 1900, so wird Jugend durchgängig als eine Zeit der Krisen verstanden (Geuter), und dies gilt besonders für Gymnasiasten. Um 1900 wird Jugend in der Literatur zum Thema (wie heute im Kino und in den Medien!), und dies wohl aus einem ebenfalls vergleichbaren Grund: es gibt Veränderungen in der Jugendphase, die irritieren. In den „Romanen und Dramen aus der Zeit zwischen 1890 und 1910, aus den künstlerischen Perioden des Naturalismus und Impressionismus finden wir keine Kinder, die wie die jungen Männer des alten Entwicklungsromans bis zu ihrer Mannbarkeit reifen. Vielmehr finden wir scheiternde Menschen, die meist Selbstmord begehen, die an den äußeren und inneren Wirrungen zugrunde gehen. Wir finden einen Schüler wie den jungen *Törleß* in dem Roman von *Robert Musil*, der in die menschliche Natur, in die dunklen Seiten des Innenlebens eindringen kann, und dazu sadistische Quälereien an seinem Schulkameraden studiert. Wir finden in den unter dem Titel *Erstes Erlebnis* herausgegebenen

Novellen von *Stephan Zweig* Kinder, deren Kindheit durch die Entdeckung des Geheimnisses der Sexualität in wenigen Tagen beendet wird. - Neu in der Literatur als beherrschende Gestalt ist die Unreife. Wenn *Melchior* in *Frühlings-Erwachen Wendela* verführt, dann ist er nicht ein Frühreifer, ein bereits Erwachsener, sondern der noch nicht Erwachsene, den der vermummte Herr in der Schlußszene dann ins Leben führen will. Neu ist auch, daß an die Stelle einer allmählichen Entwicklung der explosive Übergang und das plötzliche Zusammenbrechen treten. Neu sind die Konflikte. Fast immer ist es dabei der männliche Gymnasiast, um den es in der Dichtung geht, der nur selten der Sohn eines patrizischen Unternehmers, wie *Hanno Buddenbrook*, oder eines von Heimarbeit lebenden Zigarrendrehers, wie *Asmus Semper* in den Romanen von *Otto Ernst*, ist, öfters hingegen dem Bürgertum entstammt." (ebd. 212f) Daß gerade Gymnasiasten in den Blickpunkt des Interesses treten, verdankt sich nicht ausschließlich der meist bürgerlichen Herkunft der damaligen Schriftsteller, sondern zugleich einer veränderten Situation der Jugendlichen: die Mittelschicht, aus der sich die Gymnasiasten rekrutierten, zeugte aus wirtschaftlichen Gründen immer weniger Kinder, auf die um so stärkeres Interesse fiel; gleichzeitig wurde die Schule zur entscheidenden Chancenzuteilungs-Apparatur, so daß die Schulbildung der Kinder einen immer höheren Rang erhielt - mit der Folge, daß die Gymnasiasten unter besonderem Druck standen (Gillis 1980); die Schulverweildauer verlängerte sich mit einer damit zusammenhängenden Verstärkung der Abhängigkeit von Elternhaus und Bildungsinstitution; da der Arbeitsmarkt zunehmend nach technisch gebildeten Akademikern verlangte und der Beruf des Vaters immer weniger zum Modell für den Sohn wurde, war die berufliche Zukunft offener; gleichzeitig (aufgrund guter Ernährung und einer gewissen Liberalisierung) wurde eine frühere Sexualreife festgestellt (vgl. *Wedekinds Frühlingserwachen*), die die Kindheit verkürzte (Geuter 228ff). Die Literatur um 1900 ist gekennzeichnet durch eine *Psychologisierung* der Jugend. Dabei ist wesentlich, daß die meisten Autoren für die Jugend Partei nahmen, durchaus im Einklang mit den Lebensreformern, den Jugendbewegten und den Reformpädagogen. Gleichzeitig wurde die Jugend aufgewertet: „Da im Geschäftsleben aktuelle Schnelligkeit immer mehr und angehäufte Erfahrung immer weniger zählte und da die alten Angestellten teurer waren als die jungen, ging die Wegrationalisierung der Alten der Entwertung des Alters parallel." (ebd. 231) Jugend wurde zum Thema der Wissenschaften, vor allem der Psychologie, da die Phase „des Alters zwischen 14 und 18 Jahren bestehende Selbstverständlichkeiten verlor": der Jugendliche mußte nun seine seelische Entwicklung sehr viel individueller erfahren und verantworten.

Dies alles sind Tendenzen, die auch heute konstatiert werden. Allerbeck/Hoag zeigen in einem Vergleich der Schulverweildauer von 1962 (20% der Befragten sind Schüler/innen) und 1983 (59% der Befragten sind Schüler/innen), daß der Zugriff des Bildungssystems auf den Jugendlichen sowohl in seiner zeitlichen Verlängerung wie in seiner Bedeutung für die Zukunft des Jugendlichen erheblich zugenommen hat. Auch jetzt resultiert daraus eine längere Verweildauer in der Familie: 1983 leben 80,1% der Jugendlichen bei ihren Eltern (8% mehr als 1963). Dies hat seinen Grund in ökonomischer Abhängigkeit (Schüler/innen verdienen noch kein Geld). Damit ist einerseits eine stärkere Orientierung an den Eltern verbunden (die Gesprächs- und Interaktionskontakte sind häufiger), gleichzeitig können unter beistimmten Bedingungen gerade *deshalb* auch Spannungen entstehen, die sich in explosiven Ablösungsprozessen äußern. (Zur rapiden Bildungsexpansion, die die Jugendzeit verlängert, vgl. auch Mitterauer 83ff.)

Das Schulwesen leistet heute ebenfalls eine starke Chronologisierung der Jugendphase in Hinsicht auf ihre erhebliche Verlängerung. Neben der längeren Schulverweildauer ist das Finden geeigneter Berufe und Berufschancen immer schwieriger (es gibt ein „Arbeitsmoratorium"), so daß auch diese entscheidende Status-Einmündung unsicherer geworden ist, oft um Jahre aufgeschoben wird. Besonderer Umstrukturierung unterliegt bekanntlich die Altersphase der 20-30jährigen, die früher als „junge Erwachsene" bezeichnet wurden, heute oft eher unter „Jugendliche" firmieren, nicht zuletzt im Zusammenhang der Diskussion um „Postadoleszenz". Für diese Altersgruppe gilt zusätzlich (verlängerte Ausbildungsdauer, verlängerte Freisetzung aus dem Arbeitsprozeß), daß ein hoher Anteil von ihnen „in festen, aber juristisch nicht geklärten Beziehungen" lebt; damit wiederum hängt zusammen, daß ab 20 Jahren die Tendenz besteht, von zu Hause wegzuziehen (Daten im einzelnen: Jugend '85, Bd. 3, 462-466).

Das Phänomen sozialer und kultureller Selbständigkeit bei gleichzeitigem Ausschluß aus dem Erwerbsleben und späterer 'ordentlicher' Heirat führt zur neuen Problemgruppe der 'Postadoleszenten', jedenfalls für die geburtenstarken Jahrgänge. Mehrfach wurde bereits darauf hingewiesen, daß es gerade diese Altersgruppe ist, die auch in den Jugendkulturen entscheidende Impulse setzt und Führungsansprüche erhebt (vgl. schon die Beatniks). Aber auch in den Männerbünden um die Jahrhundertwende und bis in die 20er Jahre dominierten die 20 bis 30jährigen erheblich (Reulecke 1985, 211), und auch die ersten Führer des Wandervogels waren zunächst dem Alter nach durchweg 'erwachsen'.

Schließlich gilt auch heute, daß die sexuellen Erfahrungen stark vorverlagert werden und der Sozialtyp 'Kind' in seiner zeitlichen Erstreckung abgekürzt wird (Kinderparties und Kinderdiscos schon für 10 bis 12jährige, erhebliche Vorverlagerung sexueller Erfahrungen etc.). Die Jugendzeit wird nach unten wie nach oben länger, zugleich offener, problematischer, weil weniger durch festgelegte und für alle verbindliche (und auch einzulösende) Statusübergänge definiert.

Die Diskussion um 1900 wiederholt sich (unter veränderten Zeitumständen und mit verändertem Vokabular sowie unterschiedlichem Zeitbewußtsein, versteht sich) in *wesentlichen Strukturzügen*. Eine homogenisierte Normalbiographie „Jugend" hat es offenbar früher wie heute nicht gegeben (vgl. Mitterauer 47ff). Die klassischen Statusübergänge (1) Schulabgang (2) Arbeitsaufnahme (3) Verlassen der Herkunftsfamilie (4) Gründung eines eigenen Haushalts (5) Heirat sind historisch und für den einzelnen (je nach seiner 'Gesamtlage') ganz verschieden als Statuseinschnitte zu gewichten, also als normierende Kennzeichen des Abschlusses von Jugend und des Übergangs ins Erwachsenenalter. Das Kriterium (1) Schulabgang beispielsweise ist für den, der die *Pflicht*schule verläßt, sicherlich gewichtig; wer dagegen Schulen der Sekundarstufe besucht, braucht deswegen nicht gleichzeitig in kindlichem Abhängigkeitsstatus zu bleiben; er verweilt noch im Bildungssystem, beansprucht aber längst, eigene kulturelle Normen und Werte zu vertreten. - Das Kriterium (2) Arbeitsaufnahme wird dann schwierig anzuwenden, wenn man fragt, ob die Berufsausbildung schon zum Beruf zu zählen ist oder nicht; eine geregelte Lehrzeit gab es lange Zeit hindurch nur für Männerberufe, aber nicht für Berufe von Frauen - das Kriterium orientiert sich also zu stark an männlichen Lebenslaufmustern. Das Kriterium (3) Verlassen der Herkunftsfamilie ist heute sicherlich ein wichtiger Übergang von materieller und soziokultureller Abhängigkeit in die Autonomie, ohne daß diese freilich materiell gesichert oder selbständig erworben sein muß; ähnliches gilt für die Gründung eines eigenen Hausstandes. Auch das Kriterium (5) Heirat, einst „jene einschneidende Zäsur, mit der das Jugendleben abgeschlossen war", hat heute nicht mehr die einschneidende Bedeutung: viele 'Postadoleszente' sind verheiratet, rechnen sich aber selbst den Jugendlichen zu und sind es (nach den Kriterien ökonomische Selbständigkeit etc.)ja auch. Fazit: es gibt eine Fülle von Teilübergängen und Einschnitten, die unterschiedlich erfahren werden -historisch und auch je nach Soziallage, Bildungsstand etc. Entsprechend resümiert die Studie Jugend '85 (Bd. 1, 262) nach einer Analyse der Verlaufsformen der Jugendbiographie: „Zugleich hat Jugend eine Eigenständigkeit gegenüber anderen Lebenslaufphasen gewonnen und verloren, zugleich 'wird ein Teil der Grenze zum Erwachsenen vorverlegt, während ein anderer Teil der Grenze hinausgeschoben wird.' (Allerbeck/ Hoag 1983)". Dieser Prozeß ist jedoch kein aktueller, sondern er ist seit dem Ende des 19. Jahrhunderts feststellbar und belegbar.

Worin besteht dann der Unterschied zwischen der Jugend-Konstellation „um 1900" und der Jugendkonstellation „in den späten Jahrzehnten dieses Jahrhunderts"? Zum einen haben sich die *nicht erst neuen* Tendenzen verstärkt. Sexuelle Erfahrungen machen Kinder/Jugendliche immer eher, die Schulverweildauer wird immer umfänglicher, etc. Ritualisierte Statusübergänge nehmen immer mehr ab, verlieren immer *mehr* an Gewicht (z.B. Hochzeit, Heirat). Wesentlicher ist, daß heute die *Institutionalisierung der Jugend* einen gewissen Höhepunkt erreicht hat. Bildungssystem, Jugendberatung, Freizeitmaßnahmen und Freizeitangebote, außerschulische Bildung, Bafög und Sozialhilfe - das gesellschaftliche Netz legt sich über jeden Jugendlichen und verschärft damit die subjektiven Erfahrungen seiner Statusprobleme.

Dem entspricht, daß heute die Jugendkulturen in entschieden stärkerem Maße in der Entwicklung eigener Stile, Szenen und Kulturkonzepte wie kulturellen Praxen hervortreten. Sie stellen eine Gegen-Bewegung sowohl gegen die Vergesellschaftung von Lebensläufen dar als auch, gleichzeitig und gegenläufig, gegen eine zu starke Individualisierung. Denn die Tatsache, daß alle Schulen für alle 'da' sind, hat ja bis heute keineswegs die Tatsache im Gefolge, daß jeder sich darauf verlassen kann, auch auf allen Plätzen 'zu Hause' zu sein. Dies hängt von seinen Startbedingungen, seiner Herkunft, seinem sozialen setting ab - neben eigenständigen Aspirationen, die er entwickeln mag. Was Jugend 'eigentlich' heute ausmache, ist schwer endgültig festzumachen, denn alles ist im Fluß. Nicht zuletzt die Massenmedien sorgen dafür, daß auch hier eine Entstrukturierung der Altersphasen stattfindet: Junge wie Alte, Kinder wie Greise sind gebannt von den gleichen Programmen, unterliegen oft ähnlichen Reaktionsmustern. Und wiederum - gegenläufig - sind es gerade die Jugendkulturen, die sich der Altersgrenzen nivellierenden Medien bedienen, um ihre eigenen jugendkulturell-typischen Ausdrucksgebärden hervorzubringen und öffentlich zu machen. In den Jugendkulturen fokussiert sich damit nicht nur das 'Problem Jugend', sondern es kulminieren in ihnen auch alle Ambivalenzen, Widersprüchlichkeiten - *und* Lösungspotentiale.

4.3 Jugend, Heirat und Sexualität

Der entscheidende Statusübergang von der Rolle des Jugendlichen zu der des Erwachsenen ist seit jeher der Akt der Eheschließung und damit die formell zugestandene Legitimation zu sexuellem Verkehr. Wenn jemand heiratete, war die Jugendphase endgültig zu Ende: „Alle historischen Bezeichnungen für Jugendliche meinen stets die Unverheirateten, unabhängig von ihrem Lebensalter (...) Erst mit der Hochzeit gilt das wesentliche Lebensziel des Menschen als erreicht. Jugend ist demgegenüber ein Status der Unvollständigkeit und Unvollkommenheit." Und: „Deutlich bringt das etwa das Brauchtum der sog. 'Totenhochzeit' zum Ausdruck, das in Ostmitteleuropa stark verbreitet war. Wenn ein Lediger verstarb, wurde er in hochzeitlicher Kleidung aufgebahrt: Eine 'weiße' und eine 'schwarze' Braut folgten dem Sarg beim Begräbnis. Analoge Bräuche finden sich - freilich seltener - auch bei Mädchen. Die im Leben versäumte Hochzeit wird so symbolisch nachgeholt. Erst durch sie erscheint der Abschluß eines erfüllten Lebens denkbar." (Mitterauer 86 f)

Wichtig sind dabei zwei Hinweise: zum einen gab es früher eher weniger als heute ein „Normalalter" für die Zeit der Heirat - viele Faktoren beeinflußten die Möglichkeit der Eheschließung. Ein Bauernsohn etwa konnte erst heiraten, wenn er den Hof übernehmen konnte, und dies wiederum hing von der Rüstigkeit der Eltern, aber auch den Geschwisterbeziehungen ab. Auch in den Zünften war eine Heirat erst dann möglich, wenn die finanziellen Möglichkeiten für eine selbständige Existenz gegeben waren - die Herkunftsfamilie spielte hier keine Rolle. Im Adel heirateten die jüngeren Brüder, die nichts erbten und deswegen auf die Ämterlaufbahnen im Staatsdienst angewiesen waren, später als ihre älteren Brüder - die notwendige Ausbildung und das Warten bis zum Erreichen einer ihrem Stande entsprechenden Position kosteten Zeit. Gerade die Unabhängigkeit von der Fixierung auf ein bestimmtes Lebensalter macht deutlich, daß 'Jugend' ein sozial bestimmter Status war, dessen Abschluß und Ende auch in früheren Zeiten nie einheitlich festgelegt und geregelt war. Zum andern fällt auf, daß die Bedeutung der Jugendzeit bis zur Heirat fast ausschließlich in Hinsicht auf *männliche* Jugendliche wahrgenommen wurde. Insofern war das Jugend-Moratorium früher ein „Jünglingsmoratorium" (Michel 14): die Mädchen heirateten früh oder wurden auf die Heirat vorbereitet; jedenfalls waren sie kaum auf der Straße, eng an die Mutter und den Haushalt gebunden und erlebten insofern in keiner Weise eine ausdrucksvolle Jugendzeit wie ihre künftigen männlichen Partner.

Daß Sexualität auch vor und außerhalb der Ehe erlebt und praktiziert wurde und wird, ist geläufig. Aber in der Regel und offiziell stand sie dem Jugendlichen nicht zu - sein Leben hatte asexuell zu verlaufen. Dies galt auch noch um die Wende zum 20. Jahrhundert; die damalige Sexualpädagogik predigte sexuelle Abstinenz bis weit in die 20er Jahre hinein. Dabei standen nicht mehr, wie bei den Aufklärern und Philanthropen, die Kinder und ihre „heimlichen Sünden", insbesondere die Onanie, im Mittelpunkt pädagogischer Befürchtungen, sondern die „nationalen Gefahren der Geschlechtskrankheiten, wie sie vor und außerhalb der Ehe drohten. Die Onanie erwies sich demgegenüber als das kleinere Übel, wenn nicht gar als Ausweg." (Linse 254) Der „unstillbare erotische Drang" der Gymnasiastenfiguren in *Wedekinds Frühlingserwachen* gelten als „die traurigen Endprodukte einer namentlich durch die ungeheure Anhäufung von Sinnesreizen in

Großstädten erzeugten und unterhaltenen geschlechtlichen Überreizung.“ (ebd. 255) Auch die bürgerliche Jugendbewegung mit ihrem hervorragenden Vertreter, den Wandervögeln, brachte an dieser Stelle keinerlei Änderung, vielmehr Bestätigung dieses Bildes von Jugend, die vor den Gefahren der Sexualität bewahrt werden mußte. Zwar handelte es sich um eine Revolte der Jugend gegen bürgerliche Phrasen, doppelte Moral, das freie Leben einschränkende Regeln und Rituale - auch mit dem Ziel einer stärkeren Gleichberechtigung der Mädchen-, aber die Normen der Asexualität blieben auch hier maßgeblich. Die „Überreizung“ des Großstadtlebens, die zu früherem sexuellen Verkehr führen könnte, sollte durch die Jugendbewegung ja gerade vermieden werden, die den jungen Menschen hinaus in die freie Natur führte und ihm damit ein ‘gesundes Triebleben’ eröffnete - wozu gehörte: Kameradschaftlichkeit zwischen den Geschlechtern, sexuelle „Selbstbeherrschung“, Zurückhaltung und jugendkulturell gelenkte Sublimierung. Zwar wies *Blüher* 1912 mit seinem Buch „Der Wandervogel als erotisches Phänomen“ auf homosexuelle Elemente der Jugendbewegung hin, aber die heftige Reaktion auf seine Schrift zeigte nicht nur die tiefen Ängste vor der Sexualität, sondern auch, daß seine ‘Offenlegung’ generell keineswegs akzeptiert wurde. (Nebenbei bemerkt, galt diese Einstellung auch für die Sozialdemokraktische Partei: „Sowohl die Masturbation wie die Aufname des Geschlechtsverkehrs von unter 25jährigen wurden als gesundheitsschädlich abgelehnt und die völlige Enthaltsamkeit bis zur (späten!) Eheschließung gefordert.“ (cf ebd. 279)

Sexualität und neue Jugendkulturen

Der Statusübergang von der Jugend zum Erwachsensein qua Heirat/Hochzeit ist *heute* weder psychisch noch faktisch mehr ein Kennzeichen für Erwachsen-Sein: *weil Sexualität sich zu einer zentralen Komponente des Jugendstatus emanzipiert hat.* Dies war sicherlich ein langer Weg, der hier nicht nachgezeichnet werden kann; *Wilhelm Reichs* Schriften spielen hier auf dem Gebiet kulturellen ‘Überbaus’ ebenso eine Rolle wie die Liberalisierung des Geschlechterverhältnisses und der Sexualität unter den Jugendlichen selbst -was wieder zur Voraussetzung hatte, daß die Sexualpädagogik, Eltern, Erzieher und Lehrer (verzögert die Kirchen) zunehmend auf ihre ohnehin eingeschränkten Aufsichtsmöglichkeiten verzichteten. Welche Rolle hier die Medien (wiederum) gespielt haben, ist nur zu vermuten - ich selbst schätze sie als erheblich ein. Wie dem auch sei: das Sexualverhalten von Jugendlichen hat sich gegenüber 1900 und noch den 50er Jahren (hier begannen jedoch die ersten 'Auflösungserscheinungen') radikal gewandelt, und insofern kann man die Liberalisierungsprozesse der 60er und 70er Jahre durchaus als „sexuelle Revolution" bezeichnen. Die Verfügbarkeit von Kontrazeptiva, der Rückgang kirchlicher Bindungen, die größere Chance von Jugendlichen, selbst über Geld zu verfügen und so ihre Konsum- und hedonistischen Gewohnheiten in die eigene Hand zu nehmen - dies alles trug zusätzlich zu einer Entwicklung bei, die heute dazu geführt hat, daß Sexualität keineswegs mehr ein Monopol der Erwachsenen (Verheirateten) ist. Die Shell-Studie *Jugend '81* dokumentiert die neue Wandlung deutlich: Selbst „sexuelle Erfahrungen machen" heute Jugendliche im Schnitt um 16,2 Jahre (Mittelwert); schon mit 15,5 Jahren bestimmen sie ihre äußere Erscheinung (und damit ein wichtiges Vehikel sexueller Attraktivität); mit 17 Jahren führen Jugendliche im Schnitt erstmals selbständig eine Urlaubsreise durch - mit zahlreichen Kontaktmöglichkeiten ohne Aufsicht, und wenn die meisten Jugendlichen etwa mit dem 20. Lebensjahr über ein eigenes Auto verfügen, so erhöht auch diese räumliche Mobilität ihre Möglichkeit zu persönlicher Selbstverfügung; hinzu kommt, daß die Kontrolle des abendlichen Weggehens und Heimkommens' ein zentrales Problem aller Jugendlichen, immer eingeschränkter wird (cf. auch Mitterauer 49ff). Die *Entritualisierung von Statusübergängen*, die Aufgabe gemeinsam erfahrener Zäsuren zeigt sich in der Sexualität am deutlichsten. Darauf hingewiesen war, daß das Zeitalter der Heirat schon immer geschwankt hatte - neu ist, daß dieses jetzt sozusagen keine erhebliche Rolle mehr spielt. Sexualität, einst aus der Jugend verbannt, ist zu ihrem zentralen Merkzeichen geworden. Damit ist sie als Zielpunkt des Lebens, als Verheißung erwachsenen Daseins entfallen -auch dieser Tatsache verdankt sich sicher die nachlassende Attraktivität eines 'erwachsenen' Lebensstils.

Die Jugendkulturen sind wiederum ein Fokus dieser Trends, und sie bestärken sie. Der Rock'n'Roll wurde von skeptischen Erwachsenen - wie von der Sexualpädagogik um 1900 die Großstadtreize - als sexuell gefährdend und enthemmend betrachtet. Dies Interpretation ist so zweifellos nicht richtig; Rock hat vielmehr *befreit*, was immer unterdrückt war - das Aussprechen und tänzerisch-symbolische Darstellen erotischer Begierden und Wünsche. Die Jugend-Mode hat das ihre dazugetan, qua lebensstilorientierter Ausstattung, ein Stück erwachsener Jugendprojektionen und Jugend-Mythen *abzuschaffen*: was Jugend sei und darf, verfügt diese, jedenfalls im Gebiet der Sexualität, selbst. Dabei hat sich seit den 50er Jahren die Entwicklung zu einer sexuellen Selbstverfügung Jugendlicher beschleunigt: „Mit 16 Jahren hatte knapp ein Zehntel der erwachsenen Frauen und etwas mehr als ein Fünftel der erwachsenen Männer dies Ereignis erlebt, dagegen rund 60% der Jugendlichen beiderlei Geschlechts heute." (Jugendliche + Erwachsene '85, 1, 204). Während die sexuellen Erfahrungen heute sehr früh liegen, hat sich der Schulabschluß dagegen hinausgezögert (ebd. 237ff). Aber: heute ist *beides* vereinbar: Schüler-Sein und sexuelle Erfahrungen haben. Dabei sind soziale Unterschiede, Art der Schulabschlüsse, vor allem auch Geschlechtszugehörigkeit zunehmend weniger durchschlagend. Zwar bleibt die Tendenz bestehen, daß Jugendliche mit 'gehobenem' Schulabschluß später heiraten (die Geisteswissenschaftler sind hier am prägnantesten), aber insgesamt haben sich Sexualerfahrung und Zeitpunkt der Eheschließung voneinander gelöst (ebd. 225), und dies sowohl für Jungen wie für Mädchen.

Dabei war der Rock'n'Roll-Sex ursprünglich vor allem auch maskulin bestimmt. Es gab nur wenige Mädchen, die die Straßen-Ikonographie beherrschten (öffentliches Auftreten und Sich-Geben, sich kostümieren und stilisieren, 'coolness' zur Schau tragen und über Symbole der Situationenbeherrschung verfügen etc.); nur wenige entkamen zunächst der dauernden Aufsicht der Familie, der Freunde, der Nachbarschaft und der Schule. Für Mädchen bedeuteten in den 50er Jahren außerhäusliche Aktivitäten nur eins: moralischen Tiefgang (cf. Chambers 42). Heute sind diese Unterschiede weitgehend eingeebnet, jedenfalls auf dem Gebiet der Sexualität. Auch in der Lebenskonzeption haben Mädchen sich von alten Klischees befreit, manchmal die Jungen überrundet: so streben Mädchen heute mehrheitlich das Drei-Phasen-Modell an (Beruf, Kinder und wieder Berufstätigkeit), während Jungen eher dafür sind, daß ihre Frau den Beruf aufgibt (immerhin 36,1 %). Aber: Mädchen, die derart Sexualität nicht mehr als abhängig machendes Schicksal erleben, entsprechend Ehe und Heirat in einem zunehmend berufsbezogenen Gesamtlebensentwurf 'einkapseln', haben real den heute immer noch bestehenden Konflikt zwischen Mutterschaft und Beruf nicht hinreichend analysiert, also die Schwierigkeiten nicht genügend antizipiert, denen sie ausgesetzt sind, wenn sie ein solches Modell verwirklichen wollen (cf. Allerbeck/Hoag 128f). In den Jugendkulturen selbst, die vorwiegend freizeitorientiert sind und sich am Jugendstatus verhaken, spielen diese Probleme freilich keine Rolle, so daß hier das Bild weiblicher Gleichberechtigung besonders hell aufscheint - nimmt man einmal Rocker- oder Heavy-Metal-Szenen aus. Rock-Sängerinnen (von *Tina Turner* über *Cindy Lauper* bis *Madonna*) sind heute oft erfolgreicher als ihre männlichen Kollegen und - wie schwarze Rock-Sänger - keineswegs mehr die aufsehenerregende Ausnahme, sondern maßgebliche Trendsetter. Was man/frau anzieht, das bestimmen nicht nur *männliche Rapper*, sondern auch *Madonna*. In den Jugendkulturen ist, wie diese Hinweise zeigen, Sexualität nie als faktum brutum erlebbar gemacht worden: sie ist ein Bestandteil stilistisch und kulturellen Inventars und wird, wenn auch anders als früher, ebenso 'kultiviert'. Die Rituale der Annäherung, des Lokkens, Zusagens und Gewährens muß auch heute noch jemand verfügbar haben, der in den Jugendkulturen reüssieren will. Bemerkenswert scheint mir, daß jemand in *gleicher* Weise über Techniken des Nein-Sagens, Abwehrens, Gleichgültig-seins und Abwartens verfügen muß, der seine Sexualität in sein Selbst- und Fremdbild integrieren will. Wie ist es sonst zu erklären, daß Akte von Vergewaltigung, sexueller Nötigung und Unfreiheit (auch, wenn natürlich vieles unentdeckt bleibt) in den Jugendkulturen keineswegs vorherrschen; dies aber müßte der Fall sein, wenn die Jugend selbst nicht in der Lage ist, mit einer befreiten und liberalisierten Sexualität umzugehen. Hinzuzufügen ist, daß Ehe und Heirat nur von 10% der Jugendlichen abgelehnt werden (so in der Befragung Allerbeck/Hoag), wobei die Heiratswilligkeit bei den weiblichen Befragten stärker zurückgegangen ist als bei den männlichen. Eine Single-Existenz wird nur von wenigen angestrebt: 28,3 % derer, die nicht heiraten wollen, möchten später alleine leben. Auch hier handelt es sich freilich um *Vorstellungen*, und es ist schon bemerkenswert, wenn ein knappes Drittel von Jugendlichen heute Heirat, Ehe und Familie zwar nicht ablehnt, aber auch nicht als notwendiges Element eines Lebensplanes ansieht. Solche Einstellungen können sich lebenszyklisch schnell ändern - insgesamt deutet sich jedoch an, daß der jugendkulturelle Lebensstil in seinen Generalisierungstendenzen das Bewußtsein vieler Jugendlicher besetzt hält.

Neue Modelle sexuellen Ausdrucks

Auf die tendenziell inzwischen erreichte sexuelle Gleichstellung von Mädchen war bereits hingewiesen. So haben die Jugendkulturen (wenn zwar nicht durchgehend, so etwa in manchen Szenen der Disco-Kultur, in denen die Mädchen-Abhängigkeit von den Jungen zentrales Stilelement ist) insgesamt durchaus befreiend und unterstützend gewirkt. Auch in der politisch-engagierten Alternativbewegung, in der noch um die Wende der 70er Jahre die postadoleszenten Männer den Ton angaben, ist gerade *deswegen* eine Problematisierungsdiskussion des Geschlechterverhältnisses in Gang gekommen.

Aber die neuen Modelle sexuellen Ausdrucks kamen zunächst von *männlichen* Jugendlichen - auch dies Indikator für den höheren Grad von Freiheit, den sie besaßen (insbesondere in den Jugendkulturen). Auch dies ist neu. In der Jugendbewegung um 1900, aber auch noch in den Männerbund-Traditionen bis in den Nationalsozialismus hinein war das traditionelle Bild von Ehe und Familie in keiner Weise in Frage gestellt worden - gerade auch über ein Festhalten an der Rollenverteilung zwischen Mann und Frau. Die Familie sollte das Reich der Frau sein, indem diese ihrer angeblichen natürlichen Bestimmung gemäß für einen gesunden und leistungsfähigen Nachwuchs zu sorgen hatte. Der kämpferische Männerbund und seine Jungmannschaften schlossen zwar die Frauen aus, verstanden sich aber gleichzeitig als nationale Garanten des „natürlichen“ familiären Privatraums mit den Aufgaben der Kinderpflege und Kinderaufzucht: „Sie schufen und sicherten überhaupt erst der Familie den Rahmen, in dem diese sich entfalten und ihre Aufgaben für die Volksgemeinschaft erfüllen konnte.“ (Reulecke 200) Das Bild des Mannes als (in verschiedenen Figurationen) ‘Kavalier’, ‘Held’, ‘Wahrer und Beschützer’, ‘Verteidiger’, ‘Sprecher’ und ‘Verantwortlicher’ blieb davon unberührt. Erst die neuen Jugendkulturen brachten hier, im Gefolge der schon skizzierten Tendenzen, einen Wandel. Die bis heute provozierendsten Dokumente dafür stammen von den Beatniks, etwa aus *William Burroughs Naked Lunch* und *The wild boys*. In der Tradition moderner literarischer Montagetechnik, in der Verbindung von cut-up Kombinationen (Bruchstücke von Dokumenten, Reportagen, O-Ton, gegeneinandermontiert) und surrealistischen Alpträumen, in der Feier der 'Sakramente' Sex und Haschisch werden alle Elemente traditioneller Geschlechterkultur pervertiert - im Sinne einer als endzeitlich gefühlten Herausforderung zu Wahrheit und Intensität. Aus dem biederen Männerbund ist nun eine „Stammesmäßige Verbrüderung junger, homosexueller Guerillas" geworden, deren Kampftechniken der Tradition den Banden von plündernden Sodomiten im 18. Jahrhundert in Indien entsprechen oder denjenigen der Pariafrauen, die im 18. Jahrhundert als Dienerinnen der Göttin Kali Männer zu Haufen zusammentrieben und sie vergewaltigten: Satyre und Sirenen des Sodomiten- und Amazonenmythos werden so zusammenmontiert, daß keine traditionelle Orientierung mehr möglich ist: „Die 'wild boys' greifen mit fanatischer Aufopferung an; sie machen keine Gefangenen, sondern stellen aus den menschlichen Hoden Haschischbeutel her." (Tytell 142f) Es geht um eine radikale Befreiung der Wahrnehmung und eine neue Intensität von Körperlichkeit. Das alles ist äußerst ambivalent und für die traditionelle Moral sicherlich 'gefährlich', weil zu Mißverständnissen herausfordernd. Aber diese sind wiederum nur möglich, wenn man über den hinter diesen Ekstasen stehenden Protest, den Ausdruck der Verzweiflung und die Suche nach neuen menschlichen Organisationsformen hinwegsieht, gefangen in gängigen Interpretationsmustern - um den Preis des Verfehlens, der hinter diesem Beatnik-Impetus steht. *Tytell* (144): „Borroughs ist der Beat-Erzengel der Apokalypse: obwohl sein Wesen für die, die sich noch immer nicht vom puritanischen Erbe befreit haben, stets obszön sein wird, ist seine Methode reinigend und läuternd, wie erschreckend sie auch in ihren Implikationen sein mag."

Chambers (133) hat darauf hingewiesen, wie stark Borroughs Erzählung 'The wild boys' (1973) beispielsweise den Rocksänger *Lou Reed* beeinflußt hat: er ist der 'Extra-Terrestrial', der Hermaphrodit, Transvestit - bisexuell, homosexuell, unisexuell, kurz: er zieht verwirrend in sich zusammen, was sonst gegeneinander stand. Die Gruppe *Roxy Music* oder später *David Bowie* zeigten, daß Sexualität nichts ist, über das ich eigen und privat verfüge; sie ist vielmehr das stilisierte Produkt eines Selbstkonzepts - Sexualität wird so zum Teil des öffentlichen Lebens wie Politik, Klassenzugehörigkeit und die Subkulturen. Diese öffentliche Konstruktion neuer sexueller Rollen mit changierenden Übergängen in der Pop-Musik zeigt auch einen Weg der Befreiung an - die ironischen Kommentare, die Bricolage von Tönen, Klängen und Stilen belegen dies. Der Glam-Rock wird bestimmt durch die Kategorie des 'strange'. Er stellt verwirrende Fragen zur männlichen Sexualität. Im Jahre 1966 war New York bestimmt durch die *Velvet Underground*, Ikonen und gleichzeitigen Transvestitismus (ebd. 129 f). Eine entsprechende Breitenwirkung solcher Verwirrspiele wurde bestärkt durch den ambivalenten Gestus eines *James Dean* oder *Elvis Presley*, durch die 'langhaarigen' Beatles, die den Macho-Gestus pointierenden und gleichzeitig unterminierenden *Rolling Stones* (insbesondere *Mick Jagger*) -. Sexualität wird zunächst nicht mehr Ausdruck von Partnersuche und Zeugungsbereitschaft, sondern Medium neuen Stilisierungs-Ausdrucks, wie ihn *Udo Lindenberg* in dem Popsong 'Ganz egal ganz egal' so besingt:

„Neulich hab' ich 'n Film von früher gesehen
da war so'n Typ, den fand ich richtig gut
der hieß James Dean
die haben mir erzählt, daß er der erste war
der geweint hat auf der Leinwand
vorher gab's nur diese knallharten Männer
mit der Knarre in der Hand
Und dann hab' ich alte Platten gehört
Rock'n'Roll von Elvis Presley
der machte damals 'ne Riesenschau
und bewegte die Hüften wie 'ne Frau
Und 63 waren die Beatles da
das war damals noch ein Skandal mit dem langen Haar
und Paul sang wie ein Mädchen, das kam unheimlich an
Dann Mick Jagger und jetzt David Bowie
der seinen Gittaristen auf der Bühne küßt
und wieso auch nicht
es ist doch ganz egal
ob Du ein Junge oder 'n Mädchen bist'"

(zitiert nach: Wirth 87)

Damit ist den Jugendkulturen (wie man das im einzelnen auch bewerten mag) eins gelungen: die Wiedereroberung der Sexualität für das Ausdrucks- und Glücksverlangen des Menschen, als kulturelles Experimentierfeld, das den Zugang öffnet zu neuen Definitionen des Geschlechterverhältnisses. Insofern ist die Bearbeitung des Komplexes Sexualität in den Jugendkulturen einer ihrer wesentlichsten Beiträge, die freilich, wie wir seit dem Ende der 80er Jahre wissen, auch Lasten mit sich bringen. Insbesondere die Aids-Problematik ist für alle Heranwachsenden zum bedrohlichen Bestandteil ihres sozusagen erotischen Alltags geworden, und in den Jugendkulturen gilt dies besonders. Zu beobachten ist eine gewisse Leichtfertigkeit, die manchen jugendkulturellen Grenzerfahrungen entspricht. „Live fast die young“: wer das Leben nach dieser Devise lebt, wird die Intensität des Sexuellen nicht missen wollen, selbst, wenn dahinter ein mögliches Leiden steht. In Homosexuellen-Kulturen war dies eine zeitlang besonders zu beobachten; die ohnehin vorhandene Ab- und Ausgrenzung wurde durch Aids noch intensiviert und von vielen bewußt als (ungerechtes) Schicksal hingenommen. Inzwischen suchen in Kontaktanzeigen „HIV-Positive“ entsprechend ‘positive’ Partner, und sogar Lokale (in Berlin, Hamburg etwa) werden nach der neuen Seuche benannt - in einer Art frecher Herausforderung und Provokation einer Gefahr, die alle bedroht.

4.4 Ein neues Generationenverhältnis

„Es gibt kein Gebiet, in dem Jugendliche heute sich in größerer Distanz zu den Uberzeugungen der Elterngeneration sehen als auf dem Gebiet der Sexualität.“ (Jugendliche + Erwachsene ‘85, 3, 234f) Diese Tatsache resultiert nicht nur aus gewandelten *Anschauungen* (mehr ‘Doktorspiele’ heute schon in der Kindheit gegenüber den Jugendlichen in den 50er Jahren; frühere sexuelle Erfahrungen bei geringeren moralischen Einschränkungen und Bedenken) und *Vermittlungsinstanzen* (Print- und audiovisuelle Medien, vor allem Jugendzeitschriften wie *Bravo* sowie eine Vielfalt von Aufklärungsbüchern und -filmen). Auch die Sexualaufklärung in der Schule ist heute unbestritten und wird (wie auch immer) praktiziert.

Aber auch sonst haben sich die Beziehungen zwischen den Generationen verändert. Dies gilt besonders für die Familie. Zwar liegen die Erziehungs-Vorstellungen von Eltern und Jugendlichen nicht erheblich weiter auseinander als vor 20 Jahren (Allerbeck/Hoag 64ff); aber die elterliche Autorität hat sich gewandelt: die Machtbalance in der Familie sieht heute so aus, daß Kinder entschieden stärker als früher beim *Aushandeln von Entscheidungen* beteiligt sind - etwa wenn es um Anschaffungen, Urlaubsreisen aber auch die Zusammenstellung der Mahlzeiten geht. (Jugendliche + Erwachsene '85, 3, 254ff)- Wesentlicher ist, daß der Konflikt zwischen den Generationen nicht so sehr personal ausgetragen wird (Eltern akzeptieren ihre eigenen Kinder jeweils am ehesten, und diese beziehen sich mehrheitlich positiv auf ihre Eltern, aber auch Lehrer), sondern *kollektiv* erfahrbar wird. Diese kollektiven Generationskonflikte speisen „sich nicht aus Quellen innerhalb der Familie, sondern außerfamilialen sozialen Prozessen" (Allerbeck/Hoag 68). Fragen der atomaren Gefährdung, der Umweltverschmutzung, der Jugendarbeitslosigkeit und generell der Zukunftsaussichten für Jugendliche spielen in der öffentlichen Diskussion ebenso eine Rolle wie der Vorwurf der älteren gegenüber der jüngeren Generation, diese sei allzu hedonistisch, nicht bereit, die Anstrengungen der älteren Generation zu honorieren und *insgesamt* wehleidig und wenig leistungsfreudig. Umgekehrt erfahren Jugendliche die Älteren insgesamt immer noch als Verbietende und Kontrolleure, als 'fremde Gewalten' in ihrer lebensweltlichen Orientierung an Peer-Groups und Gleichaltrigen. Ob eher die privat erlebten Beziehungen oder die öffentlich gemachten Verdächtigungen der Generationen maßgeblich sind, ist derzeit nicht auszumachen, wohl aber, daß das Generationsverhältnis sich *insgesamt* verändert hat.

Retroaktive Sozialisation

In den letzten Jahren macht sich verstärkt etwas bemerkbar, das als Phänomen sicherlich nicht neu ist, vielmehr so alt wie das pädagogische Verhältnis selbst: daß Erwachsene nicht nur Jugendliche beeinflussen, sondern diese auch jene. Man nennt dies retroaktive Sozialisation (Kleves 1983). In der Jugendstudie Jugendliche + Erwachsene '85 (3, 266ff) wird das Ergebnis einer Elternbefragung 1984 berichtet: „haben Sie sich unter dem Einfluß ihrer Kinder geändert?“ Dies bejahen 41 % der Mitte 40- bis Mitte 50jährigen (also derer, die die 50er Jahre als Kinder und Jugendliche durchlebt haben). Es fällt auf, daß Eltern mit ausschließlich Jungen sich stärker beeinflussen lassen als Eltern, die Mädchen haben; gleichzeitig werden Veränderungen des eigenen Verhaltens sowie eigener Meinungen von besser Gebildeten zumindest eher zugegeben. Beeinflussung durch Kinder und Jugendliche findet in folgender, abfallender Reihenfolge statt: (1) Veränderte Umgangs- und Erziehungsformen mit den Kindern (37 %: etwa „mehr Verständnis“ haben, toleranter sein, mehr akzeptieren“, „Lernen, mehr zuzuhören“ und den Kindern mehr Mitspracherecht einzuräumen); (2) jugendlicher und moderner sein, ein anderes Verhältnis zur jungen Generation haben (21%: etwas „mehr Beschäftigung mit Problemen, Wünschen und dem Geschmack der jungen Leute“, „aufgeschlossen und offener sein“, selber „jugendlicher“ werden); (3) Änderungen des eigenen Charakters und der eigenen Persönlichkeit (darunter: großzügiger, „lockerer“ sein, einen anderen Lebensstil riskieren, auch verantwortungsbewußter und disziplinierter sein); (4) bewußter leben/mehr Selbsterkenntnis (13%; mehr diskutieren, selbstkritischer werden); (5) Änderungen im Bereich der eigenen Weltanschauung (12%; neue Ansichten, politisches Engagement, neues Verständis für Lebensformen, Religion, Sexualität); (6) erzwungene Anpassung an die Kinder/notwendige Einschränkungen (11 %; darunter: muß nachgeben, mich anpassen); (7) Änderungen in Fragen des eigenen Geschmacks (9%, darunter: andere Kleidung, Mode, Frisur, Musik); (8) Veränderungen der eigenen Alltagsgewohnheiten/Freizeitinteressen (6%, darunter: häuslicher, familiärer, mehr Sport etc.).

Abgesehen von der eher negativ bewerteten Dimension (6) werden alle anderen Veränderungen eher als positiv interpretiert. Auffällig ist, daß „Jugendlich-Sein“, „offener lockerer“ werden; einen „anderen Lebensstil“ annehmen und dies durch veränderte Geschmacksvorlieben auszudrücken in verschiedenen Dimensionen auftaucht und andeutet, daß Jugendliche ihre Eltern nicht nur bei traditionell ernsteren Lebensfragen beeinflussen (politisches Engagement), sondern gerade auch in Fragen des Stils, des Habitus. Der heute hochgeschätzte Wert des Jugendlich-Seins wird durchaus *inhaltlich* ausgefüllt. Andere Studien zeigen freilich auch, daß trotz solcher Beeinflussungen „zwei Drittel der Jugendlichen ihrem eigenen Geschmack folgt und in der Wahl von der Mutter abweicht, d.h. eigene Vorstellungen hat und diese auch durchsetzt“; dieser eigene Geschmack drückt sich (nach Ergebnissen der Marketing-Forschung) vor allem im Bereich von Konsumartikeln (Nahrungsmittel, Körperpflege und Kosmetik) aus und zeigt, daß die Jugend ein „Marktfaktor“ geworden ist, der sich insgesamt stärker als früher in hedonistischen Varianten ausdrückt (ebd. 274f). Solchen Unterscheidungs-Tendenzen ist wiederum entgegenzuhalten, daß Kinder heute (bei im Vergleich zu früher verringerter Geschwisterzahl) häufiger als Gesprächspartner auch für Probleme der Eltern akzeptiert werden, bereits Kinder als persönlicher Partner der Eltern oder eines Elternteils ernstgenommen werden (ebd. 279ff).

Die Umfrage-Befunde sind, berücksichtigt man die verschiedenen Quellen und Befragungs-Zeiträume, nicht eindeutig; sie belegen einerseits durchaus die These einer gewissen Abschottung der Generationen voneinander, andererseits aber auch, daß - auf der Basis *persönlicher* Nähe - eine größere Akzeptanz der Generationen feststellbar ist. So werden viele Eltern von ihren Kindern veranlaßt, eine liberalere, offenere Haltung einzunehmen und ein eher prinzipiengeleitetes Verhalten durch ein stärker situationell-sensitives zu ersetzen. Generalisierende Resultate sind deswegen fragwürdig, weil sie die Unterschiedlichkeit möglicher Bezugspunkte unterschlagen. Wenn Jugendliche gegenüber Älteren zu Meinungsführern werden, so sind sie dies (wohl auch, weil hier Umorientierungen als weniger problematisch erscheinen, nicht als ‘Gesichtsverlust’ der älteren Generation bewertet werden müssen) insbesondere *in den Bereichen von Konsum und Freizeit über die Gestaltung eines spezifischen Lebensstils*. Die Position der Jugendlichen wird hier durch die Medien verstärkt: Jugendliche sind auch hier am ehesten diejenigen, die neue musikalische Trends (Pop und Rock statt Operetten und Volksmusik) favorisieren; in ihrer stärkeren Unbefangenheit gegenüber elektronischen Neuerungen (Computerkids!) sind sie ebenfalls häufig Lehrmeister ihrer Eltern.

Solche Feststellungen und Überlegungen sind nicht neu. Den sozialanthropologischen Sinn der Jugend hat Margaret Mead in ihrem Buch „Der Konflikt der Generationen“ (deutsch 1971) bereits herausgearbeitet und in einer Art weltgeschichtlicher Perspektivenbildung des hier behandelten Problems gezeigt, daß Jugend-Rebellion und -innovation nicht nur Thema einer Devianzpädagogik sind oder einfach Ausdruck jugendlicher Kinderei und Skurrilität, sondern futurologische Aspekte haben, als konsequente Reaktion auf neue geschichtliche Lagen. M. Mead unterscheidet drei große aufeinanderfolgende Kulturen:

(1) die *postfigurativen* Kulturen sind solche traditionaler Gesellschaften, die durch langsamen, erst über Jahrhunderte wirksamen Wandel und die Präsenz dreier Generationen an einem Ort und in einem Haus gekennzeichnet sind. Hier können sich die Großeltern für ihre Enkel keine andere Zukunft vorstellen als ihre eigene Vergangenheit, und den Jüngeren geht es ebenso. Es entsteht darum ein „Begriff von wandlungsfreier Kontinuität“ (ebd. 28). Diese Kulturen stellen die Vergangenheit der menschlichen Geschichte dar.

(2) Für die Gegenwart stehen die *konfigurativen* Kulturen, in denen an die Stelle wohlbekannter und verstandener Vorfahren die *vertrauten Ebenbürtigen* treten. In ihnen sind bewußte und dauernde Konflikte zwischen Vätern und Söhnen, Müttern und Töchtern möglich: weil, was die Älteren sagen, oft weniger überzeugt, als was die Gleichaltrigen oder symbolischen Führer (in den Medien) behaupten und vorleben. Man orientiert sich nicht mehr an der Verwandtschaft, sondern an Klassengleichen (nach Status und Position), an Inhabern attraktiver Positionen oder Personen, die einem ähnlich sind (im Altersstatus, in der Lebensauffassung). Die Kernfamilie überläßt den Kindern immer mehr einen Spielraum der Orientierung an Gleichaltrigen; die Massenmedien kennen keine bevorzugten Altersstufen mehr; die Heranwachsenden beanspruchen ein immer größeres Maß an Selbstbestimmungsrecht: es ist die Zeit, die ihre neuen Konturen gewann in den Peer-Groups der Teenager in den 50er Jahren - als die neuen Entwicklungen noch in der Latenz waren - bis zu den auffälligen Bewegungen der Rebellion und der neuen Stilsuche, also die Gegenwart der letzten 30-40 Jahre. Verhaltenserwartungen werden jetzt in der Familie nur noch durch zwei Generationen kenntlich gemacht. Man weiß, daß die Eltern sich von den Großeltern unterscheiden und darum auch, daß man sich selbst erheblich von den Eltern unterscheiden wird: „alles zusammen genommen, vermittelt das Leben in einer sich wandelnden Kernfa-

milie und der Eintritt in neue Gruppen mit all seinen Konsequenzen dem Individuum den Eindruck, in einer Welt zu existieren, die sich ständig wandelt“ (ebd. 90).

(3) Die Zukunft wird bestimmt werden durch *präfigurative* Kulturen und „Kinder, von denen wir nichts wissen (ebd. 97ff). Sie werden dermaßen anders sein, daß jeglicher Strukturalismus, der die Stabilität von bestimmten Identitäten innerhalb sich wandelnder Phänomene behauptet, zuschanden wird. Ein Atomkrieg beispielsweise ist mit überhaupt keinem Krieg vorher vergleichbar, ebenso wie eine zerstörte Umwelt ein völlig neues Ereignis ist. Die Revolte und Absetzbewegungen der Jugend hat nach M. Mead ihre Gründe im Entstehen einer Weltgemeinschaft, die Informationen über Unebenheiten in der Entwicklung, Benachteiligungen, Ungerechtigkeiten etc. ständig für alle Generationen zur Hand hat. Zudem tritt der Wandel jetzt schon innerhalb *einer* Generation ein. Damit verschwindet Geschichte als Dimension überindividueller Zeitlichkeit: „In diesem Sinne müssen wir erkennen, daß wir keine Nachkommen haben“ (ebd. 111 f).

Wie sehr auch relativ kurz zurückliegende Erfahrungen kaum mehr vermittelbar sind, zeigt die Darstellung eines Mitglieds der APO-Generation in seinem Verhältnis zu den nunmehr Jüngeren beispielhaft: „Daß es vor 1968 in der Bundesrepublik kaum möglich war, als unverheiratetes Paar zusammen zu wohnen, daß wir uns einer strengen Kleiderordnung unterwarfen, daß wir uns Lehrern und Professoren gegenüber oft recht unterwürfig verhielten, ...) daß wir steife Feste feierten, daß wir als Männer keine langen Haare trugen, weil wir das als pervers ablehnten, daß wir uns z.T. noch Gedanken machten über die Rechtmäßigkeit des vorehelichen Geschlechtsverkehrs - ein Begriff, den man heute fast nicht mehr kennt -, daß wir unsere Mitstudenten an der Universität mit ‘Sie’ und die Lehrkräfte je nach Rang mit ‘Herr Doktor, Herr Professor, Spektabilität, Magnifizenz’ anredeten, (...) daß wir wie die Idioten schufteten, daß es eine Schande war, wenn man sich in Psychotherapie begab - die Jugendlichen können sich das heute nicht mehr vorstellen, und mir selbst ist es auch etwas peinlich, mit ihnen offen darüber zu reden.“ (Bopp 82) Es sind die Verschiebungen im Bereich der sogenannten Alltäglichkeit, in denen sich präfigurative Tendenzen am ehesten abzeichnen.

All dies wird in den Jugendkulturen auf den Punkt gebracht. Der Blick der Erwachsenen auf die Jugendkulturen ist darum notwendig ein fremder, befremdeter. Ihrer eigenen Kultur trauen viele Erwachsene offenbar weder Selbstverständlichkeit noch Resistenz zu. Seit dem Tod der Avantgarde als kulturellem Signum der Moderne wird die Jugend zum kulturellen Hoffnungsträger, zur Bedrohung oder 'zur fremden Ethnie'. Präfiguratives *Denken*, also eines, das sich nicht nur aus der Überlieferung und ihren Inhalten bestimmt, sondern menschliche Kultur erhält unter gleichzeitigem Vorentwurf der Existenz in Planung und Voraus-Simulation möglicher neuer Erfahrungen, gibt es derzeit kaum. Die Jugendkulturen können als Vorwegnahme geschichtlicher *Nötigung* und geschichtlichen Sinns verstanden werden. Die Nötigung besteht darin, die technologisch-industrielle Entfremdung verantwortlichen Lebens in systemrationalen Kalkülen zu überwinden; der Sinn besteht im Probehandeln konsumptiver Rollen, die die Frage nach einem aufgeklärten und freien Glück des Menschen neu stellen und beantworten helfen könnten.

5. Identität und Individualität

5.1 Identitätsmuster und Ich-Konstruktion

Folgt man *M. Meads* Überlegungen zum präfigurativen Denken (vgl. den letzten Abschnitt des vorangehenden Kapitels), erscheint die Diskussion um Identität und Individualität im Licht der Jugendkulturen neu. Zunächst: es ist auffällig, welche Rolle der Identitäts-Begriff nicht nur in der engeren entwicklungspsychologischen Literatur spielt, die psychoanalytische Elemente in sich aufgenommen hat (prominentestes Beispiel: die Veröffentlichungen *E.H. Eriksons*, insbesondere *Identität* und *Lebenszyklus*), sondern auch im alltäglichen Sprachgebrauch pädagogisch-orientierter Diskussion. Die „gefährdete Identität Jugendlicher", die „Notwendigkeit eine stabile Identität zu erlangen", die „Probleme der Identitätssuche" sind gern thematisierte Probleme. Offenbar sucht man nach etwas, das bedroht erscheint und als sicher von jedem zu erlangendes Gut abhanden gekommen ist.

Was meint die Rede von „Identität"? - Die Identität von Münzen erkennt man an Größe, Rundform, Metall, Einkerbung und Schrift, an der Art von verblassender Prägung und Abgegriffenheit. Die Identität eines Bauwerks bestimmt man nach Stilzugehörigkeit und Lage. Die Identität eines Volkes bemißt sich nach seiner Geschichte und seinen gemeinsamen Erwartungen sowie nach Sprache, geographischer Lokalisierung, Brauchtum und auffälligen Verhaltensmustern. Das letzte Beispiel unterscheidet sich von dem der Münze und des Bauwerks, weil es auf etwas zusätzliches hinzuweisen nötigt: *Bewußtsein* und *Historizität*. In diesen Medien entstehen und vergehen Vorstellungsbilder, die Handlungen und Kommunikationen auslösen, deutbar machen und weiterführen. Menschliche Identität bestimmt sich nach seiner Lage in der Zeit, d.h.: sie ist änderbar, nie ein für allemal festgelegt, endgültig „definiert". Sie gilt auf Probe und jeweils solange, wie sie akzeptiert wird; sie kann - das ist ein schwerer und schmerzlicher Prozeß - durch eine neue ausgetauscht werden. Man kann sagen:

menschliche Identität, die doch Bestand will und darstellt, ist nicht denkbar ohne Vergänglichkeit und Risiko. Dies muß man bedenken, wenn man von Identität spricht und damit meint: jemand erkennt sich als geworden und nunmehr in gewisser Weise gleichbleibend und wiedererkennbar; geworden und wiedererkennbar ist er mit Hilfe der Interaktionen mit anderen, deren Eigenschaften, Interessen und Motive er einerseits teilt, andererseits aber für sich differenziert - denn nur auf diese Weise wird seine Identität von der anderer abgrenzbar. Identität ist also eine *Beziehungsleistung*: sie entsteht durch Imitation, Identifikation, Vergleich mit anderen. Bei Jugendlichen liegt dies auf der Hand: die Peer-Groups fordern autonome Beziehungsleistungen und bauen damit an der Identität des Jugendlichen. Identität ist des weiteren eine *Relativierungsleistung*. Gerade über Beziehungen mit anderen muß jemand nämlich erkennen, daß er nicht der absolute Mittelpunkt der Welt ist, wie Kinder dies manchmal noch denken. Er muß erkennen, daß er zwar Kompetenzen hat, die jedoch begrenzt sind und durch die anderer ergänzt werden müssen. Er erkennt weiter, daß er sterben muß, daß er endlich ist, und daß andere leben werden. Wenn ich mich als anders, andere als anders sehe und mich selbst als den, der ich bin, erfahre, dann bin ich gezwungen, mich immer in Relation zu anderen zu sehen und mich dadurch auch selbst zu relativieren. Auch dies geschieht in den Peer-Groups und in besonderer Weise in den Jugendkulturen - sie sind von mir ja als *transistorische Lebensmuster* dargestellt worden. schließlich verweist Identität jedoch auch auf *Kontinuität*. Auch diese erschließt sich erst Jugendlichen bewußt. Kinder leben noch ziemlich geschichtslos in den Situationen und Augenblicken, die sie jeweils erfahren. Jugendliche jedoch beginnen, ihre biographischen Erinnerungen bewußt aufzuarbeiten und einen Innenraum in sich zu erkennen, auf den hin sie sich entwikkeln. Sie erkennen auch an ihrer Geschichte, wer sie sind.

Identität ist eine Beziehungsleistung. Identität ist eine Leistung des Relativieren-Könnens, und Identität ist die Leistung, meine personale Kontinuität in der Zeit zu rekonstruieren und zu erfahren: das sind die Ausprägungen des Grundsatzes der allgemeinen Bestimmung des Identitätsbegiffs 'Ich sehe andere als anders und damit mich selbst als den, der ich bin, mit anderen vergleichbar und doch unterscheidbar'.

Pädagogisches Bestreben liegt darin, Identität haltbar zu machen, d.h.: Kennzeichen der Reife und des Erwachsen-Seins sind eine feste Kontur, wiederholte Einhaltung wiederholter Maximen und eine kalkulierbare Reichweite und Intentionalität von Handlungen. Dieser pädagogische Traum ist schwerer zu träumen in einer Zeit, in der eine Vielfalt von Optionen und Sinn-Surrogaten immer neue Erprobungshandlungen mit der Identität herausfordern. Die Jugendkulturen gehen ein in die Vielfalt der Optionen, indem sie sich pluralisieren. Sie bieten aber auch, wenn zwar häufig vorübergehend (scheinbar?) verläßliche Optionen an. Die Solidarität der Identitätssuche schließt die Jugendlichen in ihrer Szene zusammen. Wenn man sonst nichts hat, so doch einen Wert, der andere ausschließt: die Jugendlichkeit. In der Interpretation der Fachliteratur wird dabei der *mißlingende* Risikocharakter jugendlicher Identitätssuche hervorgehoben. Die Abschottung jugendlicher Identität gegenüber Erwachsenen wird gesehen als notwendige Selbstbehauptung, als provozierter Protest und prononciertes Ausweichen zugleich. Damit, so wird argumentiert, handele es sich um eine problematische Problemlösung, weil sie nicht die Versöhnung mit dem Ganzen ermögliche, sondern nur die mit sich selbst und den nächsten Alltagsgefährten. Für die Instabilität dieser Situation des Jugendlichen werden dann viele Anzeichen aufgeführt, denn, so *Erikson* in 'Jugend und Krise' (171): „Ein Zustand akuter Identitätsverwirrung wird gewöhnlich zu einem Zeitpunkt manifest, wo sich der junge Mensch einer Kombination von Erlebnissen ausgesetzt findet, die gleichzeitig seine Hingabe an körperliche Intimität (keineswegs immer nur eindeutig sexueller Art), an eine entscheidende Berufswahl, an energischen Wettstreit und an eine psychosoziale Selbstdefinition fordern". Jugendliche als *Problemgruppe*, dafür gibt es dann viele Hinweise, gerade aus und in den Jugendkulturen: Aggressivität; isolationistische Haltungen; konstruierende Intellektualisierung aller Tatbestände; asketischer Dogmatismus; kurzfristig hedonistische Lösungen (Sexualität, Alkohol, Drogen, übermäßiger Speisenkonsum, Auto- oder Motorradraserei). Unter den 15- bis 19jährigen ist die Schizophrenie-Rate besonders hoch; ebenfalls die Zahl der Suizide und Unfalltoten. In diesem Zusammenhang wird jugendliche Schizophrenie nicht allein als intrapsychische und individuelle Störung erklärt, etwa aus Ich-Schwäche, die von Widersprüchlichem überschwemmt ist und an ihm zugrunde geht. Vielmehr ist es die *Situation* des Jugendlichen, die ihn schizophren machen kann, also die Handlungs- und Kommunikations-*Beziehung*, in die er sich gestellt sieht, und zwar gerade, wenn er es sich selbst und den fordernden Erwachsenen und ihren Institutionen recht machen will.

Einerseits werden ihm Mündigkeit und Entscheidungsfähigkeit abverlangt; andererseits werden ihm die Möglichkeiten vorenthalten, sie zu realisieren. Das führt in den Widerspruch, daß man das, wozu man aufgefordert ist, doch nicht tun kann - worauf die, die auffordern, selbst oft noch hinweisen. So lebt der Jugendliche im Paradox: er bekommt Handlungsvorschriften, aber sein Handeln wird widerrufen - schon weil er noch gar nicht für sich alleine handeln können darf. Diese Doppelbindung ist unauflösbar: will er „selbständig handeln", wird er oft genug kontrolliert und gemaßregelt (vorschnelle Identitätsaneignung); verzichtet er auf eigene Entscheidungen, wird auch dieses zum Vorwurf (befürchteter Identitätsverzicht). So wird, im Rahmen dieser Interpretation, Identität an ihrer eigenen Unmöglichkeit zuschanden.

Der Narzißmus-Vorwurf

Eine primär pessimistisch-kritisch getönte Debatte entzündete sich auch an der Diskussion des sogenannten neuen Sozialisationstyps. *Michael Schneider* (1973, 328) entdeckte ihn als Produkt der „vaterlosen Gesellschaft" (Mitscherlich), in der die Nachkriegsjugend aufgewachsen sei: die Studentenbewegung sei unbeeinflußt von der klassischen Auseinandersetzung mit den Vätern. Bald darauf verband *Thomas Ziehe Schneiders* Überlegungen mit Überlegungen des amerikanischen Psychoanalytikers *Heinz Kohut*. Dieser hatte bei seinen Patienten eine Zunahme von „narzißtischen" Störungen wahrgenommen. Ziehe entdeckte diese nun auch, verstärkt bei den Jugendlichen, die der Studentenrevolte folgten. Ihre Kennzeichen sind nach ihm starke Versorgungsbedürfnisse, Neigung zur Anpassung und zur Konfliktverleugnung; rasch wechselnde Objektbeziehungen, verbunden mit Über-Ich-Schwäche und schwach entwickelten Abwehrsystemen; zur Schau getragene *coolness*, überdeckt mangelndes Selbstbewußtsein. Die solcherart postulierte narzißtische Identität wiederum ist Produkt einer allzu starken Mutterbindung: die alleingelassenen Mütter saugen das Neugeborene psychisch und physisch in sich auf, erlauben keine Objekt-Distanz und erwecken so frühkindlich-symbiotische Allmachtsphantasien, die später nicht mehr auszulöschen sind, im Gegenteil: Liberalisierung der Sexualität, Erotisierung der Warenästhetik und Optionenvielfalt minimieren den Zwang, Energien in den Aufbau sozialer Habens-Beziehungen zu verwenden. Die narzißtische Schwäche wird so nicht eigentlich aufgedeckt; da alles leicht zu erlangen ist und hedonistisch lockt, wird es auch spielerisch, oft unverbindlich angeeignet. Psychopathologische Wirkungen verdanken sich nun nicht mehr einer überwältigenden Autoritätsausübung des Vaters, sondern sind ehestens Resultat übermäßig enger Mutter-Kind-Beziehungen mit Omnipotenzbestrebungen bereits vor der ödipalen Phase.

Während *Ziehe* selbst sich immer wieder bemühte, auch auf die positiven Entwicklungschancen des narzißtischen Typs hinzuweisen, wurde seine These insgesamt eher aufgegriffen, die Behauptung einer Pathologisierung der heutigen Jugendlichen zu verstärken (Schülein 1977; Zimmer 1982). *Zimmer* beispielsweise resümiert in seinem Beitrag „Flucht oder Widerstand? Zur sozialwissenschaftlichen Mühe mit den jugendlichen Subkulturen" bei dieser Gelegenheit so: „Mit ihren massenhaften Angeboten vom Munde abgeschauter Ausbruchsgesten (wie einst dem Rock'n'Roll) oder Wunschträume (sei es via Jimi Hendrix für kritische mittelständische Jugendliche oder via ABBA für den kulturellen Mainstream) wird die Kulturindustrie auf ihre Weise den differenzierten Ansprüchen der jugendlichen Subkulturen gerecht. Dem nach den subkulturellen Bedürfnissen und Märkten differenzierten Angebot der Verwertungskreise der Kulturindustrie entspricht, daß die subkulturellen Kommunikationsgemeinschaften den Rahmen für eine jeweils sehr rigide stilistische Vereinheitlichung und Abgrenzung nach außen durch Kleidung, musikalische Vorlieben, Körperhaltungen, Sprachstile etc. bieten. Feste Rollenpositionen innerhalb der Gleichaltrigengruppen, ritualisierte Umgangsformen und gemeinsame symbolische Bedürfnisbefriedigungen sichern gegenseitig das Vermeidungsverhalten ab und kommen den narzißtischen Ich-Idealansprüchen entgegen." (35; vgl. Ziehe 1980, 174f)

Es ist verräterisch, daß die These vom narzißtischen Jugendlichen gerade in der pädagogischen Sozialarbeit geradezu heißhungrig aufgegriffen wurde. sie gab nicht nur plausible Erklärungen für mangelndes „Engagement“, das die Pädagogen gewordenen Protestierer als Ausdruckshaltung von ihrem eigenen Erleben auf die nachwachsende Generation projizierten; gleichzeitig war mit dieser These weiterer pädagogischer Interventionsbedarf begründet: diese Jugendlichen *mußten* Gegenstand der Sorge sein.

Die Wendung der Jugendkulturen gegen diese Art von Fürsorge, ihre Verächtlichmachung der „Müslis“ und ihre Verspottung jeglichen Engagements zeigen, wie empfindlich auf solche Strömungen reagiert wurde. Wenn zwar *Ziehes* Thesen empirisch nicht belegbar sind und inzwischen schon wieder vergessen, verdankt sich ihre Wirksamkeit in den öffentlichen Jugenddebatten zweifellos *nicht* genauer Beobachtung der sehr differenzierten Jugendkulturen, noch weniger aber dem Bemühen, Züge ihres Selbstverständnisses angemessen zu rezipieren. Jugend insgesamt als *Problem* zu betrachten, ist sicher in Hinsicht auf bestimmte Jugendliche, bestimmte Szenen und Situationen zulässig, ja notwendig. Aber es ist nur die eine Seite der Medaille. Betrachtet man Jugendliche *auch* als autonome Konstrukteure lebensweltlicher Bezüge und Ordnungen, kommt die andere Seite zum Vorschein: Jugendliche tragen zu kulturellen Neu-Schöpfungen bei, die nicht nur in Objektivationen bestehen, sondern auch in neuen Formen der Ich-Deutung. Wenn nicht der Überzeugungs-Diskurs, sondern das Szenen-Arrangement im Mittelpunkt steht; wenn die Wahrheit der Oberfläche mit ihren wechselnden Schattierungen gilt; wenn auf die Optionenvielfalt durch Pluralisierung und Bricolage geantwortet wird, dann entsteht eine *jugendkulturelle Identität*, die das Bestimmungsmoment der Kontinuität hintanstellt zugunsten der *Relativierungs-* und *Beziehungsleistung*. Die Ästhetisierung der Lebenskultur, die Schaffung ästhetisch durchstrukturierter Lebensräume (vgl. Shell-Studie ‘85, Bd. 2, S. 282ff; 314) sind eine kulturell produktive Antwort auf eine Welt, die den *präfigurativen Entwurf* zumutet. Das beinhaltet Risiken unter dem Signum der Vergänglichkeit; vielleicht sind sie heute unvermeidbarer geworden als zu anderen Zeiten.

Autobiographische Ich-Konstruktion

Betrachtet man die Darstellung des Ich in künstlerischen Autobiographien, finden sich wiederum erstaunliche Parallelen zwischen etablierter und jugendkultureller Kunst- und Selbstauffassung. Eine ursprüngliche Wurzel des Autobiographischen in unserer abendländischen Kultur ist nach *Manfred Fuhrmann* (1979) die *Rechtfertigung durch Identität.* Regenten, Politiker, Generäle mußten ihr Handeln plausibilisieren und propagandistisch für ihre Sache eintreten; in anderen typischen Fällen ging es darum, in einem die physische Existenz bedrohenden Konflikt mit der Umwelt, beispielsweise als Angeklagter, sein Handeln zu rechtfertigen. Das populärste Beispiel für letzteres ist die Verteidigungsrede, die *Sokrates* in der Rekonstruktion seines Schülers *Platon* gehalten hat. Unabhängig von Situation und Umständen, so erläutert *Sokrates* seinen Richtern und Zuhörern, hört er ausschließlich auf die innere Stimme seines Daimonion, und von ihm aus konstruiert sich sein Ich flüssig, bruchlos und ohne Widersprüche: „Man wird mich mein ganzes Leben hindurch, in der Öffentlichkeit, wenn ich je dort tätig war, und im Privatleben als einen solchen Mann, als stets *denselben*, befinden: als einen Mann, der nie jemandem wider das Recht irgendwelche Zugeständnisse gemacht hat." Für diese Art der autobiographischen Ich-Konstruktion ist kennzeichnend, daß es einen personalen Wesenskern gibt (Kontinuität), der sich äußeren Einflüssen gegenüber verschließt; zum anderen sind öffentliche und private Personen nicht geschieden. Ich schlage vor, diese Art personaler Identität *Repräsentanz-Ich* zu nennen (Baacke 1986, 351ff).

Die *psychologische Modernisierung* des Ich begann mit den *Confessiones Augustins.* Dieser beschreibt den Bruch zwischen der göttlichen Einheit und der zerstreuten Existenz des Menschen und nimmt sich selbst als Beispiel dafür. Dadurch, daß das Vollkommenheits- und Konsistenzgebot von *Augustin* in einen überirdischen Gott verlegt wird, gibt er sich den Weg für eine psychologische Beschreibung frei. Entscheidendes Element ist die *Bekehrung* von der falschen zur wahren Existenz. Das ist das Ziel der *Confessiones* - *Augustin* erzählt den Weg von seinem irregeleiteten Leben in hedonistischer Verausgabung bis zur Gartenszene, in der die Erleuchtung und Bekehrung erfolgt. Damit ist die Zeitlichkeit in die biographische Konstruktion eingebrochen, der Kontrast zwischen 'Was ich einstmals war' und 'Was ich jetzt und endgültig bin'. Schon *Augustin* kam es weniger auf die Repräsentanz an als auf die Darstellung seines persönlichen Ich mit seinen Konflikten und Wandlungen. Bei *Rousseau* in seinen

Confessions radikalisiert sich diese Tendenz. Für ihn sind Gutes und Verfehltes nicht mehr lebenszyklisch getrennt in einen Zustand der Verblendung und einen der Offenbarung (nach der Bekehrung). Gutes und Böses durchmischen sich vielmehr. Die Struktur des Lebens ist nicht mehr auf den ersten Blick teleologisch deutbar. Die *Individualisierung des Lebenslaufs* führte zu einer Vielzahl von Entdeckungen, die vorher so nicht möglich waren. Jetzt ist nicht mehr *summarisch* über Fehler und Irrtümer zu berichten, sondern das Detail dokumentiert die ganz persönliche Erfahrung, wie sie selbst in scheinbar unbedeutenden Ereignissen für das spätere Leben Geltung bekommt. Identität findet ihre Gewißheit im *persönlichen Ich* (ebd. 353ff). Es wird zur ersten Leitfigur der aufkommenden bürgerlichen Gesellschaft. Eindrücklich wird dies in den vorwortenden Bemerkungen *Goethes* zu seiner Autobiographie 'Dichtung und Wahrheit': „Denn dieses scheint die Hauptaufgabe der Biographie zu sein, den Menschen in seinen Zeitverhältnissen darzustellen, und zu zeigen, inwiefern ihm das Ganze widerstrebt, inwiefern es ihn begünstigt, wie er sich eine Welt- und Menschenansicht daraus gebildet, und wie er sie, wenn er Künstler, Dichter, Schriftsteller ist, wieder nach außen abgespiegelt. Hierzu wird aber ein kaum Erreichbares gefordert, daß nämlich das Individuum sich und sein Jahrhundert kenne, sich, inwiefern es unter allen Umständen dasselbe geblieben, das Jahrhundert, als welches sowohl den Willigen als Unwilligen mit sich fortreißt, beistimmt und bildet, dergestalt, daß man wohl sagen kann, ein jeder, nur zehn Jahre früher oder später geboren, dürfte, was seine eigene Bildung und die Wirkung nach außen betrifft, ein ganz anderer geworden sein." - Das über sich schreibende Individuum wird nun in seiner Kontinuität postuliert, freilich als historisch geworden und damit relativierungsfähig. Die innere Natur des persönlichen Ich und die äußeren Umstände „bilden" sich gegenseitig. Unterworfen der Historizität, dem Wandel, der Spannung zwischen Zeitgeschichte und innerer Welt, hält der bürgerliche Autobiograph doch daran fest, daß das Leben einen Zweck habe, freilich nicht generell und vorab - etwa als gerechtfertigt vor Gott -, sondern in seiner spezifischen Spezialität, im Aroma seiner persönlichen Erfahrungen. Diese Interpretationsfigur hält bis heute und findet sich beispielsweise wieder in *Elias Canettis* Autobiographie, etwa im ersten Band mit dem Titel 'Die gerettete Zunge'. Hier erzählt er *einleitend* „früheste Erinnerung“, in der ihm, dem kleinen Kind im Arm eines Kindermädchens, ein fremder, lächelnder Mann entgegentritt mit der Drohung, die Zunge abzuschneiden, obwohl er dies schließlich nicht tut. Diese „früheste Erinnerung“ ist symptomatisch für die Konstruktion des ganzen Lebens und deutet es vorab: Die Drohung, daß die Zunge abgeschnitten wird, ist zugleich die Drohung, daß der Schriftsteller *Canetti* ständig um sein Werk und die Fähigkeit, es schreiben zu können, kämpfen muß (innerpsychische Dimension), und zugleich werden auch die äußeren Einflüsse angedeutet, die ihn immer wieder beschränken, ablenken und abhalten werden von dem, was er eigentlich tun möchte: Schriftsteller sein. Die Erinnerung rekonstruiert eine Ur-Szene, in der sich die Kompetenz des Schriftstellerlebens abbildet. Das persönliche Ich verläßt sich auf seine, wenn auch immer gefährdete und mühsam zu erwerbende, Identität.

Heute ist es jedoch häufiger so, daß die sich konstruierende Person kein genuines und vorab gegebenes Urvertrauen zu sich selbst mehr besitzt. Ebenso, wie die Weltbestände wechseln und unübersichtlich geworden sind, können auch Zwecksetzungen des Lebens nicht mehr als vertraute Übereinkunft begegnen. *Michael Leiris* ist ein Beispiel für diesen Typus des neuzeitlichen *Recherche-Ich* (ebd. 358ff). Auch *Leiris* beginnt mit einer kleinen Szene, die er überschreibt mit REUSEMENT!“. Dies ist ein zunächst nicht deutbares Wort-Bruchstück: Leiris beschreibt minutiös, wie er als Kind entdeckt, daß „auf den unerbittlichen Boden des Zimmers (Salon? Eßzimmer?) mit seinem angenagelten Teppich mit welkem Rankenmuster oder einem losen Teppich mit faden Ornamenten, in die ich Paläste, Landschaften und Erdteile zeichnete, ...“ ein Soldat gefallen war. *Leiris* kann nur vermuten in seiner erinnernden Rekonstruktion, nicht aber genau wissen. Es ist aber auch gleichgültig, was „tatsächlich“ passiert war, denn die Tatsache, daß ein Spielzeugsoldat herabgefallen war (wohl vom Tisch), ist erst die Einleitung zu einem ganz anderen Findungsprozeß. Nicht der gefallene Soldat wird gesucht; vielmehr wird eine Erfahrung gemacht: mit der Sprache. Denn glücklicherweise (!) ist die „recht zart gegossene und kolorierte Statuette“ nicht zerbrochen, und: „Rasch bückte ich mich, hob den reglosen Soldaten auf, betastete und betrachtete ihn. Er war heil geblieben, und lebhaft war meine Freude. Und diese äußerte sich in dem Ausruf: ‘... Reusement’“. Der kleine *Leiris* wird von jemandem korrigiert, daß es *Heureusement* heiße, und *Leiris* spürte zum ersten Mal „dunkel..., wie die gesprochene Sprache, spinnwebartiger Stoff meiner Beziehungen zu den anderen, mich übersteigt und von allen Seiten ihren mysteriösen Fühler vorschiebt." - Im Unterschied zu *Canetti* mit seinem noch personalen Urvertrauen gibt es hier nichts, was von vornherein das Finden eines Sinns verspricht. Sicher, die Auspizien sind, das wird einleitend deutlich, bei *Canetti* wie Leiris auf Hoffnung gerichtet: die Zunge ist „gerettet", und das erste Wort, an dem der kleine *Leiris* die strukturbildende Kraft der Sprache, die ihn selbst übersteigt, erfährt, ist „Reusement, Heureusement", Rettung, Glück: das begegnet sich. Aber bei *Leiris* wird die Auffindbarkeit der Person zum *Problem. Leiris* zerbricht die Chronologie des Lebens, zeichnet keine klar abgrenzbare Gestalt (sich selbst); er mischt Räume und Zeiten, und die „Spielregel", die er erst allmählich entdecken wird, besteht darin, das fragmentarische Ich wie in einem Puzzle zu rekonstruieren. Auffindbar sind Sätze, Bruchstücke von Sätzen, sind optische Eindrücke, Gerüche, Stimmen, Farben, häufig mehrdeutige, in ihrer Tatsächlichkeit nie ganz festlegbare Situationen. Das persönliche Ich wird zum Recherche-Ich, das sich suchen muß, und diese Suchbewegung ist keineswegs (nach lebenslaufpsychologischer Begrenzung) mit der Pubertät oder dem Eintritt ins Erwachsenenalter oder mit dem Beginn der Altersreife (so noch bei *Goethe*) abgeschlossen. Wir leben alle schon immer nach Spielregeln (sie sind es, die gleichsam die Ich-Konstruktion zusammenhalten), aber diese zu entziffern und zu formulieren - darin besteht die Kunst, die kaum einer beherrscht. *So bleibt es oft beim Zufalls-Ich* (ebd., 363ff), das gar nicht mehr von sich behaupten kann und will, einer endgültig deutbaren Struktur auf der Spur zu sein, sondern sich damit begnügt, seine *Existenz in wechselnd-szenischer Vergegenwärtigung zu erfahren.* Jugendkulturen spiegeln, ohne direkte Einflüsse, die literarische Avantgarde der Autobiographie: indem sie die gleiche Sensibilität verraten gegenüber einer Welt, in der die Konstruktions-Anbieter (z.B. Pädagogen, Erwachsene) keine Garantien für deren Haltbarkeit mehr übernehmen können. Dies wird bestätigt durch die Beobachtung, daß viele Jugendliche die Stadien ihres Lebenslaufs nicht mehr als Aufeinanderfolge von Rollen und wechselnden Rollenkonstellationen erleben, also als Sequenzmuster alters- bzw. altersstatusbezogener Erwartungen (hierzu und zum folgenden: Fuchs-Heinritz/Krüger). Das Kind, „der Neuankömmling in der Gesellschaft, wird vermittels altersbezogener Normen von einer (altersbezogenen) Rolle zur nächsten dirigiert - bis ins Greisenalter.“ (S.25) Offenbar bilden Altersnormen heute aber nicht mehr eine verbindliche Zeitlinie für alle Jugendbiographien. Dies ist noch am ehesten der Fall bei Jugendlichen, die in Internaten oder Heimen leben und beispielsweise aufgrund zunehmend zugestandener Altersrechte (Raucherlaubnis, Erlaubnis, das Heim abends zu verlassen etc.) natürlich ihr Heranwachsen nach den institutionellen Regulativen ordnen. Ansonsten gibt es sehr unterschiedliche Balance-Typen zwischen konventioneller ‘Normalität’ und Abweichungen. Heranwachsende, die in den institutionellen Zeiten des Schulsystems verfangen bleiben, wurden von den Autoren in den Typus ‘Bindung an objektive Zeiten’ zusammengefaßt. Diesem Typus stehen die Fälle gegenüber, die dem Typus ‘Eigenzeiten’ zugeordnet wurden: „Lehnt sich der erste Typ ganz an altersnormative Vorgaben bzw. an die Treppenstruktur der Schulzeit an, so ist der Weg der Eigenzeit gewissermaßen selbst gemacht - mit allen Vor- und Nachteilen, die sich ergeben, wenn man versucht, sich abseits der Straßen einen Trampelpfad zu bahnen. Gefunden haben wir diese Verlaufsform, bei der versucht wird, ohne große Berücksichtigung sozialer Zeitlinien sich den Weg durch die Jugendphase selber zu konstruieren, im Kontext verschiedener jugendkultureller Szenen, deren Spektrum von der Drogen- über die politische Ökologie - bis hin zur Jazz- und zur Computer-Szene reicht.“ (ebd. 36) Es ist also nicht mehr das Alter in Lebensjahren, das als Zeitdimension die Mehrzahl der von den Autoren gefundenen Typen fundiert, „es sind vielmehr Zeitlinien der Schule, der Familie, der Peers, die die Wege durch die Jugendphase heute strukturieren.“ Damit löst sich die Jugend-Biographie von schematischen Lebenslauf-Zuordnungen ab, wird zum subjektiv verantworteten Experimentierraum, der einzeln oder, wie in den Jugendkulturen, auch in Gruppen durchschritten wird. Verweigerung ‘entwicklungsgerechter’ Verhaltensweisen (vom vorzeitigen Trinken von Alkohol bis zum Verzicht auf den Führerschein) sind Beispiele dafür, daß immer mehr jugendliche Subjekte ihre Biographie auch in ihrer Zeitstruktur in ihre Selbstverantwortung nehmen. Damit wird die Rede von Identität, anstatt ein abgeschlossenes Theorie-Kapitel der Entwicklungspsychologie zu sein, zu einer neuen, schwer lösbaren Aufgabe.

5.2 Ein neues Konzept von Individualität?

Mit einer möglichen Neugewichtung der Elemente des Identitäts-Konzepts hängt eine Veränderung der Vorstellung von Individualität eng zusammen. Die Entstehung der neuzeitlichen Individualitäts-Auffassung wird meist mit der Renaissance in Verbindung gebracht: „Was der Mensch der Renaissance aus sich macht, ist nicht ausschließlich mit dem Besitz von Macht oder Geld identisch. Entscheidendes Kriterium ist, inwieweit das Individuum der Welt seinen Stempel aufdrücken kann. Der einzelne fängt an, und zwar nicht nur im ethischen Sinn, sein Schicksal selbst zu bestimmen.“ (A. Heller 1986) Allerdings war solche Art Selbstbestimmung nur dem Herrschenden möglich, oder demjenigen, der künstlerisch sich verwirklichte. Andere Existenzformen blieben im Schatten. Das Verhältnis von Individualität als Besonderem und gesellschaftlichem Umfeld als Allgemeinem blieb bis heute bestimmend, mit wechselvollen Nuancen freilich. Während *Hegel* in einer idealistischen Aufbäumung das Individuum noch einmal ansah als ursprüngliche Bestimmung seiner Selbst und damit auch seines Gegenstandes (freie Individualität), sah *Marx* die Gesellschaft nicht als aus Individuen bestehend, sondern als Summe der Beziehungen und Verhältnisse, in denen diese Individuen zueinander stehen. Die Betrachtung der *Verhältnisse* macht diese kritisierbar und führt zu Forderungen, die Unterdrückung der Mehrzahl der Individuen durch Umwerfung der Verhältnisse aufzuheben. Anders wiederum sah *Nietzsche* Individualität: sie tritt für ihn an die Stelle von „Menschheit“ als höchstes Gut; radikale Individualität ist dann gefunden, wenn jemand „in der höchsten Anarchie sein Reich gründet als Einsiedler“ (dazu: Borsche).

Heute wechseln sich offenbar Omnipotenzphantasien und Gefühl der Unterwerfung unter nicht mitbestimmbare gesellschaftliche Verhältnisse in ein- und derselben Seele einander ab. Narziß fühlt sich erhaben und ohnmächtig zugleich.

Faßt man „Individuum“ mit seiner je verschieden zugeschriebenen Individualität als „Subjekt“, setzt man den Akzent auf die *interne Seite.* Das Subjekt externalisiert sich in der Objektschaffung über Interaktions-Beziehungen, internalisiert auf diese Weise neue Weltbestände. In jedem Fall ist es Ausgangspunkt der Betrachtung. Wir hatten gesehen, daß gerade die Jugendkulturen diesen Ausgangspunkt in den Fokus ihrer latenten Intentionalität stellten. Die Frage nach dem gefährdeten Subjekt in der Alternativ-Szene, nach den Chancen des Subjekts war in diesem Buch als zentrale Frage der Jugendkulturen immer wieder hervorgehoben worden. Freilich, wenn es richtig ist, daß im Vergleich mit anderen Weltkulturen die Idee eines „freien und selbständigen Individuums" eher sonderbar erscheint (Goertz 307 f) und *N. Elias'* Behauptung (in *Der Prozeß der Zivilisation*) gilt, der moderne *homo clausus*, der eine Welt der Distanz zum anderen gegenüber einer Welt der Berührung und Vereinnahmung aufbaue, sei ein spätzeitliches Phänomen, so scheint auch hier in den Jugendkulturen eine neue Interpretationspraxis aufzuleuchten. Entweder führt diese zurück in den Wunsch nach bindungsstärkeren, heimatspezifischen Zeiten (Alternativszene); häufiger jedoch findet sich Individualität als Kennzeichen einer spezifischen Art von metropolitaner *Urbanität.* Wenn die *Mods* den Edwardian Style für sich adaptierten, maskierten sie sich in der Kleidung eines anderen Standes; da dieser sie aber selbst nicht mehr benutzte, eigneten sie sich damit auch neue Ausdrucksmuster an. Auf die Fülle jugendkultureller Bricolagen wurde wiederholt verwiesen. Individualität, ein angesichts wachsender Vergesellschaftung weiterhin hochgeschätztes Gut, wird zunehmend nicht entwickelt, sondern *angeeignet.* In den Interpretationen zur „Wahrheit der Oberfläche" (besonders: Kapitel 3.4) war gezeigt, wie dies vonstatten geht. *Wilhelm Busch* konnte noch, auf dem Grund bürgerlichen Einverständnisses mit den Prinzipien der Ich-Konstruktion, reimen:

Wie wolltest du dich unterwinden,
kurzweg die Menschen zu ergründen,
du kennst sie nur von außenwärts.
Du siehst die Weste nicht das Herz.

Die Wahrheit dieser Aussage ist jugendkulturell nicht mehr belegbar, da sie dort umgekehrt wurde: Siehst du die 'Weste', hast du, was du brauchst. Das ist zynisch, aber eine konsequente Antwort: das Problem unserer Gesellschaft ist heute nicht nur die materielle Ausbeutung bestimmter Mehrheitsgruppen durch eine macht- und staatstragende Minderheit, sondern auch die Entstehung einer kulturellen Leere. Einerseits finden wir eine Vervielfältigung der Angebote und damit eine vielfache Bedürfnisbefriedigung, andererseits eine Verflachung in Optionenhast und materialistischen Verkürzungen, Neigung zur Bequemlichkeit statt Anstrengung und Schmerz - wie die Punks, mit der Sicherheitsnadel die Wange durchbohren, provokativ kritisieren. Die Feier des Individuums ist die Tradition des gehobenen Bürgertums (im Gegensatz zu den kleinen Handwerkern), das Einzelerziehung, enge Familienbindungen, Einzelleistung, kurz, individuelle Konturierung favorisiert (Schlumbohm 294). Aber diese Vereinzelung, die Auskältung durch wirtschaftliche Konkurrenzprinzipien und ein Descartes'sches 'cogito ergo sum' mit seiner lebensweltlichen Abkoppelung führt in die Vereinsamung, zur Psychotherapie. Jugendkulturen wählen einen konstruktiveren Weg. Sie wenden sich vom 'Diskurs' ab, weil er leer erscheint, nicht bezogen ist auf affektiv angereicherte Umwelten und die biographische Struktur. Sie versuchen, das „Ich" aus der Cogito-Identität herauszubrechen und zu öffnen in die communicatio der Gruppe in Rockfestivals. Ihr zur Schau getragenes Desinteresse an individueller, „tiefergehender" Selbstvergewisserung stellt den Versuch dar, ohne Psychotherapie auszukommen. Die Offenheit für Stile, Gesinnungen und die Freude an Varianten der Stilisierung arbeitet mit der heutigen Sinn-Beliebigkeit, aber macht sie auch ironisch fruchtbar. Eine solche Haltung des Individualitäts-Ausdrucks durch das Subjekt kann man mit dem Begriff *Camp* umschreiben, der aus den USA stammt und eine längere Tradition hat, und zwar in der Moderne. *Susan Sontag* in ihrem bedeutenden Essay: Camp „ist keine natürliche Weise des Erlebens. Zum Wesen des Camp gehört vielmehr Liebe zum Unnatürlichen: zum Trick und zur Übertreibung. Und Camp ist esoterisch - eine Art Geheimcode, ein Erkennungzeichen kleiner urbaner Gruppen." (269) Dies galt für den Ausgangspunkt, die intellektualistischen Strömungen in der *Beat Generation* etwa. Inzwischen ist der Geheimcode generalisiert und vulgarisiert worden. Camp kann heute jeder sein. Worin besteht es? In einer Auswahl von Sontags Kennzeichnungen: es handelt sich „um eine Erlebnisweise, die das Ernste ins Frivole verwandelt", gleichwohl „um gewichtige Angelegenheiten". Denn: „Für die meisten Menschen gehören Erlebnisweise und Geschmack dem Bereich rein subjektiver Wahl an, dem Bereich jener geheimnisvollen, vorwiegend sensuellen Reize, die nicht unter die Botmäßigkeit der Vernunft gestellt sind. Sie lassen es hingehen, daß geschmackliche Erwägungen in ihrem Verhalten gegenüber anderen Menschen und Kunstwerken eine Rolle spielen. Diese Haltung aber ist naiv. Und schlimmer noch. Den Geschmackssinn mit Herablassung behandeln, heißt sich selbst mit Herablassung behandeln. Denn der Geschmack regiert jede freie menschliche Reaktion - im Gegensatz zur rein mechanischen. Nichts hat eine größere Prägekraft. Es gibt einen Geschmack in der Beurteilung von Menschen, einen visuellen Geschmack, einen Geschmack in Dingen des Gefühls - und es gibt einen Geschmack, der sich im Handeln bekundet, einen Geschmack auf moralischem Gebiet. Ebenso ist Intelligenz im Grunde eine Art des Geschmacks: Geschmack im Bereich des Denkens.“ Und: beim Camp geht es nicht um Schönheit „sondern um den Grad der Kunstmäßigkeit der Stilisierung“. Und: „Der Camp-Geschmack ist für den momentanen Charakter' empfänglich (und steht damit natürlich ganz in der Tradition des 18. Jahrhunderts), nicht dagegen für die *Entwicklung* des Charakters. Charakter wird verstanden als ein Zustand kontinuierlicher Intensität. Dieses Verhältnis zum Charakter erklärt die Theatralisierung des Erfahrenen, die der Erlebnisweise des Camp eigen ist. Es trägt gleichermaßen zum Verständnis der Tatsache bei, daß Oper und Ballett als ein so reicher Hort des Camp erfahren werden. Wo es Entwicklungen des Charakters gibt, treten die Elemente des Camp zurück. Unter den Opern zum Beispiel ist *La Traviata* (in der es Ansätze einer Charakterentwicklung gibt) weniger 'campy' als *Trovatore* (in der es solche Ansätze nicht gibt).“ Und: „Stil ist alles. Genets Ideen zum Beispiel sind überaus Camp. Genets Feststellung, das einzige Kriterium einer Tat sei ihre Eleganz (Sartres Anmerkung dazu in *Saint Genet* lautet: 'Eleganz ist diejenige Verhaltensweise, die das höchste Maß vom Sein in Scheinen umwandelt.') ist im Grunde austauschbar mit Wildes Satz: 'In Angelegenheiten von großer Wichtigkeit kommt es nicht auf den Ernst, sondern auf den Stil an.'“ Und: „Camp hat einen demokratischen Geist, weil in der Camp-Ästhetik ein Türgriff ebenso bewundernswert sein kann wie ein Gemälde. Alle Objekte sind prinzipiell gleichwertig“.

Susan Sontag weist auf Traditionen des Camp seit dem Manierismus der Spät-Renaissance hin; sie betont die zentrale Rolle von Juden und Homosexuellen als dominierenden schöpferischen Minderheiten in der zeitgenössischen urbanen Kultur, und sie stellt als Beispiele der Camp-Vermischung nebeneinander Aubrey Beardsley-Zeichnungen, Bellinis Opern, Viscontis Inszenierungen, King Kong, Flash-Gordon-Comics, „Frauenkleider aus den 20er Jahren (Federboas, Kleider mit Stickperlen) oder Filme für Herren, ohne Wollust betrachtet". (ebd.). Für die Camphaftigkeit der Jugendkulturen, insbesondere in ihren Mode- und Rock-Elementen, sind die Beispiele bereits aufgezählt worden, Wiederholungen erübrigen sich. Etabliert-kulturelle Stil-Imitationen durchdringen sich, sind in ihrer Wertigkeit nicht abhebbar. Auch insofern sind Jugendkulturen kaum „Subkulturen": in ihren bisher m.E. zu sehr übersehenden camphaften Zügen sind sie nicht nur eine stilistische Avantgarde, sondern auch eine neue Spielform der Selbstbehauptung von Individualität. Der ästhetische Glanz, der von ihnen ausgeht, ist keiner mehr „von innen", sondern die kulturell-produktive Kraft, die noch die Vermarktungsmechanismen immer wieder durchbricht.

Wie stark diese kreative Kraft freilich ist, wie lange sie sich jeweils behaupten kann, muß offen bleiben. Die Schwäche einer Camp-Haltung ist ja ihre Bindungslosigkeit: sie collagiert und ironisiert und schafft so Szenen für jugendliche Connaisseure. Das ist das metropolistische Augenzwinkern des Szene-Insiders. Seine Unverbindlichkeit ist erheblich. Die am Camp orientierte Bewegung hat noch stärker als die Action-Szene und die kritisch-alternative Bewegung die Tendenz, sich von ihren Stammkulturen und Herkünften zu lösen und damit frei verfügbar zu werden. Dies führt, wie schon in verschiedenen Kontexten dieses Buches angemerkt, zur Auflösung jugendkultureller Konturen. Andererseits gehen jugendkulturelle Impulse, losgelöst von ihren Herkünften, in andere Lebenssegmente ein, etwa in die Erwerbsarbeit. Oechsle beschreibt ein „neues kulturelles Modell" mit der Bewegung „von der Selbstverleugnung zur Selbstverwirklichung" (1990): An die Stelle von Pflichterfüllung und Askese treten bei den von ihm befragten jungen Leuten (1) Interesse an Selbstbestimmung und relativer Autonomie, (2) das Bedürfnis nach Selbstverwirklichung und (3) der Wunsch nach Kommunikation in der Arbeit. Damit sind Entwürfe aus der Jugendkultur sozusagen in den Arbeitssektor abgewandert bzw. übertragen. Gleichzeitig ist es den Jugendlichen heute wichtig, Freizeit nicht als Erholung für Arbeit oder überhaupt bezogen auf Arbeit zu erleben, sondern als einen eigenständigen Lebensbereich mit seinen spezifischen Intensitäten. Berufsorientierung und Erwerbsarbeit spielen für die Lebensentwürfe von jungen Männern und Frauen zwischen 20 und 25 Jahren eine erhebliche Rolle, für die Frauen neuerdings sogar mit stärkerem Nachdruck als bei jungen Männern: „Während die Berufstätigkeit für die Selbstdefinition junger Frauen eher an Bedeutung gewinnt und Lohnarbeit deshalb weniger als Zwang und mehr als Bedingung der eigenen Autonomie, als Chance für die Entfaltung eines Stück eigenen Lebens gesehen wird, nimmt die Bedeutung von Lohnarbeit für die Identität der männlichen Jugendlichen tendenziell ab und wird in der Regel mehr als Einschränkung und Zwang empfunden, weil sie zuwenig Chancen für die eigene Selbstentfaltung und Selbstverwirklichung bietet“ (ebd. 163). Die „kulturell-produktive Kraft“ heranwachsender Menschen steht also keinesfalls an und für sich da, sondern ist eingebunden in das Spannungsfeld von Arbeit und Freizeit, Einordnung und Selbstverwirklichung - mit der Tendenz zu unscharfen Rändern und größeren Durchlässigkeiten. Auf die weitere Tatsache, daß auch die *Jugend*biographie ihre normative Absorptionskraft verliert, ist schon hingewiesen worden. Die kulturellen Umschichtungen betreffen also, soziologisch betrachtet, Neubewertungen und Neu-Zuordnungen sozialökologischer Ausschnitte wie Altersphasenkonzepte; zugleich spiegelt sich darin Anspruch und Leistung des Subjekts, sich eine Lebenskultur zu schaffen, die als persönlich erworbenes Eigentum aufgefaßt werden kann. - Im übrigen gibt es auch gegenläufige Beobachtungen und Daten (vgl. Eckert u.a. 1990). In der Untersuchung „Sinnenwelt Freizeit: Jugendliche zwischen Märkten und Verbänden“ zeigt sich nämlich, daß nicht nur Freizeitwerte in den Arbeitsbereich übertragen werden, sondern auch in umgekehrter Richtung die Freizeit ein Stück weit nach den Funktionalitäten der Arbeitswelt organisiert wird. Die Analyse von Computer- und Sportzeitschriften, die sich vor allem an junge Leser/innen wenden, zeigt, daß Computer- wie Sporttätigkeiten relativ teure Anschaffungen voraussetzen (Computeranlage; Surfbretter, Golfausrüstung etc.), die mit hohen materiellen Investitionen verbunden sind. Eine Anschaffung hat sich dann gelohnt, wenn der Hobby-Charakter mit Leistung verbunden werden und darüber hinaus die Freizeittätigkeit auch in den Beruf übertragen werden kann (Computer) oder zu erhöhter Fitneß beiträgt (Sport). In diesen Szenen spielt also der Arbeitswelt bezogene Wert 'Leistung' eine erhebliche Rolle, und vor allem: er wird „als positiv dargestellt. Leistung bedeutet immer auch Aufmerksamkeit und Anerkennung durch die anderen und trägt so zur Erhöhung des Selbstwertgefühles bei" (ebd. 72). Anders übrigens die Darstellung von Freizeitkarrieren in Jugendverbandszeitschriften; hier gilt: „In Sachen Instrumentalisierung wird lediglich der Aspekt von neuen Freundschaften dargestellt. Die von uns skizzierte Form von individualisierten, instrumentell ausgerichteten Freizeitkarrieren ist in der Jugendarbeit so nicht zu finden." Die Autoren vermuten, „daß die Konzeption verbandlicher Jugendarbeit andere Werte und Normen als karriereorientiertes Freizeitverhalten in den Vordergrund stellt und somit nur wenig Anreize und Entfaltungsraum für derartige Verhaltensweisen zur Verfügung stellt" (ebd. 87). Während die Computer- und Sport-Szenen sich von ihren Milieu-Bindungen offensichtlich relativ leicht ablösen lassen, ist der Bereich der Jugendarbeit insofern resistent, weil hier ein bestimmtes Sozialklima und ererbte Werte aus der Jugendzentrumsbewegung (Engagement, Gruppenbindungen, Freundschaften, menschliche Nähe) immer noch einen gegenüber der vermarkteten Freizeit widerständigen Bereich anbieten. Es ist eine Art pädagogischer Konservatismus in diesen Bereichen, der im Gegensatz zur von Camp bestimmten Metropolen-Szene eine erheblich stärkere Milieuhaftung besitzt. Bemerkenswert ist freilich, daß die Mehrzahl von Jugendlichen die pädagogische Freizeitkultur zunehmend meidet und einen Freizeitmarkt bevorzugt, der unterschiedliche Orientierungsmöglichkeiten anbietet, wie wir gezeigt haben: (1) Generalisierung von Freizeitwerten (Selbstverwirklichung), Autonomie, befriedigende Kommunikation) bis in die Arbeitswelt hinein; (2) Abgrenzung von Arbeitswelt und Freizeit mit scharf kontrastierender Wertorientierung (Arbeitswelt: Pflicht, Pünktlichkeit; Freizeitwelt: Hedonismus, Augenblicksversessenheit); (3) Funktionalisierung von Freizeit-Anschaffungen für mögliche Berufs- und Sozial-Karrieren. In diesem „vieles ist möglich - alles ist erlaubt" spiegelt sich dann doch letztendlich das hier vorgestellte Individualitätskonzept. Daß dieses eine 'westliche' Errungenschaft darstellt, zeigt die Untersuchung alterskultureller Orientierungen von ostdeutschen Jugendlichen oder Übersiedlern (Vollbrecht 1992). Zwar wird der Wegfall system-naher Zwangsbetreuung in der Freizeit als positiv eingeschätzt, aber die im Westen bereits weit fortgeschrittene „Individualisierung des Freizeitverhaltens und der Bedeutungsverlust des informellen Sektors führen zu einer Veränderung der sozialen Netze, die zunächst als Zunahme von Egoismus wahrgenommen wird“ (S. 233). Die im Westen keineswegs mehr neuen Individualitätskonzepte sind also nur für einen Teil der Jugend im zusammenwachsenden Europa verfügbar. Es könnte sein, daß aus solchen interkulturellen Auseinandersetzungen und Divergenzerfahrungen neue Szenen der Abgrenzung und Anders-Orientierungen entstehen, die die derzeit im wiederholenden Manierismus erstarrte Jugenszene wieder zum Klingen bringen.

6. Pädagogik, herausgefordert

Pädagogik als das Ensemble der direkten (z.B. lehren, informieren, beraten) und indirekten (z.B. Lernprozesse organisieren, die Leistung von Institutionen und Personen kontrollieren) Maßnahmen der Erziehung (intentional geordnete Eingriffe in Handlungskonzepte) und Bildung (Bereitstellung eines Arsenals persönlichen inneren Wachstums) hat mit Jugendkulturen zunächst nichts zu tun. Hier handelt es sich ja vielmehr um szenische Arrangements, die von Jugendlichen zu dem Zwecke hergestellt und aufgesucht werden, nach eigenem 'Gusto' Erfahrungsräume zu schaffen, die mit den Ideen und Zwecken pädagogischen Handelns (welcher Art dies auch sei) gerade nichts zu tun haben *sollen*. Freilich ist zu bedenken: einerseits beeinflussen sie Jugendliche direkt und indirekt, denn es finden auch hier Lernprozesse statt, es werden Erfahrungen gemacht, Verhaltenweisen beurteilt, etc.; zum andern aber hat die institutionalisierte Pädagogik, an die Seite gedrängt, sich auch zu fragen, warum dies in solchem Ausmaß geschieht. Ihre funktionalen Leistungen, die sich seit dem Aufklärungszeitalter stets ausgebreitet haben, sind zwar ohnehin an eine Grenze gekommen. Pädagogisch gemeinte Räume kennzeichnen sich jeweils auch durch *Ausgrenzung*: etwa der Sexualität, der Erotik, der Spontaneität, der risikoreichen oder spielerischen Identitätserprobung durch inszenierte Ernstfälle, etc. Die Leistung der Jugendkulturen besteht gerade darin, diese Defizite der Pädagogik in einem pädagogikfreien Raum auszugleichen. Insofern könnte es bei indirekten und eher zufälligen Berührungen bleiben. Wenn aber der Anspruch der Jugendkulturen weitergeht: nämlich neue kulturelle Muster anzubieten, verbunden mit Verhaltensstilen und neuen Verfahren der Ich-Konstruktion und Identitätskonturierung, dann ist die pädagogische Reflexion herausgefordert. Ihr immer noch von einer Identitäts-Entelechie bestimmtes Menschenbild wird von einem Teil Heranwachsender nicht mehr angenommen und durch eigene Erprobungen ersetzt. Wie und aus welchen Gründen dies geschieht, ist dargestellt worden. Damit ist pädagogisches Handeln nicht in seiner alltäglichen Praxis in Frage gestellt, wohl aber in seinem *Reflexionshorizont*, den es sich aufgebaut hat: wenn Jugendliche pädagogische Grundüberzeugungen, die ja auf Generalisierung aus sind, in Teilbereichen ihres Lebens nicht mehr zulassen, ist zu fragen, welche Konsequenzen daraus zu ziehen sind. Auch Pädagogen können lernen - dort, wo es notwendig ist. Denn sie dürfen nicht nur von der Logik *ihrer* Erziehungs- und Bildungsvorstellungen aus denken, sondern sie müssen Bedürfnisse, Fragen, aber auch Lösungen ihrer 'Klientele', und dazu gehören die Jugendlichen nun einmal, in den Horizont ihrer Betrachtungen einbeziehen.

6.1 Jugendkulturen als Sozialisationsinstanz

Zwischen Jugendkulturen und den Bereichen institutionalisierten pädagogischen Handelns besteht ein - darauf wurde eben hingewiesen - *Ergänzungsverhältnis*. Die Schule beispielsweise hat Defizite, die die Jugendkulturen quasi ausgleichen. Viele Jugendliche erfahren Intensität und Leiblichkeit nicht in der Schule, sondern in einem Rock-Konzert, beim Musikhören oder bei der Präsentation eines ausgewählten outfit; viele *ästhetische* Erfahrungen bleiben aus dem traditionellen Lernkanon ausgeschlossen. Auch das Risiko persönlicher Begegnungen (Liebe, Eifersucht, Feindschaft, Haß) mit ihren oft nicht nur psychischen Folgen wir in den pädagogischen Provinzen eher herausgehalten, auf jeden Fall gemildert, kontrolliert. In den Jugendkulturen hingegen finden radikale Experimente des Daseins statt (von den Drogen bis zur Sexualität), die aus den Bezirken einer rational verwalteten Welt weitgehend ausgeschlossen sind. Jugendliche erfahren hier, daß sie in dem Sinne 'erwachsen' sind, als sie für sich selbst und ihre Beziehungen einstehen können, wollen und dürfen. Welche Präsentation ihres Ich ihnen sozial zuträglich ist, spielt hier keine Rolle - niemand, allenfalls die gleichgesinnten Peers, darf dreinreden. Dennoch: alle Jugendbewegungen und auch die neuen Jugendkulturen sind, gesamtgesellschaftlich gesehen, transitorisch. Sie verändern nicht die Gesellschaft (eine glücklicherweise inzwischen ohnehin etwas eingetrocknete Floskel); wohl aber kann sich ein junger Mensch in ihnen verändern. Trotz der großen Gemeinschaftserlebnisse und der Gruppenerfahrungen bieten sie also primär *individuelle* Lösungen an. Und: keine Handlungs-

Praktiken von Jugendlichen sind gesichert, sie sind veränderbar. Dies bedeutet: es gibt Menschen, die in jugendkulturell gestalteten *environments* auf Dauer bleiben; die Mehrzahl aber durchschreitet sie ohne vorhersagbare Folgen für ihre Persönlichkeitsfügung. Es gibt Jugendliche, die vom Kostüm des Punk über die Zugehörigkeit zu einer neonazistischen Gruppe bis zur abermaligen Wende in den Schoß der Trivialphilosophie Bhagwans diverse jugendkulturelle Angebote ergreifen (vgl. Schock und Schöpfung 128; auch 190).

Damit wird deutlich, was die Entwicklungspsychologie und Lebenszyklusforschung neuerdings nachdrücklich thematisiert: die These von der Kontinuität der Entwicklung wird infrage gestellt, Brüche, Veränderungen und Verschiebungen, also *Wandel* werden betont (Brim/Kagan 1980). Freilich, vorliegende Forschungsbefunde und Beobachtungen beziehen sich bisher ausschließlich auf die frühe Kindheit. In ihr herrschen Plastizität vor, während die Stabilität und damit eine ausgrenzende Ich-Konturierung von der mittleren Kindheit an zunehmen. Die These, die Neigung zur Veränderung von Werten und Einstellungen gehen mit zunehmendem Alter zurück, ist ja landläufig („Altersstarrsinn"). Die neuen Szenen zeigen nun, daß auch Jugendliche noch nicht durch frühe Kindheitserfahrungen festgelegt sind. Dies verdankt sich nicht nur dem Substrat 'Entwicklung', sondern vor allem auch den gesellschaftlich produzierten Anreizen. Diese sind in ihrer Variabilität und mit ihrer Optionenvielfalt nicht geeignet, geschlossene Sinndeutungswelten nahezulegen. Neben der einen steht die andere, es gibt Berührungen, Abstoßungen, Ubergänge, aber nicht letzthinnig verbürgte Verbindlichkeiten. Der resignierte „Müsli" ist in Feinkostrestaurants zu finden, der radikale Punker oder Dauer-Raver wird zum hoffnungsvollen Bankangestellten: nicht alles, aber vieles ist möglich. In und an den Jugendkulturen wird das Prinzip pluralisierter Variation, auf Verschleiß angelegt, evident. So sind Jugendkulturen eine zentrale Sozialisationsinstanz, aber keine, die Kontinuität der Entwicklung garantiert - im Gegenteil. Das Prinzip der Identitäts-Kontinuität wird auch heute noch am ehesten von Elternhaus und Schule vertreten; die Szenen der Jugendkulturen wagen hier Offenheiten, deren letzthinnige Einschätzung kaum möglich ist. Jedenfalls verstärken sie die Tendenz, daß Jugendliche nicht mehr für hergebrachte Entwicklungs- wie Persönlichkeitsvorstellungen verfügbar sind, denn sie wählen, in sensibler Reaktion auf gesamtkulturelle Zustände und Angebote, ihre eigenen Wege der Motivrealisierung. Diese Wege sind jedoch nur für den gangbar, der die Kraft hat, konstruktiv nach Orientierung und Auswegen zu suchen, also die jugendkulturellen Angebote als Instrument für sich benutzen kann. Wer hier einfach 'eingeschleust' wird, sich im Irrgarten der Gruppenangebote verirrt, vorübergehend Unterschlupf sucht, wird in Jugendkulturen überwintern können, aber sein Ich nicht dauerhaft nach Hause tragen (vgl. auch Peinhardt/Sparschuh 249ff).

6.2 Jugendkulturen und organisierte Pädagogik

Jugendkulturen sind außerschulisch, außerfamiliär und freizeitbezogen. Sie können sich als generalisierte Lernräume für alles anbieten; die Regel ist dies nicht. Jugendkulturell organisierte und/oder orientierte Jugendliche suchen in der Regel *außerpädagogische* Sozialräume. Sie gehen nicht in Häuser der offenen Tür, Jugendzentren, nehmen nicht an Ferien- und Freizeitveranstaltungen teil, die vom Jugendamt oder anderen pädagogischen Institutionen angeboten werden. Dies wäre eine für beide Seiten unzuträgliche Vermischung der Sphären. Man kann den Tatbestand auch anders formulieren: „Institutionalisierte Freizeitorte wie Jugendhäuser werden nahezu ausschließlich von den unterpriviligierten Jugendlichen besucht. Die Annahme, dies sei vor allem eine finanzielle Frage, liegt nahe, da ein Jugendhausbesuch billiger ist als ein Kneipen- oder Discobesuch. Doch kann dies nicht der einzige Grund sein: Zwei Seiten scheinen sich gegenseitig zu bedingen: Jugendhäuser sind nicht attraktiv für Jugendliche, weder die meist karge, sachliche Ausstattung noch die Reglementierung (die alleine schon durch festgelegte Öffnungszeiten gegeben ist) fördern die Ausbildung von Stilen, sondern engen sowohl die Kreativitätsmöglichkeiten ein wie auch das Gefühl (als Erwachsener!) ernst genommen zu werden (im Gegensatz zur Kneipe). Deshalb wiederum ziehen sie subkulturell aktive Jugendliche nicht an, verhindern aber möglicherweise auch bei ihren Besuchern die Ausbildung von Stilen durch eine gewisse Abschottung.“ (Peinhardt/Sparschuh, ebd. 251). Becker/Hafemann/May (1984) haben diesen Tatbestand genauer untersucht, und zwar in der Form von Raumstruktur und Raumaneignung in einem Jugendzentrum (Schwalbach). Sie machen deutlich, daß die Erwachsenen (die eingestellten Sozial- und Freizeitpädagogen wie die hinter ihnen stehenden kommunalen Ämter und sonstigen Träger) auch über die Definition und Nutzung von Räumen verfügen. Pädagogisch-administrativ spricht man von „Tischtennisraum ' „Fernseh-" oder „Medien-Raum", von „Spielstube" und ähnlichem. Aus der Sicht der Jugendlichen haben die Räumlichkeiten andere Akzente: da werden sie genannt „Exitus", es gibt das „Go in", den „Discokeller", aber auch den „Matratzenraum", einen „Abschlaffraum", den „Chaoskeller", den „Laberraum" usw. (14). Die Raumetikettierungen sind unterschiedlich, und nicht immer gelingt es den Pädagogen, ihre Definitionsmacht durchzusetzen. Noch deutlicher wurde dies bei subkulturellen Gruppen, die das Heim benutzten: den „Wikingern" oder der Punkgruppe (ebd., 183ff). Treppenhaus, oberstes Stockwerk, nicht genutzte Räume: hier wurden nicht bereitgestellte und schon in ihren Funktionen festgelegte Räume benutzt, sondern neue Raum-Zonen im Jugendhaus 'erobert' und jugendkulturell gestaltet. Natürlich führte dies zum Konflikt und schließlich zu der vom Träger verfügten Änderung der pädagogischen Konzeption: mehr organisierte Gruppen, mehr geregelte Gruppenarbeit. Damit verschwanden die jugendkulturellen Ablagerungen aus dem Heim, es entleerte sich und wurde fahl. Die Lehre, die die Autoren aus der Fallstudie ziehen, formulieren sie unter Einbeziehung einer Aussage Lessings so: Pädagogen müssen sich „dafür einsetzen, 'daß ihre Verantwortlichkeit gegenüber den Trägern der Jugendarbeit ersetzt wird durch eine Verantwortlichkeit gegenüber den Jugendlichen'. Denn nur auf dieser Grundlage ist es für sie überhaupt möglich, Katalysator eines kollektiven politischen Lernprozesses der Jugendlichen zu werden, der sich auf die Artikulation und Begründung ihrer Interessen ebenso bezieht wie auf die Verarbeitung ihrer Erfahrungen mit der Administration." (ebd. 215) Eine solche Veränderung der *Bezugsperspektive* ist auch in diesem Buch schon gefordert worden, freilich: damit liegt sie außerhalb der verwalteten und organisierten Pädagogik. Ein „Umdenken" genügt hier nicht, weil der Lernprozeß, so formuliert, in den stabilen Regionen der etablierten Denkvoraussetzungen bleibt. „Veränderung der Perspektive" hingegen fordert darüber hinaus, daß die Pädagogik sich von der Verwaltung, der Administration und überkommenen (und in manchen Kontexten bewährten) Organisationsformen löst und selbst eingeht in den jugendkulturellen Impetus. Das wäre eine „neue Pädagogik". Fraglich bleibt, ob die jugendkulturellen Herausforderungen stark genug sind, die definierten und tradierten Handlungs-Territorien neu zu verteilen.

6.3 Jugendkulturen und Erziehungsverhältnis

Da das Erziehungsverhältnis eines zwischen Generationen ist, führt auch dieser Punkt in ein Zentrum pädagogischen Diskurses. Zunächst: der Zielpunkt, erwachsen zu werden, verliert an Schärfe und Attraktivität. Weil Jugendliche früh vieles erreicht haben (Sexualität, Konsummöglichkeiten, Teilnahme an Mode, Freizeit), ist die Erwachsenen-Rolle kein erstrebenswerter Zielpunkt mehr. Prinzipiell könnten heute noch zwei Segmente der Erwachsenen-Rolle attratkiv sein: einmal der Beruf und damit die Fähigkeit, seine eigene materielle Subsistenz zu sichern und einen gesellschaftlich honorierten Beitrag zu leisten, und „Verantwortung für Jüngere". Jedoch: „Beruf" hat heute einen hohen Wahlanspruch, aber die Wahlchancen sind sehr eingeschränkt. Ähnliches gilt für das Stichwort, „Verantwortung": alle Jugenduntersuchungen zeigen, daß das Denken über die Zukunft stark privatisiert erfolgt (viele Jugendliche haben keine allgemein-gesellschaftliche Zukunft im Visier: diese betrachten sie eher skeptisch, während sie die eigene eher positiv einschätzen), und in der Regel sehen sie damit auch keine einlösbaren Möglichkeiten vorab, für andere Verantwortung zu übernehmen. Dies geschieht eher spontan, in den unmittelbaren Verkehrszirkeln und aufgrund anderer, späterer Erfahrungen.

Aber Jugendliche orientieren sich häufig nicht so sehr an Erwachsenen-Rollen, sondern an konkreten Personen in ihren Funktionen: Eltern, Lehrer. Was die Eltern und den von ihnen repräsentierten Familienraum angeht, so gibt es starke Spannungen zur Peer-Group. Denn dadurch, daß sich „die Familie von einer Organisationsform der Arbeit zu einer Sozialform entwickelt hat, deren Gemeinsamkeit primär im Freizeitbereich liegt, sind Familie und 'Peer-Group' zu Konkurrenten geworden, was sie in der traditionalen Gesellschaft keineswegs waren. Die Konkurrenz zwischen Familie und 'Peer-Group' liegt nicht nur in der zeitlichen Beanspruchung. Wesentlich ist auch die Rivalität in der Wert-Orientierung, die historisch eine geringere Rolle gespielt haben dürfte" (Mitterauer 124). Dies gilt, obwohl sich der erzieherische Diskurs gewandelt hat, wie in der Shell-Studie 'Jugendliche + Erwachsene '85' gezeigt wurde (Bd. 3, 151 ff). Die Einschätzung von Erziehungspersonen erfolgte bisher eher nach „gültig" oder „streng". Hier haben sich die Erziehungsstile der Eltern derart gewandelt (ebd., 263), daß die Einschätzung einer Erziehungsperson nach Freundlichkeit oder Strenge nicht mehr wesentlich ist. Themen wie „bedingungsloser Gehorsam der Kinder" oder „Milde und Güte des Pädagogen vs. Härte" oder „die Eigenwelt des Kindes je nach entwicklungspsychologischer Stufe anerkennen" veralten allmählich, während neue Themen: „Gleichberechtigung des Kindes (im Sinn von Bürgerrechten)" oder „Kind als persönlicher Partner des Erwachsenen" oder „Herrschaftsfreier Diskurs zwischen Eltern und Kind" aufkommen. Das Elternverhalten wird lockerer, informeller; körperliche Strafen spielen kaum noch eine Rolle, die individuelle Förderung des Kindes ist wichtiger. Vor allem: die Bereiche der Selbständigkeit wachsen, der Akzent liegt nun auf der „Selbstaktualisierung der Person" (ebd., 193 f). Entscheidend ist dabei offenbar, wie die neuen Haltungen von den Eltern umgesetzt werden. dies ist eine ästhetische Frage, eine des Stils. Was sollen Jugendliche beispielsweise tun, deren Eltern ständig „verständnisvoll" sind? Gerade *dann* kann eine Protesthaltung sich entwickeln - es hilft nur noch die Punk-Existenz (Schock und Schöpfung 126). Zwar bleiben die Eltern Bezugspunkt der Reaktionen; wesentlich jedoch scheint mir zu sein, daß ein falsch ausagierter Gestus „liberaler" Grundhaltung Jugendliche eher abstößt. Sie können sich nicht mehr reiben; der schlaue Erwachsene benutzt die Liste des Igels gegenüber dem Hasen, indem er mit „Verständnis" vorab einholt, was der Jugendliche anstrebt, und nun kann er rufen „Ick bün all do". „Freundliches Verständnis" kann nämlich Herablassung sein - ein antiquierter Erziehungsstil, auch wenn er freundlich gemeint ist. Dies gilt auch für Lehrer: „Wohlwollen" ist eine veraltete Kategorie, stilistisch nicht mehr brauchbar.

Dabei darf nicht übersehen werden, daß auch die *historischen* Erfahrungen unterschiedlich sind. Als *Helmut Schmidt* 1982 auf dem Hamburger Kirchentag vor Jugendlichen über unser Verhältnis zu den Amerikanern sprach, sprach er die Mahnung aus: „Vergeßt nicht, daß die Amerikaner uns nach dem Krieg die Care-Pakete geschickt haben". Ein 18jähriger (1964) geboren), kommentierte dazu trocken: „Mag sein, aber uns schicken die Amis keine Care-Pakete, sondern Raketen." (Bopp 52) Die unterschiedlichen Erfahrungshorizonte führen zu einer Ungleichzeitigkeit in der Verarbeitung geschichtlicher Gegenwart. Aber differente Perspektiven gibt es auch *innerhalb* der jugendkulturellen Szenen. Als eine lokale Rockband 30jähriger vor 15jährigen spielte, meint ein Junge: „Hol' den Hippie von der Bühne, der sieht aus wie mein Vater. Weg mit dem APO-Opa". Oder: Am 17./18. Juni 1979 fand in Frankfurt das Festival „Rock gegen rechts" statt, ein Protest gegen den Aufmarsch der NPD zu ihrem Deutschlandtag. Teilnehmer waren vorwiegend 18- bis 25jährige (ca. 80%). Insgesamt waren rd. 35.000 Demonstranten versammelt. Die links Engagierten kritisierten: „Die sind ja nur wegen der Rockmusik gekommen". (ebd. 78 f) Hier zeigt sich ein typisches Mißverständnis zwischen den Protestgenerationen: die Alternativ-Szene ist an rigiden Moralen orientiert, während die Action-Szene, aber auch Peers anderer Herkunft Vergnügen und Engagement nicht kantisch auseinanderdividieren. Im Gegenteil: ihr Engagement, ihre 'Haltung' bestand *der Sache nach* im Vergnügen an der Rock-Musik, denn diese drückte stilistisch aus, was sie meinten.

Unterschiedliche Stile, historisch differente Erfahrungen: ist hier zu vermitteln? Wohl nur, wenn das traditionelle Erziehungsverhältnis, wie oben beschrieben, endgültig aufgehoben wird. Jugendlichen muß erlaubt sein, auch Risiken (bis zur Todesnähe) selbst zu tragen - wieso auch nicht in einer Zeit, da *alle*, gleich welchen Alters, unter den gleichen apokalyptischen Bedrohungen leben? Und: die Jugendlichkeit ist nicht identisch mit Jugend; das meint: Jugendlichkeit ist kein *Altersstatus*, sondern ein *Habitus*, wie er jugendkulturell ausgeprägt wurde. Damit transzendieren Jugendkulturen einen altersspezifischen Anspruch, indem sie Lebensstile anbieten, die für das Ganze stehen sollen. Der „ewige Wandervogel" in der Lederhose war mit 50 Jahren eine lächerliche Figur, wenn er mit 15jährigen „Pimpfen" auf Fahrt ging. Aber auch dies Modell ist überholt. Jugendlichkeit wird von den heute 50jährigen ohnehin ausagiert, und insofern brechen die Generationsschranken zusammen. Der oben geforderte Perspektivenwechsel ist also möglich, wenn man vergleichbare kulturelle Seinslagen ausprobiert (niemand muß ja in einer bleiben - selbst Jugendliche tun dies nicht!). Schwieriger ist die Bearbeitung der Diskrepanz unterschiedlicher historischer Erfahrung. Hier hilft nur *solidarisch gegenseitige Information*. Insofern das Erziehungsverhältnis immer ein historisch Gegebenes ist, läßt es sich künftig auf die historische Differenz fokussieren. Nimmt Pädagogik von hier ihren Ausgang, könne sie mithelfen, die Provinzialität absolut gesetzter Lebenswelten zu überwinden.

6.4 Jugendkulturen und Wahrnehmungsweisen

Wir können das eben erörterte Thema des Generationenverhältnisses auch noch unter einem anderen, inzwischen immer aktueller gewordenen Blickwinkel betrachten: Wenn eine Bricolage-Kultur entstanden ist, also die Möglichkeit, auf ganz unterschiedene Weise immer wieder von neuem Bruchstücke im Zitat zusammenzusetzen (bis zum 'Überzitieren'), ist dies eine Folge des Medien- bzw. Informationszeitalters und der zunehmenden *Handhabbarkeit* der *Wahrnehmungswelten*, die zum schrankenübergreifenden Zusammenwachsen von Sehen und Hören führen mit der Folge einer zunehmend freien Verfügung über das Material, aus dem diese Welt zusammengesetzt ist. Wenn die freie Verfügung über Materialien und die Reflexion darüber (Ironie) kennzeichnend für avantgardistische Moderne ist, so haben die Jugendkulturen diese inzwischen fast alltäglich gemacht.

Was leisten Selbstinszenierung, ironisches Zitat und Bricolage? Ich meine, mindestens dreierlei: Zum einen handelt es sich um *Distanzierungstechniken* (gegenüber Eltern, Kultur, Schulkulturen etc.); gleichzeitig aber auch um *Inszenierungs-* und *Selbstdarstellungstechniken*; und schließlich geht es um *Identifikationstechniken* (etwa in den neuen Spielmöglichkeiten der Fankultur). Alle drei Techniken bauen *Identität* auf als Möglichkeit für Kinder und Jugendliche, die kulturellen Medien-Praxen über neue Wahrnehmungsformen als soziales Labor zu benutzen und so die eigene Ich-Findung auf den (heute sehr langen) Weg zu bringen.

Sozialisation erhält im medienpädagogischen Kontext eine größere Bedeutung als meinetwegen im Kontext von Familie oder Schule. Dieser Tatbestand verdankt sich vor allem auch *der* Tatsache, daß Medien über die diskursiv-orientierten Medien Sprache und Sprechen hinaus den Sehsinn und den Hörsinn, und dies oft noch in doppelcodierter Form, ansprechen, Sinnesmodalitäten, die im pädagogischen Diskurs wegen ihrer notorisch philologischen Ausrichtung oft übersehen werden und damit zusätzlich aus dem Horizont des erzieherischen Diskurses geraten. Für Sehen und Hören gilt sehr viel stärker als sonst in pädagogisch beachteter Weise: Wir können nicht sehen oder hören, was andere sehend sehen oder zuhörend hören, worauf sie ihr Augen- und Ohrenmerk richten. So bleibt Sehen wie Hören 'mein Eigentum', findet also in der Regel außerhalb pädagogischer Kontrolle statt. Dies gilt *grundsätzlich*. Hinzu kommt *praktisch*, daß Jugendliche sowohl gegenüber dem Hörfunk als auch dem Fernsehen häufiger zwischen den Programmen *zappen*. Die Bindung an die einzelnen Programme ist geringer ausgeprägt als in anderen Altersgruppen, 'was sich zum einen in einer geringen Verweildauer bei den einzelnen Programmen und Sendungsangeboten, zum anderen in einer größeren Anzahl genutzter Programme ausdrückt." (von Eimeren/Maier-Lesch 1997, S. 598). Kinder und Jugendliche bevorzugen auch - im Gegensatz zu älteren Personengruppen - vor allem Privatanbieter wie Pro 7, RTL und VIVA, sie mögen *Serien* (Soaps ebenso wie Sitcoms und neuerdings Action- und Copneben Mystery-Serien), kurz: Sie wenden sich beim Sehen und Hören Angeboten zu, die sich insbesondere durch Schnelligkeit, raffinierte ästhetisch-bricolierte Vergegenwärtigungen und höchst komplexe Wahrnehmungsmuster auszeichnen - alles Dinge, die zum pädagogischen Denken und Handeln querstehen. Die Eigenheiten des *pädagogischen* Blicks bestehen ja gerade darin, daß er (Beispiel: Unterricht) gelenkt ist, eher imitativ und kontrolliert erfolgt, auf Klassenverbände homogenisiert, orientiert an Rationalitätskriterien und immer wieder überführt in die Diskursivität (etwa von Begriffen).

P. Messaris (1996) beschäftigt sich in dem Beitrag „Video ergo cogito: Visual Education and Analogical Thinking“ mit der Frage, wie eigentlich Wahrnehmungsformen Jugendlicher aussehen, die visuell-orientierte Kognitionen aufbauen. Als Beispiel nimmt er das Musikvideo „Take a Bow“, das eine sexuelle Begegnung zwischen dem Rockstar Madonna und einem spanischen Stierkampf-Matador zeigt. Das Video bewegt sich zwischen zwei Szenen: Einerseits zeigt es Madonna und den Matador, wie sie sich lieben; andererseits wird der Matador beim Stierkampf gezeigt. Diese parallelisierten Bildsequenzen funktionieren als eine Analogie, und der Zuschauer ist aufgefordert, Ähnlichkeiten zu entdecken zwischen dem passionierten Sex und dem gewalttätigen Ritual. Solche visuellen Vercodungen sind für Kinder und Jugendliche einfach und schnell zu durchschauen. Die Bedeutung erschließt sich unkommentiert durch Montage und Juxtaposition. Messaris hat gezeigt, daß die Interpretation visueller Codes bei den Zuschauern je nach ihrer visuellen Erfahrung unterschiedlich ist. Er führte eine Reihe von College-Studenten einen 10minütigen inszenierten Film vor. In einer der Szenen dieses Films betritt die Hauptdarstellerin, eine modisch gekleidete Frau, ein Bekleidungsgeschäft; in dem Augenblick, als sie durch die Tür geht, gibt es einen Zwischenschnitt auf das Innere einer Kirche, und dieselbe Frau erscheint dort am Eingang. Messaris hielt es für selbstverständlich, daß alle Zuschauer die analoge Verweisung des Eintritts (Kirche und Geschäft) erkennen würden. Es zeigte sich jedoch, daß nur Studenten mit praktischer Erfahrung im Filmemachen die Bedeutung des Zwischenschnitts sofort richtig erkannten. Diese Studenten sahen, erkannten und verstanden die Laden-Kirche-Analogie ohne Schwierigkeiten. Während die Filmemacher die Analogie eher als übertrieben deutlich kritisierten, waren die meisten Studenten ohne praktische Filmerfahrung nicht in der Lage, die Analogie überhaupt zu entziffern. Die häufigste Interpretation dieser Sequenz bestand in einer reihenden Narration, d.h. der Übergang zwischen Geschäft und Kirche wurde nur interpretiert als ein Szenenwechsel von einem Ort zum anderen: Erst ging die Frau einkaufen, dann betrat sie eine Kirche. Offenbar ist es so, daß Kinder und Jugendliche, aufwachsend in Medienwelten, mit der optischen und akustischen Analogik souverän und interessiert umgehen. Es ist ein Bereich, der - so Horst Rumpf - „Neues Sehen von neuen Dingen“ fordert. Diese Fähigkeit nennen wir ‘Medienkompetenz’, und Kinder und Jugendliche verfügen über sie offenbar in einem relativ hohen Maße (verglichen mit Erwachsenen zum Beispiel), und dies nicht aufgrund von intentionalen Erziehungsakten, sondern aufgrund von sozialisatorisch-ganzheitlichen Wahrnehmungsstrukturen, wie sie die alten wie neuen Medien heute anbieten.

Pädagogik als Reservat?

Wir sprechen heute gern von 'Selbstsozialisation durch Medien' und meinen damit, daß der Beobachtungs- und Erlebnisreichtum der Medien derart komplex und umfassend ist, daß er weit über pädagogisch-intentionale Akte hinausreicht; zudem seien die Kinder und Jugendlichen offenbar weitgehend in der Lage, sich ihre Medienwelt ohne pädagogische Hilfe zu erschließen. Eine solche Schlußfolgerung hieße aber, das Kind mit dem Bade auszuschütten, und meine Darlegungen wären mißverstanden, gingen sie in diese Richtung. Auch, wenn der Hypertech mit seiner 'Verlinkung' im Internet das lineare Argumentationsschema verläßt, wird Vernunft sich weiterhin entscheidend auch durch Diskursivität, also Sprache und Schrift, bestimmen müssen. Es kann jedoch auch nicht darum gehen, die ganze bunte Medienwelt nun in die Schule hineinzutragen, um sie zu 'modernisieren'. Über die 'Verbesserung von Mitteleuropa' läßt sich nur ironisch sprechen. Dennoch bleibt genug zu bedenken. Kinder und Jugendliche erleben ein Stückweit neue Wirklichkeitskonstruktionen über Wahrnehmungsmodalitäten, die sich nicht nur auf Medien und Freizeit beziehen, sondern in ihren strukturellen Qualitäten neue Konstruktionen von Wirklichkeit andeuten. Die Analogik des Sinn- und Hörsinns, seit jeher gegeben, erfährt durch die Medien selbst gestischen Charakter in der Weise, daß neue Potentiale des Entdeckens, Kombinierens, kennerischen Genießens und kultureller Differenzierung zugänglich sind, die den gewohnten 'pädagogischen Blick' offener, anschauungsbereiter und damit sensibler und intelligenter machen könnten.

6.5 Das verschleierte Subjekt

Urbane Spätzeit ist ausgebrochen, die Metropolen setzen die Muster - jedenfalls bei uns. Sie bieten nicht nur eine Pluralität von Kulturen und Lebensstilen, sondern auch einen nur diffusen Raum von Zugehörigkeit. Metropolen sind das Instrument der Mobilität. Die jugendkulturellen Szenen eignen sich dieses Prinzip an: in ihnen entsteht Intimität, Konnexität und Intensität -

aber nicht als garantierte Dauer, weder in den menschlichen Beziehungen noch in den stofflich-räumlichen Aggregierungen. Inszenierungen veralten und müssen durch neue, aktuellere, zeitauthentischere, ersetzt werden - dadurch unterscheidet sich ein Großstadt-Theater von der verstaubten Provinzbühne. Das alles hat seinen Preis, nicht nur materiell. Die jugendkulturellen Szenen bieten ja auch keine Heimat an in dem Sinn, daß sie eine stabile Lebenswelt anbieten, in denen man sich auf Dauer einrichten kann. Die historische Überhofbarkeit von Jugendkulturen ist in hohem Grade ausgeprägt. Dies gilt auch schon für das einzelne Leben, das sich darum häufig als Recherche-Ich, als Zufalls-Ich versteht.

Das alles ist aber nicht nur Opfer und Anpassung an moderne gesellschaftliche Gegebenheiten. Das Leiden wird aufgewogen durch den Versuch, Individualität zu retten, für sich und andere sichtbar auf den Punkt zu bringen, als leibliche Erfahrung zu kondensieren. Das alles ist nicht durch die Kennummer des Personalausweises festzuhalten, nicht durch staatliche Goldgewährung auf Zeit bestimmt, kurz: Jugendkulturen lassen sich kaum verwalten. Solange pädagogisches Wissen mit Verwaltungshandeln und Organisation einhergeht, bleibt es darum auf der Strekke. Denn zu leicht kann es als Verbündeter des Prinzips der Rasterfahndung erscheinen: der Einordnung allen Handelns in die Kategorie soziologischer Analyse und pädagogischer Interventionsstrategien. *Hiergegen* wenden sich die Jugendkulturen: in der Feier des Subjekts. Indem diese sich als Oberfläche darstellt, entzieht es sich 'tieferen' Einblicknahmen neugieriger Beobachter.

Wenn ich recht sehe, gibt es neuerdings ähnliche Tendenzen in der pädagogischen Diskussion. *Lassahn* insistiert in seiner *Pädagogischen Anthropologie* (1983) darauf, daß alles sozialwissenschaftliche Wissen den Menschen nicht erreicht in der „Intimität seines Bewußtseins“, und er postuliert eine „Selbstidentität“, die empirisch unberührbar bleibt und keinem Vergesellschaftungsprozeß zugänglich ist. Ähnlich *Mollenhauer* in seinem Buch *Vergessene Zusammenhänge* (1983). Auch er betont die Grenzen des wissenschaftlichen Zugriffs, insistiert auf einem nicht hervorholbaren Grund der Subjektivität, spricht gar vom „Geheimnis“, das das Subjekt umgibt - etwa in der vorgesellschaftlichen Existenz eines *Kaspar Hauser*. Die inkommensurable Subjektivität wird wieder gefeiert - hat die Pädagogen hier ihr schlechtes Gewissen ereilt?

Die Gefahr des Irrationalismus ist natürlich nicht von der Hand zu weisen, folgt man solchen Postulaten. Ist das Subjekt als transzendental vorgegeben rekonstruierbar, damit außerhalb empirischer Bedingungen und Realisationen stehend? Die Antwort auf diese Frage ist nicht Thema dieses Buchs. Es hat, in der Analyse der Jugendkulturen, eine *andere* Antwort parat: nicht die Tiefe des Subjekts, sein verborgenes Geheimnis werden behauptet, sondern seine einsehbare Oberfläche. Damit ist die Diskussion um das „Wesen des Menschen“ abgebremst: er ist, was er zu scheinen vorgibt. Aber auch dies ist ein Anspruch auf Selbstmächtigkeit und Unverfügbarkeit, die sich den empirisch vorfindbaren Instanzen gesellschaftlicher Kontrolle (und dazu gehört die Pädagogik) längst entziehen. Und: indem die Kraft der Individualität behauptet wird, ist sie auch da, wenn vielleicht auch nur augenblicksweise, vorüberziehend wie eine Sternschnuppe. Beständigkeit trotz ständigen Abschieds und Wandels: Bob Dylan singt in den beiden letzten Strophen seines Songs „Forever Young“ (1974 auf der LP Planet Waves, 1978 beim Abschiedskonzert von The Band vorgetragen, später von der deutschen Gruppe Alphaville wieder aufgenommen):

May your hands always be busy
May your feet always be swift
May you have a strong foundation
when the winds of changes shift

May your heart always be joyful
May your song always be sung
May you stay Forever young

Forever young, forever young
May you stay
Forever young

Literatur

AHRENS, H.: Rave, Pure Rave. Der neue Weg zum archaischen Erlebnis, in: Deese, U./Hillenbach, P.E. u.a. (Hg.): Jugendmarketing. Das wahre Leben in den Szenen der Neunziger. Düsseldorf/München 1995, S. 42-51

ALLERBECK, U./HOAG, W.: Jugend ohne Zukunft? Einstellungen, Umwelt, Lebensperspektiven, München/Zürich 1985

ANZ, PH./WALDER, P.: techno, Zürich 1995

AUSUBEL, D. P.: Das Jugendalter. Fakten. Probleme. Theorie (Originalausgabe: Theory and problems of adolescent development. 1954) München 1968

BAACKE, D.: Jugend und Subkultur; München 1972

BAACKE, D.: Die 13- bis 18jährigen, Weinheim Basel 1992[7]

BAACKE, D. (Hg.): Handbuch Jugend und Musik. Opladen 1997

BAACKE, D.: Neue Ströme der Weltwahrnehmung und kulturelle Ordnung, in: D. Baacke: Handbuch Jugend und Musik. Opladen, S. 29-58

BAACKE, D.: Punk und Pop. Die siebziger und achtziger Jahre, in: D. Baacke: Handbuch Jugend und Musik, Opladen 1997, S. 253-274

BAACKE, D. u.a. (Hg.): Am Ende - postmodern? Next Wave in die Pädagogik, Weinheim 1985

BAACKE, D.: Heimliche Kommunikation auf dem Hochschulcampus. Beobachtungen und Deutungsversuche, in: S. Müller (Hg.): Graffiti. Tätowierte Wände, Bielefeld 1985, S. 39ff)

BAACKE, D.: Autobiographische Texte als Beitrag zur Ich-Konstruktion, in: Neue Sammlung, 26. Jg., Heft 3, 1986, S. 350ff

BAACKE, D./DOLLASE, R./VOLKMER, I./DRESING, V.: Jugend und Mode. Kleidung als Selbstinszenierung. Opladen 1988

BAACKE, D./FERCHHOFF, W.: Jugend, Kultur und Freizeit. In: H. H. Krüger (Hg.), Handbuch der Jugendforschung (s. dort), S. 291ff.

BAACKE, D./SANDER, U./VOLLBRECHT, R.: Medienwelten Jugendlicher. Opladen 1991

BAACKE, D./SCHÄFER, H.: Leben wie im Kino. Frankfurt/Main 1993

BAETHGE, N./HANTSCHE, B./PELLUL, W./VOSKAMP, U.: Jugend: Arbeit und Identität, Lebensperspektiven und Interessen-Orientierungen von Jugendlichen. Opladen 1988

BAIER, L.: Bildung im Wildwuchs. Gymnasialerziehung und jugend-bewegtes Gegenmilieu, in: Schock und Schöpfung (s. dort), S. 259ff

BARCK, KH. u.a.: Aisthesis. Wahrnehmung heute oder Perspektiven einer anderen Ästhetik. Leipzig 1990

BARNES, R.: Mods, London 1979

BATEL, G.: Musikverhalten und Medienkonsum. Wolfenbüttel 1984

BAUDRILLARD, J.: Cool memories 1980-1985. München 1989 (Originalausgabe Paris 1987)

BAUMANN, H. D.: Rocker. Die wilden Motorradgruppen. Weinheim/Basel 1985

BEADLE, J.J.: Will Pop eat itself? Popmusic in the Soundbite Era. London 1993

BECKER, H./EIGENBRODT, J./MAY, M.: Pfadfinderheim, Teestube, Straßenleben. Jugendliche Cliquen und ihre Sozialräume, Frankfurt/M. 1984

BECKER, H./HAFEMANN, H./MAY, M.: „Das ist hier unser Haus, aber...“, Raumstruktur und Raumaneignung im Jugendzentrum, Veröffentlichungen des Instituts für Jugendforschung und Jugendkultur e.V., Band 5, Frankfurt/M. 1984

BECKMAN, J./ADLER, B.: RAP. New York 1991

BEHR, W.: Jugendkrise und Jugendprotest, Stuttgart 1982

BELL, R. R.: Kultur der Jugendlichen (The Adolescent Subculture, 1961), in: Friedeburg L. v. (s. dort), S. 83ff

BENJAMIN, W.: Das Kunstwerk im Zeitalter seiner technischen Reproduzierbarkeit, in: Gesammelte Schriften I/2, 1974, S. 496ff

BENNETT, T. u.a. (Hg.): Rock and Popular Music - Politics, Policies, Institutions. London/New York 1993

BENSELER, F. u.a. (Hg.): Risiko Jugend. Leben, Arbeit und politische Kultur. Münster 1988

BIRD, B.: Skiffle. London 1958

BLÜCHER, V., GRAF v.: Die Generation der Unbefangenen. Zur Soziologie der jungen Menschen heute, Düsseldorf/Köln 1966

BÖHNISCH, L./BLANC, K.: Die Generationenfalle. Von der Relativierung der Lebensalter. Darmstadt/Neuwied 1989

BOLZ, N.: Die Welt als Chaos und als Simulation. München 1992

BOPP, J.: Vor uns die Sintflut! Streitschrift zur Jugend- und Psychoszene, Reinbek 1985 (1. Ausgabe unter dem Titel „Wir wollen keine neuen Herren“, Frankfurt/M. 1982)

BORSCHE, T.: Individuum, Individualität. III Neuzeit, in: J. Ritter/K. Gründer (Hg.): Historisches Wörterbuch der Philosophie, Band 4, Darmstadt 1976, S. 310ff

BOURDIEU, P.: Zur Soziologie der symbolischen Formen, Frankfurt 1970

BOURDIEU, P.: Die feinen Unterschiede. Kritik der gesellschaftlichen Urteilskraft. Frankfurt/M. 1982 (Originalausgabe: Paris 1979)

BRAND, K.W.: Neue soziale Bewegungen. Entstehung, Funktion und Perspektiven neuer Protestpotentiale. Eine Zwischenbilanz. Opladen 1982

BRAND, K.W./BÜSSER, D./RUCHT, D.: Aufbruch in eine andere Gesellschaft. Neue soziale Bewegungen in der Bundesrepublik. Frankfurt/M./New York 1983

BRAKE, M.: Soziologie der jugendlichen Subkulturen. Frankfurt 1981 (Originalausgabe 1980)

BRAUN, S./COFFIELD, S. u.a.: Jugendarbeitslosigkeit, Jugendkriminalität und städtische Lebensräume. Literaturbericht zum Forschungsstand in Belgien, Frankreich, Großbritannien und der Bundesrepublik Deutschland. München 1990

BREYVOGEL, W. (Hg.): Autonomie und Widerstand. Zur Theorie und Geschichte des Jugendprotests, Essen 1983

BREYVOGEL, W.: Stadt und Jugendprotest. Zur verborgenen Beziehung von Stadterfahrung und Subjektivität, in: Schock und Schöpfung (s. dort), S. 92ff

BREYVOGEL, W. (Hg.): Pädagogische Jugendforschung. Erkenntnisse und Perspektiven. Opladen 1989

BREYVOGEL, W./KRÜGER, H.H./THOLE, W. (Hg.): Land der Hoffnung - Land der Krise. Jugendkulturen im Ruhrgebiet 1900-1987. Berlin/Bonn 1987

BRIM, O.G./KAGAN, J. (Hg.): Constancy And Change, in: Human Development, Cambridge, Mass. 1980

BRONFENBRENNER, U.: Die Ökologie der menschlichen Entwicklung. Stuttgart 1981 (Originalausgabe: 1979)

BRUDER, A./BRUDER, K.-J.: Jugend. Psychologie einer Kultur. München 1984

BURROUGHS, W.S.: The Wild Boys. London 1973

BÜHLER, Ch.: Das Seelenleben des Jugendlichen. Stuttgart 1987

BUFORD, B.: Among the Thugs. London 1992

BURGER, A./SEIDENSPINNER, G.: Mütter und Töchter. Opladen 1988

CARR, R. u.a.: The Hip. Hipsters Jazz and die Beat Generation. London/Boston 1986

CHAMBERS, J.: Urban rhythms, Pop music and popular culture. London 1985

CHAPPLE, S./GAROFALO, R.: Wem gehört die Rockmusik? Geschichte und Politik der Musikindustrie. Reinbek 1980 (Originalausgabe: 1977)

CLARKE, J. u.a.: Subcultures, Cultures and Class: A Theoretical Review, in: Hall/Jefferson (s. dort), S. 10ff

CLARKE, J. u.a.: Jugendkultur als Widerstand. Frankfurt/M. 1979

COHEN, PH.: Sub-cultural conflict and working class community, Birmingham 1972 (CCCS Working papers in Cultural Studies No 2)

CONEN, S./TAYLOR, L.: Ausbruchsversuche, Identität und Widerstand in der modernen Lebenswelt. Frankfurt/M. 1976

COHEN, 5.: Folk Devils and Moral Panics. The Creation of Mods and Rockers. London 1972

COHN, N.: AwopBopaLooBopAlopBamBoom. London 1970

COLEMAN, J. S./JOHNSTONE, J. W. C.: The adolescent society. New York 1961

CORRIGAN, P.: Schooling the Smash Street Kids. London 1979

COSTELLO, M./WALLACE, D. F.: Signifying Rappers. Rap and Race in Urban Present. New York 1990

CREMER, G.: Jugendliche Subkulturen. Eine Literaturdokumentation. München 1984

CRITCHER, CH.: Der Fußballfan, in: Ästhetik und Kommunikation, 24, 7, 1976, S. 39ff

DAVIS, 5./SIMMON, P.: Reggae Bloodlines. New York 1979

DeCURTIS, A.: Present Tens. Rock & Roll and Culture. Durham/London 1992

DEESE, U./HILLENBACH, P.E. u.a. (Hg.): Jugendmarketing. Das wahre Leben in den Szenen der Neunziger. Düsseldorf/München 1995

DELGADO, G.: Der Körper ist König, in: Swing, Ostwestfalen-Magazin, September 1986, S. 10f

DEUTSCHES JUGENDINSTITUT (Hg.): Immer diese Jugend! Ein zeitgeschichtliches Mosaik. 1945 bis heute. München 1985

DIEDERICHSEN, D.: Freiheit macht arm. Köln 1993

DIEDRICHSEN, K./HEBDIGE, D./MARX, O.-D.: Schocker, Stile und Moden der Subkultur; Reinbek 1983

DIEDERICHSEN, D. u.a.: Schocker. Stile und Moden der Subkultur. Reinbek 1983

DOLLASE, R. u.a.: Demoskopie im Konzertsaal. Mainz 1986

DREITZEL, H.-P.: Childhood and Socialisation, in: Recent Sociology, no. 5, New York 1973, S. 5-26

DUFRESNE, D.: YO! Raprevolution - Geschichte, Gruppen, Bewegung. Neustadt 1992

DU BOIS-REYMOND, M./OECHSLE, M. (Hg).: Neue Jugendbiographie? Zum Strukturwandel der Jugendphase. Opladen 1990

ECKERT, R.: Distinktion durch Gewalt? In: Ferchhoff, W./Sander, U./Vollbrecht, R. (Hg.): Jugendkulturen - Faszination und Ambivalenz. Einblicke in jugendliche Lebenswelten. Weinheim/München 1995, S. 186 ff.

ECKERT R./DRIESEBERG, TH./WILLEMS, H.: Sinnwelt Freizeit. Jugendliche zwischen Märkten und Verbänden. Opladen 1990

EICH, E X.: Soziale Umweltstruktur und aggressiv-delinquente Jugendliche. Weinheim/Basel 1982

EISEN, J.: The Age of Rock. Sounds of the American Cultural Revolution. New York 1969

EISENSTADT, S.N.: Von Generation zu Generation (From Generation to Generation 1956). München 1966

ELGER, W./HOFMANN, H.-J./JORDAN, E. u.a.: Ausbruchsversuche von Jugendlichen. Weinheim/Basel 1984

ELIAS, N.: Über den Prozeß der Zivilisation. Bern 1969

ELKIN, E/WESTLEY, W. A.: Der Mythos von der Teilkultur der Jugendlichen (The myth of Adolescent Culture, 1955), in: Friedeburg, L. v. (s. dort), S. 99ff

ERIKSON, E. H.: Identität und Lebenszyklus. Frankfurt/M. 1966

ERIKSON, E.H.: Jugend und Krise. Die Psychodynamik im sozialen Wandel. Stuttgart 1970

FARIN, K./SEIDEL-PIELEN, E.: Skinheads. München 1993

FAULSTICH, W.: Vom Rock'n'Roll bis Bob Dylan. Essen 1983

FEND, H.: Sozialgeschichte des Aufwachsens. Bedingungen des Aufwachsens und Jugendgestalten im 20. Jahrhundert. Frankfurt/M. 1988

FERCHHOFF, W.: Ein Kaleidoskop zur Jugend in den 90er Jahren, in: Thema Jugend. Zeitschrift für Jugendschutz und Erziehung, Heft 3, 1994, S. 2 ff.

FERCHHOFF, W.: Jugendkulturelle Individualisierungen und (Stil)Differenzierungen in den 90er Jahren, in: Ferchhoff, W./Sander, U./Vollbrecht, R. (Hg.): Jugendkulturen - Faszination und Ambivalenz. Einblicke in jugendliche Lebenswelten. Weinheim/München 1995, S. 52 ff.

FERCHHOFF, W.: Jugendkulturen im 20. Jahrhundert. Von den sozial-milieuspezifischen Jugendsubkulturen zu den individualitätsbezogenen Jugendkulturen. Frankfurt/M. 1990

FERCHHOFF, W.: Musik und Jugendkulturen in den 50er und 60er Jahren. Vom Rock'n Roll der „Halbstarken" über den Beat zum Rock und Pop, in: D. Baacke: Handbuch Jugend und Musik. Opladen 1997, S. 217-252

FERCHHOFF, W./OLK, TH. (Hg.): Jugend im internationalen Vergleich. Sozialhistorische und sozialkulturelle Perspektiven. Weinheim 1988

FERCHHOFF, W./SANDER, U./VOLLBRECHT, R. (Hg.): Jugendkulturen - Faszination und Ambivalenz. Einblicke in jugendliche Lebenswelten. Weinheim/München 1995

FERNANDO, H. S.: The New Beats. Exploring the Music Culture, and Attitudes of Hip-Hop. New York u.a. 1994

FISHER, S./HOLDER, S.: Too Much Too Young.. London 1981

FISKE, J.: Die kulturelle Ökonomie des Fantums, in: SPoKK (Hg.): Kursbuch Jugendkultur. JugendK. Stile, Szenen und Identitäten vor der Jahrtausendwende. Mannheim 1997, S. 54 ff.

FLENDER, R./RAUHE, H.: Popmusik: Aspekte ihrer Geschichte, Funktionen, Wirkung und Ästhetik. Darmstadt (Wissenschaftliche Buchgesellschaft) 1989

FOELLING, W.: Gelebte Jugendträume: Jugendbewegung und Kibbutz. Witzenhausen: Südmarkverlag 1989

FRANZ, H. u.a.: „Wie hinterm Presslufthammer; nur unheimlich schöner!": Discokultur in Jugendhäusern. Bensheim 1980

FRIEDEBURG, L. v. (Hg.): Jugend in der modernen Gesellschaft. Köln/Berlin 1965

FUCHS-HEINRITZ, W./KRÜGER, H.H./ECARNUS, J.: Feste Fahrpläne durch die Jugendphase. In: M. du Bois-Reymond/ M. Oechsle (s. dort), S. 25ff

FUCHS-HEINRITZ, W./KRÜGER, H.H. (Hg.): Feste Fahrpläne durch die Jugendphase? Jugendbiographien heute. Opladen 1991

FUCHS, M.: Jugend, Jugendkultur und Gesellschaft. Rahmenbedingungen von Jugendkulturarbeit. Akademie Remscheid 1992

GEHRET, J. (Hg.): Gegenkultur heute. Die Alternativ-Bewegung von Woodstock bis Tunis. Amsterdam 1979

GEORGE, N.: Der Tod des Rhythm & Blues. Wien 1990

GEORGE, N.: Buppies, B-Boys, Baps & Bobos. Notes on Post Soul-Black Culture. New York 1992

GERHARDT, U./HRADIL, ST./LUCKE, D./NAUCK, B. (Hg.): Familie der Zukunft. Opladen 1995

GEUTER, U.: Zeit der Krisen - die Jugend in der deutschen Literatur um 1900, in: G. Jüttemann (s. dort), S. 209ff

GILLET, CH.: The sound of the city. New York 1970

GLASER, P. (Hg.): Rawums. Texte zum Thema. Köln 1984

GOLDMANN, A.: Elvis, Harmondsworth 1982

GOODWIN, A.: Dancing in the Distraction Factory - Music Television and Popular Culture. Minneapolis 1992

GORRIS, L.: Rebels without a pause. In: Chasing a dream. Köln 1988, S. 192ff (mit Auswahl-Discographie)

GROTTIAN, P./NELLES, W. (Hg.): Großstadt und neue soziale Bewegungen, Basel/Boston/Stuttgart 1983

GROTUM, TH.: Die Halbstarken. Zur Geschichte einer Jugendkultur der 50er Jahre. Frankfurt/New York 1994

HAACK, S.-W.: Jugendsekten. Vorbeugen - Hilfe - Auswege. Weinheim 1991

HAEMMERLI, TH.: Das Lebensgefühl, in: techno, S. 184-191

HÄSING, H./STUBENRAUCH, H./ZIEHE, TH. (Hg.): Narziß. Ein neuer Sozialisationstypus? Bensheim 1979

HAFERKAMP, H.: Kriminelle Karrieren, Reinbek 1975

HAGER, ST.: Hip Hop. The Illustrated History of Break Dancing, Rap Music and Graffiti. New York 1984

HALL, ST./JEFFERSON, T. (Hg.): Resistance through Rituals. Youth subcultures in post-war Britain. London 1980

HAHNKE, R.: Punks im Seminar, in: Westermanns Pädagogische Beiträge, 25. Jg. 1983, S. 122f

HAMANN, W.: Die Alternativkultur - Ende der Alternativen? in: Schock und Schöpfung (s. dort), S. 189ff

HARTWIG, H.: Jugendkultur - ästhetische Praxis in der Pubertät. Reinbek 1980.

HEBDIGE, D.: Subculture: The Meaning of Style. London 1979

HECKMANN, W.: Jugendliche im Taumel vom Suchen zum Fliehen. Drogenabhängige und ihre ‘Szene’, in: Schlicht, U. (s. dort) S. 165ff

HEIDER, U.: Schülerprotest in der Bundesrepublik Deutschland. Frankfurt/M. 1984

HEIN, P.-P. (Hg.): Künstliche Paradiese der Jugend. Zur Geschichte und Gegenwart ästhetischer Subkultur. Münster 1984

HEITMEYER, W./OLK, TH. (Hg.): Individualisierung von Jugend. Gesellschaftliche Prozesse, subjektive Verarbeitungsformen, jugendpolitische Konsequenzen. Weinheim/München 1990

HEITMEYER, W./PETER, J.-I.: Jugendliche Fußballfans. Soziale und politische Orientierungen, Gesellungsformen, Gewalt. Weinheim 1988

HEITMEYER, W. u.a.: Die Bielefelder Rechtsextremismus-Studie. 1. Langzeituntersuchung zur politischen Sozialisation männlicher Jugendlicher. Weinheim/München 1992

HELLER, A.: Der Mensch der Renaissance. Frankfurt/M. 1956

HELLFELD, M. v.: Edelweißpiraten in Köln. Köln 1983

HELSPER, W. (Hg.): Jugend zwischen Moderne und Postmoderne. Opladen 1991

HENNE, H.: Jugend und ihre Sprache. Darstellung, Materialien. Berlin 1986

HERRMANN, U.: Die Jugendkulturbewegung, Der Kampf um die höhere Schule, in: Koebner; Th. (Hg.) (s. dort), S. 224ff

HILGENBERG, D./SCHLICHT, Ü.: Utopie an der Wand. Was denken Hausbesetzer in Berlin? Eine Auswertung von 57 Interviews, in: Schlicht, U. (s. dort), S. 80ff)

HOFFMANN-AXTHELM, D.: Sinnesarbeit. Nachdenken über Wahrnehmung. Frankfurt/M. 1987

HOFFMANN, R.: Rockstory. Drei Jahrzehnte Rock & Pop Music von Presley bis Punk. Frankfurt/M. 1981

HORNSTEIN, W.: Neue soziale Bewegungen und Pädagogik. Zur Ortsbestimmung der Erziehungs- und Bildungsproblematik in der Gegenwart, in: Zeitschrift für Pädagogik, 30. Jg., Heft 2, 1984, S. 147ff

HORX, M.: Das Ende der Alternativen. München 1985

HUNFELD, E/DREGER, TH.: Magische Zeiten. Jugendliche und Okkultismus. Weinheim 1990

ILLICH, I.: Entschulung der Gesellschaft. München 1972

ISENBART, J.: Am Ball und im Milieu, in: MEDIASPECTRUM 1995, 3, S. 42 ff.

JAHODA, M./WARREN, N.: The Myth of Youth, in: Psychology of Education, Vol. 18, 1935, S. 31ff

JAKOB, G.: Agit-Pop. Schwarze Musik und weiße Hörer. Berlin 1993

JAMESON, F.: Postmodernism. Or the Cultural Logic of Late Capitalism. Durham 1991

JANKE, K./NIEHUES, ST.: Echt abgedreht. Die Jugend der 90er Jahre. München 1994

JANZ, R.-P.: Die Faszination der Jugend durch Rituale und sakrale Symbole. Mit Anmerkungen zu Fidus, Hesse, Hoff-

mannsthal und George, in: Koebner; Th. (Hg.) (s. dort), S. 310ff
JARMAN, E: Youth Subcultures in Britain 1950-1981, in: Englisch Amerikanische Studien, Zeitschrift für Unterricht, Wissenschaft und Politik, 4, 1982, S. 21 ff
JASPER, T.: British Record Charts 1955-1979. London 1979
JACOBSEN, G./STALLMANN, M./SKIBA, E.G.: Jugend und Alkohol. Ergebnisse einer Befragung Berliner Jugendlicher zum Alkoholkonsum. Berlin 1987
JANUSCHEK, F/SCHLOBINSKI, P. (Hg.): Thema „Jugendsprache“. Osnabrücker Beiträge zur Sprachtheorie 41. Verlags- und Bestellanschrift: Redaktion OBST, Gotenstraße 26, 2900 Oldenburg
JOHNSON, H./PINES, J.: Reggae. Deep Roots Music. New York/London 1982
JOHNSTONE, C.: The adolescent society. New York 1961
JÜTTEMANN, G. (Hg.): Die Geschichtlichkeit des Seelischen. Weinheim 1986
KAISER, R.Ü.: Rock-Zeit. Stars, Geschäft und Geschichte der neuen Pop-Musik. Düsseldorf 1972
KAUSCH, M.: Kulturindustrie und Populärku1tur. Frankfurt/M. 1989
KLEINSPEHN, T.: Der flüchtige Blickpunkt. Sehen und Identität in der Kultur der Neuzeit. Reinbek 1989
KLEWES, J.: Retroaktive Sozialisation. Einflüsse Jugendlicher auf ihre Eltern. Weinheim 1983
KLIPPEL, H./WINKLER, H.: Der Star das Muster; in: Schock und Schöpfung (s. dort), S. 75ff
KNIGHT, N.: Skinheads. London 1982
KOEBNER, TH. (Hg.): Mit uns zieht die neue Zeit. Frankfurt 1985
KÖNIG, R.: Die Familie der Gegenwart, München 1983
KÖPFNER, M.O.C./GARMS, TH.: Neue deutsche Welle. Kunst oder Mode? Frankfurt/M. 1984
KOHUT, H.: Narzißmus, eine Theorie der Behandlung narzißtischer Persönlichkeitsstörung, Frankfurt/M. 1973
KRAUS, W.: Die stillen Revolutionäre. Umrisse einer Gesellschaft von Morgen, Wien 1970
KRAUSHAAR, E.: Rote Lippen. Die ganze Welt des deutschen Schlagers. Hamburg 1983
KREUZER, A.: Jugend, Drogen, Kriminalität. Neuwied/Darmstadt 1983
KRONE, R./WIEGEND, W.: „Die revolutionäre Ästhetik Andy Warhols“. Darmstadt 1972

KRÜGER, H.-H. (Hg.): „Die Elvis-Tolle, die hatte ich mir unauffällig wachsen lassen". Lebensgeschichte und jugendliche Alltagskultur in den fünfziger Jahren. Opladen 1985

KRÜGER, H.H. (Hg.): Handbuch der Jugendforschung. Opladen 1988

LAERMANN' K.: Der Skandal um den Anfang. Ein Versuch jugendlicher Gegenöffentlichkeit im Kaiserreich, in: Th. Koebner (Hg.) (s. dort), S. 360ff

LAMY, PH./LEWIN, J.: Punk and middle-class values. A content analysis, in: Youth & Society. Vol. 17, No. 2, 1985, S. 157ff

LANGE, E.: Jugendkonsum. Empirische Untersuchungen über Konsummuster; Freizeitverhalten und soziale Milieus bei Jugendlichen in der Bundesrepublik Deutschland. Opladen 1991

LAU, TH.: „... und wir machen Euch fertig". Notizen zur neuen Härte - das Beispiel Kelly Family, in: SPoKK (Hg.): Kursbuch Jugendkultur. JugendK. Stile, Szenen und Identitäten vor der Jahrtausendwende. Mannheim 1997, S. 228 ff.

LECKE, D.: Jugendliche Selbstinszenierung in der Provinz, in: Schock und Schöpfung (s. dort), S. 109ff

LENZ, K.: Die vielen Gesichter der Jugend. Jugendliche Handlungstypen in biographischen Portraits. Frankfurt/M./New York 1988

LENZ, R.: Der neue Typ, in: Gehret, J.v.: Gegenkultur heute. Amsterdam 1979

LENZEN, D.: Mythologie der Kindheit. Reinbek 1985

LESSING, H./LIEBEL, M.: Die „wilden Cliquen" in den 20er Jahren, in: W. Breyvogel (Hg.): Zur Geschichte und Theorie des Jugendprotests. Essen 1983

LESSING, H./LIEBEL' M.: Wilde Cliquen. Bensheim 1981

LESSING, H. u.a.: Lebenszeichen der Jugend. Kultur; Beziehung und Lebensbewältigung im Jugendalter. Weinheim/München 1986

LEWIS, G.H.: The Sociology of popular culture. In: Current Sociology' 26 Jg. 26, 3, 1978

LINDEMANN, C./PEINHARDT, I.: Punks' in: Peinhardt, I. u.a. (Hg.) (s. dort), S. 205ff

LINDEMANN, C./MALTER, W./PEINHARDT, I./WALPOT, L.: Jugendkneipen - ein Vergleich, in: Peinhardt, I. u.a. (Hg.) (s. dort), S. 87ff

LINDENBERG, Ü.: Rock'n'Roll und Rebellion. Frankfurt/M. 1981

LINDNER, R.: Punk. Frankfurt/M. 1978

LINDNER, R.: Teenager - ein amerikanischer Traum, in: Schock und Schöpfung (s. dort), S. 278ff

LINSE, Ü.: „Geschlechtsnot der Jugend". Über Jugendbewegung und Sexualität, in: Koebner; Th. (Hg.) (s. dort), S. 245ff

LIPKEN,l R.: Rocker in den USA. A Brotherhood of Outlaws. Mannheim/Heidelberg 1983

LÜBBE, H.: Legitimationsschwäche und Jugendbewegung, in: Merkur; Deutsche Zeitschrift für europäisches Denken, 28. Jg., Heft 11, 1974, S. 1005ff

LYND, R. 5.: Middletown, a study in American culture. New York 1929

LYOTARD, J.-F.: Das Patchwork der Minderheiten. Berlin 1977

KÜHN, K.-D.: Null Bock oder Mut zur Zukunft? Jugendliche in der Bundesrepublik. Hamburg 1981

MABEY, R.: The Pop Process. London 1969

MANRIQUE, M.: Marginalisierung und Militanz: Jugendliche Bewegungsmilieus im Aufruhr. Frankfurt/M. 1992

MARCUS, G.: Mystery Train. London 1977

MARSH, P./ROSSER, E./HARRE, R.: The Rules of Disorder. London 1978

MAY, M.: Provokation Punk. Versuche einer Neufassung des Stilbegriffs in der Jugendforschung. Frankfurt/M. 1987

MEAD, M.: Der Konflikt der Generationen. Jugend ohne Vorbild, Freiburg 1971 (Originalausgabe: 1970)

MELLY, G.: Revolt into Style. Harmondsworth 1972

MICHEL, K. M.: Ikarus. Über das Verhältnis von Jugendkultur und Offizialkultur; in: Schock und Schöpfung (s. dort), S. 12ff

MITCHEL, W.J.: Die neue Ökonomie der Präsenz, in: Münker St./Roessler, A. (Hg.): Mythos Internet. Frankfurt/Main 1997, S. 15 ff.

MITTERAUER, M.: Sozialgeschichte der Jugend. Frankfurt 1986

MOGGE, W.: Wandervogel, Freideutsche Jugend und Bünde. Zum Jugendbild der bürgerlichen Jugendbewegung, in: Koebner; Th. (Hg.) (s. dort), S. 174ff

MOLLENHAUER, K.: Vergessene Zusammenhänge. Über Kultur und Erziehung. Weinheim/München 19832

MÜNKER, ST./ROESSLER, A. (Hg.): Mythos Internet. Frankfurt/Main 1997

MÜLLER, H.: Edelweißpiraten. Dortmund 1984

MÜLLER, S. (Hg.): Graffiti. Tätowierte Wände, Bielefeld 1985

MÜLLER, W. (Hg.): Geniale Dilettanten. Berlin 1983

MÜLLER-ROLLI, S. (Hg.): Kulturpädagogik und Kulturarbeit. Grundlagen, Praxisfelder; Ausbildung. Weinheim 1988

MURDOCK, G./McCRON: Consciousness of Class and Consciousness of Generation, in: Hall/Jefferson (s. dort), S. 199ff
NACHTIGALLER, R.: Phantasie und Symbolik in Michael Jacksons Video-Clip „Thriller“, in: Medien und Erziehung, 29. Jg., 5, 1989
NACHTWEY, R.: Pflege, Wildwuchs, Bricolage. Ästhetisch-kulturelle Jugendarbeit. Opladen 1987
NACHTWEY, R.: Piranhas, AC/DC und die Hölle. Eine Entdekkungsreise in die Bilderwelt einer Jugendclique, in: Peinhardt, I. u.a. (s. dort), S. 57ff
NAUMANN, M./PENTH, B. (Hg.): Living in a Rock'n'Roll Fantasy. Ästhetik und Kommunikation 1979
NOLTEERNSTING, E.: Die neue Musikszene: Von Techno bis Crossover, in: D. Baacke: Handbuch Jugend und Musik, Opladen 1997, S. 275-292
OECHSLE, M.: Von der Selbstverleugnung zur Selbstverwirklichung - ein neues kulturelles Modell. In: M. du Bois-Reymond/M. Oechsle (Hg.) (s. dort), S.155-173
OSTERWOLD, T.: Zum Verhältnis künstlerischer Produktion und Subkultur; in: Schock und Schöpfung (s. dort) S. 48ff
OTTO, H.-U./MERTEN, R.(Hg.): Rechtsradikale Gewalt im vereinten Deutschland. Jugend im gesellschaftlichen Umbruch. Opladen 1993
OWENS, J.: Dread: The Raster Farians of Jamaica. London 1979
PAETEL, K.-O. (Hg.): Beat. Eine Anthologie, Reinbek 1962
PEINHARDT, I./SPARSCHUH, U.u.a.: Thesen/Perspektiven, in: dies.: Einblicke - Jugendkultur in Beispielen (s. dort), S. 248ff. Baden-Baden 1983
PERPEET, W.: Kultur; Kulturphilosophie, in: Ritter; J./Gründer; K. (Hg.): Historisches Wörterbuch der Philosophie, Bd. 4. Darmstadt 1976, S. 1309ff
PEUKERT, D.: Die Edelweißpiraten. Protestbewegungen jugendlicher Arbeiter im Dritten Reich. Eine Dokumentation. Köln 1980
PLAUMANN, K. (Hg.): The beatage. Frankfurt/M. 1978
RASCHKE, J.: Soziale Bewegungen. Ein historisch-systematischer Grundriß. Frankfurt 1985
REDHART, ST.: The End-of-the-Century Party. Youth and Popitowards 2000. Manchester/New York 1990
REICH, CH.: Die Welt wird jung. The Greening of America. Der gewaltlose Aufstand der neuen Generation. Wien 1971 (Originalausgabe: 1970)
REICHERT, C.L. (Hg.): Fans, Gangs, Bands. Reinbek 1981

REIMITZ, M.: Punk-Räume, in: Schock und Schöpfung (s. dort), S. 130ff

REULECKE, J.: Jugend - Entdeckung oder Erfindung? Zum Jugendbegriff vom Ende des 19. Jahrhunderts bis heute, in: Schock und Schöpfung (s. dort), S. 21 ff

RIEWOLDT, 0.: Jugendkultur und Boheme, in: Schock und Schöpfung (s. dort), S. 68

ROSE, E.: Die Ästhetik von Techno, in: techno, S. 162-169

ROSENBAUM, H.: Familie als Gegenstruktur zur Gesellschaft. Stuttgart 1978

ROSENMAYR, L.: Hauptgebiete der Jugendsoziologie, in: König, R. (Hg.): Handbuch der empirischen Sozialforschung II, Stuttgart 1969

ROSS, A./ROSE, C. (Hg.): Microphone Friends. Youth Music & Youth Culture. New York/London 1994

ROSZAK, TH.: Gegenkultur. Düsseldorf- Wien 1971 (Originalausgabe: 1968)

ROTH, G.: „Trotz und Träume". Zwei Jahre Erfahrungen mit Hausbesetzern, in: Schlicht, U. (s. dort), S. 56ff

ROTH, L.: Die Erfindung des Jugendlichen. München 1983

ROTH, R./RUCHT' D. (Hg.): Neue soziale Bewegungen in der Bundesrepublik Deutschland. Frankfurt/M. 1987

SANDBOTHE, M.: Interaktivität/Hyptertextualität/Transversalität. Eine medienphilosophische Analyse des Internet, in: Münker, St./Roessler, A.: Mythos Internet. Frankfurt/Main 1997, S. 56 ff.

SANDER, U.: Das 'Ende der Jugendkulturen' in den 90er Jahren und die Radikalisierung der Pluralisierungsthese, in: W. Ferchhoff/U. Sander/R. Vollbrecht (Hg.): Jugendkulturen - Faszination und Ambivalenz. Einblicke in jugendliche Lebenswelten. Weinheim/München 1995, S. 38 ff.

SCHÄFER, W. (Hg.): Neue soziale Bewegungen: Konservativer Aufbruch im bunten Gewand? Frankfurt/M. 1983

SCHAEFERS, B.: Soziologie des Jugendalters: eine Einführung. Opladen 1984

SCHEIBLE, H.: Wow, das Joghurt ist gut, in: Frankfurter Hefte, November 1972, S. 817ff

SCHEURING, D.: Warum John Travolta recht hatte, in: Schock und Schöpfung (s. dort), S. 153ff

SCHLICHT, U. (Hg.): Trotz und Träume. Jugend lehnt sich auf. Berlin 1982

SCHLUMBOHM, J.: „Traditionelle" Kollektivität und „moderne" Individualität, in: Jüttemann, G. (s. dort), S. 273ff

SCHMIDTCHEN, G.: Sekten und Psychokultur. Reichweite und Attraktivität von Jugendreligionen in der Bundesrepublik Deutschland. Freiburg 1987

SCHMIDT, M. R.: Bob Dylan und die sechziger Jahre. Aufbruch und Abkehr. Frankfurt/M. 1983

SCHMIDT-JOOS, S./GRAVES, B.: Rock-Lexikon, 2 Bde., Reinbek 1990

SCHMUCK, R.: Some Relationships of Peer Linking Patterns in the Classroom to Pupil Attitudes and Achievement, in: School revue 71, 1963

SCHNEIDER, M.: Neurose und Klassenkampf. Reinbek 1973

SCHOCK UND SCHÖPFUNG: Jugendästhetik im 20. Jahrhundert, Hg. von Bucher; W. und Pohl, K. Darmstadt/Neuwied 1986

SCHÖNEICH, J. (Hg.): Sweet Little Sixteen. Jugend in den USA, Reinbek, 1983

SCHRÖDER, H.: Jugend und Modernisierung. Strukturwandel der Jugendphase und Statuspassagen auf dem Weg zum Erwachsensein. Weinheim/München 1995

SCHÜLEIN, J.A.: Von der Studentenrevolte zur Tendenzwende, in: Kursbuch 48, 1977, S. 102ff

SCHULZE, G.: Die Erlebnisgesellschaft. Kultursoziologie der Gegenwart. Frankfurt/Main 1992

SCHWENDTER, R.: Theorie der Subkultur. Frankfurt/M. 1978[3]

SEMMELROTH, E: Jugendliche Subkulturen als soziale Katalysatoren. Ein Forschungsbericht, in: Englisch Amerikanische Studien, Zeitschrift für Unterricht, Wissenschaft und Politik, 4, 1/2, 1982, S. 43ff

SHAW, A.: Rock'n'Roll. Die Stars, die Musik und die Mythen der 50er Jahre. Reinbek 1978 (Originalausgabe: 1974)

SHELL STUDIE: Jugendliche und Erwachsene '85, 5 Bde. Herausgegeben vom Jugendwerk der Deutschen Shell. Opladen 1985

SIEPMANN, E./LUSK, J./HOLTFRETER, J.: Bikini: die 50er Jahre. Berlin 1981

SONTAG, S.: Anmerkungen zu 'Camp', in: Kunst und Antikunst, Reinbek 1968, S. 269ff

SIMON, T.: Rocker in der Bundesrepublik. Weinheim 1989

SINUS-INSTITUT: Die verunsicherte Generation. Jugend und Wertewandel. Opladen 1983

SINUS-INSTITUT: Jugend privat. Verwöhnt? Bindungslos? Hedonistisch? Opladen 1985

SIPILA, J.: Community Structure and deviant behavior among adolescents, in: Youth & Society, Vol. 16,4, 1985' S. 471ff

SPENGLER, P.: Rockmusik und Jugend. Bedeutung und Funktion einer Musikkultur für die Identitätssuche im Jugendalter. Frankfurt/M. 1985[2]

SPoKK (Hg.): Kursbuch Jugendkultur. JugendK. Stile, Szenen und Identitäten vor der Jahrtausendwende. Mannheim 1997 (Bollmann-Verlag)

STARK, J./KURZAWA, M.: Der große Schwindel? Punk - New Wave - Neue Welle. Frankfurt/M. 1981

STEIN, G.: Dandy - Snob - Flaneur. Exzentrik und Dekadenz. Kulturfiguren und Sozialcharaktere des 19. und 20. Jahrhunderts. Band 2. Frankfurt/M. 1985

STEFFEN, CHR.: Das Rave-Phänomen, in: techno, S. 176-183

STOCK, M./MÜHLBERG, P.: Die Szene von innen. Skinheads, Grufties, Heavy Metals, Punks. Berlin 1990

TENBRUCK, H.: Jugend und Gesellschaft. Soziologische Perspektiven, Freiburg 1962.1965[2]

TERHAG, J.: Populäre Musik und Jugendkulturen. Über die Möglichkeiten und Grenzen der Musikpädagogik. Regensburg 1989

THIESSEN, R.: lt's only Rock'n'Roll but I like it: zu Kult und Mythos einer Protestbewegung. Berlin 1981

THOLE' W.: Familie, Szene, Jugendhaus: Alltag und Subjektivität einer Jugendclique. Opladen 1991

THOMPSON, H.: Hell's Angels. Harmondsworth 1967

THORNTON, S.: Club Cultures. Music, Media and Subcultural Capital. Oxford 1995

TOOP, D.: Rap Attack. African Rap to Global Hip-Hop. London/New York 1991 (erweiterte Neuausgabe)

TOOP, D.: Ocean of Sound. Aether Talk, Ambient Sound and Imaginery Worlds. London/New York 1995

TRAUERNICHT, G.: Ausreißerinnen und Trebegängerinnen. Münster 1989

TYTELL, J.: Propheten der Apokalypse. William Burroughs, Jack Kerouac, Allen Ginsberg, Wien 1979 (Originalausgabe: 1976 unter dem Titel „Naked Angels“)

VAN DELDEN, G.: „Jugendreligion“. Neue Religiösität oder Keimzellen neuer Gewalt? Frankfurt/M. 1988

VOGELGESANG, W.: Jugendliche Video-Cliquen: Action und Horrorvideos als Kristallisationspunkte einer neuen Fankultur. Opladen 1991

VOLLBRECHT' R.: Ost-Westdeutsche Widersprüche. Biographische Transformationen ostdeutscher Jugendlicher und jugendlicher Übersiedler unter soziokulturellem Anpassungsdruck. Habilitationsschrift an der Fakultät für Pädagogik der Universität Bielefeld 1992

VON BÜHLER, J.-Chr.: Die gesellschaftliche Konstruktion des Jugendalters. Zur Entstehung der Jugendforschung am Beginn des 20. Jahrhunderts. Weinheim 1990

WARHOL, A.: „a". Köln 1972

WEISS, W.W.: Musik ist mehr als nur Musik. Ergebnisse einer Untersuchung über Jugendkultur und Musik, in: Wehling, H.-G. (Hg.): Jugend, Jugendprobleme, Jugendprotest. Stuttgart 1982

WELSCH, W.: Unsere postmoderne Moderne. Weinheim 1987

WELTANSCHAUUNG MIT NIETEN UND DOPPELTEN NÄHTEN. Gespräch mit einem leitenden Mitarbeiter der Marketing-Abteilung der Firma Lewis/Deutschland, in: Schock und Schöpfung (s. dort), S. 181f

WIECHELL, D.: Pop-Musik. Analysen und Interpretationen. Köln 1974

WILLIAMS, R.: Television: technology and cultural form. Glasgow 1978

WILLIS, P.: Jugend-Stile. Zur Ästhetik der gemeinsamen Kultur. Hamburg/Berlin 1991 (englische Ausgabe Milton Keynes 1990)

WILLIS, P.: Profane Culture. Rocker; Hippies: Subversive Stile der Jugendkultur. Frankfurt/M. 1981 (englische Fassung: London 1978)

WILLIS, P.: Spaß am Widerstand. Gegenkultur in der Arbeiterschule. Frankfurt/M. 1979 (Die englische Fassung hat den Titel: The Learning to labour. How we working class keeps get working class drops. Erschienen London 1979)

WINTER, R.: Medien und Fans, in: SPoKK (Hg.): Kursbuch Jugendkultur. Jugend, Stile, Szenen und Identitäten vor der Jahrtausendwende. Mannheim 1997, S. 40 ff.

WIRTH, H.-J.: Die Schärfung der Sinne. Jugendprotest als persönliche und kulturelle Chance. Frankfurt/M. 1984

ZIEHE, TH.: Pubertät und Narzißmus. Frankfurt/M. 1975

ZIEHE, TH.: Die gegenwärtige Motivationskrise Jugendlicher; in: Gewerkschaftliche Monatshefte Nr. 6, 1980, S. 369ff

ZIEHE, TH.: Jugendlichkeit und Körperbilder; in: Schock und Schöpfung (s. dort), S. 17ff

ZIEHE, TH.: Zeit-Vergleiche. Jugend in kulturellen Modernisierungen. Weinheim 1991

ZIMMER, J.: Flucht oder Widerstand: Zur sozialwissenschaftlichen Mühe mit den jugendlichen Subkulturen, in: Englisch

Amerikanische Studien, Zeitschrift für Unterricht, Wissenschaft und Politik, 4, 1/2, 1982, S. 33ff
ZIMMERMANN, P.: Rock'n'Roller; Beats und Punks. Rockgeschichte und Sozialisation. Essen 1984
ZINNECKER, J.: Jugendkultur 1940-1985. Opladen 1987

Register

ABBA 257
Abenteuer 169
AC/DC 82, 95, 174f
Accessoires 225
Action(-) 30, 37ff, 41, 47, 84f, 158
Action-Helden 38
Action-Szene(n) 14, 27f, 28ff, 34f, 40f, 46, 179ff, 182
affektiv 47
Affirmation 216, 222, 223
Afrobeat 226
Aggression 192
Aggressions-Spiele 150
aggressiv(e, er) 32f, 34, 47
Aggressivität 149
Aids- 117, 124, 245
Aids-Hysterie 216
akustische Gitarre 224
Alan Freed 56, 69
Alkohol 255, 263
alkoholabhängig 207
Allen Ginsberg 51, 53, 76f
Alltag 154, 214
Alltag von Psychologismen 217
Alltäglichkeit 111
Alltagsflip(s) 28, 175
Alltagskultur 203f
Alphaville 286
Altamount Rockfestival 58f
alternativ(e, er) 23f, 46, 59f, 188
alternative Lebensformen 178f
alternative Netzwerke 134f
Alternativen 30, 90
alternativer Lebensstil 25
Alternativ-Kultur 23, 131f
Alternativ-Szene(n) 24f, 133, 207, 265
altersheterogene Gruppen 126
altershomogene Gruppen 127f
american way of life 100
amerikanische Punks 76
Amerikanisierung 49ff
Anarchie 38
Anarchismus 30
androgyn(e) 75, 103, 105, 160
Andy Warhol 76f, 101f, 220f
Angst 53, 109, 230
Ängste 217
Animals 73f
Antifaschist 195
APO-Generation 250
Apellfunktion 209ff
Arbeit(en) 25, 34, 37f, 39, 77, 126, 153ff, 169
Arbeiter 68, 74
Arbeiterbewegung 49
Arbeiter-Jugendkultur(en) 158, 181f
Arbeiterjugendliche 28f, 36, 70, 72, 150f
Arbeiterklasse 39, 70, 153
Arbeiterkulturen 180f
Arbeitermilieu 28
Arbeiterquartiere 180
Arbeiterschaft 180
Arbeitersubkultur(en) 14, 152f, 188
Arbeitsgesellschaft 123, 212
Arbeitsleben 136
Arbeitslose 22f, 171f
Arbeitslosigkeit 119
Arbeitsplatz 38
Arbeitssektor 269
Arbeitswelt 126, 269f
Aretha Franklin 91
asexuell 237f
Ästhetik 152f, 177, 192, 210f, 222

ästhetische(s) 111, 119, 158f, 197, 202, 206, 274, 279
Ästhetisierung 199f, 258
Attraktivität 13f
Ausbildung(s-) 14f, 16, 127
Ausdrucksfunktion 209ff
Ausländer 39
Ausländerfeindlichkeit 33
außerpädagogische 276f
außerschulisch 276ff
Autobiographien 258ff
Autonomie 16, 268ff
Autorität 200
Autoritätsausübung des Vaters 257f
Avantgarde 251, 262
Azubis 171f

Bands 92
Bay City Rollers 10, 186
Beach Boys 9
Beat 51f
Beat Generation 51ff, 91, 112, 266f
Beatlemania 99
Beatles(-) 50, 59, 98f, 194
Beatnik(-, s) 51ff, 68, 76, 93, 146, 178, 187, 205, 242
Benno Ohnesorg 21
Benny Goodmann 50
Berkeley 21, 61, 65, 68
Berufschancen 233f
Bewußtseinsindustrie 62
Bewußtseinstypen 64f
Beziehungsleistung 254, 258
Big Brother 68
Bildung 260, 273f
Bildungsmilieu 29
Bildungsniveau 29f, 43f
Bildungssystem 143, 145, 169, 233f
Bill Haley 50, 55, 194
Black Cinema 103
Black Sabbath 35, 93f
Blousons Noirs 32
Bo Diddley 57
Bob Dylan 21, 50, 68, 209, 286
Bodybuilding 225
Boogy-Woogy 10
Boutiquen 48, 74f
Boygroup(-, s) 10, 184f, 187
boys 16
Bravo 12, 225, 245
Breake Dance 69
Brian Jones 61
Bricolage(-, n) 77, 93, 108, 112f, 160, 200, 206ff, 215, 218ff, 244, 258, 265, 281f
britische Punks 76
Bruce Springsteen 160
Bürgerinitiativen 201
bürgerlich 141f
bürgerliche Jugendbewegung 147, 205, 238
bürgerliche Kultur 157f
Bürgerrechtsbewegung 18
Bürgertum 229, 266

Camp 266f
Camp-Geschmack 267
Carlos Castaneda 60
Carpenters 91
CD 196
Charakter 38
Charles Reich 63
Charts 56
Chris Howland 49
Chuck Berry 57
Cindy Lauper 241
Cliff Richard 51, 98, 103f
Clique(n) 17, 207f
Cogito-Identität 266
Comedy- 197
Comic 158
coming-out 49f
'common culture' 153
Computer(-) 147, 206, 212f, 263, 269f

Computerkids 248
Conny Froboess 59
Consumer-Internet 213
cool 39
Coolness 73, 210, 240, 256
Cornelia Froboess 9
Country Joe and the Fish 68
Cyberdiskurs 214f
Cyberspace 123f

Dada 205
Dallesandro 104
dancehalls 174
Dancefloor- 118
Dandies 73
Dandy 71, 94
Dandy-Stil 82f
David Bowie 93, 104, 172, 194, 243
David Cassidy 10
Deep Purple 35
demokratische 199
Demokratisierung 158
Demonstration(en) 22, 30, 177f, 226
Derek Jarmans 216
Deutsch-Ameikanische Freundschaft 194, 225
'Der Wilde' 32
Die Doofen 196
Die Grünen 26
Die wilden Engel 35
Discjockey(s) 56, 68ff, 112f
Disco(-, s) 113, 115ff, 118f, 157, 173, 210
Discoboom 104
Discogängerinnen 84
Discogesang 226
Disco-Kids 42
Discomusik 115f
Disco-Szene 98, 211
Discotänzer 118
Discotheken 48, 68ff, 174
Distanzierungstechniken 281f
DJ(s) 115ff, 206
Donna Summer 115
Donovan 21
Dritte-Welt-Initiativen 27f
Drogen(-) 54, 60, 176f, 207, 255, 263, 274
Drogenerfahrungen 22, 90
Drogenkonsum 117
Duran Duran 94f
Dusty Springfield 71
Dylan 187

Easy Rider 35
Ecstasy-Fans 42
Edelweißpiraten 31f, 180ff
Education Highway 213
Edwardian Style 71, 265
Ehe 237f
Eigensinn 153, 216f
Eigenwillen 111
Einstürzende Neubauten 109
Ekstase 200
Ekstase-Kultur 121
Eldridge Cleaver 57f
elektrische Gitarre 224
Elite 188
Elitekultur 157, 159
Elitetheorie 66f
Eltern 15f, 19, 77, 90, 117, 188, 207, 233, 238, 247f, 278f
Elterngeneration 245f
Elternhaus 13f, 40, 60, 232, 275
Elvis Presley 9, 49f, 57f, 82, 103f, 194, 244
E-Mail(s) 186, 198, 213f
Emanzipation 44, 117
emanzipatorisch 25
emotional(e) 15, 127f
Engagement 21f, 122, 194f, 200, 216f, 247f, 258, 270
Engelbert Humperdinck 91
Entertainment Highway 213f
Erlebnisgesellschaften 135ff
Erlebniswelt 46

Erotik 124, 273
erotische(s) 46, 103, 141, 238, 240
Erwachsene(n, n-) 131, 212, 227f, 255, 262
Erziehung 273f
Erziehungsstile 279f
Erziehungsverhältnis 278ff
Establishment 131f, 191
ethnische Minderheiten 186
ethnischer 226
Ethnizität 81
ethnologischer 214
ethnologischer Diskurs 210
Ethnomethodologie 194f
Exosystem 165ff
Extrabreit 78
Ezra Pound 54

Fahrt(en) 181f, 187
Falke 17
Familie(n, n-) 11f, 15f, 19, 29f, 45, 48, 78, 109, 119, 127, 136, 142, 166, 240ff, 246, 249, 263, 278f, 282
Familienautoritarismus 11f
Familienautorität 15
Familienherkunft 29f
Fan(s) 33, 70ff, 183ff, 197
Fanclubs 17
Fan-Ereignis 187
Fan-Gruppen 183
Fankultur(en) 84f, 185f
Fan-Szene(n) 84, 183ff
Fanzines 79, 98, 186f
Faschismus 114, 120f, 199
faschistische 200, 218
Faszination 130, 210
Fats Domino 57
feeling 67f
Fernsehen 90, 97, 147, 212, 214, 282
Fernsehserien 183f
Film(e) 107f, 171f, 182, 199, 222f
Flip171f
Folk 99
Folksongs 54
Four-Letter-Words 196f
Frank Sinatra 98
Frank Zappa 50, 68, 91
Frauen 22f, 178, 235
Freizeit(-) 31, 37f, 40, 44, 55, 78, 126, 136, 169, 248, 269, 278, 284
Freizeitgesellschaft 212
Freizeitkultur 122, 128f, 171, 270f
Freizeitmarkt 270f
Freizeitorte 276
Freizeitpräferenzen 140
Fremdenfeindlichkeit 27
Freundlichkeit 209ff
Freundschaft 17
Friedensbewegung 22, 145
Fritz Teufel 191
Funk 113, 115, 118
Fürsorge 229
Fußballfans 33, 42, 83f, 97, 183

Gammler 24, 176
Gangs 182
Gary Glitter 104
Gary Snyder 60
gegenkulturelle Milieus 47f
Gegenöffentlichkeit 144, 178f
(-)Generation(n, n-) 18ff, 36, 53f, 111f, 213, 230, 246, 248f, 278ff
Generationenverhältnis 245ff, 281ff
Gen-Technologie- und Kernkraftgegner 27
Geschlechtsverkehr 117
Geschlechtszugehörigkeit 43f
Geschmack(s-) 105, 153, 159, 184, 196, 247f, 267

Geselligkeit 144
gestischer 218, 225, 284
(-)Gewalt 30, 37, 39, 94
Gewalttätigkeit 182
Gewerkschaftsjugend 17
„Gib Gas, ich will Spaß“ 104
girls 16
Glam-Rock 93, 95, 194, 199, 202, 210, 244
Gleichaltrige 12, 16, 249
Gleichgültigkeit 27
Glenn Miller 50
Globalisierung 119f
Globalisierungsprozesse 215
Glück 251
Graffiti(-) 176, 206
Graffiti-Sprayer 42
Greateful Dead 68
Greenpeace 40
Gregory Corso 54
Gruftie-Kulturen 42
Gruftie-Mädchen 87
Grufties 85ff
Gruftie-Szene 208
grüne Bewegung 60
Gruppe(n) 175f, 183, 214, 219
Gruppenarbeit 277
Gustav Wyneken 230
Gymnasiast(en) 144, 231, 232

Halbstarke 30f, 32f, 90, 130f
Halbstarkenkrawalle 32f, 50
happening 199
Harald Schmidt 196
Harley Davidson 37, 58
Hauptschulabschluß 44
Hauptschüler 28, 33, 129, 139
Hausbesetzer 129
Hausbesetzerbewegung 22
Hausbesetzer-Szene 177
Hausbesetzung 172
Heaven 17, 215f
Heavy-Metal(-) 134, 157, 210
Heavy Metals 85ff
Heavy-Metal-Bands 35
Heavy-Metal-Fans 37, 82f
Heavy-Metal-Music 186
Heavy-Metal-Szene(n) 94f, 241
Hedonismus 41, 121
Hedonisten 211f
hedonistisch(e) 28, 43, 139, 228, 239, 246, 255, 259
hedonistisches Milieu 44, 138f
hegemoniale Kultur 152, 203f
Hegemonial-Kultur 168
Heimat 187ff
Heirat 235ff, 241f
Helge Schneider 196
Hells Angels 35, 37, 58f, 82
Herbert Marcuse 66
Herkunftsfamilie 235, 237
Hilliebillies 134
Hip-Hop 112ff, 118, 122f, 205f
Hippie(s) 24, 54, 59ff, 65, 80, 93, 134, 155, 176, 188, 211, 280
Hippie-Bewegung 60f, 68, 102, 157
Hitlisten 10
(-)Hitparade 56, 98
Hobby- 270f
Holding Company 68
Homosexualität 64
homosexuell(e) 243
Homosexuelle 39, 71, 80, 117, 268
Hooligans 27, 84, 183
Hörfunk 282
Horror 158
Horrorfans 185
Horrorfilme 225
House(-) 116, 118, 119
Hully Gully 74
Human League 94
Hypertextmodell 214

Ich-Konstruktion 253ff, 258ff, 265f
(-)Identität(s-) 16, 25, 149, 150ff, 158, 186, 253ff, 259, 263f, 281f
Identitätsmuster 253ff
Identitätssuche 255
Idole 96ff
Indi-Bands 216
Individualisierung 217, 236, 271
Individualismus 139
Individualität 13f, 146, 219f, 253ff, 260, 264ff, 274f, 285
individuelle 274f
Individuum 260
Industrialisierung 25
Information and Commerce Highway 213f
Informationsgesellschaft 212f
Informationszeitalter 281
Institutionalisierung 165ff, 167f, 169f
institutionell-integrierte Jugendliche 48
Inszenierungstechniken 281f
Intellektualisierung 21f, 89ff
Intellektuelle 114, 178, 221
intellektueller 221
Intensität 170, 185, 200, 243, 267, 274, 284f
Interaktivität 214f
Internet 147, 186, 212f, 214, 284
Interrail-Tickets 188
Intimgruppe 19
Intimität 165ff, 167f, 169f, 284f
Ironie 153
ironisch(e, es) 69, 244, 266, 281f
ironisiert 268
Ivan Illich 63

Jack Kerouac 54
James Dean 50, 54, 100f, 187, 244
Jazz(-) 49, 72, 99, 224, 263
Jazzmusik 53
Jeans 219
Jefferson Air Plane 68
Janis Joplin 91
Jerry Lee Lewis 56
Jimi Hendrix 92, 257
Joan Baez 21
Joe Cocker 91
Joe Dallesandro 101f
Jogging 225
John Lennon 70, 172
John Mayall 74
John Travolta 115
Juden 80, 268
Jugend 18, 142, 147, 148f, 227ff, 231ff, 234f, 236ff, 238ff, 280f
Jugendarbeit 270
Jugendarbeitslosigkeit 246
Jugendbanden 39
Jugendbewegung(en) 131, 141, 187, 209f, 229f, 242
Jugendbiographie(n) 235, 263f
jugendeigene Milieus 47f
Jugendforscher 227f
Jugendforschung 20, 152, 210
Jugendgruppen 11, 28
Jugendheim 175f
Jugendkneipen 171f
Jugendkultur(en) 27f, 29f, 34f, 40ff, 49ff, 55f, 67, 78f, 96, 102, 109f, 120, 125ff, 140, 125ff, 140, 141ff, 145f, 155, 162f, 166, 175f, 185, 187f, 199, 201, 207ff, 210, 215f, 217f, 220f, 223, 224ff, 227, 231f, 235f, 238ff, 241, 242f, 251, 255f, 258, 262, 265f, 268f, 274ff, 276ff, 278ff, 280ff
jugendkulturell(e)196ff, 205, 216
jugendkulturelle Bewegungen 27f, 68, 110f

jugendkulturelle Szenen 284f
jugendkultureller Diskurs 124
Jugendkultur-Szenen 70ff
Jugendliche 13f, 17, 19, 22f, 0, 85f, 97, 100, 104f, 107f, 111f, 140f, 153, 164ff, 167f, 170f, 179ff, 207, 208f, 212, 216, 218, 227ff, 232, 238f, 240, 247, 274, 276f, 278f, 280
Jugendlicher 228f
Jugendlichkeit 225, 255, 280f
Jugend-Mode 240
Jugend-Mythen 240
Jugendphase 263
Jugend-Revolte 228
Jugendsekten 207f
Jugendsprache 224f
Jugendstatus 238f
Jugend-Stile 89f
Jugendszene(n) 40, 188f
Jugendtourismus 17
Jugendverbände 17, 48
Jugendzentrum277f
Jugendzentrumsbewegung 270
junge Generation 247
Jungen 9, 28, 98, 144, 153, 182, 240f, 242
Jungens 181
jungen-typisches Milieu 45
Jüngling 228f
Jünglingsmoratorium 237

Kassettenrekorder 147
Kelly-Fans 197
Kenneth Patchen 54
Kenneth Rexroth 53
Kernkraft-Gegner 23f
Kerouac 187
Kids 16f, 27, 197
Kind(er) 108, 162f, 180, 232, 234, 247, 275
Kino(s) 32, 90, 104, 173
Kino-Kultkultur 105f
Kinomythen 109
Kirchentage 178
kleinbürgerlich 45
kleinbürgerliches Milieu 44f
Kleinbürgertum 131f
Klings 73
Kommerz 171, 231
kommerziell 12
Kommunismus 20
kommunistisch(e) 31, 53
konfigurative 249
Konflikt(e) 232, 241, 248f, 277
Konnexität 165ff, 169ff, 284f
Konsum(-) 17, 48f, 104, 111, 126, 133, 136, 143, 189, 206f, 231, 239, 248, 278
Konsumgesellschaft 46
Konsummuster 43
Kontinuität 254, 258f, 275
Kontrolle(n) 165ff, 168ff, 286
Konzert- 93
Kool Hirc 112f
Körper 37, 123, 154, 214f, 225f
körperliche 225
Körperlichkeit 88, 243
Kraftwerk 94
kriminalisierte 182
Kriminalisierung 36
kriminell(e) 39, 58f
Kriminelle 156
Krise 255
Krisensymptome 27
Kritik 215
kritische Theorie 25
Kult(-) 39, 186
Kultfilme 35f
kultiviert 198ff
Kultsendung 73
Kultserien 217
Kultur(en) 145f, 148f, 157, 160, 198ff, 200f, 201ff, 224f, 251, 284f
Kultur-Begriff 143f, 208f
Kulturbewegung 222
Kulturindustrie 153

Kulturphilosophie 198f
Kulturrevolution 67f
Kulturtheorie 154f
Kunst(-) 205f, 222, 259
Künstler 176

Lad(s) 71, 150f
Landkommunen 177
Lebensformen 22
Lebensgefühl 111f
Lebenslauf 26
Lebensstil(e, -) 22, 44, 136, 139, 151f, 158, 242, 247f, 284f
Lebensstilorientierung 160
Lebenswelt(en) 136f, 162ff
lebensweltliche Authenzität 156
Led Zeppelin 35
Leder(-) 34, 82
Legitimation 201ff
Legitimationsinstanzen 201f
Legitimationsschwund 194
Lehrer 219f, 238, 278f
Lehrling(e, s-) 21f, 30, 220
Lewis Yablonski 61
Little Richard 10, 57
Little Willie 57
lokale Radiosender 56
Lou Reed 104
Louis Armstrong 50
Love-Paraden 215
Love-Parades 122f

Mädchen 9f, 13, 17, 30, 144, 150, 153, 178, 180f, 207, 240, 242, 247
mädchen-typische Milieus 45
Madison 74
Madonna 104, 160, 185f, 216, 241, 283
Mainstream(-) 70, 90f, 95, 115f, 119f, 131, 156, 186f, 215f, 257
Makrosystem 165ff
Manierismus 268, 271
Manieristen 104, 193
manieristische Jugendkulturen 222
manieristische Strömungen 48
Männer- 235
Männerbild 34
Männerbund 242f
männlich(e, er) 51, 86, 91, 186f, 232, 237, 269
Männlichkeit 101, 182
Männlichkeitskult 35
Marilyn Monroe 102, 119
Marlon Brando 32, 54, 100, 219
Marxismus 21
Mashed Potato 74
Massenmedien 12, 147, 236
materialistisches Milieu 44
Medien 21, 40, 73, 89ff, 96ff, 106ff, 111, 112ff, 129f, 131f, 143, 147, 154, 183f, 189, 200, 223ff, 282, 284
Medienereignis 9, 73
Medienkompetenz 283f
Medien-Kritik 98f
medienpädagogischer 282
Medienphänomen 120f
Melody Maker(s) 91, 98
Menschenbild 273f
Menschenrechtsgruppen 27f
Mesosystem 165ff
Metallica 95
Metropolen 173f, 176f, 208, 284f
Michael Jackson 57, 105, 109, 160
Mick Jagger 71, 75, 99, 102f, 104, 244
Mikro-System 165ff
milieugebunden 70
Milieus 44, 73f, 83, 94f, 137f, 191, 207f
Mischpult 118
Mittelschicht 232
mittelschichtorientiert 47

mittelständische Jugend 128f
Mobilität 239, 284f
Mode(-) 17, 48, 71f, 104, 108, 111, 143, 153, 166, 173, 189, 206ff, 218, 220f, 278
Moderne 251
Modernisierung 259
Modetrends 34
Mods 35f, 41, 70ff, 72ff, 134, 177, 265
Montage 107, 283
Montgomery Clift 100
Moral(en) 195, 228, 238, 243, 280
moralisch 190
Moralist 195
Morrison 187
Mothers of Invention 68, 91
Motörhead 35, 82
Motorrad 32, 34, 37, 54, 82
Motorräder 188
Motorradgruppen 58ff
Motor-Scooters 72
Mr. Bean 197
MTV 110, 115
Multimedia(-) 205, 212f
Musicbox 32
musichalls 174
Musik(-) 21, 35, 50, 109, 112f, 128, 173, 274
Musik-Konsum 24
Musikstile 46
Musik-Videos 115
Mütter 212
Mutterbindung 256f
Mythen 104, 219, 230f
mythische 67
Mythologie 123f
Mythos 54, 146, 227ff

Nachbarschaft 30, 162f, 240
Naked Lunch 242
Narziß 264
Narzißmus(-) 104, 218, 265ff
narzißtisch(e) 48, 210
Nationalsozialismus 180f, 242
nationalsozialistisch 31
neofaschistisch 85
Neonazis 27
Netzwerke 16, 23, 135
neue Bewegungen 133
Neue Deutsche Welle (NDW) 78
neue soziale Bewegungen 21f
Neue Linke 155
New Musical Express 91
New Romantic(s) 86, 87, 94
New Waver 157
'Nietenboys' 32
Norbert Brown 66

Oberfläche 206ff, 220f, 223f, 258, 265f, 285f
- oberflächliche 218
offene Jugendbildung 11
Öffentlichkeit 36, 97, 167, 214, 216
Oi-Oi-Musik 81
okkulte Gruppen 27
ökologische Ausschnitte 164ff
ökologische Peripherie 164ff, 174f
ökologischer Nahraum 164ff
ökologisches Zentrum 163ff
Öko-Szene 178
Onanie 237f
Online-Dienste 214
Oper 202, 267
Optionen 255, 266
Optionenvielfalt 108, 211f, 257f, 275f
organisierte Gruppen 17
Osmonds 10
Ossi Osbourne 35
ostdeutsche Jugendszenen 89f
outfit 104f, 197, 212, 218f, 223f, 226, 274

Pädagogen 24f, 47, 49, 90, 117, 141, 143, 160, 209, 262, 277f, 279f
(-)Pädagogik 19, 273ff, 276ff, 284ff, 286
pädagogisch(e, er, es, -) 14, 48, 143, 208, 229, 230, 231, 255, 257, 270, 282, 284
Pakistani 80, 150
Parties 12
Pat Boone 58, 98
pathologisch 12
Pathologisierung 257
Paul Goodman 66
Paul Morissey 101f
Peer-Group(s) 9ff, 13f, 20, 46, 128, 131, 246, 249, 254, 278f
Peers 14ff, 166, 263, 274
Perry Como 91
Personalcomputer 214
personale Mythen 99ff
persönliches Ich 260f, 262
Pet Shop Boys 216
Pete Townshend 73
Peter Kraus 9, 59, 172
Pfadfinder 17
Pflasterstrand 23
Phil Spector 224
'Platten-Brüder' 32
Pluralisierung 147, 216f, 258
Pluralisierungsprozesse 137f
Politik 19, 26, 85
(-)politisch(e) 20, 26, 191, 194, 200
politisches Interesse 20
Pop 90f, 202, 215f, 224
Pop- und Rockmusik 17
Pop-Art 221f
Popfans 183
Pop-Kultur 115f
Pop-Musik 131
Popmusik-Genre 55
Pop-Mythos 221f
Popular-Culture 50f
-pornographische 192
pornographischer 186f
Pornographisches 194
postadoleszent(e) 146, 242
Postadoleszente 24, 178
postadoleszente Jugendkultur 51ff
Postadoleszenz 29, 62, 233f
postauratische 199
postfigurative 249
postkonventionelle 217ff
postmaterialistisches Milieu 44f
postmodern(e, er) 40, 147, 183f, 214
Postmoderne 154f
postmoderne Deutungsmuster 160
postmoderner Diskurs 211f
präfigurativ(e, er, es) 250, 251, 253, 258
Prince 57, 105
private Sphäre 175f
Problem 262
Problemgruppe 255
Prognosen 29
'Progressiver Rock' 91
Projekte 23f
Proletariat 203, 217
Proletarierjugend 229
proletarisch 82
proletarische Jugendkultur(en) 31, 148ff
Prostituierte 117
Prostitution 33, 114, 117, 145, 207
Protest 160, 219
Protestbewegung(en) 18ff, 23f, 39, 40f, 46, 49ff, 140, 168, 177ff, 190, 207
Protestgeneration(en) 21, 280
Protestkultur 23
Protestpotential 27
Provinz 170f, 174
Provokation 77, 97, 115, 194, 221f

Psychologisierung 232f
Psychotherapie 266
Pubertät 217, 262
Public Enemy 113f
Punk(-) 159f, 173, 192, 197f, 210, 275
Punker 39, 42, 129, 275
Punk-Fanzines 77
Punk-Mentalität 77
Punk-Mode 77f
Punk-Provokation 194f
Punk-Räume 175f
Punks 28, 34, 70ff, 75ff, 80, 85ff, 118, 134, 175f, 205, 266
Punk-Szene 76f

Radio(-) 32, 55, 90, 212, 214
Radio Caroline 98
Radio Luxemburg 69
Rap(-) 112ff, 160
Rap-Bewegung 112f
Rapper 42, 205f, 241
Rassismus 114
Rassisten 150
Rave- 197
Raven 119ff
raven 121f
(-)Raver 121f, 275
Ray Charles 57, 91
„Ready, Steady, Go“ 73, 205
Recherche-Ich 261f, 285
Rechtsextremismus 26
re-education 11
Regeln 204
Regelverletzung(en) 189ff, 207, 210, 296
Reggae 69, 81
Reise 188
Relativierungsleistung 254, 258
Religiosität 121
Remix 116
Repräsentanz-Ich 259
republikanische Clubs 21, 179
Resistenz 217
Revivals 72
Revolte 238, 250
Rhythm & Blues 57, 69
Risiko 254, 274
(-)Ritual(e) 98, 192, 201, 219, 241
Rock(-) 90f, 109, 188, 198, 202, 239f
Rock around the Clock 32, 56, 103
Rock(-) und Pop(-) 103, 143, 158, 181
Rock- und Popkultur 40
Rock- und Popwelle 49
Rock'n'Roll 10, 32f, 35, 51, 54, 55ff, 72, 90f, 98f, 128, 240, 257
Rockabilly 54
Rock-Elektronik 92f
Rocker(-) 34ff, 45, 58, 70ff, 73, 134, 179ff, 220, 241
Rockerclubs 37
Rocker-Szenen 82f
Rockertradition 35f
Rockerwelle 36
Rockfans 183
Rockfestival(s) 201, 266
Rock-Inszenierung 93
Rock-Konzert(e) 33, 172, 182, 202, 274
Rockkultur 173ff
Rock-Musik 62f
Rock-Szene 62f, 69f, 90f, 92, 218
Rod Stuart 91
Roger Daltry 71
Rollen(-) 186, 262f, 278f
Rollenzwänge 38
Rolling Stones 21, 50, 59, 61, 73, 98f, 102f, 194, 244
Rousseauismus 67
Roxy Music 93, 104, 194, 243
Rudi Dutschke 21
Rundfunk 147

Sampling-Technik 117
Satire(-) 192, 200
Saturday Night Fever 104
Saxxon 82
Schallplatten 90
Schichtungsmodelle 135f
Schichtzugehörigkeit 13, 55
Schrecken 110
Schulbezogenheit 141f
Schule(n) 13, 14f, 38, 40, 45, 60, 73, 109, 119, 127, 150, 163, 166, 183, 204, 212, 219f, 234, 236, 240, 263, 274f, 282
Schüler(-) 21f, 43, 127f, 139, 144, 171f, 178
Schüler- und Studentenbewegung 192
Schüler- und Studentenrevolte 20ff
Schülerrolle 78
schwarze Kultur 112
schwule 216
schwule Sexualität 117
Schwulenclubs 118
Science Fiction(-) 29, 37, 198
Scooterboys 43
Scooter-Gangs 73
Scorpions 35, 82
Scratchen 206
SDS 21
Selbstdarstellungstechniken 281f
Selbstidentität 285f
Selbstinszenierung(en) 105, 106ff, 170f, 281f
Selbstreflexivität 217ff
Selbstsozialisation 284
Selbstverwirklichung 37, 44, 143, 268f, 269, 270
Serien 282
Sex 44, 64, 219
Sex Pistols 75f, 77, 96f, 99, 194, 205
Sexual- 145
Sexualität 54, 99, 166, 186, 232, 236ff, 238ff, 240f, 241f, 243f, 245f, 247, 255, 257, 273, 274, 278
Sexualpädagogik 237, 239f
sexuell(e, er) 10, 13, 22, 49, 53, 74, 94, 103, 193, 220, 235, 242f, 282f
sexuelle Erfahrungen 239
sexuelle Promiskuität 93
sexuelle Revolution 239
Shellack-Platte 92
„Signal entziffern“ 108
Single 116
Single-Existenz 241f
Ska 81
Skater 42
Skiffle 99
Skin-Bewegung 39, 85f
Skinhead(s) 27, 70ff, 80ff, 85ff, 179ff, 210
Skin-Mentalität 86
Skins 33, 88, 97, 134, 150
Slade 93, 104
Slash 187
Slashing 187
Soft-Machine 92
Soul 115, 118
Sound(s, -) 73, 91, 112, 119, 120, 196, 206, 224
Sound-System 113
Soundtrack 109
Sozialarbeit 257
soziale Milieus 135ff, 160
soziales Netzwerk 17
Sozialisation 282
Sozialökologie 162f
sozialökologisch(e, es) 43, 162ff, 182
sozialökologische Ausschnitte 269
Soziokultur 203f
soziologischer Diskurs 209
Spandau Ballett 94, 215f

Spaß 150f, 154, 200
Spontaneität 25, 273
Sport- 40
Sportjugend 17
Sprechsäle 144f, 146, 147, 178f
Sprüche 225
Stadtindianer 42
Statusübergänge 239
Steppenwolf 35, 187
Stereoanlage 92
Stevie Wonder 91
Stil(e) 12, 18, 35, 70, 108, 140f, 146, 156, 166, 171f, 183, 206ff, 218, 220f, 223ff, 235f, 244, 267, 276, 279
Stilisierung(s-) 208, 223ff, 244, 267
Stilvermischung 41ff
Straßenbanden 33
Straßengewalt 27
Studenten 21f, 144, 171f, 177, 178
Studentenbewegung 256
Studentenrevolte 194
Styling 18, 71, 73
Subjekt(e) 25, 47, 48, 111, 160, 214, 263f, 264f, 284ff
subjektive 267
Subjektivität 25, 285f
Subkultur(en) 125ff, 133ff, 244, 257, 268
subkulturelle 277
subkulturelle Milieus 47f
Subkulturforschung 130f
Sweet 93
Swinging London 74, 205
Sympathie(-) 27, 140, 216
Synthesizer 92
Szene(n, n-) 22, 29f, 34f, 67, 83, 89, 96, 106ff, 109, 120, 130, 157, 162ff, 169ff, 173ff, 177ff, 189ff, 202, 207, 216, 219, 220, 224f, 235f, 270, 275f, 280
Szene-Insiders 268
Szenen-Herkunft 83
szenische 273

Tabus 201
Tamla Motown 91
Tanz 123, 200
Tanz-Ekstase 117, 118
tanzen 13, 120, 121
Tätowierungen 183
Techno 43, 119ff, 122f, 124, 198
Techno-Bewegung 40f, 116, 117, 122f
Techno-Discos 177
Techno-Fanzine 122
Techno Generation 120f
Technosong 196
Ted(s) 35, 41, 70ff, 71f, 82, 134, 177, 179ff, 210
Teddy-Boys 32, 35f, 179ff
Teenager 9ff, 16f, 46, 59, 70, 73, 90, 93, 112, 168, 249
Teenager-Filme 9, 104
Teenager-Kultur 9f, 12, 18, 70, 211f
Teenager-Massenmarkt 55
Teenager-Szene 24f
Teeny(ies) 16, 29, 46
Teeny-Bopper-Music 10
Teilkultur 125f, 202
Telefon 214
Telepräsenz 214
Telewelt 214
„Ten Years After“ 35
terretoriale Jugendbanden 30
Terretorialgruppen 11
Terretorial-Prinzip 82
Territorien 89, 111, 179ff
Territorium 121
The blackboard jungle 55
The Fugs 68
The Greening of America 63, 155

The Outsiders 105f
The wild boys 243f
Theodore Roszaks 66
Tin Pan Alley 224
Titanic 192
togetherness 53
Tom Jones 91
Tommy Steel 50f
Tonkassetten 90
Tracks 119
Transvestit 94
Trash 197
Traum 188
Traumwelten 182
Treffs 12, 171, 173ff, 179ff, 181f
Trends 96ff, 98, 197
'trendy' 94
Tristesse 86f
Trivialkultur 153, 155, 156f, 160, 221f
Tuli Kupferberg 60
Tusk 204
Tutti Frutti 49
Twist 10, 74

Udo Lindenberg 35, 49, 244
Umweltschützer 26ff
Underground 59ff
Ungleichzeitigkeit 280
Untergrund-Film 101f
Unterschicht 36
urbane 268
Urbanität 265
Urvertrauen 261, 262
Utopie(n) 63, 65, 121, 188
utopisch 38

Van Morrison 91
Väter 212
Vaterfigur 12
Vätergeneration 37
Velvet Underground 244
veränderte Gesellschaft 23
Vernetzung 212f
Video 206
Videoclip(s) 104, 109f, 147, 158, 212
Videogerät 147
Videorekorder 90
Videospiele 214
virtuelle 123f
visuelle 283
VIVA 110
Volkskultur 159
von der Lippe 196
Vulgärkultur 159

Wahrnehmungsformen 282ff
Wandel 47, 275f
Wandervogel 17, 144f, 229f, 234, 238
Wandervogel-Ästhetik 204f
warenästhetische Totalität 157f
Warhols Factory 102
weibliche 186, 241
Wertbesetzung(en) 165ff, 169
Wertorientierung 35
White Skins 86
Who 73
Wild Boys 242f
wilde Cliquen 31, 180f, 182
William Bourrough 76f, 242
Wohngemeinschaft 22
Woodstock-Generation 225f
World Wide Web 214
Wunschphantasien 29

Yardbirds 74
Youth-Culture 128
Yuppies 41

Zitat 281f
Zonen 162ff, 164ff
Zufalls-Ich 262, 285
Zukunftsangst 87
Zukunftsaussichten 29f
„Zur Sache Schätzchen“ 49
Zürcher Bewegung 22, 192